BERICHTE ZUR BERUFLICHEN BILDUNG

Marcel Walter

Lebenslanges Lernen zwischen Weiterbildungslust und Weiterbildungsfrust

Eine empirische Studie zu Anreizstrukturen in der beruflichen Weiterbildung

Bundesinstitut für Berufsbildung BIBB
Forschen
Beraten
Zukunft gestalten

Bibliografische Information der Deutschen Nationalbibliothek
Die Deutsche Nationalbibliothek verzeichnet diese Publikation in der Deutschen Nationalbibliografie; detaillierte bibliografische Daten sind im Internet über http://dnb.ddb.de abrufbar.

ISBN 978-3-7639- 1166-0

W. Bertelsmann Verlag GmbH & Co. KG
Postfach 10 06 33
33506 Bielefeld
Internet: wbv.de
E-Mail: service@wbv.de
Telefon: (05 21) 9 11 01-11
Telefax: (05 21) 9 11 01-19
Bestell-Nr.: 111.064

Herausgeber: Bundesinstitut für Berufsbildung, 53142 Bonn
Internet: www.bibb.de
E-Mail: zentrale@bibb.de

Umschlag: Christiane Zay, Potsdam
Satz: Christiane Zay, Potsdam
Druck und Verlag: W. Bertelsmann Verlag, Bielefeld
Printed in Germany

ISBN 978-3-7639-1166-0
ISBN E-Book: 978-3-7639-5385-1

FSC www.fsc.org MIX Papier aus verantwortungsvollen Quellen FSC® C019545

Inhalt

Abkürzungsverzeichnis

Abb.	Abbildung
AES	Adult Education Survey
AFBG	Aufstiegsfortbildungsförderungsgesetz
AK-DQR	Arbeitskreis Deutscher Qualifikationsrahmen
BA	Bundesagentur für Arbeit
BAuA	Bundesanstalt für Arbeitsschutz und Arbeitsmedizin
BBiG	Berufsbildungsgesetz
BGBl	Bundesgesetzblatt
BIBB	Bundesinstitut für Berufsbildung
BMBF	Bundesministerium für Bildung und Forschung
BSW	Berichtssystem Weiterbildung
CATI	Computer Assisted Telephone Interview
CEDEFOP	Centre Européen pour le développement de la formation professionelle
CVTS	Continuing Vocational Training Survey
DGB	Deutscher Gewerkschaftsbund
DICT	Determinants of Individual Continuing Training
DIHK	Deutscher Industrie- und Handelskammertag
DL	Dienstleistungen
DQR	Deutscher Qualifikationsrahmen
E*W	Erwartungs-mal-Wert
EQR	Europäischer Qualifikationsrahmen
EStG	Einkommensteuergesetz
EU	Europäische Union
HWK	Handwerkskammertag
IAB	Institut für Arbeitsmarkt- und Berufsforschung
IHK	Industrie- und Handelskammer
ILO	International Labour Organization
IPF	Iterative Proportional Fitting
IW	Institut der deutschen Wirtschaft
I*V	Instrumentalität-mal-Valenz
KldB	Klassifizierung der Berufe
KMK	Kultusministerkonferenz
MAR	Missing At Random

MCAR	Missing Completely At Random
NEPS	National Educational Panel Study (Nationales Bildungspanel)
NMAR	Not Missing At Random
NQR	Nationale Qualifikationsrahmen
OECD	Organisation for Economic Co-operation and Development
OLS	Ordinary Least Squares
RC	Rational Choice
Ref.	Referenzgruppe
SEU	Subjective Expected Utility
SGB III	Sozialgesetzbuch Drittes Buch
SOEP	Sozioökonomisches Panel
std.	standardisiert
Tab.	Tabelle
Tsd.	Tausend
UNESCO	United Nations Educational, Scientific and Cultural Organization
WZ	Klassifikation der Wirtschaftszweige

Abbildungsverzeichnis

Tabellenverzeichnis

Vorwort und Danksagung

Bei der vorliegenden Arbeit handelt es sich um eine geringfügig überarbeitete Fassung meiner Dissertation, die im September 2013 von der Fakultät Bildungswissenschaften an der Universität Duisburg-Essen angenommen wurde. Sie geht der Frage nach, was Erwerbstätige dazu antreibt, an Maßnahmen der beruflichen Weiterbildung zu partizipieren. Diese bildungswissenschaftlich wie -politisch relevante Frage stellt sich umso mehr, als das Weiterbildungsverhalten der Erwerbsbevölkerung den Prognosen eines steigenden Weiterbildungsbedarfs im sozialstrukturellen Wandel widerspricht. Um die Anreizstrukturen zu analysieren, übertrage ich einen Erwartungs-mal-Wert-Ansatz auf das individuelle Weiterbildungsverhalten und prüfe hieraus abgeleitete Hypothesen auf Basis der BIBB-DICT-Erhebung.

Mein Dank für die Ermöglichung dieser Dissertation geht in erster Linie an Dieter Münk. Gewährte Freiräume, regelmäßiges Feedback und kritische Denkanstöße sowie seine unbedingte Rückendeckung in allen inhaltlichen und formalen Aspekten der Promotion haben ihn für mich zum optimalen Betreuer gemacht.

Dem BIBB gilt mein Dank für die Bereitschaft zur erheblichen Unterstützung meiner Dissertation, auch weit über meine dortige Beschäftigung hinaus. Reinhold Weiß danke ich für seine Bereitschaft, die Arbeit zu begutachten, für die Möglichkeit, diese Arbeit in einer prominenten Publikationsreihe zu veröffentlichen sowie für kritisches Feedback. Ferner danke ich Friederike Behringer, von deren thematischer Expertise ich profitieren durfte und deren Einsatz für mich wohl deutlich über das für mich sichtbare Ausmaß hinausging. Normann Müller danke ich für unzählige kontroverse Diskussionen, die profitabel waren sowohl für meine persönliche Entwicklung als Wissenschaftler als auch für die Entwicklung der Arbeit.

Rolf Dobischat danke ich dafür, dass er die Funktion eines weiteren fachkundigen Gutachters übernommen hat. Christian Schmidt danke ich für sein Feedback zur Arbeit sowie für sein offenes Ohr bezüglich sämtlicher Fragen und Beschwerden mit und ohne unmittelbare Promotionsrelevanz.

Juliane Anger hat mich während meiner gesamten Promotion begleitet, promotionsbedingte Stimmungstiefs, Umzüge sowie deren Begleiterscheinungen verständnisvoll akzeptiert, mich stets ermutigt, die Arbeit klaglos bis ins kleinste Detail lektoriert und war mir somit im gesamten Entstehungsprozess dieser Arbeit eine Unterstützung von unschätzbarem Wert.

Für Wilhelm † und Gerda

1 Weiterbildungsbeteiligung – Ein berufsbildungspolitisches Problemfeld

Im Jahr 2007 gab ein gutes Viertel (26 %) der bundesdeutschen Erwerbsbevölkerung an, innerhalb der vergangenen zwölf Monate vor der Erhebung des „Berichtssystem Weiterbildung" (BSW) an mindestens einer organisierten Maßnahme der beruflichen Weiterbildung – hierunter fasst das BSW Kurse und Lehrgänge mit „unmittelbarem Berufsbezug" – teilgenommen zu haben (vgl. Rosenbladt/Bilger 2008: 37). Die durchschnittliche Teilnahmequote lag auf einem mit den Ergebnissen der vorherigen BSW-Erhebung (vgl. BMBF 2006) vergleichbaren Niveau, jedoch deutlich unter dem noch im Jahr 1997 erreichten Wert (30 %). Im Wesentlichen hat sich der negative bzw. stagnierende Trend der Beteiligung an beruflicher Weiterbildung in der deutschen Erwerbsbevölkerung bis heute fortgesetzt (vgl. Bilger 2013). Während das Teilsegment der betrieblichen Weiterbildung zuletzt ein leichtes Wachstum verzeichnete, verharrt das Segment der individuellen beruflichen Weiterbildung (Kurse und Lehrgänge, die außerhalb der regulären Arbeitszeit auf eigene Kosten durchgeführt werden) auf einem geringen Niveau (vgl. Bilger 2013: 20 f.). Der genannte Zeitpunkt vor der Jahrtausendwende markiert damit weiterhin zugleich den Höhepunkt der stetigen Aufwärtsentwicklung seit dem Beginn der systematischen Weiterbildungsberichterstattung als auch die negative Trendwende berufsbezogener Weiterbildungsanstrengungen.

Ungeachtet der expansiven Entwicklung, welche die berufliche Weiterbildung bis ins Jahr 1997 verzeichnete, sowie der anschließenden Negativentwicklung haben sich hinsichtlich ihrer Nachfrage strukturelle Defizite verfestigt. Selektivität und Segmentationsprozesse, zu denen (berufliches) Lernen und Qualifizierung führen, setzen sich in der Weiterbildung ungebrochen fort (vgl. Dobischat/Seifert 2001: 93).

Die Teilnahme an organisierter beruflicher Weiterbildung verteilt sich sehr ungleichmäßig auf verschiedene Personengruppen und Erwerbssegmente: Während sich beispielsweise im Jahr 2007 für Erwerbspersonen im öffentlichen Dienst (48 %) sowie für hochqualifizierte Akademiker (40 %) eine umfangreiche Weiterbildungsbeteiligung nachzeichnen ließ, fiel die Teilnahme im Handwerk (28 %), unter Arbeitern (22 %) sowie Un- und Angelernten (8 %) deutlich geringer aus. Insofern kann mit Lipsmeier/Clement (1999) auch weiterhin gesagt werden, dass Weiterbildung im Hinblick auf qualifikatorische Diskrepanzen nicht kompensatorisch wirkt, sondern kumulativ.

Mit Ausnahme der aktiven Arbeitsmarktpolitik nach dem dritten Sozialgesetzbuch sowie der am Angebot orientierten Förderung der Volkshochschulen ist der Weiterbildungsbereich der BRD weitestgehend marktförmig organisiert und finanziert. Dem stark deregulierten Weiterbildungsmarkt wird die Eigenschaft zugeschrieben, besonders flexibel auf makrostrukturelle Entwicklungen zu reagieren (vgl. Lipsmeier/Münk 1997: 30). Mit einiger Berechtigung ließe sich folglich anführen, dass der ehemals expansive Verlauf der Beteiligung an beruflicher Weiterbildung das Ergebnis einer seit Ende der siebziger Jahre mit der Einführung der systematischen Weiterbildungsberichterstattung hinreichend dokumentierten „unausweichlichen Sachzwanglogik" (vgl. Dobischat 1999, Dobischat/Seifert 2001: 93) ist, zu der sich die lebenslange Fähigkeit und Bereitschaft zu Wissensaufbau für weite Teile der Bevölkerung im erwerbsfähigen Alter entwickelt habe.

Demgegenüber lässt sich zur Begründung der negativen Trendwende der Weiterbildungspartizipation auf das Ende der umfangreichen Qualifizierungs- und Umschulungsanstrengungen in den neuen Bundesländern, die zunehmende Sparpolitik der öffentlichen Haushalte, den globalisierungsbedingten Kostendruck für die Betriebe sowie auf schlechte konjunkturelle Voraussetzungen einerseits und fehlende betriebliche wie individuelle Bereitschaft zur antizyklischen Investition in Weiterbildung während konjunktureller Schwächephasen andererseits verweisen (vgl. z. B. Bilger/Rosenbladt 2011, Rosenbladt/Bilger 2008: 35). Vor dem Hintergrund des wissenschaftlich wie politisch prognostizierten Weiterbildungsbedarfs und den damit verbundenen bildungspolitischen Zielvorstellungen zur Weiterbildungsbeteiligung auf nationaler wie europäischer Ebene[1] bleibt die Negativentwicklung gleichwohl „irritierend" (Rosenbladt/Bilger 2008: 35).

Unter Anreizgesichtspunkten bieten sich zwei mögliche Erklärungsmuster an: Der erste und wesentlich populärere Erklärungsansatz äußert sich in der Annahme, dass realisierbare Weiterbildungserträge prinzipiell bestehen und Individuen diese auch erkennen. Ihre dennoch mangelnde Weiterbildungsbereitschaft wird damit zum Ausdruck irrationalen Handelns erklärt. Den Individuen müssten folglich Anreize geboten werden, auf deren Basis sie vermehrt Entscheidungen zur Weiterbildungspartizipation treffen können. So hält die „Expertenkommission ‚Finanzierung Lebenslangen Lernens'" in ihrem Abschlussbericht fest, dass die private Verantwortung für lebenslanges Lernen in der Wissensgesellschaft steige und fordert zugleich, es müssten „[...] Anreize geschaffen werden, die den insgesamt rückläufigen Teilnahmetrend der letzten Jahre stoppen und umzukehren helfen" (Expertenkommission „Finanzierung Lebenslangen Lernens" 2004: 86). Seit einigen Jahren bewirbt „die Politik" vermehrt nachfrageorientierte Fördermodelle, um die privaten Bildungsinvestitionen zu ergänzen und so die individuelle Weiterbildungsbeteiligung zu erhöhen. Bislang weiterbil-

1 Die Bundesregierung plant die Quote der Weiterbildungsteilnehmenden (allgemeine und berufliche Weiterbildung zusammen) bis zum Jahr 2015 auf 50 Prozent zu steigern. Darüber hinaus sieht einer der fünf infolge des Lissabon-Prozesses beschlossenen Benchmarks vor, dass die „Teilnahme am lebenslangen Lernen" – d. h. im Verständnis des europäischen Rates der Anteil der 25 bis 64-Jährigen, die in den vier Wochen vor der Labour-Force-Survey-Erhebung an Maßnahmen der allgemeinen oder beruflichen Bildung teilgenommen hat – bis zum Jahr 2010 auf mindestens 12,5 Prozent gesteigert werden sollte (vgl. Rat der Europäischen Union 2003: 4). Mit 9,5 Prozent im europäischen Durchschnitt sowie ausgewiesenen 7,9 Prozent für die BRD wurde dieser Benchmark deutlich unterschritten (vgl. Europäische Kommission 2009: 28).

dungsabstinente Personen sollen nachhaltig zur Aufnahme von Weiterbildungsaktivitäten motiviert und die Selektivität in der Teilnahme reduziert werden. Dies wird beispielsweise in den Aktivitäten der Bundesregierung deutlich: Ihr Anliegen, durch finanzielle Anreize mehr Menschen zu Weiterbildungsinvestitionen zu motivieren und befähigen[2], soll etwa mit einem seit Dezember 2008 umgesetzten Förderkonzept, der „Bildungsprämie", erreicht werden.

Es ließe sich jedoch auch – in umgekehrter Analogie zur Erklärung steigender Weiterbildungsquoten bis zum Jahr 1997 – argumentieren, dass die rückläufige Teilnahmebereitschaft ein deutliches Zeichen für einen Rückgang der Relevanz kursförmiger Lehr-Lernarrangements bildet. Jeremy Bentham und Adam Smith, „Urväter" aller Theorien rationalen Handelns, führten sämtliche menschlichen Entscheidungen auf ein Abwägen von „pleasure & pain", d. h. Elementen von Lust und Schmerz – freier übersetzt: Lust und Unlust oder Lust und Frust – zurück (vgl. Kunz 2004: 33, Smith 2002: 313 f.). Weiterbildungsbeteiligung, so ließe sich mit ihnen sagen, ist das Ergebnis eines Abwägungsprozesses, in dem die positiven Elemente der subjektiven Weiterbildungsattribution, die *Weiterbildungslust*, gegenüber den negativen Elementen dieser Attribution überwiegen. Versteht man die Entscheidung über eine Weiterbildungsteilnahme als Abwägungsprozess, so fehlen einem großen Teil des Erwerbspersonenpotenzials, bei gegebenen Handlungsrestriktionen, offenbar regelmäßig auf den persönlichen Weiterbildungsnutzen bezogene Anreize, sodass eine Partizipation letztendlich ausbleibt.

Am Beispiel Geringqualifizierter konkretisieren sich solche Überlegungen z. B. bei Dobischat/Seifert/Ahlene (2003) mit Bezug auf nach wie vor bestehende „tayloristisch-arbeitsorganisatorische" Regimes von Erwerbsarbeit, bei denen die Autoren gegenüber nichtformalem (z. B. Arbeitsplatzeinweisungen) und informellem Lernen (z. B. Selbstlernprozesse im Verlauf der Arbeit) eine geringere Relevanz formalisierter beruflicher Lernprozesse erkennen. *Weiterbildungsfrust*, so der im Titel dieser Arbeit gewählte Begriff, verweist also nicht lediglich auf schlechte Erfahrungen in konkreten Weiterbildungskontexten. Der Begriff umschreibt vielmehr die Gesamtheit der Elemente, die einer Weiterbildung entgegenstehen oder zumindest nicht für sie sprechen und in Summe dazu führen, dass Weiterbildungsbeteiligung gegenüber Abstinenz unattraktiv wird und persönliche Ziele über andere Aktivitäten zu erreichen ersucht werden. (Weiterbildungs-)Lust entsteht, wenn durch (Weiterbildungs-)Handeln das eigene Wohlbefinden gesteigert werden kann. Was das Wohlbefinden steigert, stiftet Nutzen (Timmermann 1998a: 78), hat Anreizcharakter.

In der deutschsprachigen (berufs-)pädagogischen Debatte werden Anreize zur Förderung der beruflichen Bildung bislang kaum systematisch behandelt und auch im europäischen bzw. internationalen Kontext finden sich hierzu außerhalb der Bildungsökonomie wenige Veröffentlichungen (vgl. auch Lipsmeier 2008). Die wenigen bundesdeutschen Veröffentlichungen in diesem Bereich sind von der internationalen Literatur stark beeinflusst.

2 http://www.bmbf.de/de/lebenslangeslernen.php

So widmen sich Lipsmeier (2008) sowie Lipsmeier/Georg/Idler (2003) der Erstellung einer Topologie von Anreizen, vorwiegend für die berufliche Erstausbildung. Auffallend ist, dass die Diskussion über Anreize in der beruflichen Bildung überwiegend auf monetäre Förderprogramme fixiert ist, die eine Reduktion der betrieblichen Ausbildungskosten im Rahmen staatlicher Subventionen vorsehen. Auch hinsichtlich der Partizipation an beruflicher Weiterbildung werden Anreize vorwiegend unter dem Finanzierungsaspekt betrachtet, allerdings ohne dass der Anreizbegriff dabei zwangsläufig eine explizite Verwendung finden würde. Häufiger werden im Rahmen der weiterbildungspolitischen Finanzierungsdebatte unter dem Schlagwort der „nachfrageorientierten Weiterbildungsfinanzierung“[3] (vgl. z. B. Balzer 2001) verschiedenartige monetäre Fördermodelle zur Erhöhung der individuellen Weiterbildungsbeteiligung diskutiert.

Weitaus umfangreicher und systematischer als in der Berufs- und Wirtschaftspädagogik ist die vorhandene Auseinandersetzung mit Anreizen in den benachbarten sozialwissenschaftlichen Disziplinen.

In der bildungsökonomischen Literatur wird auf Basis der geschätzten outcomes von Investitionen in Humankapital und ihrer Verteilung auf Individuum, Betrieb und Gesellschaft diskutiert, wie die Kosten zwischen den genannten Akteuren optimal aufzuteilen sind (vgl. Weiß 2010). Die Teildebatte um den Stellenwert verschiedener Ursachen von Marktversagen, die eine Gewährung von Anreizen durch die öffentlichen Haushalte notwendig machen, wird im Weiterbildungsbereich besonders kontrovers geführt (vgl. Hummelsheim/Timmermann 2010).

In der Soziologie und in der Psychologie finden sich auf Anreizen basierende theoretische Konzepte und Modelle in allen Bindestrichdisziplinen. Für die Betriebssoziologie und Sozialpsychologie lässt sich, ähnlich der Betriebswirtschaftslehre, eine intensive Auseinandersetzung über die Wirkungen von Anreizen auf Arbeitsmotivation und -effektivität im schulischen Lern- und betrieblichen Leistungskontext nachzeichnen (vgl. z. B. Fürstenberg 1955, Oosterbeek/Patrinos 2008, Vroom 1964). Neben monetären Stimuli, die in der betriebswirtschaftlichen Perspektive lange Zeit im Vordergrund der Anreizforschung standen, erhielten „intrinsische“ Anreize ab dem Ende der 1980er Jahre eine zunehmende Beachtung (vgl. Heckhausen/Rheinberg 1980, Laux/Liermann 2005: 497 f., Lindert 2001, Rheinberg 1989, Schanz 1978). Besonders hervorzuheben ist, dass sich für die genannten Teildisziplinen in der Vergangenheit eine umfangreiche Beschäftigung mit Anreizen nachweisen lässt, die weniger auf die Reduzierung der mit einer Handlung zusammenhängenden Restriktionen beschränkt bleibt, sondern den subjektiv erwarteten und bewerteten Nutzen als wesentliche Determinante proaktiven Handelns in den Blick nimmt. Insbesondere durch motivationspsychologische Arbeiten, die in der sozioökonomischen Phase des Fordismus nach dem Zweiten Weltkrieg bis zur Mitte der 1970er Jahre Leistungsmotivation von – vorwiegend industriellen – Erwerbsarbeitern untersuchten, konnte auf diese Weise der Beitrag verschiedener Anrei-

3 Balzer spricht bei der an Betriebe gerichteten Unterstützung durch den Staat von Anreizen, bei Unterstützung der individuellen Nachfrage hingegen von Förderung (Balzer 2001: 20).

ze zur Arbeitsplatzzufriedenheit und zum Anstrengungsgrad von Beschäftigten im Arbeitskontext weitgehend erschlossen werden (vgl. z. B. Beckmann/Heckhausen 2006, Galbraith/Cummings 1967, Lawler/Suttle 1973, Mitchell/Albright 1972, Wahba/House 1974). Wenig später wurden die Konzepte von der pädagogischen Psychologie adaptiert und ebenso erfolgreich zur Voraussage schulischen Lernverhaltens herangezogen (vgl. Heckhausen/Rheinberg 1980, Rheinberg 1989).

Infolge des mäßigen Abschneidens deutscher Schüler/-innen in internationalen Vergleichsstudien wie PISA und TIMSS lebten die Untersuchungen von Anreizen zur Aufnahme eigeninitiierter Lernprozesse erneut auf (vgl. z. B. Rheinberg/Wendland 2002), was als Hinweis sowohl für den anhaltenden Forschungsbedarf auf diesem Feld als auch für die Aktualität der den Untersuchungen zugrunde liegenden theoretischen Ansätze betrachtet werden kann.

Dass sich Untersuchungen, in denen ähnliche Ansätze mit Bezug auf die Teilnahme an beruflicher Weiterbildung genutzt werden, bislang kaum finden lassen, erscheint vor dem Hintergrund vergleichbarer Ausgangsbedingungen (Stichwort: (inter-)nationale Indikatoren und Benchmarks zum Weiterbildungsverhalten) verwunderlich. Hinzu kommt, dass die Erfassung von Nutzen- und Kostenaspekten nicht-betriebsspezifischer Weiterbildungsarrangements in der Bundesrepublik auf eine ebenso lange wie kontinuierliche Tradition zurückblicken kann. Sie erfolgt in regelmäßigen Abständen im Rahmen verschiedener Berichtssysteme[4], Betriebs- und Unternehmensbefragungen[5] sowie regelmäßiger Personenbefragungen[6] und Individualerhebungen (vgl. z. B. Baethge/Baethge-Kinsky 2004, Beicht/Krekel/Walden 2006, Bolder/Hendrich 2000, Schröder/Schiel/Aust 2004) zum Weiterbildungsverhalten. Hierbei lässt sich jedoch keinesfalls davon sprechen, dass es sich um eine Auseinandersetzung mit Anreizen zur Weiterbildungsteilnahme handeln würde: Vielmehr werden erstens die konkreten direkten und indirekten Kosten erfasst, die den Individuen durch die Teilnahme an beruflicher Weiterbildung entstehen (vgl. z. B. Bardeleben/Beicht/Holzschuh 1994, Beicht/Krekel/Walden 2006). Zweitens wird der Versuch unternommen, einen Zusammenhang zwischen dem Weiterbildungsverhalten in der Vergangenheit und daraufhin (vermeintlich) *tatsächlich* eingetretenen Nutzenaspekten herzustellen (vgl. hierzu insbesondere Behringer 1999, Behringer 1996, Beicht/Krekel/Walden 2006, Herget/Holzschuh/Krekel 1996). Drittens wird häufig der Versuch unternommen, Weiterbildungspartizipation und -abstinenz auf der Basis von personen-/persönlichkeits- und berufsbezogenen Merkmalen zu erklären (vgl. z. B. Bilger/Rosenbladt 2011, Fourage/Schils/de Grip 2013, Grund/Martin 2012, Leber/Möller 2007, Offerhaus 2013, Röchner 1987).

Viertens werden Individuen in Erhebungen zumeist unabhängig von spezifischen Weiterbildungsarrangements und damit von konkreten Entscheidungssituationen nach generellen

4 Hierzu zählen das Berichtssystem Weiterbildung (heute Adult Education Survey AES), die Volkshochschulstatistik, der Berufsbildungsbericht sowie die Amtlichen Nachrichten der BA.

5 IW-Erhebung zur betrieblichen Weiterbildung, CVTS, IAB-Betriebspanel, Referenz-Betriebssystem (BIBB)

6 Mikrozensus, BIBB/IAB-Erhebung (heute BIBB/BAuA), Sozio-ökonomisches Panel, BIBB-Kosten-Nutzen-Erhebung, IW-Erhebung zur privaten Weiterbildung

Teilnahme- bzw. Abstinenzgründen befragt (z. B. auch im NEPS), wobei (fünftens) für ehemalige Teilnehmende lediglich Nutzenaspekte, für bislang Abstinente dagegen ausschließlich wahrgenommene Hinderungsgründe erfasst werden.

Bislang hingegen nicht erfolgt ist eine Untersuchung, die

- sowohl regelmäßig Teilnehmende wie bislang Weiterbildungsabstinente integriert,
- konkrete, jedoch noch nicht abgeschlossene Weiterbildungsarrangements fokussiert,
- hierbei die Funktion verschiedener Nutzenelemente von Weiterbildung *und* die mit ihnen verbundenen Eintrittserwartungen im Hinblick auf ihre Wirkung als positive bzw. negative Anreize für künftiges Weiterbildungsverhalten betrachtet, indem sie
- auf einem Anreize in den nomologischen Kern stellenden theoretischen Fundament aufbaut, wie es sich insbesondere in anderen sozialwissenschaftlichen Disziplinen findet.

Vor diesem Hintergrund bilden Anreize und ihr impact zur Weiterbildungspartizipation nach wie vor ein dringliches Forschungsdesiderat. Vor dem Hintergrund der umfangreichen Arbeiten im Feld der Teilnahme- und Abstinenzforschung, des zugleich offensichtlichen Bedarfs einer weiteren Auseinandersetzung mit dem Weiterbildungspartizipation bzw. -abstinenz zugrunde liegenden Entscheidungskalkül und den Defiziten bei der Erfassung von Nutzen- und Kostenaspekten von Weiterbildung als Anreize proaktiven Handelns entwickle ich im Rahmen dieser Arbeit schrittweise ein allgemeines Modell der Wirkung von Anreizen in der nichtbetrieblichen beruflichen Weiterbildung und prüfe dieses empirisch.

Der Arbeit liegt die Kernthese zugrunde, dass es in erster Linie subjektive Nutzenerwartungen sind, welche die individuelle Weiterbildungsbereitschaft determinieren und Nutzenerwartungen damit die wesentlichen Anreize für Weiterbildungspartizipation oder -abstinenz bilden. Diese Kernthese bearbeite ich im Rahmen der vorliegenden Arbeit in drei Abschnitten.

Im ersten Abschnitt stelle ich handlungstheoretische Überlegungen zum Zusammenhang zwischen Nutzenerwartungen, Handlungsrestriktionen und Weiterbildungsbereitschaft an. In Kapitel 2 setze ich mich zunächst mit den zentralen Begrifflichkeiten der vorliegenden Arbeit auseinander. Hier grenze ich den für die Arbeit verwendeten Begriff der beruflichen Weiterbildung ab und beleuchte den Anreizbegriff aus unterschiedlichen disziplinären Zugängen, um ihn im Hinblick auf den Untersuchungsgegenstand zu präzisieren. Die Darstellung des Forschungsstandes erfolgt dabei vor dem Hintergrund des Rational Choice Paradigmas, das als Metatheorie einen gemeinsamen Rahmen für die Auseinandersetzung von Anreizen und ihrer Analyse in sämtlichen sozialwissenschaftlichen Teildisziplinen bildet.

Im dritten Kapitel beleuchte ich die Anreizfunktion des subjektiv erwarteten Weiterbildungsnutzens näher. Auf der Basis eines einzeltheoretischen Zugangs, welcher sich in die in Kapitel 2 dargelegte Metatheorie einfügt sowie industriesoziologischen Überlegungen zu den Auswirkungen des sozialstrukturellen Wandels auf die Relevanz formalisierter beruflicher Weiterbildung und den einschlägigen Studien zu Gründen der Weiterbildungspartizipation bzw. Ursachen von Weiterbildungsabstinenz aus dem bundesdeutschen Raum entwickle ich hier schrittweise die auf den Nutzen bezogene Seite des Modells der Anreize in der beruflichen Weiterbildung.

In Kapitel 4 fokussiere ich solche Anreize, die der Erhöhung der Teilnahme an beruflicher Weiterbildung durch eine Reduktion der hierfür aufzubringenden monetären und zeitlichen Investitionen dienen. Solche Anreize werden in aller Regel durch die öffentlichen Haushalte gewährt. Wie alle Ausgaben der öffentlichen Hand, unterliegen auch die Ausgaben für berufliche Weiterbildung einem Begründungszwang. Auf Basis einer Diskussion potenzieller Ursachen der öffentlichen Gewährung von Anreizen an Arbeitnehmer/-innen argumentiere ich – im Rückgriff auf eine wohlfahrtsökonomische Theorie der Staatsausgaben –, dass die öffentliche Weiterbildungsförderung letztlich auf die Annahme zurückgeführt werden muss, die Nachfrage nach beruflicher Weiterbildung falle aufgrund eines Versagens der individuellen Entscheidungsrationalität zu gering aus. Im Anschluss diskutiere ich konkrete Ausgestaltungsformen der auf die Reduzierung von Weiterbildungsrestriktionen bezogenen Anreize und deren impact auf die Weiterbildungsbeteiligung von Individuen.

Im zweiten Abschnitt, dem fünften Kapitel, bearbeite ich die zuvor angestrengten handlungstheoretischen Überlegungen empirisch am Beispiel der Bereitschaft Erwerbstätiger, an nichtbetrieblicher beruflicher Weiterbildung teilzunehmen. Hier führe ich die in Kapitel 3 und 4 getrennt behandelten Zugänge zum Anreizbegriff zusammen, indem ich aus dem in Kapitel 3 entwickelten und in Kapitel 4 vervollständigten Modell Forschungshypothesen ableite und diese auf der Grundlage der Ergebnisse 1.600 standardisierter CATI-Interviews prüfe. Hierbei möchte ich mich einer Beantwortung folgender Fragen annähern: Für wie wichtig erachten Erwerbstätige die mit beruflicher Weiterbildung potenziell verbundenen Ziele? Erachten sie einen Weiterbildungserfolg als wahrscheinlich? Für wie wahrscheinlich halten sie den Eintritt ihrer persönlichen Ziele durch eine Weiterbildungsteilnahme? Bilden der Nutzen, den Erwerbstätige im Rahmen einer Weiterbildungsteilnahme erwarten, sowie die Teilnahmerestriktionen starke Prädiktoren für Weiterbildungspartizipation? Welche Anreize sind im Hinblick auf eine Entscheidung zur Weiterbildungspartizipation besonders wichtig und welche nehmen dagegen eine minder wichtige Rolle ein?

Im sich anschließenden dritten Abschnitt fasse ich die zentralen Erkenntnisse der vorliegenden Arbeit zusammen und stelle sie in den Kontext aktueller berufsbildungspolitischer Diskussionslinien. Im Vordergrund steht hierbei die Interpretation der individuellen Weiterbildungsbeteiligung. Die Ergebnisse meiner Untersuchung lassen darauf schließen, dass die stagnierende Weiterbildungsbereitschaft auf der Makroebene keineswegs die Folge einer gestörten individuellen Entscheidungsrationalität darstellt, sondern strukturell verursacht ist. Das Weiterbildungsverhalten determiniert sich auf Grundlage von Gegebenheiten der beruflichen und privaten Lebenssphäre. Anhaltende Weiterbildungsappelle gehen an den tatsächlichen Wünschen, Möglichkeiten und Bedarfen eines Großteils des Erwerbspersonenpotenzials vorbei, da sich die mit ihnen verbundenen Verheißungen vielfach nicht umsetzen lassen

(Kapitel 6). Anschließend (Kapitel 7) beziehe ich die Befunde auf die Gestaltung von Lehr-Lern-Prozessen, von Bildungsberatung und von Programmen zur Weiterbildungsförderung, auf die Professionalisierung im Weiterbildungssegment sowie auf die Ausweitung der Vergabe von Lernnachweisen in der beruflichen Weiterbildung und in diesem Zusammenhang auch auf den Europäischen und Deutschen Qualifikationsrahmen (EQR/DQR). Die Abschnitte sind jeweils im Hinblick auf Gestaltungsvorschläge zur Förderung der Weiterbildungsbeteiligung zugespitzt. In Kapitel 8 setze ich mich kritisch mit dem Ansatz meiner Arbeit auseinander und benenne Forschungsdesiderata. Die Arbeit schließt mit einer kurzen Reflexion des hier gewählten theoretischen Zugangs im Hinblick auf die Ziele erziehungswissenschaftlicher Forschung und einem kurzen Ausblick seiner Anwendbarkeit auf weitere berufs- und wirtschaftspädagogische Forschungsfragen (Kapitel 9).

Ich beabsichtige, mithilfe eines Ansatzes zu Anreizen in der beruflichen Weiterbildung, der an verschiedenen Stellen über die disziplinären Grenzen der Berufs- und Wirtschaftspädagogik hinausblickt, einen Beitrag zum in der Disziplin bisher kaum bearbeiteten Feld der Anreize für berufliche Bildungsprozesse im Erwachsenenalter zu liefern und damit auch die Diskussion über Disparitäten im Rahmen der Teilnahme an beruflicher Weiterbildung sowie zu Möglichkeiten deren Überwindung zu bereichern. Gleichwohl erhebe ich nicht den Anspruch, den benannten Themenbereich erschöpfend zu untersuchen oder die komplexe Problematik von Weiterbildungspartizipation und -abstinenz vollumfänglich erklären zu wollen. Stattdessen soll die Untersuchung einen Beitrag zu den Debatten in einem sehr vielseitigen und komplexen Forschungsfeld liefern.

2 Anreize in der nichtbetrieblichen beruflichen Weiterbildung Erwerbstätiger

2.1 Berufliche Weiterbildung

Aufgrund der umfangreichen Differenzierung der Weiterbildung als Strukturelement des bundesdeutschen Bildungssystems nach Funktionsbereichen, inhaltlichen Sachgebieten, Rechtsgrundlagen, Finanzierungsformen, Anbietern und Angebotsformen sowie aufgrund der „tendenziellen Allgegenwärtigkeit von Weiterbildung im Lebensalltag" (Faulstich 2008: 648) stellt sich eine prägnante Beschreibung des Weiterbildungsbereichs problematisch dar (vgl. Faulstich 2008: 648). Den vielfältigen Abgrenzungs- und Einordnungsproblemen korrespondieren Schwierigkeiten bei der empirischen Erfassung des Weiterbildungsgeschehens. Die seit Jahren nebeneinander bestehenden und immer wieder um neue Arbeiten ergänzten weiterbildungsstatistischen Quellen sind aufgrund unterschiedlicher Zielsetzungen, Itemkataloge, Periodizitäten und räumlicher Bezüge nicht kompatibel (vgl. Bellmann 2003, Münch 1999).

Im Berufsbildungsgesetz von 1969 als Terminus technicus noch nicht ausdrücklich erwähnt[7], findet sich der Weiterbildungsbegriff erstmals im „Strukturplan für das Bildungswesen" des Deutschen Bildungsrates (1970). Hier wird der gesamte Bereich der Weiterbildung als „[...] Fortsetzung oder Wiederaufnahme früheren organisierten Lernens nach Abschluss einer unterschiedlich ausgedehnten ersten Bildungsphase" (Deutscher Bildungsrat 1970: 197) definiert. Das Verständnis, dass das organisierte Lernen auf spätere Lebensphasen ausgedehnt wird und damit die traditionelle Vorstellung von zwei Lebensabschnitten, die entweder mit der Aneignung oder Anwendung von Bildung zusammenfallen (vgl. Lipsmeier 1977), ablöste, erfuhr seither durch die in den 1960er Jahren auf der Ebene der internationalen Diskussion entwickelten Modelle der „éducation permanente" (vgl. EUROPARAT 1970), der „Recurrent Education" (vgl. OECD 1973), des „Life-long education and learning" (vgl. Faure 1973, UNESCO 1967) und schließlich des „Lebenslangen Lernens" (vgl. Europäische Kommission 2000) eine enorme bildungspolitische Aufwertung.

Die Konzepte verweisen u. a. auf die zentralen Funktionen von Weiterbildung für die Erhaltung der volkswirtschaftlichen Wettbewerbsfähigkeit moderner Industriena-

7 Das BBIG spricht auch nach der im Jahr 2005 erfolgten Novellierung von „beruflicher Fortbildung" (vgl. §1 Satz 1 und 4 Berufsbildungsgesetz 2005).

tionen auf der einen sowie auf die auf den Anforderungen des Arbeitsmarktes orientierten Wettbewerbsfähigkeit der Individuen auf der anderen Seite, lösen die Trennung zwischen allgemeiner und beruflicher Bildung zu großen Teilen auf und integrieren formale und nicht formalisierte Lernkontexte. Spätestens seit dem im Jahr 2000 von der Europäischen Kommission vorgelegten „Memorandum über lebenslanges Lernen" hat sich die Differenzierung zwischen formalem, nichtformalem und informellem Lernen (vgl. Europäische Kommission 2000: 9 f.) durchgesetzt. Akteure in Politik und Wissenschaft prognostizieren nichtformalen und informellen Lernarrangements hierbei seit einiger Zeit eine hohe und in Zukunft weiter steigende Bedeutung (vgl. Behringer 1999: 24, BMBF 2008, Dobischat 1999, Dobischat/Düsseldorff/Dikau 2006: 533, Europäische Kommission 2000, Grünewald/Moraal 1996). Nach Baethge et al. verweist Weiterbildung „[...] mit ihren je spezifischen Anlässen, Inhalten und Formen, ihren unterschiedlichen Zeit- und Gelegenheitsstrukturen auf ein diffuses Feld von Lernmöglichkeiten [...]" (Baethge et al. 2003: 20), weshalb sie heute per definitionem nicht mehr im Verständnis des Bildungsrates aufgehe. Die Expertenkommission „Finanzierung Lebenslangen Lernens" definiert Weiterbildung daher bewusst als „[...] Fortsetzung oder Wiederaufnahme von *formalem, nicht-formalem und/oder informellem Lernen* allgemeiner oder beruflicher Inhalte nach Abschluss einer ersten berufsqualifizierenden Ausbildung" (Expertenkommission „Finanzierung Lebenslangen Lernens" 2002: 56, Herv. M.W.).

Die Definition der Expertenkommission unterstreicht nicht nur den Stellenwert nichtformaler und informeller Lernprozesse, sondern verdeutlicht zugleich, dass die inhaltlichen Anpassungstendenzen der beiden Konzepte, der beruflichen Weiterbildung auf der einen sowie des lebenslangen Lernens auf der anderen Seite, wechselseitig verlaufen. So mag die viel zitierte Definition des Bildungsrates zwar zu eng gefasst erscheinen.[8] Das lebenslange Lernen wird jedoch – zumindest im bundesdeutschen Kontext – vertikal in aller Regel weiterhin auf Lernanstrengungen bezogen, die eine Person im Erwachsenenalter unternimmt.

Hinsichtlich des Formalisierungsgrades besitzen darüber hinaus unverändert formale Qualifizierungsprozesse besondere Relevanz.[9] Zum einen gelingt es nach wie vor nicht in befriedigendem Maße, weniger formalisierte Lernkontexte – die im Rahmen des „lebenslangen Lernens" im Gegensatz zur beruflichen Weiterbildung im konzeptionellen Mittelpunkt stehen – auch in ihrer quantitativen Entwicklung, d. h. statistisch abzubilden

---

8 Hierbei darf nicht übersehen werden, dass bereits der deutsche Bildungsrat das Prinzip des lebenslangen Lernens postuliert (vgl. Deutscher Bildungsrat 1970: 51 f.).

9 Ganz deutlich wird dies z. B. im vom „Arbeitskreis Deutscher Qualifikationsrahmen" (AK-DQR) erarbeiteten Diskussionsvorschlag zum DQR für Lebenslanges Lernen (vgl. Arbeitskreis Deutscher Qualifikationsrahmen 2009). Der AK-DQR hält fest, dass im DQR Ergebnisse des informellen Lernens berücksichtigt werden sollen und dass jedes Qualifikationsniveau grundsätzlich auf verschiedenen Bildungswegen erreichbar sein kann. Gleichzeitig wird jedoch unterstrichen, dass das bestehende System der Zugangsberechtigungen nicht ersetzt werden soll und das Erreichen einer Niveaustufe nicht automatisch zum Zugang der nächsten Stufe berechtigt (vgl. Schmidt/Walter 2010).

(vgl. Baethge et al. 2003: 15, Rosenbladt/Bilger 2008: 41, Weiß 2010: 369, Weiß 2007: 3). Überdies lässt das vorhandene empirische Material zur steigenden Relevanz informeller Lernprozesse (vgl. z. B. Hochmuth/Mangold 2000: 127 f.) kaum den Schluss zu, dass, wie vielerorts prognostiziert (vgl. z. B. Baethge/Schiersmann 1998, Kriegesmann/Staudt 2002), weniger formalisierte Lehr-Lern-Kontexte das Lernen in Form von Kursen, Seminaren etc. zukünftig verdrängen oder ersetzen würden. Zumindest im Rahmen betrieblicher Weiterbildung weisen empirische Ergebnisse vielmehr auf ein komplementäres Verhältnis kursförmiger und arbeitsplatznaher Lernformen hin (vgl. Baethge et al. 2003: 18, Behringer/Descamps 2009: 111 f., Bohlinger/Heidecke 2009, Brussig/Leber 2005, Büchter/Goltz 2001, Sauter 2001). In formalisierten Kontexten erworbene Bildungsabschlüsse und Zertifikate repräsentieren somit weiterhin erfolgreiche Anstrengungen der persönlichen Lebensgestaltung und strukturieren damit aller Voraussicht nach auch zukünftig den Verlauf der individuellen Erwerbsbiografie (vgl. Lipsmeier/Clement 1999: 226).

Auch wenn ich hierdurch nichtformale Lernarrangements sowie Erfahrungswissen als „domänenspezifische Variante des lebenslangen Lernens“ (Bolder 2000: 15) ausklammere, erscheint es mir vor dem Hintergrund dieser Ausführungen gerechtfertigt, die Analyse von Anreizen zur Erhöhung der Weiterbildungspartizipation in der vorliegenden Arbeit auf formalisierte Formen der Weiterbildung zu beschränken. Ferner untersuche ich hier nur solche Weiterbildungsarrangements, welche dem Teilbereich der *beruflichen* Weiterbildung zugeordnet werden können. Definiert man den Beruf im Weber'schen Verständnis als jene Spezifizierung, Spezialisierung und Kombination der Leistungen eines Individuums, welche für eben jenes die Grundlage einer kontinuierlichen Versorgungsmöglichkeit darstellen (vgl. Weber 1972: 80), so meint berufliche Weiterbildung hier sämtliche formalen Kurse und Lehrgänge, die der Erweiterung, dem Erhalt sowie der Anpassung dieser Leistungen dienlich sein sollen. Demgegenüber wird der gesamte Bereich der Erwachsenenbildung im weiteren Sinne in der vorliegenden Arbeit nicht näher betrachtet.

Art und Umfang von für Weiterbildung erforderlichen monetären und zeitlichen Aufwendungen sowie des durch Weiterbildung generierbaren Nutzens divergieren unter anderem danach, ob es sich um betriebliche oder nicht-betriebliche Weiterbildung handelt, wobei die Abgrenzung zwischen beiden Formen nach den jeweils herangezogenen Kriterien variiert. So kann sich die Zuordnung nach dem Initiator der Weiterbildung, dem Veranstaltungsort, der Veranstaltungszeit (Arbeits- oder Freizeit), dem Finanzier oder dem primären Verwertungsinteresse der Maßnahme richten. Neben der beruflichen Weiterbildung insgesamt interessieren in der vorliegenden Arbeit vorwiegend solche Prozesse des beruflichen Lernens im Erwachsenenalter, die dem Bereich der nichtbetrieblichen, d. h. der eigeninitiativen, *individuellen* Weiterbildung zugerechnet werden. Diese wird hier als der Teil der beruflichen Weiterbildung definiert, für den Individuen selbst die notwendigen finanziellen Mittel auf- und die ihnen außerhalb ihrer regulären Erwerbstätigkeit zur Verfügung stehende Zeit einbringen. Maßnahmen im Rahmen der Nachfrage nach betrieblicher Weiterbildung, die immer noch das maßgebliche, für die berufliche Weiterqualifizierung insgesamt konstituierende Element darstellt (vgl. Arnold/Gonon 2006: 235)[10], stehen dagegen nicht im Mittelpunkt der Arbeit. Da Weiterbildungsmaßnahmen sich zum einen jedoch häufig nicht vollständig der betrieblichen oder der individuellen Weiterbildung nach dem hier dargelegten Verständnis zuweisen lassen und zum anderen die durch betriebliche Weiterbildung generierbaren Nutzenelemente sich mit denen der individuellen Weiterbildung teilweise überschneiden, ergeben sich aus den Ausführungen ebenfalls Implikationen für die betriebliche Weiterbildung.

Eine Eingrenzung auf solche Weiterbildungsarrangements, bei denen die direkten Maßnahmekosten durch die Teilnehmenden getragen werden müssen, bedeutet zudem, dass ich die Förderung Arbeitsloser und von Arbeitslosigkeit Bedrohter im Rahmen der vorliegenden Arbeit weitestgehend ausklammere, weil die Finanzierung solcher Maßnahmen in der Regel vollständig über die öffentlichen Haushalte erfolgt. Darüber hinaus steuert die öffentliche Hand die Maßnahmen insofern auch inhaltlich, als die Vergabe von Mitteln an gesetzlich definierte Kriterien gebunden ist. Die Nichtberücksichtigung von Maßnahmen der aktiven Arbeitsmarktpolitik erscheint also nicht zuletzt deshalb notwendig, da hier im Gegensatz zu eigeninitiierter sowie -finanzierter Weiterbildung andere Selektionseffekte und Nutzenerwägungen wirken.

2.2 Anreize zur Partizipation an nichtbetrieblicher beruflicher Weiterbildung

Eine Auseinandersetzung mit Anreizen findet in zahlreichen wissenschaftlichen Disziplinen und im Hinblick auf sehr heterogene Fragestellungen statt. Bei näherer Betrachtung wird allerdings erstens deutlich, dass im Vordergrund dieser Auseinandersetzung immer ihr Einfluss auf das menschliche Verhalten und damit ihre Bedeutung als eine Quelle gezielter Verhaltenssteuerung steht (vgl. Ackermann 1974: 156). Dies gilt letztlich auch für Arbeiten, die mehr auf die verfahrenstechnischen Probleme der Konstitution, Durchsetzung und Bewertung von Anreizen bzw. betrieblichen Anreizsystemen fokussieren. Zweitens wird deutlich, dass die systematische Auseinandersetzung mit Anreizen in den Sozialwissenschaften mit dem Ratio-

10 Betriebliche Weiterbildung hat – je nachdem, ob Kosten (vgl. Beicht/Berger/Moraal 2005: 264) oder Teilnahmefälle (vgl. Rosenbladt/Bilger 2008: 75) zum Vergleich herangezogen werden – einen Anteil, der zwischen 50 und 60 Prozent des gesamten Weiterbildungsvolumens liegt. Indikatoren zur betrieblichen Weiterbildungsinzidenz sowie zur Aufteilung zwischen Weiterbildungszeit und -kosten auf Individuen und Betriebe deuten seit einigen Jahren einen sinkenden Umfang der betrieblichen Weiterbildung am gesamten Weiterbildungsaufkommen und damit eine abnehmende Relevanz des Primats der betrieblichen Weiterbildung an (vgl. Baethge et al. 2003: 27, Behringer/Käpplinger 2008: 5 f., Behringer/Schönfeld 2010, Bellmann/Düll 2001, Grünewald/Moraal/Schönfeld 2003: 153, Janßen 2003, Weiß 2000a: 70, Weiß 2000b: 20 f., Weiß 1997: 22). Zuletzt indes stieg die betrieblich initiierte und hauptsächlich betrieblich finanzierte Weiterbildung an, während die individuelle berufliche Weiterbildung weiter rückläufig ist (vgl. Bilger 2013).

nal-Choice-Ansatz (im Folgenden: RC) auf eine gemeinsame Metatheorie rekurriert, in deren nomologischem Zentrum Anreize und ihre subjektive Wahrnehmung durch handelnde Akteure stehen. Bevor eine Darstellung des konkreten auf Anreize bezogenen Forschungsstands in den Disziplinen erfolgt, die sich in unterschiedlicher Akzentuierung auf den RC-Ansatz und seinen nomologischen Kern berufen, sollen die methodologischen Grundlagen dieser gemeinsamen Metatheorie skizziert werden.

2.2.1 Rational Choice als Ausgangspunkt anreiztheoretischer Überlegungen in den Sozialwissenschaften

Der RC-Ansatz besitzt in der sozialwissenschaftlichen Forschung eine lange Tradition. Die methodologischen Grundlagen werden zumeist auf die Sozialphilosophie und politische Philosophie des 15. und 16. Jahrhunderts, insbesondere auf Machiavelli und Hobbes sowie die klassischen Nationalökonomen und schottischen Moralphilosophen (Hume, Ferguson und Smith), die mathematischen Grundlagen auf Ursprünge der Entscheidungstheorie (Pascal, Bernoulli) zurückgeführt (vgl. Beckmann/Heckhausen 2006: 127 f., Etzrodt 2003: 11 f., Kunz 2004: 7 f.). Nach Ausdifferenzierung der Sozialwissenschaften im 19. und 20. Jahrhundert fand der RC-Ansatz zunächst vorwiegend in den Wirtschaftswissenschaften Verwendung (vgl. Kunz 2004: 13). Dass er sich seit einiger Zeit in unterschiedlicher Form als Analyseinstrument und Wahlhandlungstheorie in allen sozialwissenschaftlichen Disziplinen wachsender Aufmerksamkeit erfreut, hat verschiedene Autoren dazu veranlasst, von einem „ökonomischen Imperialismus" zu sprechen (vgl. Lazear 1999, Radnitzky/Bernholz 1987), was vor dem Hintergrund der psychologischen Erwartungs-mal-Wert Konzepte und ihren soziologischen Äquivalenten sowie zahlreicher Theorien und Arbeiten, denen der RC-Ansatz implizit zugrunde liegt, jedoch unzutreffend ist.

Die Gemeinsamkeit aller auf dem RC-Ansatz aufbauenden theoretischen Modelle besteht in einer Reihe von Prämissen bezüglich der Grundregeln wissenschaftlichen Arbeitens sowie bezüglich der Grundregeln menschlichen Verhaltens. Unter den methodologischen Grundlagen des RC-Ansatzes sind insbesondere die deduktiv-nomologische Erklärung sowie der strukturell-individualistische Ansatz hervorzuheben. Beide Ansätze sind als Bestandteile der Wissenschaftstheorie keine Grundlagen, auf die sich ausschließlich der RC-Ansatz berufen würde. Jedoch wird aus ihrer Darstellung deutlich, wie der RC-Ansatz als Metatheorie von anderen theoretischen Modellen abzugrenzen ist.

Der *deduktiv-nomologische Ansatz* geht auf die Logik der Erklärung empirischer Phänomene nach Hempel/Oppenheim zurück. Gemäß Hempel/Oppenheim (1948) besteht die wissenschaftliche Erklärung eines Phänomens aus dem Explanandum, welches das zu erklärende Phänomen mit Angaben über Raum und Zeit des Auftretens umschreibt (vgl. Esser 1996: 40), und dem Explanans, das alle Aussagen zur Erklärung des Phänomens, d. h. alle Elemente auf die das Explanandum zurückgeführt wird, umfasst. Innerhalb des Explanans wird weiter zwischen allgemeinen Gesetzmäßigkeiten sowie Randbedingungen[11] unterschieden. Randbedingungen besitzen keine vorgegebene Bedeutung. Ihre Interpretation variiert zeitlich intra- und interindividuell. Unter die Randbedingungen fallen sämtliche variablen Komponenten einer spezifischen Situation, die vor oder während des zu erklärenden Phänomens auftreten. Bei Randbedingungen handelt es sich folglich um eine empirische Beschreibung der vorliegenden Situation (vgl. Hill 2002: 16), wobei sich der Situationsbegriff hier mit Esser (1999: 36) als Konfigurationen von äußeren Bedingungen und inneren Einstellungen definieren lässt, welche Akteure ihrem Handeln zugrunde legen. Demgegenüber stellen allgemeine Gesetze zeitlich invariante, d. h. ohne Raum-Zeit-Bezug formulierte und universelle Gültigkeit beanspruchende Aussagen über den Zusammenhang zweier Ereignisse dar. Aussagen, bei denen dieser Zusammenhang auf Vermutungen beruht, sich das Gesetz empirisch also noch nicht bewährt hat, bezeichnen Hempel/Oppenheim als gesetzesähnliche Sätze („lawlike sentences“, Hempel/Oppenheim 1948: 153).

Lawlike sentences sind damit als Hypothesen zu verstehen, welche die Randbedingungen mit dem zu erklärenden Explanandum verbinden. Die Erklärung eines Phänomens umfasst folglich ein (als Hypothese formuliertes) Gesetz, aus dem sich das Explanandum als logische Folge der Randbedingungen ergibt, sowie den Nachweis, dass die im Gesetz für das Explanandum geforderten Randbedingungen empirisch erfüllt waren (vgl. Esser 1996: 41, Kunz 2004: 22). Nomologisch ist dieser Ansatz, weil er Explananda über universell gültige Gesetze erklärt, und deduktiv, weil er die in Explananda umschriebenen Phänomene aus den allgemeinen Gesetzmäßigkeiten ableitet.

Sozialwissenschaftliche Untersuchungen bearbeiten zumeist kollektive Explananda der Makroebene, also soziale Phänomene. Der *strukturell-individualistische* Ansatz begreift soziale Phänomene als Ergebnis der Handlungen von Individuen und geht folglich davon aus, dass kollektive Explananda ausschließlich durch Rückgriff auf die Mikroebene erklärt werden können. Da soziale Prozesse ausschließlich aus dem Handeln individueller Akteure und den mit diesem Handeln verbundenen Folgen resultierten, handele es sich bei Versuchen, kollektive Explananda ohne Rückbezug auf die Mikroebene zu erklären, um ein „soziologisches Minimalprogramm“ (Lindenberg 1977: 48, vgl. auch Esser 1999: 177). Gleichzeitig wird das Handeln der einzelnen Akteure als in soziale Zusammenhänge eingebunden erachtet. Somit ergibt sich eine wechselseitige Durchdringung von Mikro- und Makroebene. Dieser Mehrebenenzusammenhang von Makrostrukturen, welche das individuelle Handeln mitbedingen, und dem Handeln von Akteuren, aus dem heraus Makrostrukturen erst erklärbar werden, wird auch als methodologischer Individualismus (vgl. z. B. Coleman 1990: 5) bezeichnet.

Eine Erklärung kollektiver Explananda auf der Basis des methodologischen Individualismus wird zumeist als dreistufiger Verknüpfungsprozess zwischen Mikro- und Makroebene

11 Hempel/Oppenheim (1948: 137) sprechen ausschließlich von „antecedent conditions“, also Anfangsbedingungen. In der sich auf die Autoren berufenden Literatur hat sich jedoch der Begriff der Randbedingungen durchgesetzt.

dargestellt (vgl. z. B. Coleman 1990: 8 f., Esser 1991: 431 f., Hill 2002, Lindenberg/Wippler 1978: 222 f.).

Im ersten Schritt, der „Logik der Situation", geht es darum, die situativ gegebenen Randbedingungen sowie ihre Wahrnehmung durch die Akteure zu rekonstruieren (vgl. z. B. Esser 1996: 94, Esser 1991: 431). Durch die Einbindung der Individuen in soziale Strukturen seien dabei neben individuellen Variablen (Wissensstand, persönliche Fähigkeiten, Einkommen etc.) immer auch institutionelle Faktoren (soziale Arrangements, Normen und Machtstrukturen) zu berücksichtigen. Die Festlegung, welche Aspekte der Situation für die Akteure Relevanz besitzen, lässt sich daher als Makro-Mikro-Verknüpfung verstehen (vgl. z. B. Kunz 1997: 32). Die Verbindung zwischen den auf der Makroebene bedeutsamen Handlungsbedingungen und der Mikroebene erfolgt über Brückenannahmen. Diese operationalisieren die objektiven Gegebenheiten auf der Makroebene für die Mikroebene. Zugleich übersetzen sie die Bedingungen der Handlungssituation in die Variablen der anschließend anzuwendenden Handlungstheorie (vgl. Esser 1999: 15 f.).

Der zweite Schritt besteht in einer Mikro-Mikro-Verknüpfung. Hier steht im Sinne einer „Logik der Selektion" die Frage im Vordergrund, auf welcher Grundlage Akteure sich unter mehreren Handlungsmöglichkeiten für die Ausführung einer bestimmten Handlung entscheiden. Dabei wird die Gesetzeskomponente des Explanans im Hempel-Oppenheim-Schema aufgegriffen und auf die bei der zuvor mithilfe der Brückenannahmen beschriebenen Handlungssituation bezogen. Es werden also mithilfe einer (möglichst universellen) Handlungstheorie die Handlungen der Akteure erklärt (vgl. Esser 1991: 431).

Die Aufgabe der Suche nach einer universellen Theorie für die Mikro-Mikro-Verknüpfung stellt sich sämtlichen Ansätzen, welche eine Erklärung bzw. Voraussage kollektiver Phänomene auf Basis des strukturell-individualistischen Analyseschemas beabsichtigen und bildet damit noch kein konstitutives Element des RC-Ansatzes. Von anderen Ansätzen unterscheidet sich der RC-Ansatz innerhalb der Logik der Selektion dadurch, dass die gesuchte Mikrotheorie hier aus dem Gesetz der Nutzenmaximierung (siehe unten) abgeleitet wird.

Im dritten Schritt, einer Mikro-Makro-Verknüpfung, werden die individuellen Handlungen zu dem interessierenden kollektiven Explanandum aggregiert. Im Rahmen dieser „Logik der Aggregation" werden „Transformationsregeln" (Lindenberg 1977) formuliert, aus denen sich das kollektive Explanandum ableiten lässt (Esser 1996: 121, vgl. z. B. Franz 1986: 45, Kunz 1997: 34 f., Lindenberg 1977: 64 f., Lindenberg/Wippler 1978: 223 f.).

Neben diesen allen RC-Modellen gemeinsamen methodologischen Grundlagen lassen sich Kern- sowie Zusatzannahmen über menschliche Eigenschaften und das menschliche Verhalten unterscheiden, mit denen das RC-Modell arbeitet. Aufbauend auf einem zuvor von Meckling (1976) formulierten Modell, wurden die anthropologischen Prämissen von Lindenberg (1985) unter der Bezeichnung „RREEMM" zusammengefasst. Menschen sind hiernach *R*esourceful, *R*estricted, *E*xpecting, *E*valuating *M*aximizing *M*en. Die anthropologischen Kernannahmen des RREEMM-Modells lassen sich im Hinblick auf den RC-Ansatz folgendermaßen zuspitzen (vgl. Esser 1996: 238): Menschen sehen sich Handlungsmöglichkeiten und Handlungsrestriktionen ausgesetzt und sie handeln zielgerichtet auf Basis energetisierender Grundlagen. Dies bedingt, dass Handeln der allgemeinen Herstellung von Wohlbefinden dient und – hier fehlt es den unterschiedlichen sozialwissenschaftlichen Disziplinen an einem einheitlichen Begriff – durch Wünsche, Präferenzen, Motive, Werthaltungen oder Bedürfnisse verursacht wird, die durch die Handlung selbst und/oder ihre Folgen befriedigt werden. Dabei stehen die Akteure vor dem Problem, dass alle zur Befriedigung erhältlichen materiellen und immateriellen Güter universeller Knappheit unterliegen, da Befriedigungsmittel zum einen nur begrenzt zur Verfügung stehen und zum anderen zu einem Zeitpunkt jeweils nur eine Handlung ausgeführt werden kann, jede Bedürfnisbefriedigung also zugleich mit dem Verzicht auf andere Arten der Bedürfnisbefriedigung einhergeht (vgl. Kunz 2004: 33 f., Kunz 1997: 48 f.). Der RC-Ansatz zeichnet sich für Esser daher dadurch aus, dass er „[...] das menschliche Handeln als eine intentionale, an der Situation orientierte Wahl zwischen Optionen auffasst [...]" (vgl. Esser 1991: 431).

Aus Knappheit und zielorientiertem Wahlzwang, die jedes Handeln charakterisieren, folgt, dass Individuen unter einer Reihe ihnen zur Verfügung stehender Handlungen jeweils jene auswählen, die unter Berücksichtigung der Handlungsrestriktionen eine bestmögliche Realisierung ihrer Ziele ermöglichen (vgl. Kunz 2004: 36). RC meint folglich, dass Individuen ihr Handeln in einer gegebenen Situation unter verschiedenen Handlungsoptionen nach dem Prinzip der Nutzenmaximierung ausrichten. Da jede Handlung über ihre Ziele im Vergleich zu anderen Handlungen mehr oder weniger präferiert wird, sind es die Handlungskonsequenzen, denen ein spezifischer Nutzenwert zukommt und von denen abhängt, welche der Handlungsalternativen ausgeführt wird. Die individuelle Handlungsregulation ist nach den Annahmen von RC somit grundsätzlich auf die Verwirklichung von Handlungszielen gerichtet. Hierbei berücksichtigten die Akteure zusätzlich, ob sie diese Ziele auch erreichen können, d. h. sie bildeten Erwartungen darüber, ob über eine Handlung spezifische Nutzenkomponenten überhaupt generierbar sind (vgl. z. B. Esser 1996: 94 f.).

Die Annahme der Nutzenmaximierung und ihre Anwendung auf konkrete Handlungssituationen innerhalb der „Logik der Selektion" bilden den nomologischen Kern von RC und damit aller Theorien und Modelle, die sich auf den RC-Ansatz berufen. Der Nutzenbegriff ist im RC-Modell dabei sehr weit gefasst. Er bildet eine generelle Disposition des Handelns und umfasst sämtliche materiellen und nichtmateriellen Elemente der Situation, die dazu geeignet erscheinen, die eigene Lebenssituation zu verbessern. Negative Nutzenelemente, die auf dem Weg der Zielerreichung in Kauf genommen werden müssen, bilden demgegenüber die Kosten des Handelns. Auch der Kostenbegriff ist im Verständnis des RC-Ansatzes weit gefasst. Mit ihm wird die Gesamtheit aller materiellen und nichtmateriellen Reize bezeichnet, die eine Handlung als unattraktiv erscheinen lassen. Folglich stellen sämtliche Elemente einer Situation, denen Nutzen zugeschrieben wird, für den Akteur positive Anreize dar, eine Handlung auszuführen, über die er diesen Nutzen verwirklichen kann. Demgegenüber bilden sämtliche

Elemente einer Situation, die mit Kosten verbunden sind, negative Anreize zur Handlungsausführung. Anreize erhalten damit einen zentralen Stellenwert im RC-Ansatz, weil sie den auf der Grundlage elementarer Kosten-Nutzen-Kalküle geführten Selektionsvorgang steuern (vgl. Kunz 1997: 17), indem sie Handlungen in Form antizipierter Kosten und Nutzen hervorheben und damit mehr oder weniger erstrebenswert erscheinen lassen, d. h. im positiven Fall anziehen und im negativen Fall abstoßen.

Da zu keinem Zeitpunkt nur eine Handlung möglich ist und jede Handlung prinzipiell mit einer Vielzahl von Kosten- und Nutzenaspekten, also positiven und negativen Anreizen verbunden ist, definiert sich die Situation maßgeblich durch die vom Individuum wahrgenommenen Anreize. Nutzenmaximierung bzw. Rationalität meint, dass Akteure folgenorientiert handeln und somit stets danach streben, ausgehend von ihren Zielen und den Handlungsrestriktionen, das Beste aus ihrer Situation zu machen, indem sie den Anreizen der Situation folgen (vgl. Kunz 2004: 37). Bei dem hier dargestellten Rationalitätsbegriff ist es also unerheblich, ob die getroffene Entscheidung auch nach wissenschaftlichen Gesichtspunkten objektiv rational erfolgt. Rational ist die Selektion der Handlung im Verständnis des RC-Ansatzes immer dann, wenn das Individuum die Selektion aufgrund einer Gewichtung der möglichen Alternativen hinsichtlich seiner Ziele und Erwartungen und damit nach einer nutzenmaximierenden Regel vornimmt (vgl. Esser 1999: 216, Hill 2002: 50 f.). Dies gilt auch, wenn die Nutzeneinschätzung des Ziels und die Erwartungen über dessen Eintritt objektiv falsch sind. Individuen stellen also nicht einfach richtig fest, was für sie die Situation sein sollte und verhalten sich entsprechend (vgl. Goffman 1977: 9), sie versuchen vielmehr „[...] diejenige Situation herzustellen oder aufzusuchen, in der sie die Befriedigung ihrer Bedürfnisse *erwarten*“ (Kuhl 1983: 115, Herv. M.W.). Der Unterschied zwischen subjektiver und objektiver Rationalität findet sich unter anderem in Webers Unterscheidung von „zweckrationalem“ und „richtigkeitsrationalem“ Handeln (vgl. Weber 1988: 432 f.) sowie in der Unterscheidung von Konstruktionen ersten und zweiten Grades bei Schütz (1971: 7).

Das RREEMM-Modell stellt einen anthropologischen Entwurf dar, welcher das in der neoklassischen Mikroökonomie üblicherweise verwendete Modell des Homo Oeconomicus und die soziologische Handlungstheorie nach Durkheim und Parsons („Homo Sociologicus“) als Sonderfälle einschließt.[12] Um z. B. von RREEMM zum Homo Oeconomicus zu gelangen, müssen die oben dargestellten Kernannahmen um Zusatzannahmen erweitert werden (etwa: ausschließliche Orientierung am eigenen Wohlergehen; Orientierung an objektiven, leicht feststellbaren Anreizen; hohe Gegenwartspräferenz; abnehmender Grenznutzen der von Gütern ausgehenden Anreize; intra- und interindividuell zeitlich stabile Präferenzen/Bedürfnisse, vollständige Information) (vgl. Esser 1991: 431, Etzrodt 2003: 30 f., Kunz 2004: 39 f., Lindenberg 1985: 100).

12 Die hier vertretene Sichtweise ist in der Literatur umstritten. Während z. B. Esser und Kunz (vgl. Esser 1996: 238 f., Kunz 1997: 18 f.) begründen, dass Homo Oeconomicus sowie Homo Sociologicus (einseitig eingeschränkte) Spezialfälle der von Meckling und Lindenberg formulierten Modelle darstellen, finden sich zahlreiche Positionen, in denen Lindenbergs RREEMM und Mecklings REMM als moderner Homo Oeconomicus bezeichnet und soziologischen Handlungstheorien gegenübergestellt werden (vgl. z. B. Etzrodt 2003: 14, Miebach 2010: 20 f.).

Diese die Kernannahmen des RC-Ansatzes ergänzenden Annahmen werden in der Mikroökonomie axiomatisch behandelt. Wie auch andere partialtheoretische Annahmen sind sie jedoch als Zusatzannahmen zu betrachten, weil ihre Ablehnung im Gegensatz zu einer Ablehnung der Kernannahmen nicht zu einer Aufgabe des gesamten RC-Ansatzes führt. Zusatzannahmen bilden Randbedingungen im Sinne von Hempel/Oppenheim (1948), derer sich unterschiedliche Disziplinen häufig bedienen, um die inhaltliche Unbestimmtheit der Nutzenmaximierung zu spezifizieren und auf diese Weise konkrete, sie interessierende kollektive Explananda zu erklären. Theorien und Modelle, die im Rahmen der Auseinandersetzung mit Anreizen herangezogen werden, erscheinen nicht zuletzt deshalb so verschieden, weil sie sich unterschiedlicher Heuristiken bedienen, um die Bedingungen der Situation und der Handlungsselektion zu strukturieren, sich also jeweils anderer Zusatzannahmen bedienen. Von der allgemeinen Maximierungsannahme, d. h. dem nomologischen Kern, weichen die partialtheoretischen Ansätze dabei nicht ab.

Pfister/Konerding (1996: 91) machen den Unterschied zwischen Handlungsgesetz und partialtheoretischen Randbedingungen über eine Differenzierung von „Selektionsproblem“ und „Gestaltungsproblem“ innerhalb der im Rahmen der Logik der Selektion herangezogenen Handlungstheorie deutlich: Das Selektionsproblem beinhaltet die Frage, welche Option ein Akteur aus der Menge der verfügbaren Alternativen auswählt. Im RC-Ansatz wird diese Frage, wie bereits beschrieben, mit einer Optimierungsannahme beantwortet, bei der Akteure diejenige Alternative vorziehen, deren Nettonutzen maximal ist bzw. die den größten Anreizwert besitzt. Hierbei bleibt zunächst noch unklar, auf welchen Entscheidungsregeln die Handlungswahlen der Akteure letztlich basieren, weshalb die zunächst noch allgemeine Maximierungsannahme über Gestaltungsannahmen zu präzisieren sei (vgl. Pfister/Konerding 1996: 91). Gestaltungsannahmen beziehen sich auf die Elemente der Nutzenbildung, im RC-Ansatz also die Nutzenbewertungen und Eintrittserwartungen der einzelnen Handlungsfolgen sowie deren formale Kombinierung. Sie lassen sich als intrapersonelle mentale Abwägungsprozesse verstehen, die von den Akteuren kardinal angegeben werden können und damit empirisch überprüfbar sind. Gestaltungsannahmen lassen sich nicht deduktiv aus dem Handlungsgesetz ableiten, was zur Herausbildung einer Vielzahl von Entscheidungsregeln geführt hat. Sie sind allesamt mit der Maximierungsannahme vereinbar und bilden damit im engeren Sinne keine eigenständigen Theorien, sondern begründen unterschiedliche Konzepte und Modelle von RC (vgl. Kunz 1997: 89).

Wenn nachstehend, im Hinblick auf die Formulierung einer allgemeinen Definition von Anreizen in der beruflichen Weiterbildung, auf die konkrete Auseinandersetzung mit Anreizen in den Sozialwissenschaften eingegangen wird, so erfolgt dies mit Bezug auf unterschiedliche Gestaltungsannahmen bzw. Randbedingungen, jedoch stets vor dem Hintergrund des auf Nutzenmaximierung basierenden RC-Ansatzes als Metatheorie sowie den oben dargestellten Kernannahmen.

2.2.2 Anreize in der (berufs-)pädagogischen Diskussion

In der (berufs-)pädagogischen Diskussion werden der RC-Ansatz und seine anthropologischen und methodologischen Grundlagen nahezu ausschließlich implizit aufgegriffen. Schon der Begriff „Anreiz" findet weder in den einschlägigen Handbüchern, Handwörterbüchern und Lexika der Disziplin Erwähnung (Andresen et al. 2009, Arnold/Lipsmeier 2006, Arnold/Nolda/Nuissl 2010, Bredow/Dobischat/Rottmann 2003, Georg/Grüner/Kahl 1995, Gröner/Fuchs-Brüninghoff 2004, Horn et al. 2011, Meier 1995, Nickolaus et al. 2010, Pahl/Herkner 2013, Pahl/Uhe 1998, Rauner 2006, Tenorth/Tippelt 2007)[13] noch liegen zu Anreizen in der beruflichen Bildung bislang einschlägige Sammelbände vor. Vereinzelte Veröffentlichungen zum Themenbereich befassen sich durchweg mit Teilaspekten von Anreizen (vgl. Lipsmeier 2008: 273 f.).

Kell (1982) beschäftigt sich im Rahmen eines Aufsatzes zum „Berechtigungswesen zwischen Bildungs- und Beschäftigungssystem" in einem Abschnitt zu den Funktionen von Abschlüssen auch mit deren Lernanreizfunktion. Folgt man dem Autor, so erzeugen Abschlüsse Lernanreize einerseits durch die an ihre Erteilung geknüpften Bedingungen sowie durch die mit ihnen verbundenen Berechtigungen (vgl. Kell 1982: 302).

Eine pädagogisch einschlägige Monografie, die sowohl den Anreizbegriff an zentraler Stelle (im Titel: Anreize im deutschen Schulwesen) als auch die anthropologischen und methodologischen Grundlagen des RC-Ansatzes explizit aufgreift, liegt mit der Dissertation von Loerwald (2008) vor. Der Autor analysiert Probleme der Schülermotivation, des schulischen Unterrichts, der Lehramtsausbildung sowie der Kooperation schulischer und elterlicher Erziehung als institutionell bedingte Fehlanreize im allgemeinbildenden Schulwesen. Als theoretische Grundlage wird dabei unter anderem der methodologische Individualismus bemüht. Das vermeintlich typische Verhalten der ihn interessierenden Individuen (Schüler/-innen, Lehrende, Eltern) erklärt Loerwald im Vergleich zur vorliegenden Arbeit jedoch nicht durch eine direkte empirische Erfassung kognitiv repräsentierter Kosten-Nutzen-Relationen, sondern theoretisch auf Basis der institutionellen Gegebenheiten des Bildungssystems, wodurch die Makroperspektive von Möglichkeiten und formellen wie informellen Restriktionen (schulischen) Handelns und nicht die Mikroperspektive individueller Entscheidungen im Zentrum seiner Analyse steht. Obwohl vom Anspruch her in Titel und Text auf das gesamte Bildungssystem der BRD bezogen, bleiben die berufliche Bildung sowie der Weiterbildungsbereich darüber hinaus unberücksichtigt.

Im Hinblick auf die berufliche Erstausbildung definiert Lipsmeier Anreize als sämtliche Maßnahmen, die eingesetzt werden, um Betriebe zu mehr Angebot an Ausbildungsplätzen zu stimulieren bzw. zu drängen (vgl. Lipsmeier 2008: 274). Ansätze, solche Anreize darzustellen und zu systematisieren, stammen von Lipsmeier/Georg/Idler (2003) sowie Lipsmeier (2008). Darüber hinaus beschränkt sich die Diskussion auf einige Veröffentlichungen internationaler

13 Die einzigen Ausnahmen bilden die Handbücher von Tippelt/Hippel (2010) sowie Schmidt/Tippelt (2010), in denen der Begriff jedoch jeweils in den Kapiteln zur Bildungsökonomie erwähnt wird.

Organisationen wie der OECD, dem CEDEFOP sowie der EU, wobei der Begriff auch hier lediglich am Rande erwähnt wird. Die OECD versteht unter Anreizen zur Investition in (allgemeine und berufliche) Ausbildung kaufkraftbereinigte Kapitalwerte von Bildungsabschlüssen (vgl. OECD 2010: 153 f.). Im zweiten und dritten Berufsbildungsbericht des CEDEFOP diskutieren Wilson/Briscoe (2004) sowie Barrett (2001) die Notwendigkeit von an Betriebe gerichteten monetären Anreizen, wobei unklar bleibt, welche Instrumente sie im Einzelnen unter diesen Begriff subsumieren. Während Barrett insbesondere auf Mitnahmeeffekte hinweist, die bei der Inanspruchnahme durch Großbetriebe zu erwarten seien (vgl. Barrett 2001: 400 f.), empfehlen Wilson/Briscoe deren Einführung bzw. Ausweitung auf breiter Basis (vgl. Wilson/Briscoe 2004: 61 f.). Verschiedene Publikationen der OECD verweisen demgegenüber darauf, dass in Ländern mit stark regulierten Berufsbildungssystemen und beruflich gegliederten Ausbildungs- und Beschäftigungssystemen durch die besondere Relevanz beruflicher Zertifikate und ihrem Zusammenhang mit Lohnansprüchen erhebliche Anreize für betriebliche Ausbildungsanstrengungen gegeben seien (vgl. Drake 1994, OECD 1998, Sako 1994). Hierbei wird auch die Rolle der Gewerkschaften und zuständigen Stellen unterstrichen, die durch ihren Einfluss auf Löhne der Auszubildenden betriebliche Ausbildungsbereitschaft direkt beeinflussen (vgl. Sako 1994: 129 f.). Etwas umfangreicher widmen sich dem Thema zwei Monographien der ILO. Auf der Basis von Länderstudien diskutiert Gasskov (2000, 1994) eine Vielzahl ausgewählter Ausgestaltungsformen monetärer Förderprogramme, die eine Ausweitung betrieblicher Bildungsinvestitionen zum Ziel haben.

Die in der Disziplin bislang einzige vorliegende Kategorisierung unterscheidet vier Anreizkategorien auf zwei Ebenen. Differenziert wird zwischen materiellen Anreizen, immateriellen Anreizen, personenbezogenen (oder nachfrageorientierten) Anreizen sowie institutionenbezogenen (oder angebotsorientierten[14]) Anreizen. Materielle und immaterielle Anreize sind der Ebene „Anreizobjekte“, personenbezogene und institutionenbezogene Anreize der Ebene „Anreizempfangende“ zugewiesen. Abb. 1 integriert beide Analyseebenen in einer Matrix.

14 In der Literatur wird das betriebliche Weiterbildungsengagement häufig dem „Angebot“ zugeordnet (vgl. z. B. Lipsmeier/Münk 1997: 32, Stevens 2001). Diese Begrifflichkeit ist allerdings irreführend. Unternehmen sind Nachfrager der durch Weiterbildung erzeugten Qualifikationen. Anbieter sind vielmehr die Weiterbildungsdienstleister. Häufig erbringen Unternehmen diese Leistung selbst, dann treten sie gleichzeitig als Anbieter und Nachfrager auf. Der finanzielle Beitrag der Unternehmen zur Weiterbildung ihrer Mitarbeiter ist dennoch Teil der Nachfrage (vgl. Müller et al. 2010: 5). Ich bevorzuge daher die Bezeichnung der institutionenorientierten Anreize. Letzterer findet in der beruflichen Weiterbildung zumeist für die Weiterbildungsfinanzierung öffentlicher Einrichtungen Verwendung, z. B. von Volkshochschulen (vgl. Balzer 2001: 19 f.), umfasst hier jedoch ebenfalls die an Unternehmen gerichtete nachfrageseitige Förderung.

Abbildung 1: Anreize in der beruflichen Aus- und Weiterbildung

		Anreizobjekt	
		Materielle Anreize	Immaterielle Anreize
Anreizempfangende	Personenbezogene Anreize	• Finanzielle Anreize • Zeitbezogene Anreize	• Auszeichnungen • Ehrentitel • Öffentliches Lob
	Institutionenbezogene Anreize	• Finanzielle Anreize	

Quelle: In Anlehnung an Lipsmeier (2008) sowie Lipsmeier/Georg/Idler (2003: 55 f.).

Die Möglichkeiten von Anreizen in der beruflichen Erstausbildung – um das von ihm gezogene Fazit vorwegzunehmen – sind nach Lipsmeier „[...] äußerst gering und nur beschränkt wirksam [...]“ (Lipsmeier 2008: 274). Dies führt der Autor darauf zurück, dass für das Ausbildungsengagement von Betrieben und Unternehmen vorwiegend der jeweilige Fachkräftebedarf ausschlaggebend ist.

Für die berufliche Weiterbildung gilt diese Bedingung nicht: Hier besteht anscheinend – zumindest aus makrostruktureller Perspektive – ein unermesslicher Bedarf an Maßnahmen zur Anpassung bzw. Erhöhung arbeitsmarktbezogener Kompetenzen, der sich mit dem stetigen Rückzug der Betriebe aus der klassischen dualen Berufsausbildung zugunsten der Relevanz von beruflicher Weiterbildung noch erhöht. Der Stellenwert immaterieller Anreize – Lipsmeier benennt hier öffentliches Lob, Auszeichnungen und Ehrentitel – wird im Rahmen der Darstellung seiner Anreiztopologie schnell abgehandelt: Sie spielten eine unbedeutende Rolle und seien kein wirksames Mittel zur Steigerung von Bildungsnachfrage und -angebot (Lipsmeier 2008: 275).

Wesentlich wichtiger als die Unterscheidung auf der Ebene der Anreizobjekte sei hingegen die Unterscheidung zwischen personenbezogenen und institutionenbezogenen Anreizen. Die zahlreichen Instrumente, die sich diesbezüglich bei Lipsmeier bzw. Lipsmeier/Georg/Idler finden, lassen sich auf der Seite der Institutionenorientierung als finanzielle Anreize zusammenfassen. Auf der Seite der Nachfrageorientierung kommen zeitbezogene Anreize (wie Bildungsurlaub, Arbeitszeitkonten etc.) hinzu.

Keine explizite Erwähnung findet die Instanz, die den Betrieben bzw. Individuen Anreize gewährt. Auf Basis der bisherigen Darstellungen sowie in der Betrachtung von Abb. 1 wird jedoch schnell deutlich, dass für die Autoren als Anreizgeber offenbar vorwiegend die öffentlichen Haushalte infrage kommen. Bei zumindest mittelfristig gegebenem Zusammenspiel zwischen Ausbildungs- und Arbeitsmarkt und unter der Annahme, immaterielle Anreize seien kein wirksames Mittel zur Steigerung der Bildungsnachfrage bzw. zur Bereitstellung von Bildungsangeboten, bleibt den öffentlichen Haushalten offensichtlich nur der Rückgriff auf solche Anreize, welche die Ausbildungskosten der Betriebe senken bzw. die Aufwendungen einer (Weiter-)Bildungsmaßnahme für Individuen reduzieren. In dieser Dominanz der für Bildungsprozesse anfallenden Aufwendungen scheint Lipsmeier gleichwohl einen weiteren Grund für die geringe Aufmerksamkeit zu erkennen, die dem Anreizbegriff von Vertretern der Berufs- und Wirtschaftspädagogik geschenkt wird: Anreize würden zumeist „[...] innerhalb der Finanzierungsdiskussion abgehandelt [...]“ (Lipsmeier 2008: 275). Dies ergebe Sinn, [...] da die meisten Anreize finanzieller Natur [...]“ (Lipsmeier 2008: 275) seien.

Aus dieser seitens der Anreizgeber die öffentlichen Haushalte und seitens der Anreizobjekte materielle Anreize in den Vordergrund stellenden Perspektive verwundert es nicht, dass die Grenze zwischen zahlreichen erziehungswissenschaftlichen Veröffentlichungen, die sich mit Anreizen in der beruflichen Weiterbildung beschäftigen, sowie nationalen und internationalen Arbeiten der ökonomischen Bildungsforschung zu diesem Thema (vgl. z. B. Blaug 1987, Dohmen 2008, 2007, Dohmen/Cleuvers 2003, Levin 2003, 1982, Oosterbeek 1998, Straubhaar/Winz 1992, Timmermann 2003a, 2003b, West/Sparks 2000, Wolter 2001) fließend verläuft. Hier wie dort werden zumeist verschiedene international diskutierte bzw. implementierte Modelle der monetären Nachfragefinanzierung einander vergleichend gegenübergestellt und bewertet, wobei der Bildungsgutschein als ältestes Alternativmodell der Bildungsfinanzierung über die Bildungsnachfrage im Weiterbildungsbereich deutlich in den Vordergrund tritt. Entsprechende Veröffentlichungen wurden in den vergangenen Jahren unter anderem aus dem BIBB (Koschek/Müller/Walter 2011), dem DIE (Balzer 2001, Balzer/Nuissl 2000), der Hans-Böckler-Stiftung (Sachverständigenrat Bildung 1998) sowie von Mangold/Rhyn (1999), Mangold/Oelkers/Rhyn (2000), Pirzer (2000) und Jaich (2004) vorgelegt.

Ungleich seltener betrachtet werden hingegen die zeitlichen Restriktionen einer Weiterbildung und ihre Überwindung durch flexible Arbeitszeitstrukturen (z. B. mittels Arbeits- bzw. Lernzeitkonten und Bildungsurlaub). Mit den Arbeiten von Dobischat/Seifert (2005b, 2001), Seifert/Mauer (2004), Janßen (2003) sowie Bellmann/Düll (2001) liegen vergleichsweise wenige Studien zum Einfluss der Arbeitszeitgestaltung auf die betriebliche Weiterbildung vor, die allerdings darauf hindeuten, dass die betriebliche Weiterbildungsnachfrage mit dem Einsatz von Instrumenten zur Arbeitszeitflexibilisierung ansteigt. Die Arbeiten von Hielscher/Hildebrand (1999) und Hochmuth/Mangold (2000) verweisen überdies auf einen positiven Zusammenhang von zunehmender Arbeitszeitflexibilisierung und der Nachfrage nach nichtbetrieblicher beruflicher Weiterbildung. Dieser Zusammenhang lässt sich sowohl (negativ konnotiert) als Ergebnis einer betrieblich initiierten Auslagerung von Fortbildungsanstrengungen auf die Beschäftigten als auch (positiv konnotiert) als Potenzial für das Wachstum beruflich relevanter Weiterbildung interpretieren. In jedem Fall stellt er einen Ausdruck der zunehmenden Entgrenzung der privaten und beruflichen Lebenssphären und folglich der wachsenden Relevanz individueller Investitionen von Zeit und Geld für berufliche Weiterbildung dar, selbst wenn diese nicht primär aufstiegsorientiert stattfindet.

Die genannten Arbeiten verdeutlichen überdies bereits, dass sich die Debatte um Anreize im Weiterbildungsbereich nicht ausschließlich in einer rein monetären Betrachtung erschöpft, auch wenn dieser Teil der Diskussion besonders ausgeprägt ist und sich die für Weiterbildung zur Verfügung gestellte Zeit sowie monetäre Mittel grundsätzlich auch als Substitute darstellen lassen (vgl. Dobischat/Seifert 2005b).

Die Diskussion bleibt überdies nicht allein auf die für Weiterbildung zu erbringenden monetären und zeitlichen Investitionen beschränkt: Im Rahmen der einleitend genannten Berichtssysteme und Personenbefragungen werden in regelmäßigen Abständen Individualdaten zu einer großen Bandbreite von Nutzen- und Kostenaspekten erfasst, die in direktem Zusammenhang mit einer Teilnahme an beruflicher Weiterbildung stehen. Die Nennungen verweisen deutlich darauf, dass nicht vorwiegend die durch formalisierte Kurse und Lehrgänge hervorgerufenen monetären, zeitlichen, beruflichen und familiären Belastungen die individuelle Bereitschaft zur Weiterbildungsbeteiligung hemmen, sondern insbesondere der aus subjektiver Sicht fehlende Bedarf (vgl. Baethge/Baethge-Kinsky 2004: 55, Weiß 2010: 376). Auf der anderen Seite geben die Daten zudem Hinweise darauf, dass nicht in erster Linie die Hoffnung auf ein steigendes Einkommen, sondern die persönlich-berufliche Entwicklung sowie die Sicherung des Arbeitsplatzes wesentliche Gründe zur Aufnahme außerbetrieblicher Weiterbildungsarrangements darstellen (vgl. Beicht/Krekel/Walden 2006).

Die Fülle an Daten und Analysen zu Nutzen- und Kostenaspekten einer Teilnahme an beruflicher Weiterbildung darf jedoch nicht mit einer Auseinandersetzung um Teilnahme- oder Abstinenzanreize verwechselt werden. Sowohl ihre Erfassung als auch ihre Analyse basieren mehr auf phänomenologischer Evidenz, als dass sie vor dem Hintergrund eines theoretischen Rahmens erfolgen, der das Weiterbildungsverhalten im oben dargestellten Mehrebenenzusammenhang abbildet (vgl. z. B. Bolder/Hendrich 2000, Holzer 2004: 122, Röchner 1987: 6 f.).

Die vorgenannten Studien tun sich so trotz der von ihnen angebotenen Datenvielfalt oft schwer, aus den Angaben zu individuellen Nutzen- und Kostenaspekten kohärente und sparsame Erklärungsmuster von Weiterbildungsbeteiligung respektive Weiterbildungsabstinenz auf der Makroebene abzuleiten. Ausdruck des mangelnden theoretischen Bezugs ist einerseits die Heterogenität der Termini, die verwendet werden, um die (Nicht-)Teilnahme an beruflicher Weiterbildung zu beschreiben. Studienübergreifend klare Begriffskonzepte liegen nicht vor: Der Anreizbegriff selbst wird nicht verwendet. Erhoben und interpretiert werden *Gründe, Motive* und *Hemmnisse* zur Erfassung der Ursachen von Abstinenz sowie *Ziele, Gründe, Motive* und *Nutzen* zur Deutung der Teilnahme an Weiterbildung.

Neben der semantischen Unklarheit führt die mangelnde theoretische Fundierung zu methodischen Problemen hinsichtlich der konkreten Abfrage von Nutzen- und Kostenaspekten von Weiterbildung in den jeweiligen Erhebungsinstrumenten. Erstens ist die Erfassung von Kosten- und Nutzenaspekten nicht im Hinblick auf eine genau umgrenzte Weiterbildungssituation formuliert, d. h. die abgefragten Kosten- und Nutzendeterminanten werden nicht als potenzielle Folgen einer konkreten Weiterbildungsteilnahme und die Antizipation der Determinanten damit auch nicht als Ursache der Entscheidung für bzw. wider eine spezifische Weiterbildung betrachtet (Konkretisierungsproblematik). Die Kosten- und Nutzendeterminanten beziehen sich vielmehr entweder auf nicht näher benannte Kurse in der Vergangenheit (bei ehemaligen Teilnehmenden) oder bilden (bei bislang Abstinenten) situationsübergreifende Pauschalurteile[15] ab.

Bei der Erfassung des Nutzens aus vergangenen Weiterbildungsteilnahmen sowie der Angaben zu Gründen, die eine Teilnahme an beruflicher Weiterbildung verhindert haben, wird überdies nicht präzise zwischen der subjektiven Relevanz potenzieller Weiterbildungsfolgen und der subjektiven Erwartung, dass diese durch eine Teilnahme auch eintreten, unterschieden (Differenzierungsproblematik). Ein gutes Beispiel hierfür ist eine Untersuchung von Baethge et al. (1996) zur beruflichen Transformation in den neuen Bundesländern. Hier wurden Teilnehmende an nichtbetrieblicher beruflicher Weiterbildung zu den an Weiterbildung gestellten „Erwartungen“ befragt. Dabei (vgl. Baethge et al. 1996: 176 f.) wird nicht deutlich, ob Letztere die persönlichen Ziele der Teilnehmenden abbilden oder eher ihre Einschätzungen eines Maßnahmeerfolgs widerspiegeln. Zumeist liegt der Fokus indes auf der Erfassung von Eintrittserwartungen im Sinne von Wahrscheinlichkeiten. Zum Beispiel erfassen Bolder et al. (1994) die Eintrittserwartung beruflicher Aufstiegschancen (Item: „Keine Verbesserung der Aufstiegschancen“), lassen aber offen, inwiefern ein Aufstieg von den Befragten überhaupt erwünscht wäre. Items wie „Weiterbildung nutzt mir nichts“, die in allen Studien genutzt werden, lassen vollständig offen, ob der fehlende Nutzen ein Resultat geringer Präferenzen für die potenziellen Folgen von Weiterbildung sind, oder ob sich der fehlende Nutzen daraus ergibt, dass durchaus wünschenswerte berufliche Ziele durch Weiterbildung nicht erreicht werden können.

Ferner findet sich keine Plausibilisierung für die jeweils herangezogene Auswahl an Nutzen- und Kostenaspekten, was dazu führt, dass gleichartige Aspekte mehrfach erfasst werden, andere Aspekte hingegen unberücksichtigt bleiben und die Auswahl insgesamt willkürlich erscheint (Plausibilitätsproblematik).

Besonders im Rahmen der Erhebung von Ursachen der Nichtteilnahme sind die Studien überdies methodisch zumeist so angelegt, dass die Befragten sowohl Finanzierungsdefizite und mangelnde Freizeit als auch Aspekte eines mangelnden Nutzens als die die eigene Weiterbildung primär hemmenden Faktoren angeben können (Verzerrungsproblematik). Da Geld und Zeit aber in der Realität – unabhängig der tatsächlich verfügbaren Mengen – für alle Individuen gleichermaßen die eine Weiterbildungsteilnahme restringierenden Faktoren

15 Items wie „Keine Möglichkeit zur Verbesserung der persönlichen Berufschancen durch Weiterbildung" (Item im SOEP 2004), „Keine beruflichen/persönlichen Vorteile durch Weiterbildung" (vgl. Baethge/Baethge-Kinsky 2004), „keine Notwendigkeit für den eigenen Beruf" (vgl. Rosenbladt/Bilger 2008) lassen zudem offen, welche Aspekte des Weiterbildungsnutzens jeweils angesprochen sind.

darstellen und weil es sich bei Einschätzungen wie „Weiterbildung ist mir zu teuer“ oder „Für Weiterbildung fehlt mir die Zeit“ bereits um Kosten-Nutzen-Saldierungen handelt, entsteht durch dieses Verfahren der Abfrage ein verzerrtes Bild des tatsächlichen individuellen Entscheidungskalküls, wodurch sich die vorgenannten Erhebungen einer zielgenauen Erklärung der Weiterbildungsmotivation und folglich der durch mangelnde Nutzenwahrnehmung induzierten Weiterbildungsabstinenz verschließen.

Problematisch im Hinblick auf die kohärente Ableitung von Erklärungsmustern für Weiterbildungspartizipation und -abstinenz ist insbesondere auch, dass der tatsächlich erzielte Weiterbildungsnutzen für die Entscheidung über eine Weiterbildungsteilnahme unerheblich ist, weil er zum Entscheidungszeitpunkt nicht mit absoluter Sicherheit bekannt sein kann (ex-post-Problematik). Vielmehr ist anzunehmen, dass die Entscheidung auf der Basis von Erwartungen über den Eintritt verschiedener Nutzenaspekte basiert. Diese Erwartungen in einer konkreten Entscheidungssituation lassen sich im Rahmen von ex-post-Befragungen indes nur schwer rekonstruieren.

Die ex-post-Befragungen ermöglichen dagegen prinzipiell eine detaillierte Erfassung der individuellen Weiterbildungskosten und des nach einer Teilnahme tatsächlich eingetretenen Weiterbildungsnutzens. Allerdings lassen sich die Ergebnisse zum vermeintlichen impact der Weiterbildung auch kritisch betrachten, weil die von ihnen unterstellte Kausalität fragwürdig ist: Der Eintritt verschiedener Nutzenaspekte (z. B. Einkommenssteigerungen) lässt sich nur schwer kausal auf Weiterbildungsaktivitäten zurückführen. Neben der Weiterbildungsmaßnahme können für die Veränderungen auch nicht berücksichtigte Merkmale der Individuen oder einmalige Ereignisse, die jeweils mit der Weiterbildungsaktivität korrelieren, für den Eintritt des Nutzens verantwortlich sein (vgl. Schmid 2008: 13). Dieses Kausalitätsproblem zeigt sich auch in Studien, die versuchen, das Weiterbildungsverhalten auf der Grundlage von personen- bzw. berufsbezogenen Merkmalen, anstelle von positiven und negativen Anreizen sowie objektiven Handlungsrestriktionen zu erklären (vgl. z. B. Bilger/Rosenbladt 2011, Grund/Martin 2012, Leber/Möller 2007).

Häufig wird die Wirkung von Nutzen- und Kostenaspekten für Teilnehmende und Abstinente darüber hinaus insofern getrennt erfasst, als die Weiterbildungsteilnehmenden zu ihren Teilnahmemotiven, Nichtteilnehmende zu ihren Abstinenzgründen befragt werden (Diskriminierungsproblematik). Letztere stellen jedoch keine Negativformulierungen der Teilnahmegründe dar. Somit wird suggeriert, dass Teilnehmende ihrer Partizipationsentscheidung und Nichtteilnehmende ihren Abstinenzentscheidungen jeweils unterschiedliche Kalküle zugrunde legen, sich also beide Gruppen bezüglich ihrer grundsätzlichen Entscheidungslogik voneinander unterscheiden. Eine integrierte Untersuchung der prinzipiellen Entscheidungslogik von Teilnehmern *und* Nichtteilnehmern ist damit ausgeschlossen.

In den Untersuchungen des Instituts zur Erforschung sozialer Chancen in den 1990er Jahren (vgl. Bolder/Hendrich 2000, Bolder et al. 1994, Bolder/Hendrich/Reimer 1998, Bolder et al. 1998) wurde der methodologische Individualismus explizit aufgegriffen.

Deutlich werden hier (vgl. Bolder/Hendrich 2000: 39) sowohl die Makro-Mikro-Verknüpfung zur Rekonstruktion der Logik der Situation, deren Parameter auf die individuelle Entscheidung über Weiterbildungsteilnahme bzw. Abstinenz einwirken, als auch die Mikro-Mikro-Verknüpfung, auf deren Basis sich die individuelle Weiterbildungsselektion erst nachvollziehen lässt. Die Formulierung der für die Mikro-Makro-Verknüpfung notwendigen Transformationsregeln erfolgte anschließend im Rahmen partieller Definitionen (vgl. Esser 1996: 121) verschiedener „Phänotypen" beschäftigungsnaher Weiterbildungsabstinenter (Verhinderte, Desinteressierte, Verweigerer, Ausweicher, Widerständler). Dass die Autoren als Selektionsregel zudem die Nutzenmaximierung nach dem RC-Ansatz aufgreifen, wird an anderer Stelle besonders sichtbar (vgl. Bolder/Hendrich 2000: 34 f.).

Unter methodologischen Gesichtspunkten kritisch kann zum einen angemerkt werden, dass innerhalb der Logik der Selektion keine Präzisierung der Maximierungshypothese durch entsprechende Gestaltungsannahmen erfolgte, was vermutlich zum einen darin begründet liegt, dass Gestaltungsannahmen der empirischen Prüfung kardinal bewerteter und daraufhin mathematisch kombinierter Variablen dienen, die Logik der Selektion im Rahmen der Untersuchung hingegen auf der Basis problemzentrierter Interviews umgesetzt wurde, in deren Rahmen formale Variablenverknüpfungen ohnehin nicht prüfbar gewesen wären. Zum anderen erschöpfte sich die Fragestellung der Studie nicht in der Erklärung bzw. Prognose einmaliger intra- oder interindividueller Handlungsentscheidungen, sondern hatte zum Ziel, das Weiterbildungsverhalten im Verlauf der gesamten Erwerbsbiografie nachzuvollziehen. Im Hinblick auf die Beschäftigung mit Anreizen kritischer ist daher vielleicht, dass die Logik der Situation und die Logik der Selektion in der Untersuchung erstens nur in losem Zusammenhang stehen, da die Randbedingungen ungeachtet der Ergebnisse auf der Makroebene exklusiv für die in den qualitativen Interviews betrachteten Personen ad hoc erhoben wurden, und dass sich die Ermittlung der Randbedingungen im Rahmen der Logik der Situation selbst nicht von der Vorgehensweise der quantitativen Weiterbildungsberichterstattung unterschied, wodurch sich ihre Angemessenheit bestenfalls unter Plausibilitätsgesichtspunkten beurteilen lässt.

So sehr sich also im erziehungswissenschaftlichen Diskurs bei näherer Betrachtung eine ausgeprägte Debatte über Kosten und Nutzen der beruflichen Weiterbildung nachzeichnen lässt, die neben den monetären auch die psychosozialen Restriktionen von Weiterbildungspartizipation sowie zielbezogene Nutzenerwägungen der Individuen umfasst, so wenig Klarheit besteht hier bezüglich der Bestimmung eines umfassenden und insbesondere bezüglich des Weiterbildungsnutzens konsistenten Anreizinstrumentariums (Was sind Anreize in der beruflichen Weiterbildung?) sowie hinsichtlich ihrer Wirksamkeit zur Stimulierung von Weiterbildungsbeteiligung bei Erwerbstätigen (Wie wirken Anreize in der beruflichen Weiterbildung?).

2.2.3 Die volkswirtschaftliche Perspektive: Restriktionszentrierte Heuristik

Die Bildungsökonomie beschäftigt sich als Teildisziplin der Wirtschaftswissenschaften unter Rückgriff auf ökonomische Begriffe und Theorien, Methoden und Instrumente mit Fragen der Finanzierung und des Ressourceneinsatzes, der wirtschaftlichen Steuerung sowie der Bewertung des Outputs und der Erträge von Bildungsprozessen (vgl. Weiß 2010: 367). Zunehmende Forderungen einer effizienten Steuerung des Bildungswesens seitens der Bildungspolitik lassen sich auf einen Bedeutungszuwachs validen, ökonomischen Wissens zurückführen, das als Informations-, Kontroll- und Steuerungsgrundlage zur effektiven, effizienten und gerechten Ressourcenverteilung für Bildungszwecke genutzt werden soll (vgl. Hummelsheim/Timmermann 2010: 93, Weiß 2010: 367). Hierbei kommt dem Bereich der beruflichen Weiterbildung eine besondere Rolle zu, da die marktförmige Organisation und Finanzierung dort wie in keinem anderen Bildungsbereich besonders stark ausgeprägt sind.

Die Darstellung von Makrozusammenhängen auf mikrotheoretischer Basis findet sich in der bildungsökonomischen Forschung im Hinblick auf berufliche Weiterbildung insbesondere in marginalanalytischen Untersuchungen zum Güterkonsum wieder. In der Marginalanalyse wird der Wert eines Gutes über seine relative Knappheit im Vergleich zu anderen Gütern bestimmt. Die Präferenzen für ein Gut werden in Form einer stetigen Nutzenfunktion dargestellt, um die Betrachtung von beliebig kleinen Nutzenveränderungen zu ermöglichen. In der Anforderung stetiger gegenüber den sonst üblichen diskreten Nutzenfunktionen erschöpfen sich jedoch bereits jene Anforderungen der Marginalanalyse, welche über die Anforderungen anderer RC-Modelle hinausgehen (vgl. Etzrodt 2003: 39). Sämtliche weiteren Zusatzannahmen stellen deutliche Einschränkungen gegenüber dem RREEMM-Modell dar:

Mit Bezug auf die Gossen'schen Gesetze (vgl. Gossen 1854) wird hinsichtlich der Nutzenfunktion in aller Regel von einem abnehmenden Grenznutzen bei gleichzeitig steigenden Grenzkosten ausgegangen. Nutzenmaximierendes Handeln erfolgt in marginalanalytischer Perspektive dann, wenn der subjektiv wahrgenommene Nettonutzen durch den Konsum einer zusätzlichen Gütereinheit nicht weiter gesteigert werden kann (vgl. Blaug 1975: 16). Ein rational handelnder Akteur müsste ein Gut demnach so lange konsumieren, bis die Kosten für eine zusätzliche Einheit des Gutes genau dem zusätzlichen Nutzen entsprechen, die ihm durch den Konsum entstehen. Diese Überlegungen zur optimalen Konsummenge sind jedoch nur von formaler Bedeutung, weil der der Konsumentscheidung vorgelagerte kognitive Prozess, also die Frage, wodurch Handeln überhaupt angetrieben wird, in der Marginalanalyse zurückgestellt wird (vgl. Blaug 1975: 106, Etzrodt 2003: 29 f.). Von Interesse sind daher weder die Präferenzen, die aufgrund der in der Ökonomie vorherrschenden – aber auch unter Vertretern anderer Disziplinen vorhandenen – Vorbehalte gegenüber Erklärungen, die auf Veränderungen in den Präferenzen sowie ihrer empirischen Erfassung rekurrieren (vgl. Braun/Franzen 1995, Etzrodt 2003: 32, Meckling 1976: 549), nicht erklärt, sondern als gegeben und konstant betrachtet werden (vgl. Hill 2002: 44, Schmidt 1996: 43 f.), noch der durch Handeln erzeugbare Nutzen, der als Handlungsgrund somit ausgeblendet wird (vgl. Meckling 1976: 549 f.). Die Nutzenfunktion repräsentiert hier lediglich die durch die Wahlhandlungen geäußerten Präferenzen für die jeweiligen Handlungsalternativen. Wahlentscheidungen werden damit nicht aus Nutzenfunktionen abgeleitet, sondern es wird umgekehrt aus den „offengelegten" Handlungen auf die Nutzenfunktionen geschlossen, ohne dass Erstere wie Letztere empirisch ermittelt werden müssten. Bei der Marginalanalyse handelt es sich daher um eine indirekte Umsetzung des RC-Ansatzes (vgl. Kunz 2004: 65 f., Kunz 1997: 47 f.). Eine weitere Einschränkung der marginalanalytischen Annahmen besteht darin, dass die Handlungsrestriktionen auf Güterpreise und das verfügbare Einkommen reduziert bleiben. Ferner werden verschiedene Handlungsalternativen nicht als Verteilungshypothesen („Entweder-oder-Entscheidungen") abgebildet, sondern als Richtungshypothesen formuliert, d. h. als Aussagen z. B. darüber, um wie viele Einheiten sich der Konsum des betrachteten Gutes bei Variation der finanziellen Restriktionen ändert (vgl. Kunz 2004: 51).[16] Letztlich spielen Eintrittserwartungen, d. h. die Unsicherheit über zukünftige Umweltzustände in der mikroökonomischen Marginalanalyse ebenfalls keine Rolle; das Handeln der Akteure wird hier immer unter vollständiger Sicherheit betrachtet (vgl. Esser 1996: 236).

Die Darstellung der wechselseitigen Verschränkung von Makro- und Mikroebene wird durch all diese Zusatzannahmen stark verkürzt. Durch die Annahme konstanter Präferenzen und vollständiger Information entfällt grundsätzlich die Notwendigkeit, mit Nutzen bewertete Handlungskonsequenzen sowie deren Eintrittserwartungen zu ermitteln und über entsprechende Gestaltungsannahmen miteinander zu verknüpfen. Da zudem auch die Handlungsrestriktionen sowie die Handlungsalternativen sehr eingeschränkt operationalisiert und überdies als gegeben betrachtet werden, wird letztlich die gesamte Rekonstruktion der Logik der Situation obsolet (vgl. Etzrodt 2003: 29 f.).

Der genannten Kritik lässt sich entgegenhalten, dass es auf Basis der „restriktionszentrierten Heuristik" (Etzrodt 2003: 32) möglich ist, Verhaltensänderungen und interpersonelle Unterschiede in der Handlungswahl eindeutig auf Änderungen der bzw. Unterschiede in den finanziellen Handlungsrestriktionen zu bestimmen. Konkrete Ansätze, marginalanalytische Überlegungen auf den Konsum von Bildung und Weiterbildung zu übertragen, finden sich z. B. bei Lith (1983) sowie Straubhaar/Winz (1992).

Neben der marginalanalytischen Betrachtung beschäftigen sich zahlreiche bildungsökonomische Theorien wie z. B. die Humankapitaltheorie, die Segmentationstheorie, die Filtertheorie, die Arbeitsplatzwettbewerbstheorie sowie die radikale Theorie mit der Deutung des Zusammenhangs zwischen Bildung und Erwerbseinkommen (für einen Überblick vgl. Becker/Hecken 2008, Hummelsheim/Timmermann 2010). Die Humankapitaltheorie (vgl. Becker 1993a, Mincer 1974, Schultz 1986, Schultz 1961) hat sich dabei trotz umfangreicher

16 Richtungshypothesen werden jedoch gerade auch bei Querschnittsuntersuchungen in empirischen Prüfungen von Erwartungs-mal-Wert Theorien formuliert. Siehe hierzu die Diskussion um die within subjects- vs. between subjects-Analyse.

Kritik als bildungsökonomische Referenztheorie durchgesetzt. Der humankapitaltheoretische Ansatz stellt insofern eine Erweiterung der marginalanalytischen Betrachtung dar, als Anreize zum Handeln nicht ausschließlich auf Änderungen der Handlung zugrunde liegender Restriktionen zurückgeführt werden. Neben Präferenzen, die allerdings auch im humankapitaltheoretischen Ansatz dem Stabilitätspostulat unterliegen (vgl. Stigler/Becker 1977), basiert das Modell ganz wesentlich auf der Vorstellung variabler Kapitalstöcke (vgl. Becker 1993a, Etzrodt 2003: 34). Bildungsaufwendungen von Unternehmen, Individuen oder staatlichen Akteuren werden als Investitionen in Humankapital, d. h. am Arbeitsmarkt verwertbares Leistungspotenzial betrachtet, welche die Leistungsfähigkeit des Humankapitalträgers erhöhen und in der Folge zu einer höheren Entlohnung gemäß der Grenzproduktivität seiner Arbeit führen. Aufwendungen finanzieller und zeitlicher Ressourcen für Bildungsprozesse werden hiernach folglich getätigt, um damit in der Zukunft wirtschaftliche Erträge zu erzielen. Die Akteure investieren dabei so lange in ihren Humankapitalstock, wie damit finanzielle Nettoerträge generiert, d. h. den Bildungsaufwand übersteigende Betriebsgewinne, Erwerbs- oder Volkseinkommen erzielt werden können. Für Erwerbstätige besteht also im Vergleich zur marginalanalytischen Betrachtung ein zusätzlicher, nutzenbezogener Anreiz zur Teilnahme an beruflicher Weiterbildung darin, Lohnerhöhungen zu verwirklichen. Dieser Anreiz besteht so lange, wie der Gegenwartswert der erwarteten Investitionserträge sämtliche notwendigen Ausgaben für Weiterbildung im Saldo übersteigt (vgl. Behringer 1999: 34). Nichtmonetäre Nutzenaspekte werden im ursprünglichen humankapitaltheoretischen Modell zunächst ausgeblendet. Später wurde das Modell jedoch auch auf nichtmonetäre Kompensationssysteme von Bildungsinvestitionen ausgeweitet (vgl. Büchel/Pannenberg 2004, Carmichael 1983, Kahn/Huberman 1988, Prendergast 1993), sodass sich aus humankapitaltheoretischer Perspektive auch berufliche Aufstiege sowie Arbeitsplatzsicherheit als Anreize zur Bildungspartizipation betrachten lassen. Das Gros der empirischen Arbeiten zum mikroökonomischen Weiterbildungsnutzen stellt dennoch positive Lohneffekte in den Vordergrund der Betrachtung (vgl. Schmid 2008: 23 f.).[17]

Auf der Seite der Bildungsausgaben werden hingegen ausschließlich monetäre Ausgaben und investierte Zeit (vgl. Becker/Hecken 2008, Dobischat/Seifert 2005b, Ewerhart 2003: 13, Seifert/Mauer 2004) berücksichtigt, wobei Letztere in der Regel ebenfalls mit durchschnittlichen Stundensätzen in Geldeinheiten umgerechnet wird.

Hinsichtlich der tatsächlichen Ertragswirksamkeit von beruflicher Weiterbildung existieren keine einheitlichen Befunde. Sie differieren nach dem Beobachtungszeitraum, der Datengrundlage und den jeweils gewählten ökonometrischen Modellen, sodass das vorliegende Material zu ambivalenten Ergebnissen führt. Dies gilt sowohl für individuelle als auch für betriebliche berufliche Weiterbildung. Weiß (2010: 379 f.) führt die mangelnde empirische Be-

17 Die OECD erfasst unter dem Indikator „What are the incentives to invest in education" ausschließlich monetäre Einkommenseffekte auf der Seite der Individuen sowie Einnahmen-/Ausgabeneffekte der öffentlichen Haushalte (vgl. OECD 2009: 152 f.).

lastbarkeit ferner darauf zurück, dass sich Weiterbildung nicht unmittelbar, sondern vielfach erst längerfristig auszahle, was die Erfassung kausaler Wirkungen von Bildungsmaßnahmen erschwere und dass aufgrund der Dominanz von Anpassungsfortbildungen ohnehin keine nachhaltigen ökonomischen Zugewinne zu erwarten seien. Hinzu kommt, dass die Weiterbildungsteilnehmenden häufig eine „positive Auswahl" darstellen, sodass sich die sich nach der Weiterbildung einstellenden Folgen nicht ohne Weiteres kausal auf Weiterbildungseffekte zurückführen lassen (vgl. Becker/Hecken 2008: 152).

Verschiedene Studien kommen zu dem Ergebnis, dass die Bruttomonatseinkommen von Teilnehmenden signifikant über denen von Nichtteilnehmenden liegen (vgl. Becker/Schömann 1996, Büchel/Pannenberg 2004, Lechner 1999, Pannenberg 1998, Pannenberg 1997, Pannenberg 1995, Pannenberg/Helberger 1997). Dies gilt jedoch nicht für alle Formen von beruflicher Weiterbildung, außerdem differieren die Ergebnisse deutlich für verschiedene Personengruppen (insbesondere nach Alter und Geschlecht) (vgl. Becker/Schömann 1996) sowie nach der Maßnahmedauer. Demgegenüber können in anderen Studien basierend auf den gleichen Datengrundlagen keine oder höchstens tendenzielle Effekte nachgewiesen werden (vgl. Behringer 1999: 170 f., Hübler 1998, Pischke 2001). Ebenso diskrepant sind die Ergebnisse zum Zusammenhang von Weiterbildung und einer Verringerung des Arbeitslosigkeitsrisikos (vgl. Fitzenberger/Prey 1998, Hübler 1998, Lechner 1999, Pannenberg 2001) sowie individuellen Karriereverläufen (vgl. Büchel/Pannenberg 2004, Pannenberg 1997, Pannenberg 1995). Aus Sicht der Betrachtung von Anreizen als Auslöser von Weiterbildungsbeteiligung gegenüber den auf der Humankapitaltheorie basierenden empirischen Untersuchungen kritisch anzumerken sind die ihnen unterliegende Ex-post-Problematik und das daraus folgende Kausalitätsproblem (s. o.): Das Teilnahmeverhalten wird hier nicht auf die subjektive Abwägung von Nutzenerwartungen in einer Entscheidungssituation vor der etwaigen Teilnahme, sondern auf die vermeintlich durch Weiterbildung „tatsächlich" erzielten Weiterbildungserträge zurückgeführt.

Für die betriebliche Weiterbildung wird angenommen, dass weiterbildungsaktive Unternehmen im Vergleich zu nichtaktiven Unternehmen erfolgreicher wirtschaften (vgl. Zwick 2002). Der Nachweis sozialer Renditen stellt sich gegenüber der Ermittlung privater Bildungsrenditen für Individuen und Betriebe nochmals komplizierter dar, weil diese sich nicht befriedigend quantifizieren lassen. Trotz entsprechender Versuche (vgl. z. B. Lange/Topel 2006, McMahon 2000, Vila 2000) werden sie überwiegend als spekulativ bezeichnet (vgl. Gasskov 2000: 7, Schmid 2008: 88, Timmermann 1998b: 349, Weiß 2010: 382).

Neben der Debatte um Bildungsrenditen werden Anreize in der bildungsökonomischen Literatur hinsichtlich der Frage diskutiert, wie die für Bildungsprozesse anfallenden Kosten auf die Akteure Staat (Gesellschaft), Individuum und Betrieb zu verteilen sind.

Die Aufgabe des Staates besteht aus volkswirtschaftlicher Sicht darin, die Rahmenbedingungen für ein funktionsfähiges Marktsystem zu gewährleisten sowie im Falle von Marktversagen für ausgeglichene Partizipationschancen zu sorgen. Die Frage, ob und in welchem

Ausmaß der Staat in Bildungsprozessen gestaltend tätig werden soll, hängt also entscheidend davon ab, ob der Markt als Organisationsprinzip versagt. Marktversagen ist dann gegeben, wenn die Marktkräfte allein nicht in der Lage sind, eine ausreichende Güterversorgung und -finanzierung sicherzustellen. Wie gut dies gelingt, variiert wiederum mit den Charakteristika des jeweils betrachteten Gutes (vgl. Hummelsheim/Timmermann 2010: 99 f.). Für die Bereitstellung und Verteilung von Bildung innerhalb einer Gesellschaft ist damit von besonderer Bedeutung, welche Gutscharakteristika ihr zugeschrieben werden. Ganz allgemein betrachtet die Bildungsökonomie Bildung als ökonomisches Gut. Sie nimmt an, dass sie der Knappheit unterliegt und macht sie damit zum Gegenstand wirtschaftlichen Handelns (vgl. Hummelsheim/Timmermann 2010: 99). Während lange Zeit diskutiert wurde, ob es sich bei Bildung eher um ein Konsum- oder ein Investitionsgut handele, wird heute davon ausgegangen, dass sie als Kuppelprodukt sowohl eine Konsumkomponente als auch eine Investitionskomponente besitzt, Nutzenelemente also sowohl während der Bildungsaktivität selbst, als auch nach deren Abschluss anfallen (vgl. Timmermann 1998a: 81). Überwiegend findet sich zudem die Einschätzung, dass Bildung zugleich ein Erfahrungsgut darstellt, dessen Qualität und Wirkung vor vollzogener Nutzung unsicher sind (vgl. z. B. Buttler 1994: 34, Dobischat 1999: 114, Pirzer 2000: 30).

Die Betonung einer konsumatorischen Komponente gegenüber einer reinen Betrachtung von Weiterbildung als Investitionsgut unterstreicht, dass das strenge, nur finanzielle Erträge kalkulierende bildungsökonomische Paradigma die Komplexität der im Rahmen von Weiterbildungsentscheidungen reell wirksamen Motivstrukturen nicht abbildet (vgl. Weiß 2010: 379). Dass Bildung überwiegend als Erfahrungsgut bezeichnet wird, stellt darüber hinaus die Funktion zukünftiger finanzieller Erträge, beruflicher Aufstiege und Arbeitsplatzsicherheit als Anreize für Bildungsinvestitionen unmittelbar infrage, weil zum Zeitpunkt der Investition keine Sicherheit darüber besteht, ob Weiterbildung diese Nutzenelemente generieren kann. Die bildungsökonomische Theorie liefert keine Hinweise darauf, wie Individuen diese Informationsmängel bei einer Entscheidung für bzw. gegen Weiterbildung berücksichtigen.

Umstritten ist ferner, ob es sich bei Bildung um ein privates Gut, ein öffentliches Gut, ein Mischgut (d. h. ein privates Gut, welches Externalitäten erzeugt) oder ein meritorisches Gut handelt (s. u.). Neben Informationsdefiziten und dem fehlenden Markt für Bildungskredite lassen sich diese Gutscharakteristika als potenzielle Ursachen für das Versagen des Bildungsmarktes und als Grundlage für die Gewährung von Anreizen durch die öffentlichen Haushalte heranziehen.

Welche der genannten Konzepte diskutiert werden und welches Ausmaß bzw. welcher Stellenwert ihnen zugeschrieben wird, hängt allerdings unmittelbar von dem der Diskussion jeweils zugrunde liegenden Bildungsbereich ab, da die Gutscharakteristika zwischen den verschiedenen Bildungsstufen und -segmenten erheblich differieren (vgl. Institut der deutschen Wirtschaft 2006, Weiß 2006: 230 f.). Im Bereich der nichtbetrieblichen beruflichen Weiterbildung von Erwerbstätigen steht dabei die Diskussion im Vordergrund, ob staatliche Interventionen aufgrund von Externalitäten geboten seien, wobei die vertretenen Positionen hier sehr weit auseinandergehen (explizite Ablehnung hingegen unter anderem bei Lith 1983, starke Befürwortung z. B. bei Nagel/Jaich 2004, Weiß 2010: 381).

Staatliche Interventionen lassen sich vereinfacht auf einem Kontinuum verorten, auf dessen Endpunkten Steuerung, Angebot und Finanzierung entweder durch den Staat oder den Markt erfolgen. Weil Externalitäten aufgrund ihrer mangelnden empirischen Bestimmbarkeit weitestgehend auf der Basis von Plausibilitätsüberlegungen (vgl. Hummelsheim/Timmermann 2010: 379) diskutiert werden, ist die Übereinstimmung über die grundsätzliche Notwendigkeit des öffentlichen Engagements im Weiterbildungsbereich außerhalb der aktiven Arbeitsmarktpolitik besonders gering. Die diesbezüglich herrschende Meinung besteht derzeit darin, dass Individuen bei der Finanzierung ihrer Weiterbildungsnachfrage überall dort die Hauptverantwortung zukommt, wo der Erwerb unmittelbar beruflich verwertbarer Kompetenzen im Vordergrund steht (vgl. Expertenkommission „Finanzierung Lebenslangen Lernens“ 2004). Dennoch werden die privaten Weiterbildungsinvestitionen durch öffentliche Interventionen ergänzt, um die genannten Ursachen von Marktversagen zu kompensieren und Erwerbstätige so zu kontinuierlichen Weiterbildungsaktivitäten anzuregen.

Anreize sind hiernach Instrumente oder konkrete Maßnahmen, die darauf abzielen, die direkten und indirekten Weiterbildungskosten durch öffentliche Förderung zu senken.

Zu den konkreten Anreizen, die hinsichtlich der Vermeidung von Marktversagen in der beruflichen Weiterbildung diskutiert werden, gehören unter anderem Bildungsgutscheine, Modelle des Bildungssparens, staatliche bzw. staatlich geförderte Bildungskredite, Steuervergünstigungen, Bildungsurlaub, betriebliche Arbeits- und Lernzeitkontensysteme sowie Weiterbildungsberatung. Bezüglich der monetären Förderinstrumente lagen lange Zeit lediglich Ergebnisse von Modellversuchen mit Bildungsgutscheinen aus dem Sekundarbereich in den USA vor, die auf den Weiterbildungsbereich allerdings nur sehr eingeschränkt übertragbar sind. Bereits seit einigen Jahren werden solche Förderinstrumente jedoch zunehmend auch in der europäischen Weiterbildungslandschaft erprobt. In der BRD haben sie sich als Elemente der nachfrageorientierten Weiterbildungsförderung mittlerweile institutionell etabliert. Aufgrund ihrer zunehmenden Verbreitung liegen mittlerweile einige Evaluationsstudien vor, die Aussagen über ihre impacts ermöglichen. Diese lassen gemäß der Heterogenität der jeweiligen Einsatzparameter (länderübergreifend/landesspezifisch/regional, Systembedingungen und konkrete Ausgestaltung) zwar nicht auf die prinzipielle Wirksamkeit bestimmter Instrumente schließen, zeigen jedoch einige Tendenzen auf (vgl. hierzu Walter 2010).

2.2.4 Ökonomische und verhaltenswissenschaftliche Diskussionslinien in der Betriebswirtschaftslehre

Ackermann versteht unter Anreizen sämtliche „[...] von einem Individuum oder von einer Gruppe gewährten materiellen und immateriellen Zahlungen, die für den Empfänger einen *subjektiven* Wert [...] besitzen" (Ackermann 1974: 156, Herv. im Original). Diese „Zahlungen" sind grundsätzlich nicht auf monetäre Formen beschränkt – an anderer Stelle werden Anreize auch allgemeiner als Belohnungen (vgl. Laux 1991: 112) oder Ansporn (vgl. Weinert 1991: 123) bezeichnet –, dennoch beschränkt sich der Anreizbegriff in der betriebswirtschaftlichen Diskussion häufig auf gewährte Arbeitsentgelte und hierbei vorwiegend auf Akkord- oder Prämienlöhne (vgl. Ackermann 1974, Laux 1979: 287 f., Lindert 2001: 231). Hinsichtlich der Vergabe dieser Belohnungen steht darüber hinaus erwartungsgemäß die Betriebswirtschaft bzw. Organisation, hinsichtlich der Anreizempfangenden der Kreis der Arbeitnehmer/-innen im Vordergrund.

Ungeachtet der Dominanz monetärer Anreize lassen sich die in der Betriebswirtschaftslehre diskutierten Anreize ähnlich Abb. 1 auf mehreren Differenzierungsebenen voneinander trennen. Gegenüber der Darstellung von Anreizen in der beruflichen Bildung fallen die Differenzierungsebenen und Anreizkategorien hier wesentlich umfangreicher aus. Anreize werden unterschieden

- nach dem *Anreizobjekt*: Zu den *materiellen Anreizen* zählen Lohn- und Gehaltszahlungen, Gratifikationen, Tantiemen, Boni etc. Unter *immaterielle Anreize* lassen sich z. B. soziale Anerkennung, Bildungsmöglichkeiten, Beförderungen und persönliche Erfolgserlebnisse fassen (vgl. Ackermann 1974: 156).
- Nach dem *Anreizursprung* (vgl. Ackermann 1974: 156 f., Lattmann 1982: 166, Laux 1991: 115 f., Laux/Liermann 2005: 502 f., Schanz 1978: 194 f., Weinert 1991: 130): „Intrinsisch" sind solche Anreize, die ihren Wert unmittelbar aus den Aktivitäten der Anreizempfangenden entfalten. „Extrinsische" Anreize hingegen entstehen durch die geistige Vorwegnahme von Folgen der Aktivität. Als Anreizquelle deutlich im Vordergrund der betriebswirtschaftlichen Betrachtung steht das organisationale Management. Die Berücksichtigung weiterer Anreizquellen findet nur randständige und zumeist negativ akzentuierte Berücksichtigung. Nicht zum Management gehörende Gruppierungen innerhalb des Betriebes sowie betriebsexterne Anreizquellen werden in der Regel nicht als potenzielle Katalysatoren betrieblicher Anreizsysteme behandelt. Vielmehr wird unterstellt, dass sie die von der Organisation gewährten Anreize unterwandern und damit deren Erfolg bedrohen (vgl. Ackermann 1974: 162 f.).
- Nach der *Anzahl der Anreizempfangenden* (vgl. Ackermann 1974: 157): Anreize können grundsätzlich sowohl individualisiert als auch kollektiv gewährt werden (vgl. z. B. Laux 1979: 287 f., Lindert 2001: 102). Vor- und Nachteile differieren dabei je nach Betriebs- und Gruppengröße, dem Komplexitätsgrad der hergestellten Erzeugnisse sowie den Bemessungsgrundlagen der Anreizgewährung.
- Nach der *Richtung der subjektiven Bewertung* durch die Anreizempfangenden: Eine weitere Unterscheidung ist die zwischen *positiven* und *negativen* Anreizen. Generell gilt die Annahme, dass positive Anreize aufgesucht, negative Anreize hingegen gemieden werden. Die Diskussion um negative Anreize, die zumeist auf Kontrolle und Bestrafung durch

die Organisation reduziert werden, stellt sich kontrovers dar. Folgt man Laux (1991: 113), so führen sie erstens zu hohen Kosten, besonders bei impliziten Verhaltensnormen und variablen/unstrukturierten Aufgaben. Zweitens schafften sie keinen Anreiz, die jeweiligen Verhaltensnormen *gut* zu erfüllen, sondern würden die Aufgabenträger allenfalls dazu motivieren, sich so zu verhalten, dass die Kontrollinstanzen keine Beanstandungen geltend machen könnten (vgl. Laux 1991: 113, vgl. auch Laux/Liermann 2005: 497 f.). Gemäß Lattmann indes „[…] kann die Vermeidung einer Bestrafung einen ebenso starken Leistungsanreiz auslösen wie die Erlangung einer Belohnung" (Lattmann 1982: 161). Dass negative Anreize mithin nicht als wirksames Mittel angesehen werden, um Arbeitnehmer zu Entscheidungen zu bewegen, welche die Organisationsziele bestmöglich repräsentieren, muss als die Hauptursache betrachtet werden, weshalb sich die Betriebswirtschaftslehre mit positiven Anreizen befasst.

- Nach ihrer *Funktion*: Im Vordergrund der betriebswirtschaftlichen Gewährung von Anreizen steht der Wunsch, die von Arbeitnehmer/-innen erbrachten Leistungen durch Steuerung ihrer Entscheidungen quantitativ und/oder qualitativ zu steigern. Aus dieser Perspektive stellen Anreize *Leistungsanreize* dar. Daneben dienen Anreize im Sinne von *Selektions- oder Partizipationsanreizen* jedoch ebenfalls dazu, die Organisation im Wettbewerb mit anderen Organisationen attraktiv darzustellen, um passende Mitarbeitende anzuwerben, langfristig an den Betrieb zu binden und Fehlzeiten zu reduzieren (vgl. Lindert 2001: 100 f., Weinert 1991). Hierbei wird davon ausgegangen, dass ein Individuum bei freier Wahl des Arbeitsplatzes jenen Arbeitgeber wählt, bei welchem die Gesamtheit der gewährten Anreize ceteris paribus unter allen verfügbaren Alternativen maximal ist (vgl. March/Simon 1958: 84, Vroom 1964).
- Nach der *Generalität der Anreize*: In der verhaltenswissenschaftlichen Teildebatte (s. u.) wird besonders auf den Zusammenhang von Anreizen und individuellen Wertvorstellungen bzw. individueller Motivation verwiesen. Anreize bilden hiernach die objektive Komponente der Motivierung von Mitarbeitenden ab, wohingegen die subjektive Komponente von den individuellen Motiven bestimmt sei. Anreize können demnach nur dann eine Wirkung entfalten, wenn sie in der Lage sind, Bedürfnisse der Anreizempfangenden zu erfüllen (vgl. Weinert 1991: 124 f.). *Spezialisierte Anreize* dienen der Erfüllung spezifischer Bedürfnisse, während angenommen wird, dass *generalisierte Anreize* zur Befriedigung einer großen Anzahl von Grundbedürfnissen geeignet sind (vgl. z. B. Schanz 1978: 194 f.). Der besondere betriebswirtschaftliche Stellenwert der monetären Anreize lässt sich darauf zurückführen, dass sie vollkommen generalisierte Anreize darstellen, die vermeintlich alle Bedürfnisse zu befriedigen in der Lage sind. Die Unterscheidung zwischen *primären* und *sekundären* Anreizen hängt eng mit der Unterscheidung nach der Generalität zusammen. Primäre Anreize dienen der direkten Bedürfnisbefriedigung, während sekundäre Anreize Substitute darstellen, die für die Beschaffung von Mitteln zur Befriedigung primärer Bedürfnisse genutzt werden können und damit eine hohe Generalität besitzen (vgl. Schanz 1978: 195).

Aufgrund der mit einer systematischen Gewährung von Anreizen einhergehenden Anforderungen an Transparenz und Kontinuität wird die Kombination verschiedener Anreize zumeist als Belohnungs- oder Anreizsystem bezeichnet.

Für Laux/Liermann (2005: 505) bilden Anreizobjekte, deren Bemessungsgrundlagen sowie Belohnungsfunktionen (der funktionale Zusammenhang zwischen Belohnungen und Ausprägungen der Bemessungsgrundlage) die Basiselemente organisationaler Anreizsysteme. Die Ermittlung der Anreize setzt Kenntnisse darüber voraus, welche Reize Arbeitnehmer/-innen überhaupt als Anreize wahrnehmen, bedingt also eine verhaltenswissenschaftliche Auseinandersetzung mit den Bedürfnissen und Präferenzen der Arbeitnehmer/-innen. Um die Bedingungen dafür zu schaffen, dass sich die Entscheidungsträger an den Zielen der Organisation orientieren, steht für Laux allerdings die Passung zwischen den betrieblichen Zielen und individuellen Aktivitäten – an welche die Belohnungen zu knüpfen sind, damit die Individuen dann belohnt werden, wenn sie sich zielkonform verhalten – klar im Vordergrund (vgl. Laux 1991: 114).

Innerhalb der betriebswirtschaftlichen Debatte um Anreize lassen sich folglich zwei eng verbundene, jedoch parallel verlaufende Teildiskussionen unterscheiden: Neben eine verhaltenswissenschaftliche Diskussion über konkrete Formen zu gewährender Belohnungen tritt eine Diskussion über die ökonomischen Voraussetzungen an betriebliche Anreizsysteme. Die Grund- sowie Zusatzannahmen des RC-Ansatzes finden sich als zentrale Bestandteile beider Teildiskussionen wieder.

Laux/Liermann (2005: 498 f.) machen die aus der Sicht von Organisationen bestehenden Ziele von Anreizen am Beispiel der Leistungsanreize deutlich. Belohnungen sollen hiernach Anreizwirkungen auf den folgenden beiden Ebenen hervorrufen: Arbeitnehmer/-innen sollen motiviert werden, möglichst viele Informationen einzuholen, um eine breite Basis für zu treffende Entscheidungen zu erhalten. Darüber hinaus sollen sie dazu motiviert werden, in einer gegebenen Entscheidungssituation unter den ihnen zur Verfügung stehenden Alternativen jeweils jene auszuwählen, die sich mit größtmöglicher Wahrscheinlichkeit an den Zielen der Organisation orientiert (vgl. Laux 1979: 289).

Um sicherzustellen, dass die Arbeitnehmer/-innen im Hinblick auf die Organisationsziele optimal agieren, stehen der Organisation grundsätzlich explizite sowie implizite Verhaltensnormen zur Verfügung (vgl. Laux 1991). Implizite Verhaltensnormen zeichnen sich dadurch aus, dass Aufgabenträger, je nach Aufgabenbereich und Hierarchieebene, mit mehr oder weniger weitreichenden Entscheidungsbefugnissen ausgestattet werden. Anstatt expliziter Handlungsinstruktionen werden Ziele vorgegeben, an denen sich die Arbeitnehmer/-innen orientieren sollen. Aus einer spezifischen Anzahl an Handlungsalternativen, die bei jenen Erwerbstätigen mit weitreichenden Entscheidungsbefugnissen umfangreich und bei jenen mit geringen Entscheidungsbefugnissen eingeschränkt sind, sind aus Sicht der Organisation nun diejenigen auszuwählen, die der Erfüllung ihrer Ziele am ehesten entsprechen. Die Organisation gewährt daher positive und negative Anreize, um die Wahrscheinlichkeit paretooptimaler Erfüllung der Organisationsziele zu steigern, d. h. um zwischen den Zielen des Entscheidungsträgers und denen der Organisation eine möglichst hohe Übereinstimmung herzustellen (vgl. Lindert 2001: 102).

Die Frage, welche konkreten Anreize hierzu von der Organisation zu gewähren sind, spielt in der ökonomischen Teildiskussion eine untergeordnete Rolle. Ihre Ausführungen erfolgen zumeist am Beispiel monetärer Prämien, da diesen gegenüber nichtmonetären Anreizen vielfältige Vorteile zugesprochen werden. Seltener werden auch berufliche Aufstiege diskutiert (vgl. z. B. Schanz 1978: 216 f.), allerdings wird die Wirkung von Karriereanreizen letztlich vorwiegend auf die hiermit verbundenen Gehaltsansprüche zurückgeführt. Von der Human-Relations-Bewegung unterstrichene nichtmonetäre Anreize (wie Ansehen, zwischenmenschliche Beziehungen und Macht) werden überdies sogar als Ursachen für Fehlentscheidungen betrachtet, die durch monetäre Anreize zu verhindern seien (vgl. Laux/Liermann 2005: 506).

Im Zentrum beschäftigt sich die ökonomische Teildiskussion stattdessen mit den Bemessungsgrundlagen der Anreizgewährung, d. h. den über Indikatoren operationalisierten ökonomischen Grundlagen, denen die Anreizgewährung unterliegt, sowie mit den Prämienfunktionen, d. h. den funktionellen Beziehungen zwischen Anreizen und Bemessungsgrundlagen unter Berücksichtigung verschiedener organisationaler Kontingenzfaktoren (Verhaltensnormen, Risikoaffinitäten von Organisation und Entscheidungsträgern, Organisationsgröße und -klima, eingesetzte Technologie und Organisationsstruktur). Ein Einsatz von Anreizen ergibt sich aus betriebswirtschaftlicher Perspektive gemäß dem allgemeinen Maximierungsprinzip des RC-Ansatzes, wenn die durch verhaltensnormkonformes Verhalten der Entscheidungsträger erzielbaren Erträge sämtliche Kosten des Anreizsystems übersteigen. Die mithilfe der Anreize erwarteten Erträge werden also den Kosten gegenübergestellt, die durch die Gewährung der Belohnungen selbst, der Informationsbeschaffung durch die Entscheidungsträger sowie der Ermittlung der Anreizsysteme und ihrer Umsetzung entstehen. Ein grundlegendes Paradoxon organisationaler Anreizsysteme besteht hierbei darin, dass ihre Ermittlung und Umsetzung umso teurer werden, je mehr sie der tatsächlichen Bedürfnisbefriedigung der Anreizempfangenden angepasst sind, d. h. je stärker und je individualisierter die Anreizsysteme ausgestaltet werden.

Die Beschäftigung mit Bemessungsgrundlagen und Prämienfunktionen, der vordergründige Anspruch, das Verhalten der Entscheidungsträger an die Ziele der Organisation anzupassen sowie die Ausrichtung der Anreizgewährung gemäß nutzenmaximierender Überlegungen verdeutlicht, dass Anreizen in der betriebswirtschaftlichen Diskussion vor dem Hintergrund des RC-Ansatzes eine doppelte Funktion zukommt. In der Grammatik der Metatheorie bilden Anreize hier nicht nur einen Teil des nomologischen Kerns zur Erklärung sozialer Phänomene auf der Makroebene. Sie sind, was die ökonomische Diskussion angeht, darüber hinaus Bestandteil des zu erklärenden Explanandums selbst, wenn zunächst erklärt werden soll, unter welchen Bedingungen Organisationen ihren Entscheidungsträgern Anreize gewähren (d. h. welche Anreize der Organisation hierfür selbst gegeben sind), bevor verhaltenswissenschaftlich eruiert wird, welche Anreize Arbeitnehmer/-innen im Detail dazu bewegen, ihr Handeln nach den Zielen der Organisation auszurichten.

Die auf der Mikroebene betrachteten Akteure im Rahmen der Logik der Selektion sind in der ökonomischen Teildiskussion demgemäß nicht die Entscheidungsträger, sondern die Organisationen selbst. Dass damit die Anforderungen des methodologischen Individualismus verletzt würden, lässt sich entschieden verneinen; die Grundannahmen von RC seien nicht nur auf individuelle Akteure, sondern immer auch auf korporative Akteure anwendbar (vgl. Coleman 1990). Dies, weil korporative Akteure nicht selbst handeln, sondern stellvertretend von Mitgliedern repräsentiert werden (im vorliegenden Fall jenen Organisationsmitgliedern, die über die Ausgestaltung der betrieblichen Anreizsysteme entscheiden), denen zum einen homogene Interessen unterstellt werden können und deren Handeln zum anderen institutionalisierten Regeln unterliegt, nach denen die kollektive Organisation als Akteurseinheit funktioniert (vgl. Kunz 2004: 42).

Unter verhaltenswissenschaftlichen Gesichtspunkten geht es hingegen weniger um die Fragen der Effizienz von Anreizsystemen und welche Basis sowie Prämienfunktionen für die Verteilung von Anreizen innerhalb der Organisation zu wählen sind, sondern darum, welche Anreize von Personen innerhalb bzw. außerhalb der Organisation überhaupt gesucht werden, über welche Anreize die Organisation Kontrolle besitzt und auf welche Weise Anreize die Entscheidungen und Leistungen (potenzieller) Mitarbeitender beeinflussen.

Das zu erklärende kollektive Explanandum auf der Makroebene besteht hier folglich im Entscheidungsverhalten der Arbeitnehmer/-innen, wodurch Anreize wieder auf den nomologischen Kern von RC eingegrenzt werden und der einzelne Entscheidungsträger zugleich zum betrachteten Element auf der Mikroebene wird. Der Ausgangspunkt der verhaltenswissenschaftlichen Überlegungen besteht dabei in der Annahme, dass Arbeitnehmer/-innen ihre Entscheidungen nicht allein auf Basis der ihnen zugrunde liegenden Verhaltensnormen sowie den ihnen gegebenen Informationen und Fähigkeiten treffen. Da Entscheidungsträger zumeist keine Eigentumsrechte an den Betriebsmitteln besitzen, sie ihr Vermögen also nicht direkt über die kommerzielle Verwertung ihrer Arbeitsleistung variieren können, sei vielmehr davon auszugehen, dass sie diejenigen Aktivitäten wählen, die zu Konsequenzen führen, unter denen sie ihren persönlichen Nutzen maximieren (vgl. z. B. Lindert 2001: 102). Eine für die vorliegende Fragestellung besonders wesentliche Gemeinsamkeit beider Teildiskussionen besteht somit darin, dass sowohl jene für Organisationen bestehenden Anreize zur Gewährung von Belohnungen an Entscheidungsträger, als auch solche für Entscheidungsträger bestehende Anreize zur Ausrichtung ihrer Ziele nach denen der Organisation, ihren Wert jeweils durch die subjektive Antizipation zukünftiger Ereignisse entfalten.

Ob Reize überhaupt den Charakter positiver Anreize annehmen und wie stark ihr Einfluss das Entscheidungsverhalten der Arbeitnehmer/-innen bestimmt, ist wesentlich von den jeweils gültigen, interindividuell und zeitlich variierenden Wertorientierungen abhängig, nach denen sich Arbeitnehmer/-innen besonders auch im Rahmen der Erwerbsarbeit richten (vgl. Rosenstiel 1986). Bei der Vorhersage und der beabsichtigten Lenkung von Verhalten und Arbeitsleistung der Entscheidungsträger kommt daher der Passung zwischen individuellem „Bedürfnis“profil und gewährten Anreizen eine bedeutende Rolle zu.

Sowohl die Ermittlung der Bedürfnisse, auf die sich das Verhalten der Entscheidungsträger richtet (d. h. die Formulierung der Brückenannahmen bzw. -hypothesen), als auch die formale Darstellung des matching-Prozesses (also Formulierung der Gestaltungsannahmen) erfolgt unter Rückgriff auf Lern- bzw. motivationspsychologische Modelle. Mangels aktueller Ansätze – Lindert (2001: 233) erkennt in der Betriebswirtschaftslehre diesbezüglich einen seit längerer Zeit bestehenden Entwicklungsstillstand – erfolgt die Ableitung der Bedürfniskategorien nach wie vor unter Rückgriff auf psychologische Inhaltstheorien wie die Bedürfnishierarchie von Maslow sowie Herzbergs Satisfier-Dissatisfier-Theorie (vgl. Ackermann 1974: 157 f., Lindert 2001: 232 f., Schanz 1978: 196, Weinert 1991). Die Formalisierung der Gestaltungsannahmen hingegen rekurriert auf prozesstheoretische Erwartungs-mal-Wert Modelle (E*W-Modelle), die sich ebenfalls bereits früh mit direktem Bezug zum Leistungsverhalten in Organisationen entwickelt haben (vgl. Lattmann 1982, Porter/Lawler 1968, Vroom 1964: 159 f.), jedoch seither kontinuierlich aktualisiert und erweitert wurden und im Gegensatz zu den Inhaltstheorien überdies aufgrund ihrer präzisen Gestaltungsannahmen umfangreich empirisch fundiert sind. Die allgemeine Maximierungshypothese des RC-Ansatzes wird in E*W-Modellen über die Zusatzannahmen der Entscheidung unter Unsicherheit sowie einer multiplikativen Verknüpfung verschiedener, diese Unsicherheitskomponente abbildender Erwartungsvariablen und den subjektiven Bewertungen der Handlungskonsequenzen präzisiert. Zuletzt konnten neuere solcher Mikrotheorien besonders zum besseren Verständnis der Wirkung von tätigkeitsspezifischen (bisher: „intrinsischen“) Motivationskomponenten beitragen (vgl. Rheinberg 2004), die auf der Grundlage z. B. von Atkinsons Risikowahlmodell (vgl. Atkinson 1957) lange Zeit im Schatten der zweckspezifischen (bisher: „extrinsischen“) Motivation standen. Letzteres, bei dem es sich ebenfalls um ein E*W- Modell handelt, erklärt Motivation auf der Basis der individuellen Erfolgsorientierung, der für Handlungsalternativen wahrgenommenen Erfolgswahrscheinlichkeit sowie zweier tätigkeitsspezifischer Anreizkomponenten. Aufgrund der spezifischen Zusatzannahmen des Risikowahlmodells wurden tätigkeitsspezifische Anreize lange Zeit dahingehend interpretiert, dass sie ausschließlich für besonders leistungsorientierte Arbeitnehmer/-innen motivationsförderlich seien, während sie bei Misserfolgsorientierten Kosten erzeugten, die durch zweckspezifische Anreize kompensiert werden müssten (vgl. Ackermann 1974: 158 f., Beckmann/Heckhausen 2006: 130 f., Laux 1991: 115 f.).

2.2.5 Psychologisch-soziologischer Fokus: subjektiv erwarteter Nutzen

Die Psychologie beschäftigt sich mit dem in den anthropologischen Grundannahmen des RC-Ansatzes verankerten Streben nach Erhaltung und Verbesserung der eigenen Existenz im Rahmen des Motivationskonstrukts. Letzteres fasst alle Aspekte des Lebens zusammen, welche auf ausdauerndes und zielgerichtetes Verhaltens bezogen sind (vgl. Heckhausen/Heckhausen 2006, Rheinberg 2006b: 15). Im Kontext der didaktischen Gestaltung beruflicher Lehr-Lernsituationen definiert Straka (2001: 23) etwa Motivation als „[...] Dimension, die Verhalten auslöst, es auf etwas [...] ausrichtet (zu- bzw. abwendet), ihm Stärke und Intensität verleiht".

Die in Motivationstheorien unterstellte aktivierende Zielausrichtung motivierten Verhaltens lässt sich unter anderem danach unterscheiden, ob eher Personendeterminanten oder eher situative Aspekte der Handlung die Richtung, Intensität und Aufrechterhaltung des Handelns in den Vordergrund stellen, bzw. kurz: ob „man sich motiviertes Verhalten eher als angetrieben/‚gedrückt' oder als angezogen vorstellt" (Rheinberg 2006b: 16). Psychologische Trieb- oder „push"-Theorien (vgl. Heckhausen 1977b: 185, Walker 1969), z. B. die Triebtheorie Freuds oder frühe behavioristische Lerntheorien, führen motiviertes Verhalten auf Triebe und Instinkte zurück. Dass Aktivitäten zielgerichtet stattfinden, wird hier auf eine Kopplung zwischen Trieb bzw. Instinkt und Befriedigungshandlung, die entweder genetisch verankert ist oder ein Ergebnis zurückliegender Lernprozesse darstellt, zurückgeführt (vgl. Rheinberg 2006b: 17). So postulierte z. B. Hull, dass die Stärke einer bestimmten Verhaltenstendenz zum einen von einem unspezifischen und allgemeinen inneren Trieb („drive") abhänge und zum anderen von der erlernten Gewohnheit, d. h. der Häufigkeit, dass in der gleichen Situation eben diese Reaktion belohnt (verstärkt) wurde („habit") (vgl. Rheinberg 2006b: 37, Wilcoxon 1969: 33 f.). Die vom Menschen angestrebte Befriedigung resultiert hiernach allein daraus, dass bei erfolgreicher Handlungsausführung die Triebstärke abnimmt. Determinanten der Situation, in der sich das handelnde Individuum befindet, stellen für das Handlungsgeschehen somit in erster Linie eine Gelegenheit zur Bedürfnisbefriedigung bereit (vgl. Walker 1969: 50). Anders verhält es sich mit den im Zuge der „postbehavioristischen Rekognitivierung" (Kunz 1997: 63) entstandenen Zug- oder „pull"-Theorien.

Nachdem experimentell gezeigt werden konnte, dass sich Verhalten in erheblichem Maße über die Qualität gewährter Belohnungen variieren lässt (vgl. Crespi 1942, 1944), es sich bei Umweltreizen also um einen „eigenständigen motivationalen Sachverhalt" (Beckmann/Heckhausen 2006: 120) handeln muss, erfolgte eine Erweiterung der theoretischen Modelle um Variablen der Umwelt, denen als verhaltenswirksame Größen eine wesentliche Bedeutung zur Erklärung von Verhalten zuerkannt wurde. Bei Hull (1952) fand sich neben Drive und Habitstärke nun gleichberechtigt ein „Belohnungswert der Bekräftigung" (Rheinberg 2006b: 40), während Levin in seiner Feldtheorie die Begriffe Valenz sowie Aufforderungscharakter verwendet (vgl. Lewin 1963) und Tolman von „Zielverlangen" (vgl. Beckmann/Heckhausen 2006: 118) spricht.

In den neueren kognitiven Motivationsmodellen, die unter dem Begriff der E*W-Modelle zusammengefasst werden und bis heute die Motivationsforschung maßgeblich bestimmen, findet sich mit dem Wertbegriff eine allgemeine Umschreibung für verhaltenswirksame Umweltvariablen. Sämtlichen Ansätzen ist bei aller semantischen Vielfalt gemein, dass sie der

Handlung über die Umweltvariablen Zielbereiche zuweisen, Handeln also als Mittel-Zweck-Beziehung abbilden, und postulieren, dass Individuen den potenziellen Handlungszielen positive und negative Werte zuschreiben. Positiv bewertete Handlungsziele stellen hiernach Anreize dar, die zielgerichtetes Handeln *anziehen*. Wesentlich ist dabei, dass der Anreizbegriff nicht für objektive, sondern ausschließlich für subjektive, vom Individuum wahrgenommene und affektiv besetzte Sachverhalte steht. „Die Folgen haben für den Handelnden *Anreizwerte* bestimmter Qualität und Stärke. Was zum Handeln motiviert, sind demnach die Anreizwerte der vorweggenommenen Folgen des voraussichtlichen Ergebnisses eigener Handlungen" (Heckhausen 1977b: 175, Herv. im Original). Besonders deutlich wird die subjektive Basis von Anreizen im Rahmen der tätigkeitsspezifischen Anreize, die später systematisch in die zunächst ausschließlich auf zweckspezifische Anreize fokussierenden Motivationstheorien integriert wurden (vgl. z. B. Mitchell/Albright 1972). Im Gegensatz zu zweckspezifischen Anreizen ziehen tätigkeitsspezifische Anreize zielgerichtetes Handeln nicht über die Ergebnisse und Folgen einer Handlung an. Sie entstehen vielmehr über „Selbstbewertungsprozesse" (Beckmann/Heckhausen 2006: 139), die sich den Handlungsfolgen anschließen, oder werden auf Basis der emotionalen Bewertung der Handlung selbst gebildet, wodurch sie bereits während der Handlungsausführung wirken (vgl. Csikszentmihalyi 1985, Rheinberg 2006a).

Beckmann/Heckhausen (2006: 106) formulieren das allgemeine Maximierungsprinzip im Rahmen der E*W-Modelle folgendermaßen: „Unter Berücksichtigung seiner Erreichbarkeit wird ein Zielzustand angestrebt, der einen möglichst hohen Anreizwert hat." Bei der Wahl zwischen mehreren Handlungsalternativen werde also jene bevorzugt, bei der eine Kombination aller mit der Handlung verbundenen Anreize und der Wahrscheinlichkeit, dass diese Anreize durch die Handlung zu verwirklichen sind, maximal ist. E*W-Modelle unterscheiden sich hierbei danach, wie viele Wahrscheinlichkeitswerte zur Gewichtung der Anreize herangezogen werden, auf welche kognitiven Inhaltsklassen sich die Anreize beziehen und in welcher mathematischen Form die Verknüpfung der Variablen stattfindet.

Ausgehend von den Arbeiten von Peak (1955) sowie Georgopoulos/Mahoney/Jones (1957) differenziert Vroom (1964) im Rahmen seiner Instrumentalitätstheorie eine Erwartung, durch eigenes Handeln ein Handlungsergebnis erzeugen zu können von der Instrumentalität dieses Ergebnisses für weitere Handlungskonsequenzen. Damit unterstellt er zur Gewichtung sämtlicher Anreizwerte einer Handlung sowohl eine Handlungs-Ergebnis-Erwartung als auch eine Ergebnis-Folge-Erwartung. Dieses zunächst in der Industriepsychologie zur Voraussage von Anstrengungsgrad und Zufriedenheit am Arbeitsplatz viel beachtete E*W-Modell wurde später vielfach ergänzt und angepasst, z. B. von Heckhausen (1977a: 286) um eine Situations-Ergebnis-Erwartung, d. h. eine subjektive Erwartung, dass das Ergebnis auch ohne eigenes Zutun eintreten wird.

Hinsichtlich der Frage, welche verhaltensmotivierenden Inhaltsklassen für die anziehende Wirkung von Anreizen relevant sind, liefert die psychologische Literatur keine eindeutige Antwort. So bleibt offen, ob Anreize zielgerichtetes Handeln deshalb anziehen, weil sie individuelle Motivdispositionen anregen, oder weil sie in der Lage sind, Bedürfnisse zu befriedigen.[18] Hierbei scheint es sich um ein vorwiegend theoretisches Versäumnis zu handeln, das die empirische Forschung nicht wesentlich berührt hat. Zwar beziehen sich die theoretischen Ausführungen einiger Modelle explizit auf den Motivbegriff (z. B. Atkinson 1957, Heckhausen 1977b). Diese haben jedoch insbesondere die Experimentalforschung angeregt. In empirischen Arbeiten hat sich demgegenüber der Bedürfnisbegriff durchgesetzt. Allerdings haben die Autoren sowohl im Zuge der Modellkonstruktionen als auch bei ihrer empirischen Überprüfung eine Auseinandersetzung darüber versäumt, welche Bedürfnisse im Detail auf die Wahrnehmung situativer Reize einwirken (vgl. Deci/Ryan 1993: 229 f.).[19] Diese Ermittlung der Randbedingungen auf der Basis von Common-Sense-Wissen (vgl. Kunz 2004: 108) führt zusammen mit der grundsätzlichen Unbestimmtheit des Bedürfnisbegriffs dazu, dass die in den empirischen Arbeiten herangezogenen anreizbesetzten Ergebnisfolgen der jeweils betrachteten Handlung zwar einerseits im vorwissenschaftlichen Verständnis nachvollziehbar sind, sie andererseits jedoch in Umfang und hinsichtlich der Operationalisierung ihrer kardinalen Bewertung willkürlich gewählt erscheinen. Aufgrund des fehlenden Bezugs zu festgelegten Bedürfniskatalogen variiert der Umfang der betrachteten Anreize trotz teilweise sonst identisch formulierter Randbedingungen sowie Explananda deutlich. So berücksichtigen z. B. Georgopoulos/Mahoney/Jones (1957) im Rahmen ihrer Studie zur Erklärung von Anstrengungsverhalten am Arbeitsplatz lediglich drei Folgen (beruflicher Aufstieg, höheres Arbeitseinkommen, Verhältnis zu den direkten Kolleginnen und Kollegen), während Lawler/Suttle (1973) den Teilnehmenden ihrer Untersuchung zur Erklärung desselben Explanandums und unter Berufung auf selbiges E*W-Modell insgesamt 18 potenzielle Folgen zur Bewertung vorlegen. Die affektive Orientierung von Befragten zu den potenziellen Handlungsfolgen wird in der Literatur überdies wechselnd als Wichtigkeit/Relevanz, Attraktivität oder Grad der Erwünschtheit von Handlungsfolgen sowie als antizipierte Zufriedenheit operationalisiert (vgl. Eerde/Thierry 1996: 576).

In E*W-Modellen wird das allgemeine Maximierungsprinzip des RC-Paradigmas präzise und empirisch prüfbar ausformuliert. Bis heute besteht jedoch bezüglich der Frage, in welcher Form die Variablen in E*W-Modellen formal zu kombinieren sind, kein abschließender Konsens. Zumeist erfolgt die Ermittlung der Motivationsstärke einer Handlung über eine

---

18 Beiden Konstrukten ist zunächst gemein, dass sie im Sinne eines überdauernden Anliegens (vgl. Beckmann/Heckhausen 2006: 108) bestimmte situative Aspekte auffällig machen und für das Subjekt als bedeutsam hervorheben. Auf der anderen Seite werden jedoch schnell wesentliche Unterschiede deutlich: Motive werden als zeitstabile Vorlieben einer Person beschrieben, wohingegen Bedürfnisse im Zuge ihrer Befriedigung an Relevanz verlieren und schon allein daher weniger zeitstabil sind. Zudem wird angenommen, dass sich Motive im Gegensatz zu Bedürfnissen nicht ausschließlich auf die wahrgenommene Stärke der Anreize, sondern ebenfalls auf die Erwartungswerte auswirken (vgl. Rheinberg 2006b: 81 f., 136 f.).

19 Hinsichtlich der psychologischen Motive wird zwischen Leistungsmotiv, Anschlussmotiv, Machtmotiv, Hilfe sowie Aggression unterschieden (vgl. z. B. Heckhausen 1977b: 176). Eine ähnliche allgemein akzeptierte Strukturierung menschlicher (Grund-)Bedürfnisse existiert dagegen nicht (vgl. Kunz 1997: 232).

multiplikative Verknüpfung von Anreiz- und Erwartungswerten und eine anschließende Aufsummierung aller gewichteten Anreizwerte. Die multiplikative Verknüpfung von Wert- und Erwartungsvariable bewirkt, dass stark positiv bewertete Ereignisse bei geringen wahrgenommenen Eintrittswahrscheinlichkeiten nur geringen Einfluss auf die Wahl der betreffenden Handlungsalternative besitzen und neutrale Handlungskonsequenzen auch bei hoher Eintrittswahrscheinlichkeit keine Bedeutung für die Ausführung der Handlung haben. Diese Gestaltungsannahme kann folglich eine hohe intuitive Nachvollziehbarkeit beanspruchen. Es finden sich jedoch ebenfalls wert-erwartungstheoretische Formalisierungsvarianten, die additive oder logarithmierte Zusammenhänge von Wert- sowie Erwartungsvariablen voraussetzen (vgl. Beckmann/Heckhausen 2006: 121, 140, Kunz 1997: 78 f.).

Empirische Untersuchungen, in denen unterschiedliche Gestaltungsannahmen getestet wurden, stützen die multiplikative Modellannahme als vermeintlich „beste" Variante nicht durchgängig (vgl. Beckmann/Heckhausen 2006: 139 f., Eerde/Thierry 1996). Nicht gesichert ist ferner, ob eine additive oder multiplikative Verknüpfung tätigkeitsspezifischer Anreize mit Eintrittserwartungen besser zur Güte der Voraussage zielgerichteten Handelns beiträgt bzw. ob tätigkeitsspezifische Anreize überhaupt zu gewichten sind (vgl. Rheinberg 2006b: 143).

Im bereits angesprochenen Risikowahlmodell von Atkinson wurden ausschließlich die beiden Anreize Stolz bei Erfolg und Scham bei Misserfolg einbezogen, um leistungsmotiviertes Handeln vorauszusagen (vgl. Heckhausen/Rheinberg 1980: 15 f.). Das Modell steht für eine Reihe früher kognitiver Motivationstheorien, die geeignet sind, um unter experimentellen Laborbedingungen sehr spezielle Motivationskomponenten „in Reinkultur" (Rheinberg 2006b: 128) zu untersuchen. Die späteren E*W-Modelle sind hingegen so allgemein formuliert, dass sie sich auf Alltagssituationen mit hoher Zahl an wirksamen Anreizen anwenden lassen und damit grundsätzlich zur Erklärung jeglichen zielgerichteten Handelns in der Lage sind. Empirische Forschung angeregt haben sie jedoch vorwiegend in der sozialpsychologischen Einstellungsforschung (vgl. z. B. Ajzen/Fishbein 1980, Ajzen/Fishbein 1969, Porfeli/Lee/Weigold 2012), in der Industrie- und Organisationspsychologie (Anstrengungsverhalten am Arbeitsplatz, Arbeitsleistung, Arbeitsplatzzufriedenheit, Arbeitgeber- bzw. Arbeitsplatzwahl, Zielsetzung und -erreichung sowie Erfolg von betrieblichen Trainingsmaßnahmen) (vgl. z. B. Galbraith/Cummings 1967, Gegenfurtner et al. 2009, Heneman/Schwab 1972, Jodlbauer et al. 2011, Klein/Wright 1994, Lawler/Suttle 1973, Liebermann/Hoffmann 2008, Mathieu/Tannenbaum/Salas 1992, Mazen 1989, Mitchell 1974, Mitchell/Albright 1972, Muchinsky/Taylor 1976, Osborn 1990, Pilati/Borges-Andrade 2008, Shepperd 1993, Smith et al. 2008, Summers/Hendrix 1991, Tubbs/Boehne/Dahl 1993, Wahba/House 1974, Wheeler 1980, Wheeler/Mahoney 1981) sowie hinsichtlich schulischen und universitären Lernverhaltens (Zielsetzung, Leistung, Studienwahl) (vgl. z. B. Engeser et al. 2005, Mento/Klein/Locke 1992, Rheinberg 2005, Rheinberg 2004, Rheinberg/Fries 1998, Rheinberg/Wendland 2002).

Wesentlich weiter gefasst sind die Anwendungsbereiche eines den psychologischen E*W-Modellen sehr ähnlichen Ansatzes, der insbesondere in der Soziologie Verwendung findet. Das

Subjective Expected Utility Modell (SEU-Modell) zerlegt kollektive Explananda analog den frühen E*W-Modellen in individuelle Handlungen, anreizbesetzte Handlungsergebnisse sowie Handlungs-Ergebnis-Erwartungen. Grundlage der Kombinierung dieser Variablen bildet ebenfalls zumeist die Bayesche Regel der Maximierung des erwarteten Nutzens: Für jede Handlungsalternative wird die Summe der Produkte aus Handlungs-Ergebnis-Erwartung und dem Anreizwert der mit eben dieser Handlungsalternative verknüpften Handlungsergebnisse gebildet. Gewählt wird dann die Handlungsalternative mit dem höchsten Produktsummenwert. Die Addition der gewichteten Anreize impliziert dabei, dass sie voneinander unabhängig sind. Neben dem Produktsummenmodell kommen innerhalb des SEU-Modells ebenfalls Gestaltungsannahmen zur Anwendung, die von einer additiven Nutzenmaximierung sowie einer multiplikativen Gewichtung von Anreiz- und Erwartungswert abweichen (vgl. Kunz 1997: 77 f.).

Vroom selbst hat seine Instrumentalitätstheorie explizit in Referenz zu den soziologischen SEU-Modellen formuliert:

> "It is also assumed that people choose from among alternative acts, the one corresponding to the strongest positive (or weakest negative) force. This formulation is similar to the notion in decision theory that people choose in a way that maximizes subjective expected utility" (Vroom 1964: 19).

Andererseits verweisen die Vertreter der SEU-Modelle zur Erklärung sozialen Handelns von Beginn an auf die psychologischen Kernkonstrukte der Lerntheorie. So verwundert es auch nicht, dass sich eine am SEU-Modell besonders häufig geäußerte Kritik darauf bezieht, dass hier ausschließlich kognitive Prozesse der Handlungsselektion abgebildet würden. Sämtliche Variablen der Handlungstheorie, d. h. sowohl die Nutzenvariable, die die individuelle Bewertung relevanter Handlungskonsequenzen abbildet, als auch die hierauf gerichteten Wahrscheinlichkeitserwartungen seien psychologisch und kollektive Phänomene daher letztlich auf individuell-psychologische Elemente reduziert, wodurch Psychologismus und damit sozialer Atomismus betrieben würden (vgl. Kunz 2004: 141, Kunz 1997: 47 f.). Der Nettonutzen wird daher je nach Verfasser/-in auch als SEU-Wert, Verhaltenstendenz oder eben als Motivation bezeichnet. Überdies wird häufig vorausgesetzt, dass die Stärke der Anreize auf allgemeine Grundbedürfnisse zurückzuführen sei. „Allgemein" meint in diesem Zusammenhang, dass Grundbedürfnisse existieren, welche für alle Menschen in Anzahl und Relevanz identisch sind. Lindenberg und Esser betrachten in Anlehnung an Adam Smith die beiden Bedürfnisse „physisches Wohlbefinden" sowie „soziale Wertschätzung" als notwendige wie hinreichende Taxonomie von Grundbedürfnissen, die diesen Anspruch von Allgemeinheit erfüllt, da nur diese beiden sich aus den biologischen und psychosozialen Bedingungen der Reproduktion des menschlichen Organismus ergebenden Bedürfnisse anthropologische Universalien darstellten (vgl. z. B. Esser 1999: 91 f., Esser 1996: 149 f., Kunz 1997: 213 f., Lindenberg 1989: 56 f.). Alle übrigen postulierten Grundbedürfnisse, wie zum Beispiel das Bedürfnis nach Selbstverwirklichung, seien demgegenüber „[…] belanglose individuelle Ideosynkrasien oder

Besonderheiten, die in speziellen gesellschaftlichen Milieus gepflegt werden" (Esser 1999: 93). Die allgemeinen Grundbedürfnisse wiederum seien jedoch über vielfältige instrumentelle Zwischengüter (Produktionsfaktoren) zu erreichen (vgl. Hill 2002: 44 f., Kunz 2004: 112 f., Lindenberg 1989, Lindenberg 1984). Damit bleiben die potenziell verhaltensmotivierenden Inhaltsklassen der anziehenden Wirkung von Anreizen auch im Kontext des SEU-Modells vielfältig und stellt sich hier ebenfalls die Aufgabe, Brückenhypothesen über die Art und Anzahl relevanter Handlungskonsequenzen zu formulieren.

Im Gegensatz zur psychologischen Forschung, in der die Konstruktion der Brückenannahmen in Bezug auf Art und Umfang der Handlungskonsequenzen vorwiegend auf Basis von Common-Sense-Wissen erfolgt, lässt sich in der soziologischen Diskussion eine intensive Auseinandersetzung mit unterschiedlichen Strategien nachzeichnen (s. u.).

Das SEU-Modell wird zur Erklärung sozialen Handelns in sehr heterogenen Feldern eingesetzt, z. B. hinsichtlich Umweltverhalten und sozialer Proteste (vgl. Braun/Franzen 1995, Opp 1984), der Wanderungsbereitschaft von Arbeitslosen (vgl. Friedrichs/Stolle/Engelbrecht 1993), der Integration von Arbeitsmigranten (vgl. Esser 1980), der schichtbezogenen Wahl von Bildungsgängen im allgemeinbildenden Schulsystem (vgl. Breen/Goldthorpe 1997) sowie der Studienfachwahl (vgl. Gabay-Egozi/Shavit/Yaish 2010) und den Übergängen vom Hochschulwesen in das Beschäftigungssystem (vgl. Lange 1990). In den letzten Jahren wurde es im Rahmen dreier Dissertationen zur Beschreibung von Handlungen in bzw. der Aufnahme von beruflichen Lehr-Lernprozessen herangezogen. Sowohl Behringer (1999) als auch Baron (2011) übertragen den SEU-Ansatz auf die Erklärung der Partizipation an Weiterbildung (Baron: individuelle berufsbezogene Weiterbildung, Behringer: individuelle berufsbezogene, betriebliche und allgemeine Weiterbildung) und prüfen aus dem Ansatz abgeleitete Hypothesen quantitativ.

Behringer kann die Grund- und Zusatzannahmen des Modells teilweise bestätigen, einige Ergebnisse stehen mit ihnen allerdings in Widerspruch (vgl. auch Behringer 1996). Hierbei ist in Rechnung zu stellen, dass die zentralen Variablen des SEU-Ansatzes in der Datengrundlage der Autorin (SOEP) nicht modellgerecht erfasst werden. Zum einen werden zum Teil unterschiedliche Nutzenelemente für ehemalige Teilnehmende und Nichtteilnehmende forciert. Zum anderen wird den Befragten weder eine kardinale Bewertung potenzieller Konsequenzen einer Weiterbildung noch hierauf bezogene Eintrittswahrscheinlichkeiten abverlangt. Vielmehr muss ex post auf den aus subjektiver Sicht tatsächlich eingetretenen Nutzen, das generelle Weiterbildungsinteresse sowie grundsätzliche Überzeugungen über die Erfolgswahrscheinlichkeit von Weiterbildung zurückgegriffen werden, wobei auch ein inhaltlich-thematischer Bezug zu konkreten Maßnahmen fehlt. Eine direkte empirische Überprüfung des SEU-Modells auf Basis des sozioökonomischen Panels im Speziellen bzw. mit Sekundärdaten im Allgemeinen ist daher nur bedingt geeignet, weil die spezifischen Voraussetzungen der direkten empirischen Ermittlung der Brückenannahmen nicht erfüllt sind und die verwendeten Variablen die tatsächlichen Nutzenerwartungen der Individuen nicht valide approximieren dürften (vgl. Behringer 1999: 186, Kühnel 1993: 102).

Baron (2011: 48) beansprucht zwar für sich, das Ausmaß von Weiterbildungsbereitschaft unter anderem über den subjektiv erwarteten Nutzen, einer Teilnahme entgegenstehende Restriktionen sowie die Erwartung eines Weiterbildungserfolgs zu erklären. Die erforderlichen Modellvariablen erfasst er in seiner Erhebung jedoch nicht direkt, sondern operationalisiert sie durch Hilfsindikatoren, die er wieder der Sekundärstatistik entnimmt (u. a. SOEP, BSW) und die mit Weiterbildungsbereitschaft, Nutzenerwartungen, Restriktionen und Erfolgserwartungen nur in schwachem Zusammenhang stehen.[20]

In einer aktuellen Dissertation beschäftigt sich Arenberg (2012), ebenfalls aufbauend auf RC sowie dem SEU-Ansatz mit „Präferenzen und Zahlungsbereitschaften für berufliche Weiterbildungsveranstaltungen". Bei der von ihr angewendeten Choice-Based Conjoint-Analyse werden Befragte in mehreren Durchgängen jeweils mit einer Reihe von Produkten konfrontiert, die sich bezüglich wesentlicher Produktmerkmale voneinander unterscheiden. Über die von Probanden getroffenen Wahlentscheidungen lassen sich ex post Informationen über die relative Wichtigkeit der einzelnen Produktmerkmale gewinnen. Die Übertragung dieses dekompositionellen Verfahrens auf den Weiterbildungsbereich liefert interessante Ergebnisse. So kann Arenberg den bekannten Befund reproduzieren, dass das Erreichen eines Abschlusses für die Weiterbildungsentscheidung deutlich wichtiger ist als der Preis des Kurses. Problematisch ist indes, dass die sich ständig wiederholenden Produktwahlen die Befragten schnell ermüden und überfordern, sodass die Anzahl sowohl der Produktmerkmale als auch der jeweiligen Merkmalsausprägungen auf ein Minimum deutlich unterscheidbarer Items reduziert werden muss. Gut erkennbar wird dies beispielsweise daran, dass Arenberg nur fünf Merkmale (Abschluss, Anbieter, zeitliche Lage, Lernform und Preis) verwendet und die Untersuchung auf den verhältnismäßig stark regulierten Bereich der Aufstiegsfortbildung beschränkt. Fast schon ironisch ist, dass die Konsumentenperspektive bei der Conjoint-Analyse stark eingeschränkt ist, obwohl die Daten auf Personenebene erhoben werden. Befragte bewerten lediglich vordefinierte Produkteigenschaften, ihre eigene Lebens- oder Arbeitssituation spielt dabei keine Rolle. Demografische Informationen werden höchstens genutzt, um Zielgruppen für die Produkterstellung abzugrenzen. Dies macht die Anwendung des Verfahrens gerade in der Auseinandersetzung mit den Ursachen von Weiterbildungsabstinenz und heterogenen Beteiligungsmustern schwierig, weil es sich bei Weiterbildung um ein Gut handelt, dessen Konsum (oder eben Nichtkonsum) sich ohne differenzierten Bezug zur Lebens- und Arbeitssituation kaum erschließt. Welche Wünsche, Ansprüche und Ziele

20 So interpretiert Baron Weiterbildungsbereitschaft als empfundene Notwendigkeit einer Teilnahme. Er unterstellt dabei, dass Personen mit hohem Weiterbildungsbedarf auch eine hohe Teilnahmebereitschaft besitzen. Weiterbildungsbedarf operationalisiert er mit Items aus dem SOEP, die generelle Gründe zur Teilnahme an Weiterbildung abfragen, was wiederum kaum den subjektiven Weiterbildungsbedarf abbilden dürfte. Teilnahmerestriktionen operationalisiert er mit den Items aus dem BSW, welche die grundsätzlichen, d. h. nicht auf eine bestimmte Maßnahme bezogenen Abstinenzgründe erfassen. Schließlich operationalisiert er den subjektiv erwarteten Nutzen über die aus dem BSW entnommene, zwischen verschiedenen Nutzenaspekten nicht differenzierende Frage, ob auch ohne eine Teilnahme an Weiterbildung gute Chancen im Beruf bestünden (vgl. Baron 2011: 41).

die potenziellen Teilnehmenden mit Weiterbildung verbinden und inwiefern sie diese als umsetzbar betrachten – wo also die tatsächlichen Anreize für eine Teilnahme oder Abstinenz liegen –, kann Arenberg folglich nicht bearbeiten. Ihr erklärtes Ziel liegt auch vielmehr in der anwendungsorientierten Marktforschung: Sie nutzt die Conjoint-Analyse als Instrument, um Informationen darüber zu erheben, wie Anbieter aus einem Baukasten von Kursmerkmalen, auf die sie selbst unmittelbar Einfluss haben, aussichtsreiche Angebote entwickeln und bepreisen können.

Die Weiterbildungsbefragung des NEPS beinhaltet in der vierten Welle (2011/2012) erstmals Fragen sowohl zur subjektiven Relevanz von potenziellen Zielen beruflicher Weiterbildung, als auch zu deren Eintrittswahrscheinlichkeit. Diese Fragen sind zu zwei sog. „Rational-Choice-Modulen" zusammengefasst. Die potenziellen Weiterbildungsfolgen, die Formulierungen der Fragen sowie die Skalierungen der Antwortmöglichkeiten weisen hohe Ähnlichkeiten mit jenen des für die vorliegende Arbeit genutzten Erhebungsinstruments auf.[21] Allerdings werden im NEPS keine Weiterbildungsmaßnahmen konkretisiert, auf die sich die Befragten bei der Angabe von Eintrittswahrscheinlichkeiten der potenziellen Weiterbildungsfolgen beziehen könnten. Ferner haben die Rational-Choice-Module des NEPS bislang noch keine Sekundäranalysen angeregt.

Eine empirisch-quantitative Prüfung der zentralen Annahmen des SEU-Ansatzes mit modellgerechter Erfassung seiner zentralen Parameter steht damit im Hinblick auf die Teilnahme an beruflicher Weiterbildung bis heute aus. Die vorliegende Arbeit schließt diese Lücke.

Anreize in der beruflichen Weiterbildung – eine Arbeitsdefinition

Im Hinblick auf die Formulierung einer Definition des Anreizbegriffs für die vorliegende Untersuchung erscheinen zwei unterschiedliche Zugänge besonders zentral: In der volkswirtschaftlichen Diskussion um Anreize stehen – durch die Festlegung auf einen universellen Homo Oeconomicus mit stabilen und egoistischen Präferenzen – die mit Handlungen verbundenen Restriktionen deutlich im Vordergrund der Betrachtung, während der Handlungsnutzen bei der Erklärung von Wahlhandlungen nicht weiter beachtet wird. Den Nachteilen der restriktionszentrierten Heuristik steht der Vorteil gegenüber, dass Anreize präzise auf Veränderungen der mit der Handlung zusammenhängenden objektiven Restriktionen zurückgeführt werden können. Demgegenüber ist im Rahmen der Auseinandersetzung mit Anreizen in der psychologischen, der soziologischen sowie der betriebswirtschaftlichen Forschung der mit einer Handlung verbundene subjektiv erwartete Nutzen von zentraler Bedeutung. Anreize sind hier stets „lerntheoretisch begründete Effektgrößen, die sich auf Attribute von Situa-

21 Sowohl der für die vorliegende Arbeit genutzte Fragebogen, als auch dessen theoretische Konzeption wurden vor der vierten Welle der NEPS-Weiterbildungserhebung veröffentlicht (vgl. Müller et al. 2011, Müller et al. 2010) und waren dem die NEPS-Befragungen durchführenden Institut darüber hinaus bereits länger zugänglich. Es steht daher zu vermuten, dass die im Zusammenhang mit dieser Dissertation durchgeführten Arbeiten in die Konzeption der Rational-Choice-Module des NEPS eingeflossen sind.

tionen oder Objekten beziehen" (Lindert 2001: 62). Auf der Grundlage dieser beiden grundlegenden Auseinandersetzungen mit Anreizen kann der Anreizbegriff nun, übertragen auf den vorliegenden Untersuchungsgegenstand, folgendermaßen definiert werden:

> Anreize zur Teilnahme an beruflicher Weiterbildung sind sämtliche von einer Person, einer Institution oder einem Objekt ausgehenden materiellen und immateriellen Reize, welche die subjektive Saldierung der Anreizempfangenden von mit Weiterbildung verbundenen Restriktionen und über Weiterbildung generierbaren Nutzen derart steuern, dass sich die Neigung zur Teilnahme erhöht.

Der Restriktionsbegriff ist hierbei vorwiegend auf die individuelle Einkommens- und Vermögenslage, Güterpreise sowie auf monetäre und zeitliche Opportunitätskosten eingeschränkt und umfasst daher keine nichtmonetären negativen Nutzenaspekte, sodass Veränderungen der Restriktionen gleichfalls als für den Gütererwerb relativ zum Einkommen zu entrichtende Investitionen bezeichnet werden können. Sowohl jene Anreize, die auf die für berufliche Weiterbildung zu entrichtenden Investitionen bezogen sind, als auch solche, die ihre Wirkung auf Basis des Weiterbildungsnutzens entfalten, werden in der „prädezisionalen Phase" (Heckhausen/Heckhausen 2006: 8) der Handlung, d. h. vor der tatsächlichen Teilnahmeentscheidung, durch das Individuum abgewogen und sind dadurch mehr oder weniger geeignet, dessen Handlung nachhaltig zu beeinflussen, indem sie das zukünftige Verhalten der Individuen unter ihre Kontrolle bringen.

Während dies bei auf die notwendigen Investitionen bezogenen Anreizen auf der Basis fremdvermittelter Instrumente geschieht, resultiert der – positive oder negative – Nettonutzen bei auf den Prozess oder das Ergebnis von Bildungsprozessen bezogenen Anreizen immer auf der Grundlage „antizipierter Affekte" (Schmalt 1996: 245) durch die Person selbst und damit subjektiv und zukunftsgerichtet. Das heißt, auf den Weiterbildungsnutzen gerichtete Anreize bezeichnen im Gegensatz zu den auf eine Reduzierung der Investitionen gerichteten Anreizen nicht objektive, sondern die subjektiven, durch das Individuum vorweggenommen und affektiv bewerteten (vgl. Beckmann/Heckhausen 2006: 106) Handlungsverläufe sowie Zielzustände der Handlung und beziehen sich damit auf den während der Weiterbildung entstehenden Nutzen sowie den Weiterbildungsnutzen ex post.

Die oben dargelegte allgemeine Definition von Anreizen in der beruflichen Weiterbildung kann an dieser Stelle daher noch einmal weiter ausdifferenziert werden. Im Folgenden wird unterschieden zwischen

- Anreizen, die den potenziellen Weiterbildungsteilnehmenden von Anreizgebenden gewährt werden, um die notwendigen Investitionen für Maßnahmen der beruflichen Weiterbildung gegenüber den Investitionen für andere Güter zu reduzieren und somit die Neigung zur Weiterbildungsbeteiligung zu erhöhen. Sie stellen sowohl Anreizempfangende als auch für Anreizgebende objektive, kalkulierbare Größen dar.

sowie

- Anreizen, die – auf Basis der vorweggenommenen Attraktivität der Weiterbildungshandlung sowie ihren antizipierten, affektbesetzten Zielzuständen – den wahrgenommenen Nutzen von Maßnahmen der beruflichen Weiterbildung erhöhen und so auf die Weiterbildungsneigung einwirken. Sie stehen in Zusammenhang mit den Folgen einer Weiterbildung sowie der Bewertung der Weiterbildungshandlung selbst und sind potenziell sowohl selbst- als auch fremdvermittelt.

Das hier formulierte Begriffsverständnis wird der gesamten Arbeit zugrunde gelegt. In Kapitel 3 erfolgt eine weitere Auseinandersetzung mit den auf den Nutzen einer Weiterbildungshandlung bezogenen Anreizen, die im Zentrum meiner Arbeit stehen. Für eine spätere empirische Prüfung wird es notwendig, die hier noch allgemein formulierte Anreizdefinition über geeignete Brückenhypothesen zu präzisieren, d. h. konkrete, empirisch prüfbare Nutzenkategorien zu ermitteln, die für Individuen die mit einer Weiterbildung verbundenen positiven oder negativen Anreize darstellen (könnten). Anreize zur Reduktion der individuellen Weiterbildungsrestriktionen stehen im Zentrum des anschließenden vierten Kapitels.

3 Subjektiv erwarteter Weiterbildungsnutzen als Determinante der individuellen Weiterbildungspartizipation

Im vorliegenden Kapitel richte ich die Aufmerksamkeit zunächst auf solche Anreize, die ihre Wirkung durch die Antizipation des positiven wie negativen Weiterbildungsnutzens entfalten.

Im Kern geht es hier darum, wie die in einer gegebenen oder aufgesuchten Situation angeregte Antizipation von erwünschten und unerwünschten Folgen des eigenen Handelns von den Individuen elaboriert wird. In Kapitel 2 wurde deutlich, dass sich verschiedene Disziplinen unter dem Dach des RC-Ansatzes mit dieser Elaboration beschäftigen. In der Psychologie wird die Wahl der in einer Situation jeweils dominierenden Handlungsalternative der Motivation zugerechnet. Bei alternativen Handlungsmöglichkeiten besteht für jene Alternative mit der stärksten resultierenden Motivationstendenz das höchste Potenzial, tatsächlich in eine Handlung überführt zu werden. Anreize zeichnen sich nun dadurch aus, dass sie die resultierende Motivationstendenz jeder Handlungsalternative determinieren. Fürstenberg (1955: 565) schreibt ihnen daher eine katalytische Funktion zu, da sie potenzielle in tatsächliche Handlungen überführen und damit die Verwirklichung eigener Ziel- und Wertvorstellungen als realisierbar erscheinen lassen.

Das dem RC-Ansatz unterliegende Grundmodell zur Erklärung sozialer Phänomene besteht aus der schrittweisen Umsetzung aneinander anschließender Analyseschritte (s. o.). Im ersten Schritt erfolgt die Rekonstruktion der Situationslogik (vgl. Esser 1996: 94). Hier werden die strukturellen Bedingungen der Handlungssituation, die Handlungsalternativen sowie die Bewertungen und Erwartungen der untersuchten Akteure mithilfe von Brückenannahmen konkretisiert (vgl. Esser 1996: 94, Esser 1991: 431).

Aus dieser „Logik der Situation" werden in einem zweiten Schritt mithilfe einer Handlungstheorie die Handlungen der Akteure erklärt. Handlungstheorien greifen die zuvor erfassten Erwartungen, Bewertungen, Alternativen und Bedingungen auf, verknüpfen sie über allgemeine nomologische Gesetze und ermöglichen so eine Erklärung der individuellen Entscheidungen (vgl. Esser 1996: 95). Je nach vorausgesetzter Handlungstheorie folgt die Handlung damit einer anderen „Logik der Selektion", d. h. einer Logik, nach der spezifische Handlungen ausgeführt, andere dagegen unterlassen werden. Im dritten Schritt („Logik der Aggregation") werden die Handlungen der einzeln betrachteten Individuen zum eigentlich interessierenden Explanandum aggregiert, um letztlich makrosoziologische Zusammenhänge als nicht intendierte Folgen des bewussten Handelns von Individuen zu rekonstruieren (vgl. Esser 1991: 431).

Der handlungstheoretische Kern der oben diskutierten Ration-Choice-Ansätze beinhaltet keine Aussagen über die inhaltliche Ausprägung seiner Elemente und ist damit empirisch gehaltlos (vgl. Esser 1996: 93, Kelle/Lüdemann 1995: 249 f., Lindenberg 1996: 127, Opp 1989: 16). In den in der Soziologie, der Psychologie und den Politikwissenschaften häufig gebrauchten E*W-Modellen wird unterstellt, dass das beobachtbare Handeln der Individuen auf Anreize sowie Eintrittserwartungen zurückzuführen ist, die additiv bzw. multiplikativ mit den Konsequenzen der Handlungsalternativen verbunden sind. Hier wird angegeben, nach welchem Gesetz die Randbedingungen der Theorie formal-logisch zu verknüpfen sind, um individuelles Handeln nachzuzeichnen. Der Zugang zur Realität wird also durch die jeweils bevorzugte Handlungstheorie heuristisch vorstrukturiert. *Welche* Konsequenzen von den Individuen zur Bewertung herangezogen werden und ob diese *positiv, neutral* oder *negativ* bewertet bzw. für *wahrscheinlich* oder *unwahrscheinlich* gehalten werden, bleibt im nomologischen Kern aller RC-Ansätze dagegen offen (vgl. Kunz 2004: 104, Kunz 1997: 85 f.). Weil diese begrenzte handlungstheoretische Perspektive in der Makro-Mikro-Verknüpfung inhaltlich angereichert wird, kommt der Logik der Situation und der Formulierung der Brückenannahmen bei der Erklärung des kollektiven Explanandums eine herausragende Bedeutung zu.

Dass die Wahl der Handlungstheorie den Zugang zur Realität vorstrukturiert, bedeutet andererseits jedoch, dass ohne eine Festlegung auf eine spezifische Handlungstheorie keine Ableitung von Brückenannahmen erfolgen kann. Im Forschungsprozess ist folglich zunächst eine Auseinandersetzung mit der Selektionslogik notwendig, um die Situation über geeignete Struktur- und Personenvariablen (Restriktionen, Handlungsalternativen, Bewertungen, Erwartungen) beschreiben zu können.

3.1 Situationslogik und Weiterbildungshandeln

Die Erklärung sozialer Phänomene auf der Grundlage des RC-Paradigmas setzt die Spezifikation von Anfangs- oder Randbedingungen voraus. Dies erfolgt über Brückenannahmen bzw. Brückenhypothesen. Diese spezifizieren den Übergang von der Makro-Ebene der jeweiligen speziellen sozialen Bedingungen auf die Mikro-Ebene individueller Entscheidungen, indem sie Annahmen über die Situation der Akteure treffen (vgl. Esser 1996: 94). Sie beschreiben die Merkmale der sozialen Struktur und übersetzen diese in die Variablen der jeweils gewählten Handlungstheorie, welche das konkrete Akteurshandeln erklären, und schlagen so eine Brücke zwischen den allgemeinen Variablen der Handlungstheorie und dem untersuchten Phänomen (vgl. Esser 1996: 94, Kunz 2004: 104). „Das Finden (die „Konstruktion") sinnvoller Brückenannahmen ist somit (neben der Konstruktion des RC-Modells) der entscheidende kreative Akt" (Brüderl 2004: 171).

Brückenannahmen treffen Aussagen darüber, welche Determinanten einer Handlungssituation die interessierenden Akteure als relevant einschätzen, welche Affekte sie ihnen zuweisen und welche Erwartungen sie über das Auftreten verschiedener Ereignisse haben, bevor die relevanten Aspekte der Situation in der Logik der Selektion verknüpft und in der Logik der Aggregation Rückschlüsse von individuellen Entscheidungen auf das soziale Phänomen gemacht werden.

Da der theoretische Kern des RC-Ansatzes keine Methodologie zur deduktiven Ableitung bzw. zur Konstruktion der jeweils gegebenen Situation liefert, existieren keine eindeutigen strategischen Vorgaben zur Formulierung der Brückenannahmen.

In der einschlägigen Literatur erfolgt die Diskussion der verschiedenen Strategien zur Rekonstruktion der Situationslogik jeweils anhand einer Gegenüberstellung zweier gegensätzlicher Metastrategien. Entweder werden theoriereiche Verfahren theoriearmen Strategien gegenübergestellt (vgl. z. B. Lindenberg 1996), oder die Darstellung erfolgt anhand einer Gegenüberstellung empirischer und nicht-empirischer Strategien (vgl. z. B. Kunz 2004: 106 f.). Kunz (Kunz 2004: 106 f.) fasst die vorgeschlagenen Ansätze im Kern zu vier Strategien zusammen (Rekonstruktion auf Basis von Common-Sense-Wissen, Rekonstruktion auf Basis der Theorie sozialer Produktionsfunktionen, analytische Rekonstruktion, direkte empirische Konstruktion). Bei der konkreten Ableitung der Brückenannahmen für das hier zu betrachtende Phänomen der Weiterbildungspartizipation Erwerbstätiger greife ich auf zwei dieser Strategien zurück. Die mit den Strategien verbundenen Annahmen, ihre zahlreichen Vor- und Nachteile sowie die Bedingungen und Probleme ihrer Anwendung sind in der Literatur umfassend diskutiert worden (vgl. Brüderl 2004, Esser 1999: 84 f., Friedrichs/Stolle/Engelbrecht 1993, Kelle/Lüdemann 1995, Krampen 1984, Kunz 2004, Kunz 1997, Lindenberg 1996, Lindenberg 1991, Lindenberg 1990, Lindenberg 1989, Mitchell 1974, Mitchell/Biglan 1971).

Dieser Diskussion lässt sich entnehmen, dass keine der Strategien prinzipiell zu bevorzugen ist. Die Übergänge zwischen ihnen verlaufen ohnehin fließend. So greifen einerseits sämtliche (partial-)theoretischen Ansätze sowie die direkte empirische Konstruktion von Brückenannahmen in gewissem Umfang auf Common-Sense-Wissen zurück. Andererseits profitiert die direkte empirische Konstruktion von einem theoretisch und empirisch bereits durchdrungenen Problemzusammenhang (vgl. Kunz 2004: 121), weil hierdurch z. B. qualitative Vorstudien entfallen können und bereits Informationen zur Formulierung der Skalen zur Messung subjektiver Überzeugungen vorliegen. Die verschiedenen Strategien müssen daher auch nicht als sich gegenseitig ausschließend betrachtet werden. Vielmehr drängt sich im Hinblick auf die Formulierung von möglichst realistischen Brückenhypothesen und dem Ziel der empirischen Erklärung menschlichen Verhaltens auf der Mikro- sowie sozialer Phänomene auf der Makroebene ein integrierter Ansatz auf, in dem sich die Strategien wechselseitig bereichern.

Das Vorgehen bei der Formulierung der hier interessierenden Brückenannahmen orientiert sich an einem solchen strategieübergreifenden Ansatz.

Die Handlung, die ich im Folgenden betrachte, ist die Weiterbildungspartizipation Erwerbstätiger. Einer ersten Annäherung an die mit Weiterbildungspartizipation verbundenen salienten Handlungskonsequenzen diente die in Kapitel 3.2 zusammengefasste Analyse von Entwicklungen der sozialstrukturellen Rahmenbedingungen von beruflicher Weiterbildung.

Letztere werden bereits seit den 80er Jahren in der Industriesoziologie und zuletzt vermehrt auch in der berufspädagogischen Literatur diskutiert. Zur Absicherung und gegebenenfalls zur Erweiterung der Liste von potenziellen Handlungskonsequenzen habe ich ergänzend auf die Ergebnisse der zahlreichen bundesdeutschen Individualerhebungen und Berichtssysteme zum individuellen Weiterbildungsverhalten zurückgegriffen (Kapitel 3.3).

Eine Rekonstruktion der Situation, die sich auf eine Literaturanalyse beschränkt, steht vor zwei Schwierigkeiten. Zum einen sieht sie sich der Kritik der Theorielosigkeit ausgesetzt. Darüber hinaus lässt sich die Situation der Akteure auf Basis einer Literaturanalyse nur bedingt realistisch rekonstruieren, insbesondere wenn die Situationsrekonstruktion für eine große Gruppe von Akteuren gelten soll.

Anders als etwa bei der in erster Linie spieltheoretisch interessanten Strategie der analytischen Konstruktion von Brückenannahmen, bei der die Anfangsbedingungen (Präferenzen der Akteure, Eintrittserwartungen) axiomatisch gesetzt und bei Bedarf variiert werden, basiert die Literaturanalyse zwar nicht darauf, dass ein „[...] Gutteil der Reduktion von Unsicherheit über Zusatzannahmen [...]" geleistet wird, die auf Basis einer „Strategie der Gewohnheitsheuristik" (Lindenberg 1991: 57) des externen Beobachters getroffen werden. Trotzdem wird auch die Literaturanalyse zur Strategie der Rekonstruktion der Situation unter Rückgriff auf Common-Sense-Wissen gerechnet (vgl. Kunz 2004: 108 f.). Bei dieser Strategie werden die Anfangsbedingungen nicht theoretisch abgeleitet oder direkt empirisch erhoben. Vielmehr wird hierbei ad hoc auf „[...] Standardannahmen zurückgegriffen, die als typisch und selbstevident für bestimmte Situationen angesehen werden" (Kunz 2004: 108, vgl. auch Lindenberg 1996, Mitchell 1974: 1061). So generieren z. B. Mitchell/Albright (1972) die salienten Handlungskonsequenzen zur Erklärung von „Satisfaction, Effort, Performance and Retention of Naval Aviation Officers" auf der Basis „[...] der Erfahrung und Intuition eines der Autoren (Albright), der selbst ein Offizier der Marine-Flieger im Ruhestand ist" (Mitchell/Albright 1972: 7, Übersetzung M.W.) und analysieren Heckhausen/Rheinberg (1980: 10) die Bedingungen von Lernmotivation auf der Grundlage von in qualitativen Interviews angereichertem „beschränktem Alltagswissen" über Unterricht. Lindenberg (1991: 57) bezeichnet eine solche Vorgehensweise als „[...] theoretisches Niemandsland, in dem sich die Gewohnheitsheuristik als Schattenmethodologie der wissenschaftlichen Auseinandersetzung entzieht".

Dieser Strategie sind also auch Brückenannahmen zugeordnet, die auf der Basis von nicht „empirisch-systematischen Literaturanalysen"[22] formuliert werden. Denn auch solche Literaturanalysen, in deren Rahmen lediglich „[...] einzelne Textpassagen herausgesucht und zur anekdotischen Illustration von ad hoc entwickelten Brückenannahmen verwendet werden [...]" (Kelle/Lüdemann 1995: 261), greifen der einschlägigen Literatur zufolge bei der Makro-Mikro-Verknüpfung aufgrund ihrer Theorieferne „[...] gewissermaßen ins Leere" (Kelle/Lüdemann 1995: 259, vgl. auch Krampen 1984: 70, Kunz 1997: 110, Lindenberg 1996: 136).

22 Systematische Textanalysen sind für Kelle/Lüdemann solche, bei denen die Brückenannahmen unter umfassendem Einsatz von Methoden der qualitativen Sozialforschung gewonnen werden (vgl. Kelle/Lüdemann 1995: 259 f.).

Für Kunz ist ein Rückgriff auf Alltagswissen bei der Formulierung von Brückenannahmen dennoch als angemessene Strategie anzusehen, um die „[...] komplexen Beziehungen zwischen der Makro- und Mikroebene empirisch in den Griff zu bekommen" (Kunz 2004: 110). Dies indes nur solange man sich auf vergleichbare Handlungssituationen beziehen könne und damit verbundene, empirisch gesicherte Hintergrundinformationen vorlägen. Allerdings erscheint es auch in Standardsituationen fraglich, ob sich mit dem Rückgriff auf Common-Sense-Wissen unterschiedliche Interpretationen der Situationslogik, z. B. bei einer Vielzahl unterschiedlicher Akteure, auch nur annähernd realistisch formulieren lassen.

Die verwendete einschlägige theoretische Literatur ist durch empirische Ergebnisse aus der Arbeitsmarkt- und Berufsforschung zwar durchaus gestützt. Allerdings liefert weder die theoretische noch die empirische Literatur zu den sozialstrukturellen Veränderungen der bundesdeutschen Arbeitslandschaft die benötigten Individualdaten für die heterogene Gruppe der bundesdeutschen Erwerbsbevölkerung. Selbiges gilt für die umfangreiche Literatur zu Gründen für bzw. gegen individuelle Weiterbildungspartizipation. Diese eignet sich zwar hervorragend, um geeignete Zielkategorien von beruflicher Weiterbildung zu identifizieren. Auf der anderen Seite liefert auch sie keine präzisen Informationen über die individuelle Bewertung potenzieller Weiterbildungsziele und deren Erreichbarkeit – eine Kritik, an der die vorliegende Arbeit ja gerade ansetzt (s. o.).

Um die subjektiven Nutzenbewertungen und Eintrittserwartungen der potenziellen Folgen einer Weiterbildungsteilnahme realistisch zu ermitteln, habe ich folglich die Strategie der direkten empirischen Konstruktion von Brückenannahmen gewählt. Zwei – mitunter auch kombinierbare Varianten – der direkten empirischen Konstruktion von Brückenannahmen bestehen in der inhaltsanalytischen Auswertung einschlägiger Dokumente (qualitative Variante) (mit direktem Bezug zur Weiterbildung vgl. Bolder/Hendrich 2000, allgemeiner bei Kelle/Lüdemann 1995: 261 f.) und in umfangreichen (repräsentativen) Individualbefragungen (quantitative Variante). Für die vorliegende Arbeit wurde die zweite Variante gewählt. Die Individualdaten wurden im Rahmen einer telefonischen Befragung auf Basis der in der Literaturanalyse ermittelten Liste salienter Handlungskonsequenzen generiert (siehe Kapitel 5).

Bei der direkten empirischen Konstruktion von Brückenannahmen wird versucht, die kognitiven Repräsentationen der handelnden Individuen mithilfe der Methoden der empirischen Sozialforschung zu erfassen (vgl. Brüderl 2004: 167). Es wird also direkt erhoben, welche Handlungsalternativen die Akteure wahrnehmen, welche Handlungsfolgen sie mit diesen Alternativen verbinden, welchen Wert sie diesen Folgen zuschreiben und als wie wahrscheinlich sie ihren jeweiligen Eintritt erwarten (vgl. Kunz 2004: 120). Hiermit sind folglich einige Annahmen verbunden: Voraussetzung für die direkte empirische Konstruktion von Brückenannahmen ist, dass die Befragten willens und in der Lage sind, den Erhebungsgegenstand und hypothetische Situationen nachzuvollziehen, die potenziellen Folgen ihres Handelns zu bewerten und Eintrittswahrscheinlichkeiten einzuschätzen oder diese Auskünfte zumindest auf der Basis von Schätzstrategien näherungsweise zu geben (vgl. Kunz 1997: 106). Die Gültigkeit dieser Annahmen ist umstritten. Allerdings stellt ihre Ablehnung – die sich ganz deutlich z. B. bei Olson (1968: 60) und Brüderl (2004) finden lässt – im Prinzip die gesamte empirische Sozialforschung infrage (vgl. Kunz 1997: 107, vgl. auch Schnell/Hill/Esser 2008: 329).

Für Lindenberg (1996) wird bei einer vollständigen empirischen Konstruktion lediglich der Ort von ad hoc entwickelten Brückenannahmen verändert – nämlich vom Schreibtisch des Wissenschaftlers ins empirische Feld –, weshalb er sie als theoriearme Schattenmethodologie zurückweist. Gemäß Kunz ist diese Strategie zur Erzeugung valider Brückenannahmen jedoch vor allem dann zweckdienlich, wenn ein direkter Rückgriff auf Common-Sense-Wissen zur Bestimmung aller Randbedingungen nicht möglich oder unerwünscht ist und eine theoretische Ableitung (etwa auf Basis der sozialen Produktionsfunktionen) nicht die gewünschte Präzision erreicht (vgl. Kunz 2004: 120, Kunz 1997: 84 f.). So erscheint es beispielsweise fraglich, ob sich allgemeine Grundbedürfnisse als Ausgangspunkt für die theoretische Ableitung der Brückenannahmen eignen, wie es die Strategie zur Formulierung der Brückenannahmen auf Basis des Konzepts der sozialen Produktionsfunktionen vorsieht. Es besteht absolut keine Einigkeit darüber, dass sich die menschlichen Grundbedürfnisse, wie in diesem Konzept angenommen, in physischem Wohlergehen und sozialer Wertschätzung erschöpfen (s. o.). Lindenberg (1990: 271 f.) selbst neigt dazu, ein drittes Grundbedürfnis („Verlustminimierung") zu ergänzen. Und auch Esser (1999: 93) hält fest, dass die in Anlehnung an Adam Smith entwickelte Taxonomie letztlich auf Vermutungen basiert. Daneben finden sich insbesondere in der einschlägigen motivationspsychologischen Literatur zahlreiche weitere Bedürfnistaxonomien. Zum Beispiel geht auch Alderfer (1972) in seinem ERG-Modell von drei Grundbedürfniskategorien aus (*E*xistency Needs, *R*elatedness Needs, *G*rowth), wodurch er die ursprünglich von Lindenberg und Esser postulierten Grundbedürfnisse um ein Streben nach Selbstverwirklichung und damit um ein eben solches Bedürfnis erweitert, in dem Esser eine „belanglose individuelle Ideosynkrasie" erkennt. Maslow (1943) führt in seiner bis heute viel beachteten Taxonomie die bedürfnisbefriedigende Wirkung von Motivation gar auf insgesamt fünf grundlegende Bedürfnisse zurück. Ferner unterstellt er, dass diese fünf Bedürfnisse in der Regel eine unterschiedliche „Mächtigkeit" („prepotency") besitzen (vgl. Lattmann 1982: 126). Diese Annahme geht mit erheblichen Konsequenzen bezüglich des Verständnisses darüber einher, welche Ziele Individuen verfolgen (es wird jeweils nur die Befriedigung eines Bedürfnisses angestrebt) und wie sich der Wirkungszusammenhang zwischen Bedürfnisstärke und anreizbesetzten Handlungszielen gestaltet (Monokausalität) (vgl. Lattmann 1982: 144).

In der Literatur findet sich zudem auch die Überzeugung, dass eine empirische Strategie unumgänglich ist, wenn die Anwendung von RC tatsächlich zur Erklärung konkreter sozialer Phänomene dienen soll, da der RC-Ansatz Individualdaten voraussetze (vgl. Kunz 1997: 102) bzw. weil theoretisch abgeleitete Brückenannahmen der sozialen, zunehmend individualisierten Realität (vgl. Beck 1986, Esser 1989: 58) nicht ausreichend Rechnung trügen (vgl. Behringer 1999: 59 f., Franz 1986: 36, Kelle/Lüdemann 1995: 256).

Ein Vorgehen wie das hier gewählte, bei dem die salienten Handlungskonsequenzen zunächst nicht-empirisch (theoretisch oder über Ad-hoc-Annahmen) abgeleitet, die Modellvariablen dann jedoch empirisch spezifiziert werden, findet sich unter anderem bei Opp: „[...] the researcher disposes of a kind of inventory of *possible* preferences and constraints which he uses in his attempts to *ascertain* the *relevant* preferences and constraints in *specific situations*“ (Opp 1989: 17, Herv. M.W.).

3.2 Sozialstrukturelle Rahmenbedingungen der Weiterbildungspartizipation

Die Betrachtung sozialstruktureller Trends unter dem Aspekt von Qualifikations- und Arbeitsmarktentwicklung erfolgt sowohl in der Berufspädagogik (vgl. z. B. Pätzold/Wahle 2000) als auch in der Industriesoziologie (vgl. z. B. Baethge/Baethge-Kinsky 1998) zumeist im Hinblick auf die Frage, ob sich das Konzept der Beruflichkeit hinsichtlich seiner beiden zentralen Funktionen – der Strukturierung von menschlicher Leistungserfordernisse sowie der betrieblichen und gesellschaftlichen Integration – (zukünftig) noch als adäquat erweist. Im Folgenden sind die gesellschaftlichen, sozialstrukturellen Bedingungen skizziert, um den makrostrukturellen Hintergrund zu beschreiben, vor dem die Bedeutung der beruflichen Weiterbildung ihre Legitimität gewinnt und vor dem die Individuen auf der Mikroebene ihr Partizipations- bzw. Abstinenzverhalten abwägen müssen.

Für Lipsmeier/Münk (1997: 36 f.) beschreibt der Begriff des lebenslangen Lernens die berufliche Weiterbildung aus der Perspektive des handelnden Individuums, das autonom über die Teilnahme an Lernprozessen der beruflichen Weiterbildung entscheidet. Zugleich machen die Autoren jedoch deutlich, dass Entscheidungen zur Beteiligung an beruflicher Weiterbildung ausschließlich vor dem Hintergrund objektiver gesellschaftlicher Rahmenbedingungen getroffen werden. Diese objektiven Rahmenbedingungen äußerten sich zum einen über Zwänge des Arbeitsmarktes und des Beschäftigungssystems sowie zum anderen über die gesellschaftlich vorgegebenen Organisationsformen von beruflicher Weiterbildung (z. B. Aufstiegs- und Anpassungsfortbildung sowie Umschulung), welche im Hinblick auf Berufs- oder Tätigkeitsbezeichnungen formuliert sind und damit nicht ausschließlich auf eine Änderung des subjektiven Arbeitsvermögens abstellen, sondern zugleich ein gesellschaftlich definiertes und damit objektiviertes Anforderungsprofil vorgeben (vgl. Lipsmeier/Münk 1997: 37).

In diesen Formulierungen werden die Annahmen des methodologischen Individualismus deutlich, die – wie oben dargestellt – zum einen darin bestehen, dass die Erklärung sozialer Phänomene im Kern auf individuelles Handeln zurückgeführt werden muss, dass zum anderen jedoch das individuelle Handeln der Akteure auf der Mikroebene jederzeit in soziale Zusammenhänge eingebunden ist und nur vor dem Hintergrund dieser sozialen Zusammenhänge auf der Makroebene betrachtet werden kann. Mit Blick auf das Weiterbildungsverhalten von Erwerbstätigen stehen demnach zunächst nicht die individuellen Entscheidungen über Weiterbildungspartizipation oder Abstinenz im Vordergrund, sondern vielmehr die gesellschaftlichen Kräfte, in deren Kontext individuelle Entscheidungen getroffen werden.

Die Gesamtheit aller gesellschaftlichen Kräfte sowie deren relativ kontinuierliche Wirkungszusammenhänge, in die das Handeln der Individuen eingebunden ist, lassen sich als die Sozialstruktur einer Gesellschaft definieren (vgl. Fürstenberg 1995: 23).

Die einzelnen Elemente der gesellschaftlichen Sozialstruktur beeinflussen sich wechselseitig (vgl. z. B. Baethge/Baethge-Kinsky 2006: 153 f., Buttler 1992: 163 f., Schäfers 1998: 10 f.). Darüber hinaus befindet sich die gesellschaftliche Sozialstruktur in einem stetigen Wandel (vgl. Schäfers 1998: 10). Weist man dem Wissen als Element der Sozialstruktur und der beruflichen Weiterbildung als institutionalisierte Form der Wissenserzeugung eine wachsende Relevanz im individuellen Lebenslaufregime zu (vgl. z. B. Kraemer/Bittlingmayer 2001), so deutet dies gemäß den Ausführungen zum methodologischen Individualismus sowie den Annahmen einer im permanenten Wandel befindlichen gesellschaftlichen Sozialstruktur folglich darauf hin, dass dieser Bedeutungszuwachs auf Veränderungen anderer Elemente des sozialstrukturellen Gefüges zurückzuführen ist, die mit den exogenen Anforderungen an das individuelle Bildungsverhalten in einem mehr oder weniger engen Wechselverhältnis stehen.

Wenn ich im Folgenden aus der Vielzahl der den sozialen Wandel bestimmenden makrostrukturellen Faktoren demografische Entwicklungen (3.2.1) sowie den ökonomischen Strukturwandel (3.2.2) im Rahmen von Subkapiteln als makrostrukturelle Rahmenbedingungen des Weiterbildungshandelns von Erwerbstätigen heranziehe, um die Ableitung salienter Zielkategorien der beruflichen Weiterbildung Erwerbstätiger vorzubereiten, so will ich damit weder eine grundsätzliche Unabhängigkeit noch einseitig kausale Beziehungen der Elemente des sozialen Wandels suggerieren.

3.2.1 Demografische Entwicklungen

Sämtliche Industriegesellschaften unterliegen einem anhaltenden demografischen Wandel. Dieser lässt sich im Kern auf zwei übergeordnete Entwicklungen zurückführen. Zum einen ist die Lebenserwartung von Männern und Frauen über die letzten Dekaden kontinuierlich gestiegen (vgl. Gallenberger et al. 2000: 20 f., Gramke et al. 2008: 59, Steger/Kummer/Weiß 2007: 339). Zum anderen entwickeln sich die Geburtenraten seit dem „Pillenknick" in den siebziger Jahren des vergangenen Jahrhunderts und der zunehmenden Entscheidung von Frauen für Erwerbs- und gegen Reproduktionsarbeit negativ (vgl. Bellmann 2003: 15, Gallenberger et al. 2000: 20, Steger/Kummer/Weiß 2007: 339).

Die Folge dieser beiden Entwicklungen besteht aktuell und in näherer Zukunft in einem Bevölkerungsrückgang, der sich zugleich in einer zunehmenden Vergreisung der Gesellschaft ausdrückt (vgl. Buttler/Tessaring 1993: 469, Gramke et al. 2008: 5, Lipsmeier/Münk 1997: 41, Ulmer/Ulrich 2008: 8).

Folgt man den Bevölkerungsvorausberechnungen des Statistischen Bundesamts, werden im Jahr 2020 im Vergleich zu 2008 (82 Mio.) zwischen 2,1 und 1,6 Mio. weniger Menschen in Deutschland leben (vgl. Statistisches Bundesamt 2009: 11). Bis zum Jahr 2060 wird sich diese Entwicklung verschärfen. Die Bevölkerung geht hier im Vergleich zu 2008 um zwischen 11,9 und 17,4 Mio. Personen zurück, was einem Anteil von 15 bis 21 Prozent gleichkommt.

Bei den heute noch typischerweise zum Erwerbspersonenpotenzial zusammengefassten 20- bis 65-Jährigen stellt sich ein Schwund von derzeit etwa 49,7 Mio. auf 47,5 bis 48,1 Mio. (2020) bzw. 32,6 bis 36,2 Mio. (2060) Menschen ein. Der Bevölkerungsanteil dieser Gruppe wird damit von 61 Prozent zunächst nur leicht auf 60 Prozent in 2020 und schließlich auf 50–52 Prozent zurückgehen.

Die Gruppe der 30- bis 65-Jährigen sinkt ebenfalls von derzeit etwa 39,8 Mio. auf 39 bis 39,4 Mio. (2020) bzw. 26,5 bis 29,5 Mio. (2060), während die Zahl der über 65-Jährigen von derzeit etwa 16,8 Mio. auf 18,6 bis 18,7 Mio. (2020) bzw. 21,9 bis 22,9 Mio. (2060) Personen ansteigt.

Auf europäischer Ebene steigt das Durchschnittsalter der Erwerbstätigen bis zum Jahr 2050 voraussichtlich auf 45 Jahre, verglichen mit 39 Jahren im Jahr 2000 (vgl. Eurostat 2006, Tessaring/Wanan 2004: 21). Für die Bundesrepublik kalkulieren Börsch-Supan/Wilke (2009: 41) etwas moderater mit einem Anstieg auf 41,7 Jahre bis zum Jahr 2025.

Von den demografischen Entwicklungen betroffen sind in besonderem Maße auch die Institutionen der allgemeinen und beruflichen Bildung. Dem Ausbildungs- und Arbeitsmarkt werden künftig zunehmend weniger Absolventen aus dem allgemeinbildenden Schulsystem zur Verfügung stehen (vgl. Ulmer/Ulrich 2008: 7). Gemäß den Vorausberechnungen der Schülerzahlen durch die KMK (zuletzt etwa KMK 2011) und die statistischen Ämter des Bundes und der Länder (2010) wird sich die Zahl der Schüler/-innen in der Sekundarstufe I und II, ausgehend vom Jahr 2009 bis zum Jahr 2025 um jeweils etwa 20 Prozent verringern.

Besonders betroffen ist der berufsbildende Bereich, der das Gros der Schüler/-innen des Sekundarbereichs II aufnimmt. Durch die doppelten Abiturjahrgänge macht sich dieser Rückgang zunächst noch nicht so stark bemerkbar, weil ein Teil der Abgehenden aus der gymnasialen Oberstufe an die beruflichen Schulen überwechselt. Dennoch reicht dieser Anteil nicht aus, um das sinkende Nachfragepotenzial von Jugendlichen ohne Studienberechtigung bundesweit kompensieren zu können (vgl. Ulmer/Ulrich 2008: 5). Auf Bundesebene kommt es nach den KMK-Berechnungen bis 2025 zu einem Rückgang der Schüler/-innen im beruflichen Teil der Sekundarstufe II, der gemessen an den Zahlen von 2009 25 Prozent beträgt.

Die Prognose von Arbeitskräfteangebot und -nachfrage in den kommenden Jahren stellt sich weitaus schwieriger dar als die Vorausberechnung des Einflusses des Strukturwandels auf die Institutionen von Allgemein- und Berufsbildung, weil für solche Prognosen sowohl für die Seite des Arbeitskräfteangebotes wie für die Arbeitskräftenachfrage zahlreiche Annahmen zu treffen sind. Es verwundert daher kaum, dass die aktuell vorliegenden Prognosen zur künftigen Entwicklung von Arbeitskräfteangebot und -nachfrage mitunter stark differieren. Eine besonders alarmistische Prognose der Prognos AG (vgl. Gramke et al. 2010) rechnet im Jahr 2030 mit einer Arbeitskräftelücke von 5,2 Mio. Personen – allein in Deutschland. Einen Arbeitskräftemangel prognostizieren die Autoren über sämtliche Qualifikationsniveaus hinweg und für nahezu alle Tätigkeitsbereiche in Produktion und Dienstleistung. Lediglich in der Landwirtschaft, im Bergbau und in der manuellen Produktion wird mit einem geringen bis keinem Arbeitskräftemangel gerechnet. Für alle übrigen Tätigkeitsfelder, insbesondere die Felder der primären und sekundären Dienstleistungen wird indes ein massiver Mangel prognostiziert.

Dass sich bezüglich der Folgen der demografischen Entwicklungen und des ökonomischen Strukturwandels auf dem Arbeitsmarkt auch ein vergleichsweise entspanntes Bild zeichnen lässt, sobald ein an den Strukturwandel angepasstes Ausbildungs- und Berufs- bzw. Arbeitsplatzwahlverhalten der Individuen, Anpassungen im betrieblichen Ausbildungs- und Beschäftigungsverhalten und ein flexibles Qualifizierungssystem unterstellt werden, machen die Qualifikations- und Berufsfeldprojektionen von BIBB und IAB deutlich (vgl. Autorengruppe Bildungsberichterstattung 2010, Helmrich et al. 2012, Zika et al. 2012). Gerade die Erhöhung von Arbeitszeiten, insbesondere in Einsatzgebieten mit hoher Teilzeitbeschäftigung, scheint bei der Einschätzung der Arbeitsmarktentwicklungen vernachlässigt zu werden. Engpass-Situationen werden schnell überbewertet, wenn die Arbeitskraft von Beschäftigten mit wenigen Arbeitsstunden als ausgereizt gilt (vgl. Zika et al. 2012).

Auch wenn bis 2030 kein gesamtwirtschaftlicher Fachkräftemangel zu erwarten ist, heißt dies nicht, dass berufs- und berufsfeldspezifisch nicht schon vorher einzelne Engpässe auftreten können. Engpässe sind – auch aufgrund eingeschränkter Arbeitskräftemobilität – insbesondere dort wahrscheinlich, wo Angebot und Nachfrage nahezu ausgeglichen sind. Auf Berufshauptfeldebene zeichnet sich dies in erster Linie in den Gastronomie- und Reinigungsberufen sowie in den Medien-, geistes-, sozialwissenschaftlichen und künstlerischen Berufen ab. Für die Gesundheits- und Sozialberufe wird darüber hinaus ein Nachfrageüberschuss und damit konkreter Fachkräftemangel prognostiziert. Über die Angebots-/Nachfragerelation in konkreten Berufen gibt die BIBB-IAB-Projektion keine Auskunft. Gerade in hochspezialisierten Einzelberufen der mittleren und höheren Qualifikationsebene können hier in den kommenden Jahren durchaus Engpässe auftreten, auch wenn auf der höheren Aggregatebene der Berufshauptfelder ein Angebotsüberhang besteht.

Die demografisch bedingten Entwicklungen auf dem Ausbildungs- und Arbeitsmarkt lassen sich mit Blick auf den künftigen Weiterbildungsbedarf also zu einem wesentlichen Problem verdichten: Auf der mittleren Qualifikationsebene zeichnen sich Fachkräfteengpässe ab. Diese Engpässe bedrohen die Ausstattung der Wirtschaft mit Fachkräften vermeintlich von beiden Seiten der Altersskala. Erstens könnte es, zumindest in einigen Berufen, zukünftig nicht mehr genug Nachwuchs geben, mit dem die Betriebe ihren Ausbildungsbedarf decken können. Zweitens entstehen auf dem Arbeitsmarkt in absehbarer Zeit möglicherweise Probleme, die aus dem Erwerbsleben ausscheidenden Personen zu ersetzen.

Der demografische Wandel wird damit heute immer mehr als der entscheidende Einflussfaktor der Veränderungen der sozialstrukturellen Rahmenbedingungen auf die Arbeitslandschaft angesehen (vgl. Autorengruppe Bildungsberichterstattung 2010, Gallenberger et al. 2000). Aus berufs- und wirtschaftspädagogischer Perspektive richtet sich das Interesse bei der Fülle möglicher Maßnahmen zur Begegnung des demografischen Wandels (z. B. Renten-, Arbeitsmarkt-, betriebliche Beschäftigungspolitik) auf jene der beruflichen Qualifizierung. Unter der Annahme, dass nicht mehr davon ausgegangen werden kann, neuen Herausforderungen im Beschäftigungssystem durch einen kontinuierlichen Personalaustausch begegnen zu können (vgl. Gallenberger et al. 2000: 24), wächst auch die Relevanz der beruflichen Weiterbildung für Erwerbstätige. So verweisen z. B. Lipsmeier/Münk darauf, dass die „Notwendigkeit der ständigen und lebenslang anhaltenden Aktualisierung der beruflichen Qualifikation [...] das zwangsläufige Resultat [...]“ (Lipsmeier/Münk 1997: 42) der demografischen Entwicklungen seien. Und nach Harney (1990: 55 f.) war durch die Erweiterung der für Erwerbsarbeit zur Verfügung stehenden Lebensspanne eine wesentliche Voraussetzung für die strukturelle Entstehung von beruflicher Weiterbildung und lebenslangem Lernen überhaupt erst gegeben (Lipsmeier/Münk 1997: 41).

Hinsichtlich der Reduzierung der demografisch bedingten Arbeitskräftelücke schreiben sämtliche aktuellen Projektionen und wissenschaftliche Analysen der beruflichen Weiterbildung eine zentrale Bedeutung zu. So wird zum einen festgestellt, dass durch die demografischen Entwicklungen im Zusammenhang mit einer sich wandelnden Wirtschaft mit beschleunigtem technischen Fortschritt für alle Erwerbspersonen ein Zwang zu verstärkten Weiterbildungsanstrengungen erwachse, um Kompetenzen zu sichern, weiterzuentwickeln und damit eine längere und möglichst dauerhafte Beschäftigung zu ermöglichen (vgl. z. B. Autorengruppe Bildungsberichterstattung 2010: 188 f., Gramke et al. 2008: 5, Kühnapfel 2008: 33).

Zum anderen komme den verschiedenen Formen von Weiterbildung (Anpassungs-, Erweiterungs- und Aufstiegsfortbildung) sowie Umschulung die Funktion zu, einem Entstehen von Fachkräftelücken vorzubeugen und bestehende Fachkräftelücken zu schließen, wobei Potenzial insbesondere im Bereich der Weiterbildung Geringqualifizierter bestehe, deren Beschäftigungsfähigkeit besonders bedroht ist (vgl. Autorengruppe Bildungsberichterstattung 2010: 189, Gramke et al. 2008: 99 f.). Hinzu komme ein Beitrag der beruflichen Weiterbildung zur Wiedermobilisierung von Personen, die alters- oder nachwuchsbedingt bereits aus dem Arbeitsleben ausgeschieden sind (vgl. Bundesagentur für Arbeit 2011, Gramke et al. 2008: 103).

Noch kurz vor der Jahrtausendwende findet sich vor dem Hintergrund der geringen Erwerbs- und hohen Arbeitslosigkeitsquoten älterer Beschäftigter der Verweis auf eine zunehmende „Entberuflichung des Alters“ (Bäcker 1996: 25). Diese, so wurde argumentiert, verschärfe sich durch die Erhöhung von Frauenerwerbsarbeit und Zuwanderung gar weiter (vgl. Barkholdt/Frerichs/Naegele 1995, Naegele 1994: 132, Schäfers 1998: 115), sodass sich die gesellschaftliche „Vergreisung“ auf das Erwerbspersonenpotenzial, nicht aber auf die betrieblichen Belegschaften beziehe (vgl. Naegele 2001: 3).

Mittlerweile scheint es hingegen einen breiten Konsens zu geben, dass die demografischen Verschiebungen durch eine Erhöhung der Frauenerwerbsarbeit, der Geburtenraten und der Nettozuwanderung sowie zusätzliches betriebswirtschaftliches Rationalisierungspotenzial nicht eliminiert werden können und dass das Beschäftigungssystem daher zunehmend auf die produktive Leistungskraft von Individuen angewiesen ist, die oft bereits lange im Erwerbsleben stehen. Die älteren erwerbsfähigen Jahrgänge müssen hiernach künftig in höherem Ausmaß beschäftigt sein, um den demografisch bedingten mismatch zwischen Arbeitskräftenachfrage und -angebot aufzulösen (vgl. Bäcker 1996: 24, Barkholdt/Frerichs/Naegele 1995: 426 f., Gallenberger et al. 2000: 19 f., Steger/Kummer/Weiß 2007: 339).

Vor diesem Hintergrund sowie unter der Annahme, dass zunehmend weniger das Ausbildungsniveau die Beschäftigungsfähigkeit determiniert als kontinuierliches Weiterbildungsengagement (vgl. z. B. Morschhäuser 2006: 18), dürfte der beruflichen Weiterbildung – und hier sowohl der Entwicklung, dem Ausbau und der Bereitstellung von Angeboten zur Sicherung von Qualifikationsniveau und Leistungsfähigkeit durch Arbeitgeber und öffentliche Hand als auch dem Eigenengagement der Arbeitnehmer/-innen zur Weiterbildung – zukünftig eine steigende Bedeutung zukommen (vgl. auch Autorengruppe Bildungsberichterstattung 2010: 184).

Gemäß Naegele (1994: 137) zählen zum Kern der erforderlichen Antworten auf die absehbaren strukturellen und demografischen Veränderungen der Arbeitswelt die Bemühungen, qualifikatorische Risiken (vgl. hierzu Barkholdt/Frerichs/Naegele 1995: 427 f., Gallenberger et al. 2000: 28, Naegele 1994: 140 f., Veen 2008: 58 f.) der immer bedeutsamer werdenden Gruppe der Älteren mithilfe von Weiterbildung zu vermindern bzw. zu überwinden (vgl. auch Rürup/Kohlmeier 2007: 34 f.).

Nach Rürup/Kohlmeier (2007: 35) sowie Barkholdt/Frerichs/Naegele (1995: 429) erhöhen die gesellschaftlichen Alterungs- und Schrumpfungsprozesse für Individuen den Druck zur Weiterbildungsbeteiligung, um langfristig nutzbare Kompetenzen und Schlüsselqualifikationen zu entwickeln, die benötigt werden, um betriebsunabhängige Beschäftigungsfähigkeit sowie berufliche Flexibilität erhalten, das eigene Arbeitslosigkeitsrisiko verringern und Einkommenspotenziale ausschöpfen zu können. Da sich die betriebliche Weiterbildungspolitik an betriebsspezifischen Interessen und nicht an einer langfristigen Entwicklung von Schlüsselqualifikationen und größtmöglicher beruflicher Flexibilität der Beschäftigten orientiert, liegen Investitionen in Weiterbildung zunehmend in individueller Verantwortung.

3.2.2 Ökonomischer Strukturwandel

Neben den demografischen Entwicklungen lassen sich Determinanten eines anhaltenden ökonomischen Strukturwandels als wesentliche Ursachen für den Wandel der sozialstrukturellen Rahmenbedingungen auf der Makroebene benennen, vor deren Hintergrund das Partizipationsverhalten Erwerbstätiger an beruflicher Weiterbildung zu betrachten ist. Unterschieden werden diesbezüglich im Folgenden zum einen der Wandel von der Produktions- zur Dienstleistungs- und Wissensgesellschaft (3.2.2.1) sowie qualifikatorische Strukturverschiebungen im Beschäftigungssystem (3.2.2.2). Für beide Entwicklungen indes besitzen Globalisierungstendenzen eine katalytische Funktion.

3.2.2.1 Wandel von der Industrie- zur Dienstleistungs- und Wissensgesellschaft

Hierunter zu subsummieren sind zum einen der Rückgang des Anteils der Beschäftigten im verarbeitenden Gewerbe zugunsten des Dienstleistungssektors sowie zum anderen der Rückgang des Anteils der produktionsorientierten Tätigkeiten im sekundären Sektor selbst (innere Tertiärisierung) (vgl. z. B. Kraemer/Bittlingmayer 2001: 314 f.).

Strukturverschiebungen zwischen Produktions- und Dienstleistungssektor

Waren um das Jahr 1800 noch 62 Prozent der Erwerbstätigen in der Landwirtschaft beschäftigt und dominierte von Beginn des 20. Jahrhunderts an bis in die 1970er Jahre der industrielle Sektor, so sind heute ungefähr zwei Drittel aller Erwerbstätigen im tertiären Sektor tätig (vgl. Baethge 2006: 24, Baethge/Solga/Wieck 2007: 18, Geißler 2006: 25). Der primäre Sektor (Land- und Forstwirtschaft) nimmt heute nur noch eine Randstellung ein, der Anteil der traditionellen Güterproduktion war in den vergangenen Jahren rückläufig (vgl. Schmiede 2000: 15, Solga 2009: 3).

Gerade im Dienstleistungssektor wird die Nachfrage nach Arbeitskräften hingegen voraussichtlich auch zukünftig weiter an Bedeutung gewinnen. Gramke et al. (2010: 20) gehen von einem Anstieg von 1,5 Mio. Erwerbstätigen bis zum Jahr 2030 aus, während der Personalbedarf im verarbeitenden Gewerbe um insgesamt 1,8 Mio. Personen zurückgehe und etwa drei Viertel der deutschen Bruttowertschöpfung auf den Dienstleistungssektor entfallen würden (vgl. Gramke et al. 2008: 31). Zurückführen lassen sich diese sektoralen Verschiebungen auf ein höheres Wohlstandsniveau, auf technologische Entwicklungen, durch die auf zahlreiche Erwerbstätige in der Produktion verzichtet werden kann, und auf die zunehmende Spezialisierung der internationalen Arbeitsteilung (s. u.), in deren Zuge Deutschland seine ehemals bestehenden Wettbewerbsvorteile in vielen Bereichen der Warenproduktion verloren hat (vgl. Gallenberger et al. 2000: 27, Gramke et al. 2010: 27, Gramke et al. 2008: 30).

Innere Tertiärisierung: Wandel der betrieblichen Arbeitsorganisation

Neben diesen allgemeinen Strukturverschiebungen vom sekundären hin zum tertiären Sektor lässt sich seit den 1980er Jahren eine zunehmende Dienstleistungsorientierung innerhalb des produzierenden Sektors beobachten, die in der Industriesoziologie, der Arbeitsmarktforschung und Berufspädagogik am Beispiel des Übergangs der fordistischen zur post-fordistischen Betriebs- und Arbeitsorganisation festgemacht wird.

Folgt man z. B. Baethge/Baetghe-Kinsky (1998: 462 f.), so zeichnet sich die funktions- und berufsbezogene Gestaltung der Betriebs- und Arbeitsorganisation im Wesentlichen durch ein stabiles, vertikal hoch integriertes Leistungsprofil, eine nach Fachabteilungen konstruierte Aufbauorganisation mit klar getrennten produzierenden und nicht-produzierenden Bereichen, eine sich an Berufen orientierende Arbeitsteilung, vertikal hoch differenzierte Strukturen von Befugnis und Status sowie durch am Normalarbeitstag ausgerichtete, weitestgehend starre Arbeitszeiten aus.

Die Bedingungen für den Erfolg dieser fordistischen Betriebs- und Arbeitsorganisation sehen die Autoren in stabilen Märkten, in einer geringen, mehr betrieblich denn marktlich gesteuerten Innovationsdynamik sowie in einem ökonomischen Investitionskalkül, das langfristige Produktivitäts- und Innovationsrenditen beruflich gefasster Arbeit mehr schätzt als kurzfristig realisierbare Kosteneinsparungen (vgl. Baethge/Baethge-Kinsky 1998: 464, vgl. auch Lutz 2003: 32). Diese Voraussetzungen seien vor dem Hintergrund umfangreicher Globalisierungstendenzen jedoch nicht mehr gegeben.

Globalisierung verschärft den Druck der nationalen und internationalen Konkurrenz, da sich durch die sinkende „Raumgebundenheit wirtschaftlichen Handelns“ (Krömmelbein/Schmid 2000: 3) und die daraus folgende steigende Mobilität der Produktionsfaktoren Kapital, Arbeit und Wissen auch der Wettbewerb um diese erhöht (vgl. Steger/Kummer/Weiß 2007: 328, Straubhaar 2000: 28). Dieser Druck schlägt sich zum einen in Unsicherheit nieder, die Unternehmen dazu zwingt, ihre Geschäftspolitik, ihre Organisations- und Produktionsform und damit auch ihre Arbeitsorganisation zu flexibilisieren und (vgl. Baethge-Kinsky/Kupka 2001, Baethge 2004a, Baethge/Baethge-Kinsky 1998) sämtliche Investitionen – inklusive jene in Aus- und Weiterbildung – in Umfang und Intensität zu legitimieren und/oder zu reduzieren (vgl. Baethge-Kinsky/Kupka 2001: 171). Gleichzeitig werden permanente Produktivitätssteigerungen sowie ständige technologische und arbeitsorganisatorische Neuerungen unerlässlich, um im internationalen Wettbewerb zu bestehen (vgl. Bäcker 1996: 24, Voß 1998: 474).

Weil eine rigide funktions- und berufsorientierte Steuerung von Arbeitsprozessen vor diesem Hintergrund an ihre Grenzen stößt (vgl. Voß 1998: 474 f.), gestalten Unternehmen seit den 1980er Jahren ihre Geschäftsstrategien zu solchen um, die in der Literatur als verstärkte Kunden- und Innovationsorientierung bezeichnet werden (vgl. Baethge-Kinsky/Kupka 2001: 168 f., Baethge/Baethge-Kinsky 1998: 464). Dieser Wandel gehe einher mit einer Umgestaltung der betrieblichen Arbeitsorganisation nach Gesichtspunkten konsequenter Prozessorientierung, die darauf abziele, Unternehmen eine schnelle Reaktion auf sich verändernde Marktbedingungen, einen optimierten Kundenbezug sowie mehr Flexibilität bzw. eine höhere Effizienz ihres Ressourceneinsatzes zu gewährleisten (vgl. Baethge 2004a: 340, Baethge/Baethge-Kinsky 1998: 461 f., Voß 1998).

Mit dieser Entwicklung würden auch beruflich organisierte Muster von Arbeitsteilung zunehmend dysfunktional (vgl. Baethge-Kinsky/Kupka 2001: 167, Lutz 2003: 35). Die industriesoziologische Literatur macht diese zunehmende Dysfunktionalität am Beispiel vielfältiger Formen der Erosion bzw. Entgrenzung beruflicher Handlungszusammenhänge im produzierenden Gewerbe deutlich. Ähnliche Tendenzen werden indes auch im Dienstleistungsbereich beobachtet (vgl. Baethge/Baethge-Kinsky 1998: 469, Czycholl/Ebner 2006: 45), sodass argumentiert werden kann, dass die Folgen dieser Erosionstendenzen auf berufliche Qualifizierung sektorübergreifend gelten.

Auf der *inhaltlichen* Ebene zeigten sich solche Erosionstendenzen darin, dass Arbeitnehmer/-innen zunehmend weniger aus dem Blickwinkel eines bestimmten Berufs und unter Rückgriff auf berufstypische Handlungsprofile agieren könnten, sondern in Betrieben mit dynamischem Leistungsprofil fachfremde bzw. -übergreifende und soziale Aspekte einbeziehen müssten (vgl. Baethge-Kinsky/Kupka 2001: 176, Baethge 2004a: 343, Baethge/Baethge-Kinsky 2006: 162 f., Baethge/Baethge-Kinsky 1998: 466, OECD 2010: 93). Die Erosion standardisierter bildungs- und berufsbiografischer Verläufe sehen die Autoren weiterhin durch schnelle Entwertung einmal erworbenen Wissens verschärft (vgl. Baethge/Baethge-Kinsky 1998: 466, Balzer/Nuissl 2000: 7, Groot 1998, Voß 1998: 475). Zugleich kommen Erwerbstätigen durch Dezentralisierung und eine tendenziell flachere Statusorganisation mehr Autonomie und Verantwortung zu (vgl. z. B. Baethge/Baethge-Kinsky 1998: 467, Lipsmeier 1996: 6).

Als Folge der Erosion der *betrieblichen Sozialorganisation* (vgl. Voß 1998: 475) müssten Arbeitnehmer/-innen ihr Arbeitshandeln überdies häufiger auf das Handeln anderer in den Arbeitsprozess involvierter und zunehmend heterogener Personengruppen innerhalb der Institution beziehen (vgl. Baethge-Kinsky/Kupka 2001: 176).

In *räumlicher* Perspektive erodiere die Arbeitsleistung durch eine höhere inner- sowie außerbetriebliche Mobilität und eine steigende Anzahl von Sozialkontakten auch über das unmittelbare Unternehmensumfeld hinaus (vgl. Baethge 2004a: 343).

In *zeitlicher* Perspektive führe die Verdichtung der Arbeitsabläufe und die Geschwindigkeit, mit der neue Produkte entwickelt und produziert werden dazu, dass Erwerbstätige zunehmend weniger Erfahrungen mit Produkten und Prozessen aufbauen und anwenden könnten (vgl. Baethge/Baethge-Kinsky 1998: 467). Außerdem seien insbesondere durch die verstärkte Relevanz der digitalen Informations- und Kommunikationstechniken (die zugleich ein Zeichen der Erosion von *Arbeitsmitteln* darstellten, vgl. Voß 1998: 475) die Anforderungen an eine erhöhte zeitliche Flexibilität (vgl. Euler 2008: 162) sowie das Zeitmanagement enorm gestiegen (vgl. Baethge-Kinsky/Kupka 2001: 170, Voß 1998: 474).

Im Zuge einer beruflichen Erstausbildung, so lässt sich argumentieren, werden Erwerbstätige auf die durch die vorgenannten Erosionstendenzen an sie gestellten heterogenen und komplexeren Aufgaben nur unzureichend vorbereitet, da sie sich dabei schwertut, zentrale Qualifikationen und Kompetenzen zu vermitteln (vgl. z. B. Clement 2007: 39 f.). Unter dieser Prämisse ergibt sich als für Qualifizierungsprozesse wesentliche Folge des hier skizzierten Wandels der betrieblichen Arbeitsorganisation die Notwendigkeit einer grundlegenden Neudefinition des Verhältnisses von beruflicher Aus- und Weiterbildung.

Die Neudefinition wird beschrieben als Entwicklung vom fordistisch geprägten Ideal der beruflichen Erstausbildung, das stabile und berufsgebundene Erwerbskarrieren voraussetzt und darauf basiert, möglichst viele der während der gesamten Erwerbsphase benötigten Kompetenzen vor dem eigentlichen Berufseinstieg zu erlangen, hin zu zeitlich und inhaltlich variablen Qualifikationsbündeln, die kontinuierlich über Weiterbildungsprozesse parallel zur mitunter unsicheren Erwerbstätigkeit erworben werden (vgl. Clement 2007: 41, Dobischat/Düsseldorff/Dikau 2006: 532, Euler/Severing 2007: 82 f., Lipsmeier/Münk 1997: 51 f.). Die Unschärfe der Arbeitsaufgaben, die Verkürzung von Innovationszyklen und der damit einhergehende beschleunigte Verschleiß von Wissensbeständen führt hiernach zu einer steigenden Relevanz ständiger Weiterbildungsbereitschaft (vgl. z. B. Buttler/Tessaring 1993: 471, Euler/Severing 2007: 82 f.), während allgemeine Schul- sowie eine erste berufliche Ausbildung keine Garantie für eine lebenslang stabile Statuszuweisung darstellen (vgl. Dobischat/Düsseldorff/Dikau 2006: 532, Kraemer/Bittlingmayer 2001: 315 f., Lipsmeier 1996: 7). Sie bilden vielmehr das Fundament, das überwiegend Schlüsselqualifikationen und überfachliche Kompetenzen (fachliches Grundlagenwissen, Sozialkompetenz, Selbstkompetenz) vermittelt, welche als Voraussetzungen zur Bewältigung dynamischer Arbeitsanforderungen angesehen werden können (vgl. Baethge et al. 2003: 28, Baethge/Solga/Wieck 2007: 7, Sauter 2001). Konkrete Zusatzqualifikationen würden dagegen vermehrt erst durch Weiterbildung erworben (vgl. Baethge et al. 2003: 28). Die Sicherung der eigenen Qualifikation und der Beschäftigung lässt sich demnach als zentrales Motiv, an beruflicher Weiterbildung teilzunehmen, auffassen (vgl. Bolder 2001: 24, Bolder/Hendrich 2002: 21, Stender 1994).

Ferner lässt sich argumentieren, dass durch den Wandel zur Dienstleistungs- und Wissensgesellschaft die Durchlässigkeit zwischen Ausbildungs- und Erwerbsberufen immer mehr Relevanz gewinnt. Weiterbildung unterstütze Erwerbstätige dabei, sich den sektoralen Veränderungen und Qualifikationsanforderungen anzupassen (vgl. OECD 2010: 93). Gemäß Gramke et al. (2010: 6 f.) bietet sie ein hohes Potenzial für berufliche Umorientierung.

Die mangelnde Prognostizierbarkeit notwendiger Qualifikationen führt auf der betrieblichen Ebene zusammen mit wachsendem Kostendruck und kürzeren Planungsvorläufen überdies dazu, dass sich in der betrieblichen Personalarbeit das Interesse an sich langfristig amortisierenden Bildungsinvestitionen verringert, obwohl die Entwicklung der Qualifikationsbedarfe und -struktur eher eine Ausweitung der betrieblichen Investitionen in Humankapital nahelegen (vgl. Baethge/Baethge-Kinsky 1998: 468, Lipsmeier 1996: 7, Severing 2008: 24 f.). In der Folge werden zum einen Ausbildungsleistungen vermehrt an das öffentliche Bildungssystem verlagert (vgl. Steger/Kummer/Weiß 2007: 330). Zum anderen werden Beschäftigte, die der mangelnden Prognostizierbarkeit der Arbeitsinhalte und -anforderungen ebenso unterworfen sind, vermehrt zum kontinuierlichen Um- und Weiterlernen in eigener Verantwortung ermutigt, um Qualifikationsdefizite, die im Verlauf der Erwerbsbiografie unweigerlich entstehen, abzubauen (vgl. Buttler 1994: 33). Besener/

Debie/Kutscha (2008: 105) sprechen in diesem Zusammenhang von der „[...] Gesellschaft des Übergangs, von der niemand so recht weiß, wohin die Reise geht".

Pongratz/Voß weisen in besonderem Maße auf die sich Erwerbstätigen stellende Notwendigkeit hin, in eigener Regie via Weiterbildung für den Erhalt ihrer Beschäftigungsfähigkeit zu sorgen, indem sie die genannten Erscheinungsformen der Flexibilisierung von Arbeits- und Betriebsorganisation und die damit einhergehenden Erosionstendenzen als Prozess zunehmender Entgrenzung gesellschaftlicher Arbeitsformen beschreiben (vgl. Pongratz/Voß 2003, Voß 1998). Sie stellen dem „Problemlöser", welcher der prozessorientierten Betriebsorganisation in vielen industriesoziologischen Publikationen als „individuelle Figuration" (Gonon 2008: 16) von Erwerbstätigkeit korrespondiert, einen Arbeitnehmertypus gegenüber, der in Reaktion auf die Deregulierung und Flexibilisierung der Arbeits- und Qualifizierungsprozesse und die auf ihn abgewälzten Qualifikationsrisiken eine aktive und permanente Restrukturierung seines Kompetenzprofils selbst betreibt (vgl. auch Euler 2008, Lutz 2003, Schmiede 2000: 20).

„Arbeitskraftunternehmer" bieten ihre Fähigkeiten und Leistungen nicht unregelmäßig an, um dann klar definierte betriebliche Vorgaben umzusetzen, sondern sind gefordert, ihre Fähigkeiten und Leistungen kontinuierlich auszubauen und auf außer- und innerbetrieblichen Märkten anzubieten und effizient zu verwerten (vgl. Voß 1998: 476 f.). Ähnlich argumentieren Dobischat/Düsseldorff/Dikau (2006: 531 f.), für die die mit der Entwicklung hin zu einer ganzheitlichen, entspezialisierten Anforderung an berufliche Handlungskompetenzen einhergehende begriffliche Wandlung von „Erwachsenenbildung" zur „beruflichen Weiterbildung" signalisiert, dass das Individuum verstärkt zur „[...] Weiterentwicklung und Vervollständigung, auch Anpassung und Reorientierung seiner Verrichtungs- und Rationalisierungsfähigkeit [...]" (Dobischat/Düsseldorff/Dikau 2006: 532) in eigener Initiative und Verantwortung lebenslang verpflichtet ist (vgl. auch Bungenstab 1981: 16 f.).

Das Erfordernis effizienter Selbstvermarktung verschärft sich vor dem Hintergrund maximaler Flexibilität der Arbeitsorganisation sowie an Stabilität verlierender Beschäftigungsverhältnisse (Stichworte: Leiharbeit, Patchwork-Biografie, Teilzeitarbeit etc.) überdies dahingehend, dass sich die Qualität des gesamten Lebenszusammenhangs ändert. Der alltägliche Lebenshintergrund wird – unter impliziter Androhung von Arbeitslosigkeit (vgl. Lipsmeier/Münk 1997: 52) – auf die Erfordernisse der Erwerbssphäre ausgerichtet, und zwar sowohl in einer zeitlich-organisatorischen Perspektive (vgl. Baethge/Bartelheimer 2005: 58, Gonon 2008: 13, Voß 1998: 482) als auch hinsichtlich der Strukturierung der erwerbsbezogenen Qualifizierung (vgl. Voß 1998: 484 f.). Die zeitgemäße Qualifikationscollage (Geißler 1995: 19 f.), die für den Arbeitskraftunternehmer an die Stelle der beruflichen Meisterschaft trete, setze auf der Subjektseite anstelle einer Berufsausbildung somit die systematische und permanente Teilnahme an beruflicher Weiterbildung voraus, deren Planung, Umsetzung und Finanzierung zunehmend in eigener Verantwortung verlaufen müsse (vgl. Czycholl/Ebner 2006: 45, Euler 2008: 165, Herget/Holzschuh/Krekel 1996: 105).

3.2.2.2 Qualifikatorische Strukturverschiebungen im Beschäftigungssystem

Eng zusammen mit den beiden beschriebenen Tertiärisierungserscheinungen hängen qualifikatorische Strukturverschiebungen, die sich seit den 1970er Jahren seitens der Arbeitnehmer/-innen in der Tendenz zum Erwerb höherer Abschlüsse (vgl. z. B. Buttler 1994: 33) sowie seitens der Beschäftiger in steigenden Qualifikationsanforderungen äußern (vgl. Baethge 2004a: 344, Euler/Severing 2007: 22, Reinberg 1999, Severing 2008: 24), sodass un- und geringqualifizierte Arbeit zunehmend an Relevanz verliert (vgl. auch Baethge 2004b: 19, Buttler 1992: 169). Immer mehr Länder sind in der Lage zu hochwertiger industrieller Produktion, sodass sich Standortvorteile zunehmend über die Verfügbarkeit gut ausgebildeten Fachkräftenachwuchses, hochwertiger und innovativer Güter, Dienstleistungen und Herstellungsverfahren definieren (vgl. Buttler/Tessaring 1993: 468, Steger/Kummer/Weiß 2007: 330 f.).

Facharbeit baut nach Baethge (1992: 315) immer weniger auf einem Tätigkeitskern der manuellen Bearbeitung von Stoffen oder technischen Geräten auf („Umgang mit Sachen“), sondern sei im Zuge der inneren Tertiärisierung zunehmend abstraktifiziert („Umgang mit Daten/Symbolen und Menschen“).

Insgesamt scheinen die zahlreichen Erosionstendenzen zu komplexeren Tätigkeitszuschnitten zu führen, wodurch die Anforderungen an die Qualifikationsprofile von Erwerbstätigen, auch der unteren und mittleren Qualifikationsebene ansteigen (erweitertes und heterogeneres Fachwissen, sozialkommunikative und interkulturelle Kompetenzen, hohe Autonomiebereitschaft) (vgl. Baethge 2006: 24, Buttler 1992: 164, Buttler/Tessaring 1993: 468, Gramke et al. 2010, Lipsmeier 1996: 6, OECD 2010: 93, Reinberg 1999: 439, Schmiede 2000: 16, Steger/Kummer/Weiß 2007: 335 f.).

Auch die qualifikatorischen Strukturverschiebungen scheinen nicht ausschließlich für das verarbeitende Gewerbe zu gelten (vgl. Bäcker 1996: 24, Baethge/Baethge-Kinsky 2006: 167, Solga 2009: 3). Vielmehr wird sowohl beobachtet als auch für die weitere Entwicklung prognostiziert, dass sektor- und qualifikationsniveauübergreifend produktionsferne, wissensintensive und wissensverbreitende (z. B. planende, steuernde, kontrollierende, lehrende und beratende) Tätigkeiten innerhalb der Erwerbsstruktur an Bedeutung gewinnen, während produktionsnahe Tätigkeiten an Relevanz verlieren (vgl. Baethge 2006: 24, Buttler 1992: 165, Euler 2008: 162, Gramke et al. 2008, Kern/Schumann 1990, Reinberg 2003).

Output-ferne, wissensintensive Tätigkeiten weisen ein hohes Maß an Informationsverarbeitung und an Kommunikation auf und sind dementsprechend auf analytische und soziale Kompetenzen angewiesen (vgl. Baethge 2006: 24). Hinsichtlich der im Arbeitskontext dominierenden Wissenskategorien seien durch einen Wandel von stärker körpergebundenen hin zu vorwiegend wissensintensiven Tätigkeiten erfahrungsgestützte, implizite Wissensbestände theoretischem Wissen folglich immer mehr strukturell unterlegen (vgl. Baethge 2004a: 343 f., Baethge/Baethge-Kinsky 2006: 164, Barkholdt/Frerichs/Naegele 1995: 427, Kraemer/Bittlingmayer 2001: 319).

Anpassungsleistungen, die das Beschäftigungssystem beständig von Erwerbstätigen erfordert, könnten nicht allein über eine höherwertige berufliche Ausbildung – z. B. durch Verlagerung von Ausbildungsinhalten an Institutionen der höheren Allgemeinbildung (vgl. Bals 2006, Burchert 2011) – erfüllt werden. Vielmehr bedürfe es kontinuierlicher Weiterbildungsanstrengungen, um vorhandene Qualifikationspotenziale systematisch auszubauen und an die gewandelten Arbeitsplatzanforderungen anzupassen (vgl. Lipsmeier/Münk 1997: 53). Arbeitsmarktchancen hängen auch nach Kraemer/Bittlingmayer (vgl. 2001: 315 f.) für das gesamte Erwerbspersonenpotenzial zunehmend von der permanenten Aktualisierung der eignen Wissensbestände ab. In Bezug auf ihre Chancen zu einer autonomen Gestaltung der eigenen Berufsbiografie befänden sich Erwerbspersonen ohne Erhöhung der Anteile systematischen Wissens gegenüber Personen mit hoher formaler Allgemeinbildung in nachindustriellen Gesellschaften, in denen systematisches Wissen strukturbestimmend ist, in einer schwachen Position, weil sie permanent Gefahr laufen, ihre Konkurrenzfähigkeit auf dem Arbeitsmarkt zu verlieren (vgl. Baethge 2006: 26, Drexel 2004: 176). Der Erwerb fachlicher, überfachlicher und sozialer Kompetenzen durch berufliche Weiterbildung scheint daher notwendig, um im qualifikatorischen Strukturwandel die individuellen Chancen auf Beschäftigungsaufnahme und -verbleib zu erhalten (vgl. Dobischat/Düsseldorff/Dikau 2006: 532).

Ein Weiterbildungserfordernis stellt sich gerade Un- und Geringqualifizierten, weil auch in ihrem Erwerbssegment Unschärfe, der Anteil kognitiv-abstrahierender Fähigkeiten sowie sachliche und zeitliche Dispositionsspielräume steigen, sodass die benötigten fachlichen Qualifikationen von Angelernten breiter und das Qualifikationsniveau zunehmend höher werden und die höheren theoretischen Anforderungen ohne zusätzliche Bildungsanstrengungen von Angelernten folglich nicht abgedeckt werden können (vgl. Baethge/Baethge-Kinsky 2006: 165 f., Buttler 1992: 165, Ulmer/Ulrich 2008: 26). Die Ergebnisse der Prognosen zur Entwicklung der Arbeitslandschaft lassen ferner vermuten, dass Geringqualifizierte klare Verlierer der anhaltenden Tertiärisierung der Wirtschaft bleiben (vgl. auch Reinberg 2003: 1647 f.). Die Nachfrage nach Un- und Geringqualifizierten wird in den kommenden Jahren voraussichtlich nur wesentlich weniger stark sinken als das entsprechende Arbeitsangebot, sodass der Angebotsüberhang hier auch zukünftig bedeutsam sein wird (vgl. z. B. Autorengruppe Bildungsberichterstattung 2010: 160 f.). Ambos (2005) identifiziert daher besonders für die Gruppe der Geringqualifizierten die Notwendigkeit lebenslanger Lernprozesse, um die Folgen des Strukturwandels abzufedern und individuelle Beschäftigungsfähigkeit sicherzustellen (vgl. auch BMBF 2009: 18).

Für Un- und Geringqualifizierte kommt der eigeninitiierten Weiterbildung überdies besondere Bedeutung zu, weil sie im Rahmen der betrieblichen Weiterbildung traditionell nur geringe Berücksichtigung erfahren, was sich durch die weitere Segmentierung von Stamm- und Randbelegschaften (vgl. Euler/Severing 2007: 22), die steigende Unsicherheit über den künftigen Qualifikationsbedarf sowie die Verkürzung der betrieblichen Planungsvorläufe voraussichtlich weiter verstärken wird.

Es steht zu vermuten, dass im Zuge der Abstraktifizierung des alltäglichen Arbeitshandels und der zunehmenden Dominanz von explizitem, systematischem Wissen gegenüber implizitem Wissen/Erfahrungswissen, auch im Bereich geringer und mittlerer Qualifikationssegmente, Möglichkeiten der Anpassung und Erweiterung benötigter Qualifikationen – zumindest der ökonomisch verwertbaren Kompetenzentwicklung (Arbeitsplatzsicherung!) – durch arbeitsplatzintegriertes Lernen tendenziell entfallen (vgl. Baethge 2006: 25 f., Baethge 2004b: 7 f., Baethge 1992: 315, Gray 1999). Selbiges gilt für Entwicklungsmöglichkeiten im Hinblick auf berufliche Aufstiege, wenn sich interne Arbeitsmärkte immer weniger am erfahrungsbasierten Senioritätsprinzip, sondern an Aufstiegskriterien orientieren, die stärker auf systematische Wissensbestandteile zugeschnitten sind (vgl. Lutz 2003: 30 f.). Zur Verwirklichung von Arbeitsplatzerhalt, Beschäftigungsfähigkeit und Aufstieg erhält Weiterbildung, vorwiegend in Form von Kursen und Lehrgängen, damit noch einmal zusätzliche Relevanz.

Ziel der Darstellung des sozialstrukturellen Wandels und seiner Zuspitzung auf makrostrukturelle Bedingungen der Weiterbildungspartizipation ist hier die Ableitung salienter Kategorien, die im Rahmen der „Logik der Situation" im Sinne des RC-Ansatzes als potenzielle Handlungskonsequenzen bzw. Ziele einer individuellen Teilnahme Erwerbstätiger an organisierter beruflicher Weiterbildung dienen. Die vorangegangenen Darstellungen lassen sich nun zu fünf solcher Kategorien verdichten.

Erstens unterstreichen sowohl die anhaltenden Tertiärisierungs- als auch Höherqualifizierungstendenzen die vermeintlich generelle, das heißt für Jedermann bestehende Notwendigkeit ständiger *Anpassungsleistungen an die sich wandelnden Anforderungen des Beschäftigungssystems.* Globalisierungsbedingte Einflüsse sorgen indes dafür, dass diese Anpassungsleistungen immer mehr in Verantwortung der Erwerbstätigen selbst zu erbringen sind. Verstärkt wird die Notwendigkeit dieser Anpassungsleistungen zudem durch den demografischen Wandel, da er zu einer Verlängerung der Lebensarbeitszeit und daher zu wachsenden qualifikatorischen Diskrepanzen im Vergleich zur beruflichen Erstausbildung führt, die allein durch arbeitsintegriertes Lernen vielfach nicht mehr zu bewältigen erscheinen. Zweitens verweist der Wandel der strukturellen Rahmenbedingungen auf eine zunehmende Relevanz formalisierter beruflicher Weiterbildung für verschiedene *Veränderungen der beruflichen Tätigkeit.* Neben dem beruflichen Aufstieg und der beruflichen Umschulung können hierunter ebenfalls „weichere" Formen der Vorbereitung/Begleitung von Berufswechseln, Betriebswechseln sowie Tätigkeitswechseln im Rahmen des aktuellen Beschäftigungsverhältnisses subsumiert werden. Drittens lässt sich aus den Darstellungen eine nach wie vor bestehende und zukünftig tendenziell anwachsende Relevanz beruflicher Weiterbildung zur präventiven Begegnung von Arbeitslosigkeit ableiten. Hierunter fällt zunächst die permanente *Sicherung des aktuellen Arbeitsplatzes,* idealerweise im erlernten Beruf. In einem erweiterten Zusammenhang dient Weiterbildung darüber hinaus der *Sicherung individueller Beschäftigungsfähigkeit,* d. h. der Wahrung betriebsübergreifender Mobilitätschancen durch den Erhalt der Attraktivität für den Arbeitsmarkt, also der generellen „[…] Möglichkeit, einer entlohnten Beschäftigung nachzugehen" (Kraus 2006: 55).

Eine fünfte Kategorie lässt sich den Darstellungen zur verstärkten Subjektivierung der Arbeit entnehmen. Die zunehmende Abkehr von Standardisierung und Taylorisierung hin zu Flexibilisierung und Deregulierung von Arbeitsverhältnissen verlagert Planungs- und Koordinierungsprozesse für die langfristige Sicherstellung der Beschäftigungsfähigkeit wie auch für die Gestaltung des alltäglichen Zusammenhangs von Erwerbsarbeit und privater Lebenssphäre von der institutionellen auf die individuelle Ebene (vgl. Baethge/Bartelheimer 2005: 58). Hierdurch entstehen höhere Grade individueller Verantwortlichkeit, der Handlungskoordination und des Engagements seitens der Individuen. Diese führen zu einem Erfordernis neuer Arrangements zwischen Erwerbsarbeit und Privatleben, welche zumeist dahingehend interpretiert werden, dass die alltägliche Lebensgestaltung vermehrt auf die Erwerbssphäre ausgerichtet wird. Neben einer solchen einseitig gerichteten Perspektive lässt sich jedoch auch allgemeiner von einer Verflechtung zwischen Erwerbsarbeit und Freizeit und damit von – in beide Richtungen – fluiden Übergängen zwischen Arbeiten und Leben sprechen (vgl. Dobischat/Düsseldorff/Dikau 2006: 532, Hielscher/Hildebrandt 1999: 149). Auf den Beruf gerichtete Weiterbildungsanstrengungen können damit durchaus zugleich einen „aktuellen Topos" (Brödel 2008: 132) für die nicht auf den Erwerb gerichtete Lebenssphäre darstellen, wenn dort Wissen und Fähigkeiten erworben werden, die für beide Lebenssphären relevant sind (vgl. auch Hochmuth/Mangold 2000). Mit Côté (1997, 1996) sowie Bynner/Schuller/Feinstein (2003) ließe sich diese Zielkategorie beruflicher Weiterbildung auch als Kern dessen bezeichnen, was sie unter dem Aufbau von Identitätskapital verstehen: *Bildungsaspirationen zum Zweck der persönlichen Weiterentwicklung und der Investition in die eigene Identität.*

Nachstehend ziehe ich die bis dato zentralen empirischen Studien aus der Messung von individuellem Weiterbildungsnutzen und individuellen Weiterbildungskosten heran, um die fünf bislang abgeleiteten potenziellen Ziele bzw. Folgen beruflicher Weiterbildung auf eine breitere, empirisch vorstrukturierte Basis zu stellen und zu erweitern.

3.3 Synopse: Nutzen und Kosten der Weiterbildungspartizipation von Individuen

Im SOEP finden sich in regelmäßigen Abständen vertiefende Befragungen zum Weiterbildungsverhalten wieder. Eine Befragung mit solchen vertiefenden Fragen zur beruflichen Weiterbildung fand zuletzt im Jahr 2004 statt. Weiterbildungsteilnahmen konnten hier auf sechs verschiedene Ziele zurückgeführt werden: das Nachholen einer beruflichen Abschlussprüfung, eine berufliche Umschulung, die Auffrischung vorhandener Kenntnisse, die Anpassung an berufliche Veränderungen, die Vorbereitung eines beruflichen Aufstiegs sowie „neue Gebiete kennenlernen um beruflich nicht so festgelegt zu sein". Die Angabe nicht-utilitärer Weiterbildungsziele war den Befragten im SOEP damit nicht möglich. Andere Berichtssysteme bzw. Individualerhebungen öffnen entsprechende Antwortkategorien.

Im BSW-AES (vgl. Rosenbladt/Bilger 2008: 119 f.) gaben 83 Prozent aller Weiterbildungsteilnehmenden für das Berichtsjahr 2007 an, Weiterbildung „hauptsächlich" aus beruflichen Gründen absolviert zu haben. Diesem Anteil stehen 17 Prozent gegenüber, bei denen private Interessen „mehr" im Vordergrund standen. Rosenbladt/Bilger (2008: 120) differenzieren die von den Befragten angegebenen Ziele der Weiterbildung zunächst in „harte" („Umschulung auf einen neuen Beruf", „höhere Position oder Laufbahngruppe", „Einarbeitung in eine neue berufliche Aufgabe") und weiche („notwendige Fortbildung für meinen Beruf", „ergänzende Kenntnisse für meine berufliche Tätigkeit") Ziele. Ferner wurden im BSW-AES zehn „Weiterbildungsmotive" abgefragt. Auch bei diesen Motiven handelt es sich nicht um implizite Motive, im Sinne überdauernder individueller Motivdispositionen (vgl. Heckhausen/Heckhausen 2006: 4), sondern um explizite Motive, d. h. sprachlich repräsentierbare Ziele der Weiterbildung (vgl. Tab. 1).[23]

Baethge/Baethge-Kinsky (2004) erfassen in ihrer Repräsentativstudie zum Lernverhalten und -bewusstsein der deutschen Bevölkerung insgesamt sieben Gründe zur Weiterbildungsteilnahme. Mehr als ein Drittel der Befragten (36,5 %) gab hier an, sich beruflich weiterzubilden, um mit den beruflichen Anforderungen besser zurechtzukommen. Es folgten die Verbesserung der Aufstiegschancen (16,9 %), Interesse am Thema (15,7 %), die Ergreifung einer günstigen Gelegenheit für Weiterbildung (11,8 %), der Wunsch zur Übernahme neuer Aufgaben im Betrieb (6,4 %), der Wunsch nach Erhöhung der Arbeitsplatzsicherheit (6,4 %) sowie die Vermeidung von Ausgrenzung durch Kollegen (3,3 %).

Im Rahmen einer quantitativen Untersuchung der Gründe für Weiterbildungsabstinenz erwerbsnaher Personen von Bolder et al. (1994: 36 f.) gaben die Befragten besonders häufig an, Weiterbildung zur Auffrischung und Erweiterung der beruflichen Fachkenntnisse genutzt zu haben. Eine Verbesserung der Aufstiegschancen bildete das zweitwichtigste Weiterbildungsziel. Weitere Ziele waren die Sicherheit vor Verlust des Arbeitsplatzes bzw. die Möglichkeit, nach einem Arbeitsplatzverlust wieder am Arbeitsmarkt unterzukommen, mehr Zufriedenheit bei der Arbeit sowie die Ausübung interessanterer/anspruchsvollerer Tätigkeiten. In wenigen Fällen erfolgte die Weiterbildung, um in Zukunft weniger körperlich schwere bzw. belastende Arbeit ausführen zu müssen oder eine angesehenere Tätigkeit aufzunehmen. Mehr als ein Viertel der Stichprobe nannte das von den Autoren als „Lernspaß" bezeichnete Ziel „einfach mal wieder etwas neues Lernen" als vordergründige Weiterbildungsursache.

Die vorgegebene Liste der ersten Studie zu individuellen Kosten und Nutzen der Weiterbildung aus dem BIBB (vgl. Bardeleben/Beicht/Holzschuh 1994) umfasst neun konkrete Weiterbildungsziele (zuzüglich einer Restkategorie „sonstige Gründe"). In Westdeutschland

23 Nahezu jede/-r fünfte Befragte (19 %) gab eine Verpflichtung als Teilnahmemotiv an. Es ist davon auszugehen, dass hinsichtlich der Teilnahme an außerbetrieblicher Weiterbildung, die im Rahmen der vorliegenden Arbeit untersucht wird, Anordnungen durch den Arbeitgeber nur eine marginale Rolle einnehmen. Psychosoziale Verpflichtungen gegenüber dem direkten Arbeitsumfeld sind als Teilnahmegründe indes durchaus denkbar. Sie sind in den für die Untersuchung gewählten Handlungskonsequenzen berücksichtigt.

benannten die Befragten die „Verbesserung der beruflichen Leistungsfähigkeit" mit Abstand als wichtigstes Weiterbildungsziel. Unter den drei wichtigsten Weiterbildungszielen wurden darüber hinaus in absteigender Reihenfolge die Aussicht auf interessantere/anspruchsvollere Tätigkeiten, höheren Verdienst, Aufstiegschancen, Verbesserung der Arbeitszufriedenheit, Sicherheit vor Arbeitsplatzverlust, Anerkennung durch Vorgesetzte und Kollegen, einen anderen Arbeitsplatz bzw. überhaupt auf einen Arbeitsplatz genannt. In den neuen Bundesländern standen Arbeitsplatzsicherung und Wiederbeschäftigung deutlich im Vordergrund der individuellen Interessen (vgl. Bardeleben/Beicht/Holzschuh 1994: 15 f.). In einer neueren Fassung der Studie (vgl. Beicht/Krekel/Walden 2006) wurde die Liste der vorformulierten Weiterbildungsziele auf zwölf erweitert. Im Vergleich zur früheren Erhebung wurden die Kategorien „sonstige Gründe" sowie „Verbesserung der Arbeitszufriedenheit" fallen gelassen. Hinzu kamen die Ziele „persönliche Weiterentwicklung", „Anpassung an neue Tätigkeitsanforderungen", „Überblick über neue berufliche Entwicklungen" sowie „Voraussetzung für berufliche Selbstständigkeit erlangen/verbessern". Zudem wurde das Ziel „Mehr Anerkennung durch Vorgesetzte und Kollegen" durch „Knüpfen von sozialen und beruflichen Kontakten" ersetzt.

Tab. 1 fasst die vorformulierten Ziele der bundesdeutschen Studien zur Weiterbildungsbeteiligung sowie deren relative Bedeutung innerhalb der jeweiligen Studien (Werte in runden Klammern) zusammen.[24] Zusätzlich ist den Items eine laufende Nummer zugewiesen (Werte in den eckigen Klammern), um die Reduzierung der Items zu Handlungskonsequenzen besser nachvollziehbar zu mahen.

In vergleichender Betrachtung wird deutlich, dass die Partizipation an Weiterbildung aufgrund der unterschiedlichen Zielgruppen sowie Erhebungsjahre der Befragungen und insbesondere in Abhängigkeit der dort jeweils berücksichtigten Items auf andere Ziele zurückgeführt wird. Dabei zeigt sich jedoch, dass Weiterbildungsteilnahmen tendenziell weniger auf Wünsche nach mehr Einkommen und beruflichem Aufstieg zurückgeführt werden und mehr als Möglichkeit zur allgemeinen Verbesserung der beruflichen Leistungsfähigkeit. Werden vorwiegend nicht beruflich utilitäre Ziele als Antwortkategorie angeboten (persönliche Weiterentwicklung, soziale Kontakte), dann führt ein wesentlicher Anteil der Befragten ihr Weiterbildungsinteresse auf diese Komponenten zurück.

Auf „sonstige" Gründe führen die Befragten, sofern diese Kategorie angeboten wird, ihre Beteiligung nur in wenigen Fällen zurück. Insofern dürften die in den Erhebungen erfassten Weiterbildungsgründe und Ziele die den Individuen in einer Situation, in der sie über Weiterbildungspartizipation entscheiden müssen, verfügbaren Handlungskonsequenzen abbilden, obwohl es sich um vorformulierte Items der jeweiligen Forschenden handelt (vgl. auch Behringer 1999: 90 f.). Zum anderen ist zu erwarten, dass sich die hier betrachteten Studien hinsichtlich der von ihnen erhobenen Weiterbildungsziele bzw. Teilnahmegründe in Summe weitestgehend ergänzen.

---

24 Nicht berücksichtigt sind die Items aus dem NEPS, da die Ableitung der potenziellen Weiterbildungsfolgen zum Zeitpunkt der ersten Welle der NEPS-Weiterbildungserhebung bereits abgeschlossen war.

Ausgehend von dieser Annahme, dass die in den vorgenannten Studien erhobenen Weiterbildungsziele zusammen mit den aus dem Wandel der sozialstrukturellen Bedingungen von Weiterbildungspartizipation abgeleiteten Kategorien den potenziellen Ergebnisraum der Handlung weitestgehend abdecken, gilt es diesen Raum so zu systematisieren, dass einerseits seine Elemente im Kern erhalten bleiben, sie andererseits jedoch auf ein empirisch überprüfbares Maß reduziert bzw. zusammengefasst werden.

Zur Reduzierung der 59 in den berücksichtigten Studien erfassten Items auf eine empirisch noch sinnvoll überprüfbare Anzahl von potenziellen Weiterbildungsfolgen sind in einem ersten Schritt sämtliche Items auszuschließen, welche eine Teilnahme auf betriebliche Zwänge bzw. günstige Gelegenheiten oder auf „sonstige Gründe" zurückführen[25]. Die verbleibenden Items lassen sich zunächst zu sechs Zielkategorien zusammenfassen, deren wesentliche Gemeinsamkeit darin liegt, dass ihre Verwirklichung einen *Lernerfolg* im Sinne der Fähigkeit, die in einer Weiterbildung vermittelten Inhalte prinzipiell auch umsetzen zu können (vgl. Döring 1995: 116), voraussetzt. Die in Kapitel 3.2 abgeleiteten Kategorien werden damit um zwei Kategorien erweitert.

Insgesamt elf der verbleibenden Items verweisen auf das Ziel, die berufliche Leistungsfähigkeit am aktuellen Arbeitsplatz durch eine *Anpassung an sich stetig wandelnde Anforderungen* zu erhöhen.[26] Mindestens eine entsprechende Antwortkategorie bezieht sich in jeder der betrachteten Erhebungen auf dieses potenzielle Ziel. Eine große Anzahl der vorgegebenen Antwortkategorien bezieht sich auf verschiedene Formen einer angestrebten *beruflichen Veränderung.*

Hierzu gehören im Detail die Vorbereitung einer Selbstständigkeit (bzw. einer nichtselbstständigen Tätigkeit bei bereits Selbstständigen), beruflicher Aufstieg, ein geplanter Berufswechsel, ein grundlegender Tätigkeitswechsel im aktuellen Beruf sowie der Wechsel des aktuellen Arbeitgebers bzw. Betriebs.[27]

Eine weitere Zahl von Items verweist deutlich auf das subjektive Ziel, den eigenen Arbeitsplatz nachhaltig zu sichern.[28] Hiervon abgrenzen lässt sich der Wunsch nach einer Verbesserung der allgemeinen Beschäftigungsfähigkeit, um – wenn schon nicht den bisher bestehenden Arbeitsplatz erhalten zu können – bei einem drohenden Arbeitsplatzverlust zumindest schnell wieder im Arbeitsmarkt unterzukommen.[29]

25 Item 10 führt die Teilnahme auf die Nutzung einer günstigen Gelegenheit zurück. Auf durch betriebliche Zwänge erfolgte Teilnahmen verweisen die Items 15 und 23.

26 Items: 1, 2, 7, 14, 16, 19, 29, 40, 41, 50, 118

27 Items: 3, 4, 5, 6, 8, 11, 17, 18, 26, 28, 30, 34, 35, 36, 37, 38, 42, 44, 47, 48, 49, 51, 52, 54, 57, 108, 120, 121, 128

28 Items 12, 25, 32, 43 und 56 lassen sich unter der Zielkategorie „Arbeitsplatzsicherung" zusammenfassen.

29 Der Wunsch nach einer Erhöhung der eigenen Beschäftigungsfähigkeit wird in den Items 24, 32 und 55 deutlich.

Tabelle 1: Erfassung von Ursachen der Partizipation an beruflicher Weiterbildung in bundesdeutschen Berichtssystemen und Personenbefragungen

Arbeit (Jahr)	Grundgesamtheit	Erhobene Items, relative Bedeutung[a], sowie Itemnummer für die Bildung der Handlungskonsequenzen	
SOEP 2004 (eigene Berechnungen)	Deutschsprachige Wohnbevölkerung, ab 16 Jahren	• Sich ständig neuen Entwicklungen im Beruf anpassen (39,2 %) [1] • Berufliche Kenntnisse, die z. T. veraltet sind, auffrischen (30,3 %) [2] • Sich weiterqualifizieren, um beruflich aufsteigen zu können (29,8 %) [3]	• Neue Gebiete kennenlernen, um beruflich nicht so festgelegt zu sein (25,9 %) [4] • Sich auf einen anderen Beruf umschulen lassen (12,7 %) [5] • Eine berufliche Abschlussprüfung nachholen (4,3 %)[6] • Wunsch, im Betrieb neue Aufgaben zu übernehmen (6,4 %)
Baethge/Baethge-Kinsky (2004)	Deutschsprachige Wohnbevölkerung, 19–64 Jahre	• Besseres Zurechtkommen mit beruflichen Anforderungen (36,5 %) [7] • Verbesserung der Aufstiegschancen (16,9 %) [8] • Interesse am Thema (15,7 %) [9] • Nutzung der Gelegenheit für eine Fortbildung (11,8 %) [1 0]	• Wunsch, im Betrieb neue Aufgaben zu übernehmen (6,4 %) [11] • Wunsch nach Erhöhung der Arbeitsplatzsicherheit (6,4 %) [1 2] • Vermeidung von Ausgrenzung bei Kollegen (3,3 %) [13]
Rosenbladt/Bilger (2008)	Deutschsprachige Wohnbevölkerung, 19–64 Jahre	• Ergänzende Kenntnisse für den Beruf (42 %) [14] • Notwendige Fortbildung (36 %) [15] • Einarbeitung in die neue Aufgabe (14 %) [16]	• Höhere Position oder Laufbahngruppe (5 %) [17] • Umschulung auf neuen Beruf (3 %) [18]
		• Bessere Ausübung der beruflichen Tätigkeit & berufliches Vorankommen (61 %) [19] • Wissen/Fähigkeiten zu interessantem Thema erweitern (39 %) [20] • Besseres Zurechtkommen im Alltag (28 %) [21] • Leute kennenlernen und Spaß haben (28 %) [22] • Teilnahme war verpflichtend (28 %) [23]	• Verbesserung der Aussicht auf neuen Arbeitsplatz (22 %) [24] • Arbeitsplatzsicherung (21 %) [25] • Erwerb von Abschluss/Zertifikat (15 %) [26] • Bessere Ausführung eines Ehrenamts (9 %) [27] • Vorbereitung einer beruflichen Selbstständigkeit (7 %) [28]
Bolder et al. (1994)	Erwerbsnahe Personen, 18–60 Jahre	• Auffrischung, Erweiterung der beruflichen Fachkenntnisse (28,3 %) [29] • Verbesserung der Aufstiegschancen (15,1 %) [30] • Einfach mal wieder etwas Neues lernen (12,3 %) [31] • Mehr Sicherheit vor Arbeitsplatzverlust/Größere Chancen einen neuen Arbeitsplatz zu finden (10,3 %) [32] • Höherer Verdienst (10,2 %) [33]	• Mehr Möglichkeiten zur Arbeitsplatzgestaltung (8,9 %) [34] • Interessantere/anspruchsvollere Tätigkeit (6,8 %) [35] • Mehr Zufriedenheit bei der Arbeit (7 %) [36] • Weniger belastende/körperlich schwere Arbeit tun müssen (0,9 %) [37] • Angesehenere Tätigkeit (0,2 %) [38]
Beicht/Krekel/Walden (2006)[b]	Teilnehmende an beruflicher Weiterbildung	• Persönliche Weiterentwicklung (55 %) [39] • Verbesserung der beruflichen Leistungsfähigkeit (50 %) [40] • Anpassung an neue Tätigkeitsanforderungen (42 %) [41] • Überblick über berufliche Entwicklungsmöglichkeiten schaffen (35 %) [42] • Mehr Sicherheit vor Arbeitsplatzverlust (30 %) [43] • Bessere Aussicht auf interessantere/anspruchsvollere Tätigkeit (26 %) [44]	• Knüpfen von sozialen und beruflichen Kontakten (25 %) [45] • Bessere Aussicht auf einen höheren Verdienst (22 %) [46] • Verbesserung der Aufstiegschancen (17 %) [47] • Voraussetzung für berufliche Selbstständigkeit erlangen bzw. verbessern (15 %) [48] • Bessere Chancen, eine andere Beschäftigung zu finden (12 %) [491]
Beicht/Holzschuh/Bardeleben (1994)[c]	Teilnehmende an beruflicher Weiterbildung	• Verbesserung der beruflichen Leistungsfähigkeit (38 %) [50] • Bessere Aussicht auf interessantere/anspruchsvollere Tätigkeit (15 %) [51] • Verbesserung der Aufstiegschancen (14 %) [52] • Bessere Aussicht auf höheren Verdienst (8 %) [53] • Verbesserung der Arbeitszufriedenheit (6 %) [54]	• Bessere Aussicht überhaupt auf einen Arbeitsplatz (6 %) [55] • Mehr Sicherheit vor Arbeitsplatzverlust (6 %) [56] • Bessere Aussicht auf einen anderen Arbeitsplatz (3 %) [57] • Mehr Anerkennung durch Vorgesetzte und Kollegen (2 %) [58] • Sonstige Gründe (2 %) [59]

Anmerkungen: [a] In einigen Studien waren Mehrfachnennungen zulässig. Diese sind daran zu erkennen, dass die Summe der Teilwerte 100 übersteigt.[b] Seicht/Krekel/Walden erfassen die individuelle Relevanz der Weiterbildungsziele auf einer vierstufigen Skala. Hier abgebildet sind die relativen Werte der Kategorie „sehr wichtig".[c] Die Studie bezieht sich ausschließlich auf Westdeutschland.

Items der Kategorie „persönliche Weiterentwicklung und Investition in die eigene Identität" tauchen zwar lediglich in drei der betrachteten Studien auf.[30] Wenn angeboten, entfällt auf diese nicht beruflich-utilitäre Zielkategorie jedoch ein wesentlicher Anteil der Nennungen durch die Befragten.

Aus den Items geht ferner eine Kategorie hervor, die den Wunsch ausdrückt, durch Weiterbildung einen höheren Verdienst zu generieren. Diese Zielkategorie wurde lediglich in drei der hier betrachteten Erhebungen berücksichtigt[31] – möglicherweise aufgrund vermeintlicher Überschneidungen mit dem Ziel des beruflichen Aufstiegs, da ein solcher in der Regel auch mit finanziellen Vorteilen verbunden ist. Im empirischen Teil wird die Einkommenserhöhung jedoch als eigenständige Kategorie von den „beruflichen Veränderungen" abgegrenzt, da es sich hier um ein Ziel handelt, das sich prinzipiell auch unabhängig von einer Änderung der beruflichen Tätigkeiten anstreben lässt.

Neben den sechs bisher benannten Zielkategorien, welche im Wesentlichen dadurch gekennzeichnet sind, dass sie den *Lernerfolg* einer Weiterbildungsmaßnahme voraussetzen, lassen sich drei weitere Kategorien formulieren, für deren Eintritt eine Umsetzung von Weiterbildungsinhalten keine Notwendigkeit darstellt.

Zwei dieser Ziele lassen sich unter das maßgeblich von Bourdieu (z. B. 1997, 1976: 346) und Coleman (1988) geprägte und in empirischen Studien viel bemühte Konstrukt des Sozialkapitals subsumieren. Im Kern stellt Sozialkapital eine sich in zwischenmenschlichen Beziehungen (Familien, Freundschaften, Netzwerken etc.) konstituierende Ressource dar, die der Durchsetzung individueller und kollektiver Interessen dient. Soziales Kapital lässt sich durch Weiterbildung in zweierlei Hinsicht aufbauen: erstens durch eine erhöhte Anerkennung im beruflichen Umfeld, wenn die Teilnahme durch weiterbildungsaffine Kolleginnen/Kollegen, Mitarbeiter/-innen und/oder Vorgesetzte entsprechend honoriert wird.[32] Zweitens kann soziales Kapital unmittelbar im Rahmen einer Weiterbildungsmaßnahme durch den Aufbau neuer bzw. die Pflege bestehender Netzwerke erhöht werden.[33]

Die verbleibenden Items verweisen auf ein drittes, handlungsinhärentes Interesse an der Ausführung von Weiterbildungsaktivitäten, das hier etwa in Anlehnung an Bolder et al. (1994) oder Siebert (2006: 58 f.) als „Lernfreude" bezeichnet werden soll.[34]

In zahlreichen Erhebungen zum individuellen Weiterbildungsverhalten werden neben Teilnahmegründen, -motiven etc. auch Weiterbildungsbarrieren, -kosten, Abstinenzgründe oder Belastungen erfasst. Die Mehrheit der Items bezieht sich zwar entweder auf zeitliche und monetäre Restriktionen, auf fehlende Teilnahmemöglichkeiten, psychosoziale Kosten, negative Erwartungen an die didaktische Ausgestaltung von Weiterbildungsmaßnahmen

30 Die nicht beruflich-utilitäre Zielkategorie schlägt sich in den Items 21, 27, und 39 nieder.

31 Auf die Zielkategorie „Einkommenserhöhung" verweisen die Items 33, 46 und 53.

32 Ein solcher Wunsch wird in den Items 13 und 58 deutlich.

33 Siehe Items 28 und 45.

34 Hierauf verweisen die Items 20, 22 und 31.

sowie auf übergeordnete Pauschalurteile (z. B. „Weiterbildung nutzt mir nichts"). Einige der Items verweisen allerdings auf eine mangelnde Instrumentalität einer Teilnahme für präzise benannte potenzielle Folgen von Weiterbildung. Diese lassen sich indes vollständig den hier bereits gebildeten Kategorien zuordnen.

An dieser Stelle soll die Ableitung potenzieller Handlungskonsequenzen einer Teilnahme an beruflicher Weiterbildung abgeschlossen werden. Insgesamt habe ich neun Kategorien abgeleitet, unter denen sich sechs auf das instrumentelle Zwischenziel des erfolgreichen Abschlusses einer Weiterbildungsmaßnahme und drei auf die Teilnahme an sich beziehen. Die betrachtete Handlung, das instrumentelle Zwischenziel sowie die Handlungskonsequenzen sind in Abb. 2 noch einmal zusammengefasst.

Abbildung 2: **Situationsrekonstruktion: Partizipation, instrumentelles Zwischenziel und Kategorien potenzieller Handlungskonsequenzen**

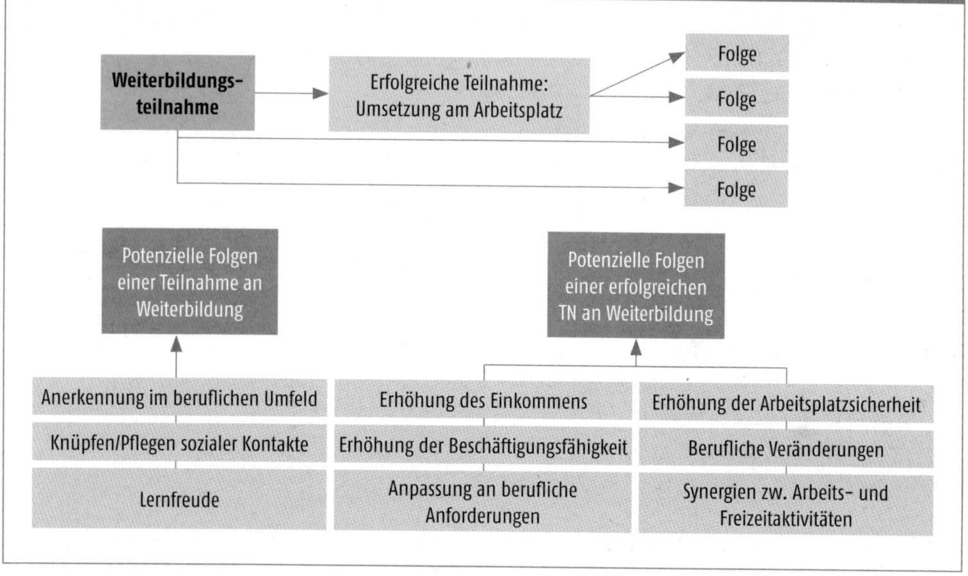

Aus der Unterscheidung zwischen solchen Handlungskonsequenzen, die sich auf die Handlung selbst beziehen, und solchen, die eines instrumentellen Zwischenziels (erfolgreicher Abschluss) bedürfen, resultieren Konsequenzen hinsichtlich der zu wählenden Handlungstheorie in der Mikro-Mikro-Verknüpfung, d. h. der Heuristik, welche die Gesetze über die formallogische Verknüpfung aller entscheidungsrelevanten Variablen beinhaltet. Bei der Diskussion der „Logik der Selektion" greife ich mit der Instrumentalitätstheorie auf eine Handlungstheorie zurück, die erlaubt, im Rahmen der Selektionslogik beide Formen von Handlungskonsequenzen differenziert zu berücksichtigen; jene, die sich auf die Ergebnisse der Handlung beziehen sowie solche, die ihren Anreizwert bereits im Rahmen der Handlungsausführung selbst entfalten.

3.4 Objektive Handlungsrestriktionen

Antizipierte Folgen der Handlung erhöhen, je nachdem, ob sie mit positivem oder negativem Affekt gekoppelt sind, entweder den subjektiv wahrgenommenen Nutzen oder die subjektiv wahrgenommenen Kosten individuellen Handelns. Weiterbildungspartizipation bzw. Abstinenz bilden vor diesem Hintergrund das Ergebnis subjektiver Relevanzsetzungen der handelnden Individuen. Durch ein Abwägen der Folgen des eigenen Tuns soll die eigene Lebenssituation verbessert werden.

Individuelle Handlungsspielräume werden daneben jedoch durch sozialkulturelle und wirtschaftliche Strukturen auf der Makroebene, Aspekte der physischen Umwelt und die biologische Ausstattung auf der Mikroebene eingeschränkt und vorstrukturiert (vgl. Bolder/Hendrich 2000: 36, Hill 2002: 40). Individuelle Entscheidungsprozesse und Handlungen werden neben den subjektiven Relevanzsetzungen folglich durch objektive Restriktionen gesteuert.

Anders als Kosten sind Restriktionen unabhängig von spezifischen Handlungen. Bei Restriktionen handelt es sich um die Summe sämtlicher finanzieller und zeitlicher Ressourcen sowie der Informationen, die für das Handeln zur Verfügung stehen. Ihnen unterliegt sämtliches Handeln „unhintergehbar“ (Brödel 2008: 129, vgl. auch Esser 2000: Vorwort, Hill 2002: 47, Lindenberg 1991: 56). Kosten hingegen sind negative Nutzenaspekte (s. o.), die lediglich bei der Ausführung einer spezifischen Handlung in Kauf zu nehmen sind.

Unter die objektiven Handlungsrestriktionen zur Teilnahme an beruflicher Weiterbildung sind zunächst die persönlichen Vermögens- und Einkommensverhältnisse zu fassen, da sie das für direkte Weiterbildungskosten zur Verfügung stehende Budget determinieren. Unter diese direkten Weiterbildungskosten fallen Ausgaben für Teilnahmegebühren, Lern- und Arbeitsmittel, Reisen zum Veranstaltungsort, auswärtige Unterkünfte, Mehrausgaben für auswärtige Mahlzeiten, für die Betreuung von Familienmitgliedern sowie Ausgaben wie z. B. Prüfungsgebühren (vgl. Backes-Gellner/Mure/Tuor 2007: 297, Bardeleben/Beicht/Holzschuh 1994: 10 f., Beicht/Krekel/Walden 2006: 47 f., Nuissl 2003b: 135 f.). Daneben entstehen indirekte Kosten, bei denen es sich um Opportunitätskosten handelt, die dem Individuum durch Einkommensverzicht und Freizeitverlust entstehen (vgl. Bardeleben/Beicht/Holzschuh 1994: 10 f., Beicht/Krekel/Walden 2006: 47 f., Bellmann/Düll 2001: 82 f., Nuissl 2003b: 136). Indirekte Kosten entstehen durch eine Teilnahme an Weiterbildung in erster Linie im Zusammenhang mit den Unterrichtszeiten, deren Vor- und Nachbereitung sowie An- und Abreisezeiten. Auch entstehen (Opportunitäts-)Kosten, wenn Nebenerwerbstätigkeiten aufgegeben, häusliche Arbeiten am Markt nachgefragt werden müssen oder weniger Überstunden gemacht werden können, um eine Teilnahme zu ermöglichen (vgl. Dobischat/Seifert 2005b: 267).

Zeitliche Restriktionen sind für die individuelle Teilnahmeentscheidung insbesondere dann bedeutsam, wenn Weiterbildung nicht oder nur partiell im Rahmen betrieblicher Arrangements stattfindet, weil Weiterbildung von der Arbeits- in die Freizeit verlagert werden muss (vgl. Bellmann/Düll 2001, Dobischat/Seifert 2005b: 267, Seifert/Mauer 2004: 190 f.).

Ohne die Möglichkeit auf Instrumente zur Flexibilisierung der Arbeitszeit zurückgreifen zu können, erfordert die Teilnahme an Weiterbildung unter Umständen überdies den Einsatz von Erholungszeit. Diese Erholungszeit kann mit Einkommensverlust verbunden sein, sofern es sich um unbezahlten Urlaub handelt oder die Erwerbstätigkeit reduziert bzw. aufgegeben wird.

Darüber hinaus beansprucht die Informationsbeschaffung über passende Angebote Zeit. Neben das Erfordernis, ständig die Aktualität des eigenen Kompetenzbestands kritisch zu hinterfragen, tritt die Anforderung, zeitlichen Aufwand zu betreiben, um aus der nur schwer überschaubaren Menge verfügbarer Weiterbildungsangebote eigenverantwortlich jene auszuwählen, die zur Erweiterung und Anpassung der Kompetenzen besonders vielversprechend erscheinen (vgl. Lipsmeier/Clement 1999: 220 f., Lipsmeier/Münk 1997: 82 f.). Schließlich wird unter hohem Druck oftmals ein Nacharbeiten von während der Weiterbildung liegengebliebener Vorgänge außerhalb der täglichen Arbeitszeit notwendig. Zeitliche Engpässe entstehen dann besonders häufig, wenn familiäre bzw. häusliche Verpflichtungen, wie zum Beispiel Betreuungszeiten unausweichlich sind (vgl. z. B. Backes-Gellner/Mure/Tuor 2007: 301, Dobischat/Seifert 2005b: 267).

Einzelne Beschäftigtengruppen verfügen über sehr unterschiedliche Optionen zur Überwindung dieser monetären sowie zeitlichen Konflikte (vgl. Seifert/Mauer 2004: 191). Als Personengruppen mit geringen Spielräumen werden in der Literatur in erster Linie Alleinerziehende, in Teilzeit beschäftigte Frauen und Geringqualifizierte herausgearbeitet. Im Vergleich zu Vollbeschäftigten und Höherqualifizierten sind diese Gruppen bezüglich der Teilnahme an betrieblicher Weiterbildung bereits benachteiligt. Weil sie häusliche Verpflichtungen nur schwer über den externen Markt beziehen können, besitzen sie vergleichsweise schlechte Möglichkeiten, diese Benachteiligung durch vermehrte Eigeninitiative außerhalb der Arbeitszeit zu kompensieren (vgl. Dobischat/Seifert 2005b: 267, Seifert/Mauer 2004: 191).

Die private Nachfrage nach Weiterbildungsmaßnahmen wird überdies dann erschwert, wenn die Arbeitsbedingungen nur geringe Flexibilitätsspielräume erlauben, z. B. bei Schichtarbeit oder fehlenden Möglichkeiten auf Arbeitszeitkonten zurückzugreifen (vgl. hierzu auch Janßen 2003: 4 f., der das Problem aus betrieblicher Sicht darstellt). Über ein stärker eingeschränktes Zeitbudget verfügen überdies Arbeitnehmer/-innen, die aufgrund starker physischer und/oder psychischer Arbeitsbelastungen auf Erholungszeiten angewiesen sind. Schließlich stehen Bewohner/-innen ländlicher Umgebungen im Vergleich zu solchen großer Ballungszentren in ihrem unmittelbaren Umfeld weniger Weiterbildungsangebote zur Verfügung, wodurch sowohl monetäre (z. B. durch höhere Fahrtkosten) als auch zeitliche (Zeit für Information über Angebote, Reisezeit) Restriktionen hier zu einem zusätzlich erschwerten Zugang zu Weiterbildungsangeboten führen können (vgl. etwa Lipsmeier/Münk 1997: 42 f.).

Die Berichtssysteme und Individualerhebungen zum individuellen Weiterbildungsverhalten zeichnen kein einheitliches Bild hinsichtlich der Frage, ob bei einer Teilnahme zeitliche oder monetäre Restriktionen stärker ins Gewicht fallen. Auch multivariate Analysen kommen hier zu gegensätzlichen Erkenntnissen. Backes-Gellner/Mure/Tuor (2007: 301) stellen fest, dass das persönliche Einkommen bei Weiterbildungsabstinenten keinen Effekt auf deren Zahlungsbereitschaft besitzt. Schröder/Schiel/Aust (2004: 76 f.) kommen ferner unter differenzierter Betrachtung der monetären Weiterbildungskosten zu dem Schluss, dass sich der Anteil derer, die Kosten als wesentlichen Grund für Weiterbildungsabstinenz angeben, besonders durch die Angaben von Geringverdienern erklären lässt. Demgegenüber konstatiert beispielsweise Brödel (2008: 143), dass die Zahlungsbereitschaft für formalisierte Formen beruflicher Weiterbildung bei Geringverdienern in NRW „durchaus beachtlich" sei. Dass zeitlichen Restriktionen mehr noch als den direkten Weiterbildungskosten von Befragten ein wesentliches Gefährdungspotenzial im Hinblick auf Partizipation zuzuschreiben ist, kann den Studien zu individuellen Kosten- und Nutzenaspekten nicht einheitlich entnommen werden.

3.5 Selektionslogik und Weiterbildungshandeln

Vor dem Hintergrund der Annahme, dass sich die Analyse kollektiver Phänomene letztlich auf einer Erklärung der Selektion des Handelns durch Individuen gründet, wird die Konstruktion eines Mikro-Modells für die Wahl der jeweils bedeutsamen Handlungen notwendig. Mithilfe einer Handlungstheorie werden in diesem auf der Situationslogik aufbauenden Mikro-Modell die individuellen Handlungen erklärt. Der jeweils gewählten Handlungstheorie kommt bei der Erklärung sozialer Phänomene damit eine zentrale Bedeutung zu. Zu suchen ist eine Theorie, die nomologische Gesetze beinhaltet, nach denen die Akteure unter den gegebenen Bedingungen der Situation eine ihnen zur Verfügung stehende Alternative wählen. Die Suche nach dieser Theorie wird daher als Problem der „Logik der Selektion" bezeichnet (vgl. Esser 1996: 93 f.). Esser beschreibt die Logik der Selektion als Verbindung der externen Bedingungen der Situation mit den internen Einstellungen der Akteure auf der Mikro-Ebene: „In der Logik der Selektion wird […] die methodisch erforderliche *allgemeine* und *kausale* funktionale Beziehung zwischen den situational geprägten Erwartungen und Bewertungen beim Akteur und dem Handeln hergestellt" (Esser 1996: 95, Herv. im Original). Folglich ist eine allgemeine Handlungstheorie notwendig, welche die zentralen Merkmale der Situation abzubilden in der Lage ist (vgl. Esser 1996: 95). Mit den E*W-Theorien präferiere ich hier jene Familie von Mikrotheorien, die unterstellt, dass Menschen vorausblickend handeln und ihr Verhalten an vorweggenommenen Zielzuständen orientieren (vgl. Beckmann/Heckhausen 2006: 105, Lawler 1971: 23, Weinert 1992: 262), indem sie „[…] in ihrem Ursachenteil die durch die Situation geprägten *Erwartungen* und *Bewertungen* der Akteure und in dem Folgenteil die verschiedenen, ihnen zur Wahl stehenden, *Alternativen* enthält" (Esser 1996: 95, Herv. im Original).

Die Grundidee *sämtlicher* E*W-Theorien besteht darin, dass Personen aus einer Reihe verfügbarer Handlungsalternativen jeweils jene Alternative in eine tatsächliche Handlung überführen, die bei gegebenen Restriktionen den höchsten Nutzen verspricht.

Für die Selektion der Handlung nach der E*W-Theorie lassen sich hiernach mehrere Annahmen formulieren:

1. Die Ausführung einer Handlung ist das Resultat einer Selektion zwischen mindestens zwei Alternativen.
2. Jede Alternative hat Folgen (‚outcomes').
3. Jeder outcome besitzt für das selegierende Individuum eine bestimmte Attraktivität, ist also mit mehr oder weniger starken positiven bzw. negativen Affekten gekoppelt und hat einen entsprechenden Anreizcharakter.
4. Der Eintritt aller outcomes wird vom Akteur mit einer bestimmten Wahrscheinlichkeit erwartet. Die Erwartungen über die Wirksamkeit der Handlungen sind subjektiv und können kardinal bewertet werden.
5. Jede Handlungsalternative wird einer Evaluation unterzogen, d. h. auf spezifische Weise gewichtet.
6. Die Handlungsalternative mit dem maximalen E*W-Gewicht wird in eine tatsächliche Handlung überführt.

(vgl. etwa Beckmann/Heckhausen 2006, Esser 1999: 248, Esser 1991: 431, Galbraith/Cummings 1967, Georgopoulos/Mahoney/Jones 1957, Heckhausen 1977b, Heckhausen/Rheinberg 1980, Heneman/Schwab 1972, Hill 2002: 46 f., Lattmann 1982: 159 f., Lawler/Suttle 1973, Mitchell 1974, Mitchell/Albright 1972, Mitchell/Biglan 1971, Vroom 1964: 19, Wahba/House 1974)

3.5.1 Handlungsalternativen, frames und Modi der Handlung

Das Explanandum der Mikro-Mikro-Verknüpfung ist eine bestimmte Handlung. Erklärt werden soll, warum es gerade zur Ausführung dieser Handlungsalternative gekommen ist. E*W-Theorien kommen ausgehend von der Annahme zur Anwendung, dass jedes Handeln eine Wahl zwischen mindestens zwei Handlungsalternativen darstellt. Vielfach erfolgt die Handlungsselektion auf Basis expliziten Abwägens sämtlicher Alternativen. Auch unbewusst getroffene Entscheidungen sowie solche Entscheidungen, die auf nichtlogischem, emotionalem oder habitualisiertem Handeln beruhen – z. B. unterscheidet Max Weber (1972: 12) neben dem zweckrationalen Handeln wertrationales, affektuelles und traditionales Handeln –, lassen sich als Abwägungsprozess modellieren (vgl. Esser 1991, Esser 1990, Hill 2002: 52).

Bei Weber und anderen (vgl. z. B. Fürstenberg 1955) stehen zweckrationale und „andere" Handlungsmodi unabhängig nebeneinander. Esser (2001, 1999: 235 f.) löst das Nebeneinander der Handlungsmodi. Er beschreibt die Wahl des Handlungsmodus selbst wieder als rationale Wahl mit den Variablen der E*W-Theorie, indem er auf sozialpsychologische dual-process-Theorien des Denkens (insbesondere Fazio 1990) zurückgreift und diese formalisiert.

So erfolgt beispielsweise beim habitualisierten Handeln die Selektion der Handlung nicht mehr auf Basis einer Zweck-Mittel-Kalkulation. Jedoch wird der Modus der Handlung selbst – also die Bevorzugung habitualisierten Handelns gegenüber zweckrationalem Handeln – durch eine Abwägung von Nutzen und Kosten beider Modi gewählt. Ähnliches findet sich schon bei Habermas (1981: 126 f.), nach dem sämtliche von ihm differenzierten Handlungsmodi (teleologisches, strategisches, normenreguliertes, dramaturgisches, kommunikatives Handeln) auf teleologisches Handeln angewiesen sind (vgl. Esser 1999: 240). Das teleologische Handeln (und das strategische Handeln als seine Modifikation) wiederum entspricht dem zweckrationalen Handeln Webers.

Für die Wahl des Handlungsmodus besonders relevant ist dabei vor allem das sogenannte „framing". Frames bilden gedankliche Modelle im Sinne vorgefertigter Orientierungen, d. h. einen groben Interpretationsrahmen, vor deren Hintergrund eine Handlungssituation eingeschätzt wird (vgl. Esser 2002: 33 f., Esser 2001: 259 f., Stocké 2002: 23 f.). Bei frames handelt es sich also um verschiedene Sichten auf eine Entscheidungssituation, die die individuelle Beurteilung dieser Situation beeinflussen und sich auf das Entscheidungsverhalten auswirken, obwohl die objektive Struktur der Situation unverändert ist (vgl. Kuhn 1997: 58).

Folgt man Esser, so wirken sich frames in doppelter Hinsicht auf die Wahl des Handlungsmodus aus. Erstens würden Wahl von frame und Handlungsmodus dadurch bestimmt, wie leicht ein frame im Gedächtnis des Entscheiders zugänglich sei, inwiefern die in der Situation beobachteten Objekte bzw. Symbole zu diesem frame passten und wie störungsfrei diese Passung vom Individuum geprüft werden könne. Bei einem perfekten „matching" von erwarteten und vorhandenen Symbolen seien keine weiteren gedanklichen Aktivitäten mehr notwendig, die Handlung könne vielmehr unter Rückgriff auf in der Sozialisation erworbenes Wissen automatisch-spontan erfolgen. Bei einem mismatch hingegen neige das Individuum dazu, nach zusätzlichen entscheidungsrelevanten Informationen zu suchen und Handlungsalternativen abzuwägen. Das matching lässt sich als Erwartungsvariable beschreiben, da es die Erwartungen über die Geltung eines frames umfasst (vgl. Esser 2001: 270).

Mit dieser Erwartungsvariable werde – zweitens – die Bewertung jedes frames gewichtet. Diese Bewertungen umfassten sämtliche positiven und negativen Nutzenaspekte (d. h. Folgen, also Anreize), die das Individuum mit der Aktivierung des jeweiligen frames assoziiere (vgl. Esser 2001: 270 f.).

Die Bewertung der frames und das matching zwischen erwarteten und vorhandenen Symbolen bzw. Nutzen- und Erwartungswert eines frames bildeten gemeinsam die Motivation, die Handlung nicht automatisch-spontan zu initiieren, sondern durch eine Saldierung von Nutzen und Restriktionen auszuwählen. Je geringer das E*W-Gewicht für den in einer Handlungssituation zunächst aktivierten frame im Vergleich zu einem alternativen, dem in der Situation „nächstliegenden" frame ausfalle, desto höher sei diese Motivation. Jedoch garantiere auch eine hohe Motivation noch nicht, dass Handlungsalternativen gegeneinander abgewogen würden. Zu einem automatisch-spontanen (normenregulierten, affektuellen usw.) Verhalten komme es nämlich darüber hinaus auch dann, wenn das Individuum keine Möglichkeit sehe, den „richtigen" frame für die Situation überhaupt finden zu können, etwa weil zeitlicher Handlungsdruck herrscht. Individuen gewichten hiernach also den Nutzen, der durch eine rational-kalkulierende Handlung verwirklicht würde, mit einer Erwartung darüber, durch Informationssuche und -abwägung zum korrekten frame zur Einschätzung der Situation zu gelangen (vgl. Esser 2001: 272 f.). Zu einer automatisch-spontanen Reaktion komme es ferner, wenn der Aufwand für eine Kalkulation zu aufwendig erscheint.

Esser beschreibt die individuelle Definition der Situation somit als zweistufigen Prozess: Es finden zwei Selektionen statt, die des gedanklichen Modells der Situation (des frames) und die des Handlungsmodus, d. h. des Grades der Informationsverarbeitung und der „rationalen" Reflexion von Folgen (vgl. Esser 2002: 34). Obwohl er beide Selektionen mit den Variablen der E*W-Theorie beschreibt, geht er davon aus, dass es sich dabei um einen Vorgang handelt, der unbewusst auf Basis von in einer Situation wahrgenommenen Objekten und mentalen Mustern stattfindet (vgl. Esser 2001: 261, Kroneberg 2005: 345 f.).

Die Definition der Alternativen unterliegt nahezu keinerlei Grenzen: Neben dem Tun kommen auch rein kognitive Vorgänge (Vorstellung, Wahrnehmung), kommunikative Handlungen (Sprechen, Zuhören), sowie das „Nichts-Tun" (Unterlassen oder Dulden einer Handlung) (vgl. Weber 1972: 11) infrage. Wie am Beispiel des framing bereits deutlich gemacht, lassen sich neben Einzelhandlungen auch komplexe Handlungsabfolgen, Strategien, Projekte, „soziale Drehbücher", Rollen und „Modelle der Situationsdefinition" als Handlungsalternativen definieren und beliebig grob bzw. fein abgrenzen (vgl. Esser 1999: 252). Die alleinige Voraussetzung besteht darin, dass sich die Alternativen wechselseitig ausschließen (vgl. Kunz 1997: 108 f.). Teilweise findet sich die Empfehlung, eine möglichst breite Auswahl an Alternativen zu berücksichtigen, um keine latente Alternative aus dem Alternativenraum unberücksichtigt zu lassen, wodurch die Entscheidungssituation verzerrt würde (Kunz 1997: 108 f.). Wenn die konkreten Parameter der Randbedingungen im Rahmen der Situationslogik empirisch erhoben werden sollen, empfiehlt sich jedoch eine Beschränkung auf wenige Alternativen, um den Erhebungsaufwand im Rahmen zu halten (vgl. Esser 1999: 252, Kunz 1997: 110 f., Mitchell 1974: 1063).

Bei dem Versuch, den Entscheidungsprozess für eine unter mehreren Handlungsoptionen abzubilden, handelt es sich um die Erklärung einer intrasubjektiven Handlungswahl zwischen Alternativen. Theoretisch angemessen wäre es daher, für jede definierte Handlungsalternative sämtliche relevanten Parameter der durch die Handlungstheorie vorgegebenen Variablen zu erfassen und daraus eine Handlungs- bzw. Motivationstendenz für jede Alternative zu berechnen. Mithilfe der Motivationstendenzen lässt sich dann eine Voraussage über die Handlungswahl treffen, da die Ausführung der Handlungsalternative mit der höchsten Motivationstendenz angestrebt werden sollte.

Bei der direkten empirischen Konstruktion und Überprüfung von E*W-Modellen hat sich indes, insbesondere in der Psychologie, der Schwerpunkt bereits früh weg von der Modellierung *intra*subjektiver Alternativenwahlen hin zur Modellierung *inter*subjektiver Verhaltensunterschiede verschoben. Bei Letzteren bestimmt man die Handlungstendenz nicht für alle Handlungen aus dem betrachteten Alternativenraum eines Subjektes, sondern lediglich für eine dieser Handlungsalternativen (z. B. bei der diskreten Variable „Lernen" nur „hoher Lernaufwand") und stellt diese Tendenz mittels einfacher Korrelationen oder multivariater Analysen als unabhängige Variable dem tatsächlichen Grad der Handlungsausführung (abhängige Variable) gegenüber (z. B. tatsächlicher Umfang des Lernens, gemessen in Stunden). Der Vorteil besteht darin, dass hier nur die Randbedingungen für eine einzige Handlung zu bestimmen sind. Allerdings wird hier nicht überprüft, ob ein Individuum sich tatsächlich für die Handlung mit der höchsten Motivationstendenz entschieden hat. Vielmehr wird über alle Individuen hinweg (also intersubjektiv) überprüft, ob ein statistisch signifikanter Zusammenhang zwischen Stärke der Handlungstendenz und tatsächlichem Ausführungsgrad besteht.

3.5.2 ‚Outcomes': Anreize proaktiven Handelns

Unabhängig von der Anzahl der betrachteten Handlungsalternativen besteht das Ziel aller E*W-Modelle in der Berechnung von Motivations- bzw. Handlungstendenzen. Im SEU-Modell etwa setzt sich die Handlungstendenz aus den Bewertungen der outcomes der jeweiligen Alternative sowie den Erwartungen, dass die Handlung zu eben diesen outcomes führt, zusammen. Eine Handlung kann dabei mehrere outcomes hervorrufen, die sich nicht zwingend gegenseitig ausschließen.

Im einfachen SEU-Modell befinden sich sämtliche outcomes auf derselben, der Handlung nachgeschalteten Hierarchieebene. Die oben vorgenommene Ableitung von Klassen salienter Handlungskonsequenzen deutete jedoch auf die Notwendigkeit hin, zwischen zwei verschiedenen Klassen von outcomes zu unterscheiden;

1. Outcomes, die nicht unmittelbar auf die Teilnahme an beruflicher Weiterbildung folgen, sondern darüber hinaus den erfolgreichen Abschluss der Weiterbildungsmaßnahme voraussetzen und mit der Handlung folglich über ein instrumentelles Zwischenziel verbunden sind und
2. Outcomes, die durch die Handlung selbst, also die Weiterbildungsteilnahme per se, hervorgerufen werden können.

Weil eine solche mehrstufige Verkettung im einfachen SEU-Modell nicht abgebildet werden kann, greife ich für die weitere Bearbeitung der vorliegenden Fragestellung mit der VIE-Theorie auf ein alternatives Modell der Selektionslogik zurück.

3.5.2.1 Outcomes erster und zweiter Ordnung

Ein wesentlicher Beitrag zur Mikrotheorieentwicklung auf Basis der E*W-Überlegungen erfolgte durch Vroom (1964). Er führte die seinerzeit vorliegenden E*W-theoretischen Überlegungen erstmals (vgl. z. B. Locke/Latham 2004) zu einer vollständig formalisierten psychologischen Handlungstheorie zusammen. Seine „VIE-Theorie" oder „Instrumentalitätstheorie" zeichnet sich im Vergleich zum einfachen soziologischen SEU-Modell im Kern durch zwei Differenzierungen aus: Erstens unterscheidet Vroom outcomes erster und zweiter Ordnung und sequenziert damit den Handlungspfad in drei aufeinanderfolgende Ebenen. Zweitens differenziert er bezüglich des Eintritts der outcomes zwischen Erwartungswerten und Instrumentalitäten. Hier interessiert zunächst die Sequenzierung des Handlungspfades.

Vroom geht davon aus, dass das Individuum dem durch die Handlung unmittelbar hervorgerufenen Handlungsergebnis an sich zunächst keinen Wert beimisst. Der Anreizcharakter des Handlungsergebnisses entfalte sich vielmehr erst über outcomes zweiter Ordnung, die er mit „other outcomes" (Vroom 1964: 17) umschreibt. Um diese outcomes zweiter Ordnung klarer von den outcomes erster Ordnung, den eigentlichen Handlungsergebnissen abgrenzen zu können, hat sich später der Begriff der Handlungsergebnisfolgen durchgesetzt (vgl. Beckmann/Heckhausen 2006: 139, Heckhausen 1977b, Heckhausen/Rheinberg 1980: 15 f.). Handlungsergebnisfolgen sind vom Handlungsergebnis abhängige weitere Ergebnisse der Handlung, deren Eintritt durch das handelnde Individuum selbst nicht beeinflussbar ist (vgl. Beckmann/Heckhausen 2006: 136 f., Heckhausen/Rheinberg 1980: 17, Weinert 1992: 274 f.). Sie umfassen alle (auch unerwünschte) in der subjektiven Wahrnehmung des Akteurs mit dem Handeln verbundenen und dem Handeln zugeschriebenen Konsequenzen des Tuns.

Das instrumentalitätstheoretische Modell unterstellt, dass die an die Handlungsalternative anknüpfenden Handlungsergebnisse subjektiv umso höher bewertet werden, je mehr positive Anreize (Handlungsergebnisfolgen) durch das Handlungsergebnis vermittelt werden.[35] Hiernach lässt sich der Anreizwert eines Handlungsergebnisses formal zunächst[36] als algebraische Summe der Anreizwerte sämtlicher mit dem Handlungsergebnis verknüpften Handlungsergebnisfolgen ausdrücken:

$$V_j \approx \sum_{k=1}^{n} V_k \qquad (1)$$

Mit:
V_j: Valenz des Handlungsergebnisses j.
V_k: Valenz der Handlungsergebnisfolge k des Handlungsergebnisses j.

Vroom (1964: 15) verzichtet auf den Wertbegriff und bezeichnet die Anreize stattdessen in Anlehnung an Lewin (1963) als Valenzen, um damit hervorzuheben, dass es sich um erwartete, nicht um tatsächlich erlebte Werte handelt (vgl. Lattmann 1982: 160).

35 Deci (1972) beschreibt dagegen Situationen, in denen tätigkeitsspezifische Anreize durch die Gewährung zweckspezifischer Anreize korrumpiert werden.

36 Das asymptotische Gleichheitszeichen deutet hier an, dass die Gleichung später noch zu präzisieren ist. Für Vroom ist die Valenz des Handlungsergebnisses nicht *allein* durch die Summe der Valenz aller Handlungsergebnisfolgen definiert.

Unter Berücksichtigung ihrer Erreichbarkeit werden nach der Instrumentalitätstheorie also Handlungsergebnisse angestrebt, die einen möglichst hohen Summenwert bewerteter Handlungsergebnisfolgen tragen. Die Handlungsergebnisfolgen bilden in ihrer Summe damit die wesentliche Grundlage der Handlungsentscheidung. Anders gesagt: Sie stellen die Anreize zur Überführung der Motivationstendenz in eine tatsächliche Handlung dar (vgl. Fürstenberg 1955: 565).

Handlungsergebnisfolgen werden von den handelnden Akteuren hinsichtlich zweier grundlegender Dimensionen bewertet. Ihre Werte ergeben sich zunächst aus der Richtung ihrer Affektladung. Die Handlungsergebnisfolgen erhalten einen positiven bzw. negativen Anreizcharakter, wenn sie mit entsprechend geladenen Affekten verknüpft werden. Der Anreiz, der von den einzelnen Handlungsergebnisfolgen ausgeht, wird durch „geartete Gefühle" (Lattmann 1982: 105) des Begehrens und Strebens ausgelöst, ausgerichtet und aufrechterhalten. Beckmann/Heckhausen (2006: 105) definieren Anreize daher auch als „[...] situative Reize, die auf affektiv besetzte Zielzustände verweisen [...]".

Handlungsergebnisfolgen, die als angenehm empfunden werden, sind mit positivem, im umgekehrten Fall mit negativem Affekt gekoppelt. Diese Vorwegnahme der mit den noch nicht realisierten Zielzuständen verbundenen Affekte ist für die Wahl der Handlungsalternative wesentlich. Anreize sind somit Bekräftigungen, die Verhalten anstoßen, indem sie das Individuum anziehen oder aber abstoßen (vgl. Weinert 1992: 274). Die Affektkopplung erfolgt auf der Basis biografischer Vorerfahrungen in vergleichbaren Situationen, weil die Individuen über den tatsächlichen Wert der Handlungsergebnisfolgen zum Entscheidungszeitpunkt noch keine Informationen besitzen. Mit positivem Affekt gekoppelte Zielzustände bilden also den subjektiv antizipierten (Brutto-)Nutzen ab, während mit negativem Affekt verbundene Ziele die subjektiv antizipierten (Brutto-)Kosten des Handelns determinieren.

Neben der Richtung ist für die Affektkopplung der Handlungsergebnisfolgen die ihnen beigemessene Intensität des Zuträglichkeitsempfindens entscheidend. Die Tendenz zum Anstreben oder Meiden der Handlungsalternative ist umso stärker, je ausgeprägter der positive bzw. negative Affekt einer Handlungsergebnisfolge bei Konstanz aller anderen Handlungsergebnisfolgen derselben Handlung ausfällt. Während die Richtung ein Maß für die Tendenz des Verhaltens darstellt, bildet die Intensität also ein Maß für die Anreizstärke. Die Wirkung von Handlungsergebnisfolgen reicht damit von stark negativ über neutral bis hin zu stark positiv.

3.5.2.2 Erweiterung des instrumentalitätstheoretischen Ansatzes: Tätigkeitsspezifische Anreize

Handlungsergebnisse stehen in der VIE-Theorie nicht für sich, sondern sind mit nachgeordneten Zielen verknüpft und besitzen daher auch keine eigene Wertigkeit (vgl. Kunz 1997: 215). Selbiges gilt für die Handlungen selbst, die erst durch ihre Ergebnisfolgen energetisiert werden. Eine Aktivität bezieht ihre Attraktivität nach der ursprünglichen Formulierung der VIE-

Theorie nicht aus sich selbst, sondern ausschließlich aus der Summe der Anreize ihrer Folgen. Die zielführende Handlung und ihre Ergebnisse selbst bilden hingegen lediglich Instrumente, welche der Realisierung der „Superwünsche" (Lindenberg 1991: 58) dienen. Weiter oben habe ich sechs solcher Zielkategorien abgeleitet, die erst durch eine *erfolgreiche* Teilnahme an beruflicher Weiterbildung erreichbar sind.

Auf der anderen Seite ließ die Synopse der Studien zu individuellem Nutzen und individuellen Kosten einer Weiterbildungspartizipation jedoch gleichsam erkennen, dass die strikte instrumentelle Verkettung – Handlung, Handlungsergebnis und Handlungsergebnisfolgen – nicht durchweg angemessen erscheint: Schon der Vollzug einer Tätigkeit kann positiven Anreizcharakter besitzen. Unter den Weiterbildungsteilnehmenden im deutschen BSW-Trend gaben 28 Prozent an, eine Weiterbildung absolviert zu haben, um „Leute kennenzulernen und Spaß zu haben" (vgl. Rosenbladt/Bilger 2008: 121). Zugleich stellt sich schon allein der Gedanke an eine Weiterbildungsteilnahme für viele Personen, unabhängig ihrer Folgen, als per se unangenehm dar.

Berufliche Weiterbildung gehört damit offensichtlich zu einem Typus nicht-anreizneutraler Handlungen, dessen Vollzug häufig bereits per se als angenehm bzw. unangenehm empfunden wird. Den mit dem antizipierten Handlungsvollzug verbundenen Affekten selbst kommt damit analog zu den Handlungsergebnisfolgen der Stellenwert positiver oder negativer Anreize zu.

Hinsichtlich der Modellierung im E*W-Modell bedeutet dies, dass die Weiterbildungshandlung zu ihrem *eigenen* Handlungsergebnis wird. Die Hervorhebung zeigt an, dass unter dem Ergebnisbegriff üblicherweise ein angestrebter Endpunkt verstanden wird, also ein Zustand, der sich nach erfolgreicher Erledigung der Handlung einstellen soll. Die Verrichtung von Handlungen mit „positivem Vollzugsanreiz" (Rheinberg 2006a) ist jedoch an sich schon so belohnend, dass die Tätigkeit auch ohne zusätzliche Anreize im Sinne von outcomes zweiter Ordnung, also Handlungsergebnisfolgen ausgeführt wird.

Die Existenz von Vollzugsanreizen wird in der einschlägigen RC-Literatur durchaus anerkannt (auch von Vroom selbst, s. u.). So beschreibt z. B. Esser (1999: 252), dass die Handlung selbst zur Folge werde, wenn der handelnde Akteur sie mit einem „unbedingten Eigenwert" belege und sie so schon ohne jede weitere Folge als nützlich erlebe. Um die Erklärungsmodelle möglichst ohne Rückgriff auf Ideosynkrasien zu gestalten, wird jedoch insbesondere in der Soziologie auf ihre Implementierung verzichtet. Lindenberg schiebt seine eigene Feststellung, dass „nützliche Dinge" oft „als Selbstzweck wichtig" werden mit dem einfachen Verweis darauf beiseite, dass „[...] im Großen und Ganzen [...] diese „wertrationale" Vorliebe davon abhängig [sei], dass das erstrebte Ding auch weiterhin für andere Dinge nützlich ist" (Lindenberg 1991: 58).

Ganz anders verhält es sich mit der Interpretation der Bedeutung von Vollzugsanreizen für die Ausführung von Handlungen in der Psychologie. Aktivitäten, deren Anreiz im Handlungsvollzug selbst liegt („activity running by its own drive" (Woodworth 1918: 70, zit. nach Rheinberg 2006a: 333)), werden bei Woodworth erstmals als intrinsisch motiviert definiert. Extrinsische Motivation beschreibt im Woodworth'schen Sinne die Energetisierung von Handlung über die ihr beabsichtigt nachfolgenden Effekte. In der Folgezeit wurde das Begriffspaar zur Erklärung sehr unterschiedlicher Phänomene herangezogen, die bei näherer Betrachtung keinen gemeinsamen Kern besitzen (vgl. Heckhausen 1989, Rheinberg 2006a). Daher habe ich die Termini bisher weitestgehend vermieden. Stattdessen bezeichne ich Anreize, die im Vollzug der Tätigkeit liegen, hier mit Rheinberg (1989: 84 f.) als tätigkeitsspezifische Anreize, und solche, die durch die Folgen der Handlung determiniert sind, als zweckspezifische Anreize.

Im Rahmen jeder Individualerhebung bzw. jedes Berichtssystems zum Weiterbildungsverhalten, das eine entsprechende Antwortkategorie ermöglicht, wird Freude am Thema bzw. Freude am Lernen im Allgemeinen als wesentlicher Partizipationsgrund genannt, wobei seine Relevanz die der beruflich-utilitären Weiterbildungsziele häufig weit übersteigt. Empirische Evidenz geben zuletzt die Ergebnisse einer Studie von Götzhaber/Jablonka/Metje (2011: 39), in der ehemalige Teilnehmende einer Aufstiegsfortbildung den beiden Items „Es macht mir Spaß, mich weiterzubilden und ständig Neues zu lernen“ sowie „Ich nehme vor allem an Weiterbildungen teil, um mich persönlich weiterzuentwickeln“ im Rahmen der Erfassung der „Einstellung zur Weiterbildung“ in hohem Maße zustimmten. Persönliche Weiterentwicklung verstehen die Autoren hierbei als „[...] Wunsch danach, mehr verstehen zu wollen [...]“ (Götzhaber/Jablonka/Metje 2011: 43) und damit ebenfalls als handlungsinhärente Nutzenkomponente. Behringer (1996: 84) bezeichnet „Bildung als Konsumerlebnis“ als zentrale nicht-utilitäre Weiterbildungsursache. Rheinberg (2006a: 344) greift dieses konsumatorische Erlebnis bei der Ausführung einer Handlung im Rahmen der Leistungsmotivation auf. Als leistungsthematischen Tätigkeitsanreiz bezeichnet er „[...] das Erlebnis des eigenen effizient-optimalen Funktionierens auf dem Weg zu einem herausfordernden Ziel, bei dem man völlig zeit- und selbstvergessen in die Aufgabe vertieft ist“. Dieser Anreiz liege in dem Erlebnis, etwas um seiner selbst willen besser zu machen bzw. zu können als zuvor und sorge überdies dafür, dass Personen mit hoher Leistungsmotivation immer wieder Aktivitäten aufsuchten, in denen sie diese Art von Konsumerlebnis erfahren können (vgl. Rheinberg 2006a: 344).

Ein positives konsumatorisches Erlebnis im Zuge von Weiterbildung liefert damit auch eine partiale Erklärung für den in der Bildungsakkumulationsthese (vgl. Becker 1993b: 61) proklamierten „Matthäus-Effekt“ (Ehmann 2003: 107), nämlich dass Personen mit ausgeprägter schulischer und beruflicher Qualifizierung im Erwachsenenalter besonders häufig an beruflicher Weiterbildung teilnehmen (vgl. Ehmann 2003: 98 f.). Nach dem hier dargelegten Verständnis erklärt sich die spätere Weiterbildungsbeteiligung nicht nur aufgrund höherer Bildungserfolge oder etwa der Tatsache, dass besser Gebildete bei der betrieblichen Weiterbildung (sowohl bezüglich Angebot als auch Kostenübernahme) bevorzugt werden, sondern kann eben auch darauf zurückgeführt werden, dass diese Gruppe aufgrund positiver konsumatorischer Erlebnisse Bildungssituationen immer wieder aufsucht.

Bei dem konsumatorischen Erlebnis von Weiterbildung handelt es sich nicht um einen unipolaren Anreiz, sondern um die positive Seite eines zweiseitigen Kontinuums. Auf der anderen Seite wird Weiterbildung nämlich ebenso häufig als überaus anstrengend wahrgenommen, was entweder dazu führen kann, dass die Teilnahme an formalisierten Weiterbildungsangeboten als notwendige Belastung zur Verwirklichung beruflicher Ziele gerade noch akzeptiert oder aber durch andere, selbstorganisierte Weiterbildungsformen ersetzt oder gemieden wird.

Die beiden weiteren aus den Individualerhebungen hervortretenden tätigkeitsspezifischen Anreize lassen sich ebenfalls ohne Schwierigkeiten plausibilisieren. Das BSW-Trend-Item „Leute kennenlernen und Spaß haben" enthält neben dem leistungsthematischen Tätigkeitsanreiz auch eine soziale Komponente. Auch andere Items in den Individualerhebungen, Personenbefragungen und Berichtssystemen zur Weiterbildungsbeteiligung verweisen auf den Wunsch, bereits während der Tätigkeit soziale Bestätigung zu erleben (s. o.), ohne dass das Ziel der Weiterbildung – die erfolgreiche Anwendung der Inhalte im Berufsalltag – verwirklicht werden müsste. Auch wird deutlich, dass Belohnungen und Bestrafungen, d. h. positive bzw. negative Anreize nicht nur vom Arbeitgeber und der beruflichen Tätigkeit selbst, sondern auch vom sozialen Umfeld im Betrieb gewährt werden.

Solche tätigkeitsspezifischen Anreize werden in der Motivationspsychologie im Rahmen der Anschlussthematik diskutiert. Mit der Möglichkeit zum Aufbau respektive Erhalt von sozialen Kontakten sowie zur Anerkennung im näheren Arbeitsumfeld sollen hier zwei anschlussthematische Tätigkeitsanreize berücksichtigt werden.

Die Unterscheidung von tätigkeits- und zweckspezifischen Anreizen ist wesentlich für die Voraussage der Handlungswahl, weil sie sich auf die Kalkulation der resultierenden Handlungstendenz auswirkt. Die aus der Weiterbildungsteilnahme hervorgehenden Befriedigungen lösen kein unmittelbar auf die Erzielung des Handlungsergebnisses, also des Weiterbildungserfolgs gerichtetes Streben aus, gleichwohl jedoch auf die Weiterbildungspartizipation, also die Handlung selbst (vgl. Lattmann 1982: 169). Eine partielle Aufhebung der instrumentellen Verkettung, wie in der VIE-Theorie unterstellt, erscheint also angemessen, um die Beteiligung an beruflicher Weiterbildung wert-erwartungstheoretisch zu erklären.[37]

Durch die Unterscheidung zwischen Handlungsergebnissen und -ergebnisfolgen tut sich nun die Frage auf, wie sich Ergebnisse und Folgen zueinander und zur Handlung verhalten, d. h. welchen Variablen die Aufgabe des Brückenschlags zwischen der Handlung, ihren Ergebnissen und deren Folgen zukommt und wie diese brückenbildenden Variablen formal mit der Attraktivität der Handlung und ihren Folgen zu verknüpfen sind, um die Handlungswahl bestmöglich zu approximieren.

---

37 Die Anpassungen von E*W-Modellen an spezifische Forschungsgegenstände ist durchaus üblich und wird in der Literatur auch häufig als notwendig erachtet (vgl. z. B. Mitchell/Biglan 1971: 451). Gleichwohl muss konstatiert werden, dass die Modellanpassung an eine spezifische Fragestellung dem von Esser formulierten Ziel der „Allgemeinheit" entgegensteht. Allgemein ist eine Handlungstheorie für Esser dann, wenn Variationen des Handelns auf Änderungen in den Randbedingungen der Handlungstheorie und nicht auf Unterschiede in der Selektionslogik zurückgehen, d. h. wenn sie für „[...] alle Exemplare des homo sapiens, für alle historischen Epochen der Menschheitsgeschichte und für alle Varianten von Situationen [...]" (Esser 1999: 242) zutrifft.

3.5.2.3 Erwartungen und Instrumentalitäten

Das Verhalten der Individuen als zukunftsgerichtet anzusehen impliziert, dass sie eine Erwartung darüber bilden, wie wahrscheinlich eine Handlung zum Eintritt mehr oder weniger erwünschter Ergebnisse führt. Die Erwartungsvariable bildet die subjektiv wahrgenommene Wahrscheinlichkeit ab, dass ein Ergebnis der Handlung durch eigenes Tätigwerden erreichbar ist (vgl. Campbell et al. 1970: 344, Heckhausen 1977b: 180, Heckhausen/Rheinberg 1980: 16). In der einschlägigen Literatur wird die Erwartungsvariable daher auch als Handlungs-Ergebnis-Erwartung bezeichnet (vgl. Heckhausen 1977b: 179 f., Heckhausen/Rheinberg 1980: 16 f., Rheinberg 2006a: 339). Handlungs-Ergebnis-Erwartungen bilden einen Ausdruck dafür, dass Entscheidungen unter unvollständiger Information über den Eintritt ihrer Folgen getroffen werden (vgl. z. B. Esser 1999: 254 f.). Wie alle Wahrscheinlichkeiten liegen die Erwartungswerte der Akteure über die Zusammenhänge zwischen alternativen Handlungen und deren Ergebnissen im Wertebereich zwischen 0 und 1. Die Bildung der Erwartung wird in der einschlägigen Literatur zumeist auf bisherige Erfahrungen mit derselben oder ähnlichen Handlungen zurückgeführt (Erfolg früherer Handlungen, Wahrnehmung der eigenen Fähigkeiten, positives Selbstbild) (vgl. z. B. Lattmann 1982: 165).

Über die Erwartungsvariable wird die Sequenz von Handlungen und Handlungsergebnissen formal verknüpft. Eine Trennung von outcomes erster und zweiter Ordnung (Handlungsergebnissen und Handlungsergebnisfolgen) sowie eine Trennung von tätigkeitsspezifischen und zweckspezifischen Anreizen macht darüber hinaus die Einführung einer zusätzlichen Klasse von Variablen notwendig, welche zum einen das Handlungsergebnis mit den zweckspezifischen Anreizen sowie zum anderen die Handlung mit den tätigkeitsspezifischen Anreizen der Handlung formallogisch verbindet. Heckhausen und Rheinberg haben für die Variable zur Verknüpfung der outcomes erster und zweiter Ordnung den Begriff der Ergebnis-Folge-Erwartungen geprägt (vgl. Heckhausen 1977b: 179 f., Heckhausen/Rheinberg 1980: 16 f., Rheinberg 2006a: 339). Vroom hingegen vermeidet hinsichtlich der Verknüpfung von Handlungsergebnissen und Handlungsergebnisfolgen den Erwartungsbegriff. Die möglichen Verknüpfungsgrade zwischen Handlungsergebnis und Handlungsergebnisfolgen beschreibt er nicht als Erwartungen und damit als Wahrscheinlichkeiten mit einem Wertebereich zwischen 0 und 1, sondern als Instrumentalitäten des Ergebnisses für seine Folgen, deren Wertebereich von -1 bis +1 reiche (vgl. Vroom 1964: 18).

Der Instrumentalitätsbegriff findet sich im Zusammenhang mit dem RC-Ansatz erstmals in der Einstellungsforschung. Peak (1955: 153) beschreibt den Zusammenhang zwischen Einstellungen und Personen, Objekten, Situationen etc. als „instrumental relation". Bei einer instrumentellen Beziehung handele es sich um die erwartete Wahrscheinlichkeit, dass das Objekt, auf welches sich die Einstellung beziehe, zu guten oder schlechten Konsequenzen führe bzw. deren Eintritt verhindere. Anders als bei Erwartungen gehe die Verhinderung von Konsequenzen allerdings mit negativen Instrumentalitätswerten einher (vgl. Peak 1955: 154 f.). Georgopoulos/Mahoney/Jones (1957) nahmen diese Vorstellungen auf und übertrugen sie auf die Produktivität von Arbeitnehmer/-innen in Industriebetrieben. Sie vermuteten einen Zusammenhang zwischen der Arbeitsleistung und der subjektiven Wahrnehmung, dass hohe bzw. niedrige Produktivität zur Verwirklichung von Bedürfnissen führt. Vroom (1964) baute diese Überlegungen später aus und formalisierte sie schließlich zur Instrumentalitäts- oder VIE-Theorie.

Instrumentalitäten bilden also zum einen die subjektiven Einschätzungen ab, wie dienlich die Handlungsergebnisse für die Erzeugung oder Vermeidung positiv und negativ affektierter Handlungsergebnisfolgen sind (vgl. Heckhausen/Rheinberg 1980: 17). Hinter der Instrumentalität eines Handlungsergebnisses für eine Handlungsfolge steht zum anderen die Überlegung, dass nicht nur eine (mehr oder minder) erwünschte Handlungsergebnisfolge nicht, sondern potenziell ihr Gegenteil eintreten kann (vgl. Vroom 1964: 263).

Durch ihren Wertebereich bildet die Instrumentalität eines Handlungsergebnisses für seine Folgen demnach eine korrelative Größe. Die Instrumentalität des Handlungsergebnisses für dessen Folgen ist umso höher, je stärker der Eintritt der Folgen als vom Handlungsergebnis abhängig wahrgenommen wird (vgl. z. B. Heckhausen 1977b: 180). Eine stark ausgeprägte Instrumentalität kann damit zur Folge haben, dass prinzipiell schwache Anreize dennoch sehr wirksam sind und umgekehrt (vgl. Beckmann/Heckhausen 2006: 136 f.). Vrooms Modell der Selektionslogik wird aufgrund dieser wesentlichen Erweiterung gegenüber dem einfachen SEU-Modell als Instrumentalitätstheorie oder VIE-Theorie bezeichnet (Valence, Instrumentality, Expectancy).

Mit den Erwartungen, Instrumentalitäten, affektbesetzten tätigkeits- und zweckspezifischen potenziellen Weiterbildungsfolgen sind sämtliche Variablen der hier gewählten Mikrotheorie determiniert. Offen bleibt indes, wie Handlungsergebnisse, Handlungsergebnisfolgen, Erwartungen sowie Instrumentalitäten formal so verknüpft werden können, dass sie die tatsächliche Handlungswahl bestmöglich approximieren.

3.5.3 Evaluation der Alternativen durch Gewichtung der Anreize als Grundlage der Selektion

Bevor auf der Basis ihrer individuellen Ausprägungen die kausal-logische Ableitung des Explanandums erfolgen kann, sind zwei weitere Annahmen notwendig, die die zeitlich invarianten Gesetze des Explanans (s. o.) abbilden: zum einen eine Gewichtungsregel für die Evaluation der Alternativen und zum anderen eine Regel, nach der die Selektion einer der gewichteten Alternativen erfolgt (vgl. Esser 1999: 256).

Nachdem die outcomes durch das Individuum bewertet und die Erwartungen sowie Instrumentalitäten gebildet wurden, kommt es gemäß den E*W-Theorien zur Gewichtung der betrachteten Handlungsalternativen. Bei der VIE-Theorie erfolgt die Gewichtung in zwei Schritten. Im ersten Schritt der Evaluation erfolgt eine Gewichtung der Handlungsergebnisfolgen mit ihren jeweiligen Instrumentalitäten. Die Gewichtung zeigt an, dass die Anreizstärke der Handlungsergebnisse nicht ausschließlich von den individuellen Präferenzen abhängig ist. Es bedarf darüber hinaus der subjektiven Annahme darüber, dass positive Folgen mit der Handlung erreicht und/oder negative Folgen möglichst vermieden werden (dass also das Handlungsergebnis für diese Handlungsergebnisfolgen auch instrumentell ist).

Formal wurde der erste Schritt der Gewichtung im Anschluss an Vroom zunächst wegen seines ursprünglichen Entstehungszusammenhangs als „job satisfaction model" (Mitchell/Albright 1972: 445, Mitchell/Biglan 1971) und später – mit dem Ziel, es auf die Vorhersage sämtlichen Verhaltens zu verallgemeinern – als „Valenzmodell" (Beckmann/Heckhausen 2006: 137 f., Mitchell 1974: 1074) bezeichnet. Das Valenzmodell lässt sich (hier im Gegensatz zur obigen Annäherung in Gleichung 1 nun präzise) als monoton ansteigende Funktion der Summe aller Produkte von subjektiv bewerteten Handlungsergebnisfolgen sowie den zugehörigen Instrumentalitäten darstellen:

$$V_j = f[\sum_{k=1}^{n} (V_k \times I_{jk})] \qquad (2)$$

Mit:

V_j: Valenz des Handlungsergebnisses j,
V_k: Valenz der Handlungsergebnisfolge k,
I_{jk}: Erwartete Instrumentalität des Handlungsergebnisses j für das Eintreten der Handlungsfolge k.

Da es die Verbindung zwischen Handlung und Handlungsergebnis noch nicht berücksichtigt, gibt das Valenzmodell allein zunächst einmal nur Aufschluss über die „wertmäßige Situationsbeurteilung eines Individuums" (Beckmann/Heckhausen 2006: 137), das bereits handelt (bzw. die Handlung geistig vorwegnimmt) oder wenn eine Handlung bereits abgeschlossen ist. Es dient jedoch noch nicht zur Erklärung der Selektion einer Handlungsalternative unter mehreren in einer gegebenen Situation. Hierzu ist im Modell die subjektive Erwartung zu berücksichtigen, mit der die eigene Handlung aus der subjektiven Betrachtung zu den Handlungsergebnissen führt.

Vroom (1964: 18) bezeichnet die durch Instrumentalität und Erwartung zweifach gewichteten anreizbesetzten Handlungsergebnisfolgen als psychologische Kraft (Force), eine bestimmte Handlungsalternative auszuführen. Formal lässt sich diese psychologische Kraft als monoton ansteigende Funktion der Produktsummen aller Valenzen der Handlungsergebnisse und deren Eintrittserwartungen darstellen:

$$F_i = f[\sum_{j=1}^{n} (E_{ij} \times V_j)] \qquad (3)$$

Mit:

F_i: Psychologische Kraft/Handlungstendenz/Motivation zur Ausführung der Handlung i,
E_{ij}: Erwartung, dass Handlungsergebnis j durch Handlung i erreicht werden kann,
V_j: Valenz des Handlungsergebnisses j.

Heute hat sich für die formale Darstellung der psychologischen Kraft in Abgrenzung zum Valenzmodell der Begriff des Handlungsmodells etabliert (vgl. Beckmann/Heckhausen 2006: 137 f.).

Vroom selbst geht davon aus, dass die Tendenz zur Handlungsausführung nicht allein durch zweckspezifische Anreize determiniert ist (Vroom 1964: 16). Weil sein ursprüngliches Handlungsmodell ausschließlich zweckspezifische Anreize berücksichtigt, hat sich auch später kein eindeutiges Verständnis über die Implementierung von tätigkeitsspezifischen Anreizen in das Valenz- bzw. Handlungsmodell entwickelt. Während z. B. Galbraith/Cummings (1967) das Valenzmodell additiv um eine tätigkeitsspezifische Komponente erweitern[38], gewichten Mitchell/Albright (1972) die von ihnen erfassten „intrinsischen Belohnungen" mit einer Instrumentalitätsvariable.[39]

Ich gehe hier zum einen von einem additiven Zusammenhang zwischen tätigkeitsspezifischer und zweckspezifischer Motivation aus und setze zum anderen voraus, dass auch die outcomes der tätigkeitsspezifischen Motivation über Valenzen beschrieben werden können, für deren Eintritt die Handlung mehr oder weniger instrumentell ist. Folglich lässt sich die Tendenz zur Ausführung einer Handlung mit einem einzigen Handlungsergebnis (j), unter Berücksichtigung sowohl zweckspezifischer als auch tätigkeitsspezifischer Motivation, formal folgendermaßen beschreiben:

$$F_i = f(E_{ij} \times [\sum_{k=1}^{n} (V_k \times I_{jk})]) + [\sum_{l=1}^{m} (V_l \times I_l)] \quad (4)$$

Mit:

F_i: Psychologische Kraft/Handlungstendenz/Motivation zur Ausführung der Handlung i,

E_{ij}: Erwartung, dass das zweckspezifische Handlungsergebnis j durch Handlung i erreicht werden kann,

V_k: Valenz der zweckspezifischen Handlungsergebnisfolgen $k(_{1-n})$,

V_l: Valenz der tätigkeitsspezifischen Handlungsfolgen $l(_{1-m})$,

I_{jk}: Instrumentalität des Handlungsergebnisses j für den Eintritt der zweckspezifischen Handlungsergebnisfolgen $k(_{1-n})$,

I_l: Instrumentalität der Handlung i für den Eintritt der tätigkeitsspezifischen Handlungsfolgen $l(_{1-m})$.

Sowohl im Valenz- als auch im Handlungsmodell hat sich für die Gewichtung der Valenzen mit den jeweiligen Wahrscheinlichkeitswerten (Instrumentalitäten/Erwartungen) eine multiplikative Verknüpfung durchgesetzt. Diese multiplikative Verknüpfung ist in hohem Maße

38 $V_j = f_0(V_0) + f_i(\sum_{k=1}^{n} V_k \times I_{jk})$ Die Variable V_0 steht dabei für „internalized motivation", der Rest der Gleichung entspricht dem oben aufgeführten Valenzmodell.

39 $W = E[\sum_{i=1}^{n} (V_i \times I_i)]_{int}$, wobei W: Anstrengungsgrad; E: Erwartung, dass Anstrengung zu Produktivität führt; V: Valenz und I: Instrumentalität der „intrinsischen Belohnung".

intuitiv: Über die Multiplikation der Variablen kommt zum Ausdruck, dass ein hoher Anreizwert der Handlungsergebnisfolgen und Handlungsergebnisse im Hinblick auf die Wahl der Handlung nicht ausreichend ist, wenn das Handlungsergebnis und seine Folgen als nicht oder auch unter höchster Anstrengung kaum erreichbar erachtet werden. Auf der anderen Seite ist auch eine hohe Erwartung bzw. eine hohe Instrumentalität wenig dienlich, solange die Handlungsergebnisse und Handlungsergebnisfolgen aus subjektiver Perspektive wenig erstrebenswert erscheinen (vgl. auch Esser 1999: 257).

Auch die Aufsummierung der I*V-Gewichte sowie die Addition der zweck- und tätigkeitsspezifischen Anreize sind intuitiv nachvollziehbar. Erstens können Handlungen bei einer Vielzahl von Zielkategorien und zugehörigen Instrumentalitäten auch dann noch eine hohe bzw. niedrige Motivationstendenz erlangen, wenn *einzelne* I*V-Gewichte besonders hoch bzw. gering sind. Zweitens ist es nach den hier diskutierten Annahmen sowohl denkbar, dass im Extremfall eine Handlungsalternative mit *ausschließlich* hoher tätigkeitsspezifischer Attraktivität (d. h. ohne zweckspezifische Anreize), als auch, dass eine Handlungsalternative *ohne* tätigkeitsspezifische Attraktivität (d. h. nur auf Grund der zweckspezifischen Anreize) angestrebt bzw. ausgeführt wird. Folglich kann eine grundsätzliche Unabhängigkeit der einzelnen Folgen untereinander sowie von tätigkeits- und zweckspezifischen Anreizen unterstellt werden. Diese Unabhängigkeit impliziert sodann einen additiven Zusammenhang.

Die formale Darstellung der Verknüpfung bedeutet nicht zwangsläufig, dass die im Modell unterstellten algebraischen Operationen durch das Individuum kognitiv ebenso vollzogen werden. Es wird lediglich unterstellt, dass sich hierdurch die Präferenzbildung der Individuen bestmöglich approximieren lässt.[40]

Die anschließende Selektion der auszuführenden Handlung folgt der allgemeinen Regel des RC-Ansatzes, dass jene Handlungsalternative gewählt wird, bei der die um die Eintrittswahrscheinlichkeit(en) gewichtete Attraktivität der Handlungsfolgen im Vergleich zu allen anderen Alternativen am höchsten ist. Abb. 3 fasst die hier angestrengten mikrotheoretischen Überlegungen noch einmal in einer weniger formalisierten Form zusammen.

Hiernach wird sowohl für jeden der sechs zweckspezifischen als auch für die drei tätigkeitsspezifischen Anreize, die über ihre jeweilige subjektive Relevanz einen mehr oder weniger stark positiven bzw. negativen Anziehungscharakter aufweisen, ein Instrumentalitätswert gebildet. Dieser bezieht sich bei den tätigkeitsspezifischen Anreizen auf die Weiterbildungshandlung selbst. Die zweckspezifischen Anreize setzen demgegenüber nicht lediglich eine Teilnahme an Weiterbildung, sondern auch deren erfolgreichen Abschluss, hier operationalisiert als Lernerfolg, voraus. Das Produkt aus Anreizwert und Instrumentalität wird daher mit der Erwartung darüber gewichtet, dass die Weiterbildungsteilnahme erfolgreich verläuft. Zusätzlich wird die Teilnahmebereitschaft vor dem Hintergrund objektiver Faktoren gebildet, die eine Weiterbildungsteilnahme restringieren. Personen- und berufsbezogene Merkmale

40 Diese Annahme ist nicht ohne Kritik geblieben (vgl. Eerde/Thierry 1996, Locke/Latham 2004, Vroom 2005).

wie Geschlecht, Alter, beruflicher Abschluss etc. beeinflussen die Weiterbildungsbereitschaft ebenfalls. Dieser Einfluss erfolgt allerdings indirekt über je unterschiedlich stark ausgeprägte Handlungsrestriktionen und Nutzenerwartungen, also beispielsweise geringe Einkommensniveaus bei Geringqualifizierten.

Abbildung 3: **Selektionslogik der Weiterbildungspartizipation nach dem erweiterten instrumentalitätstheoretischen Ansatz**

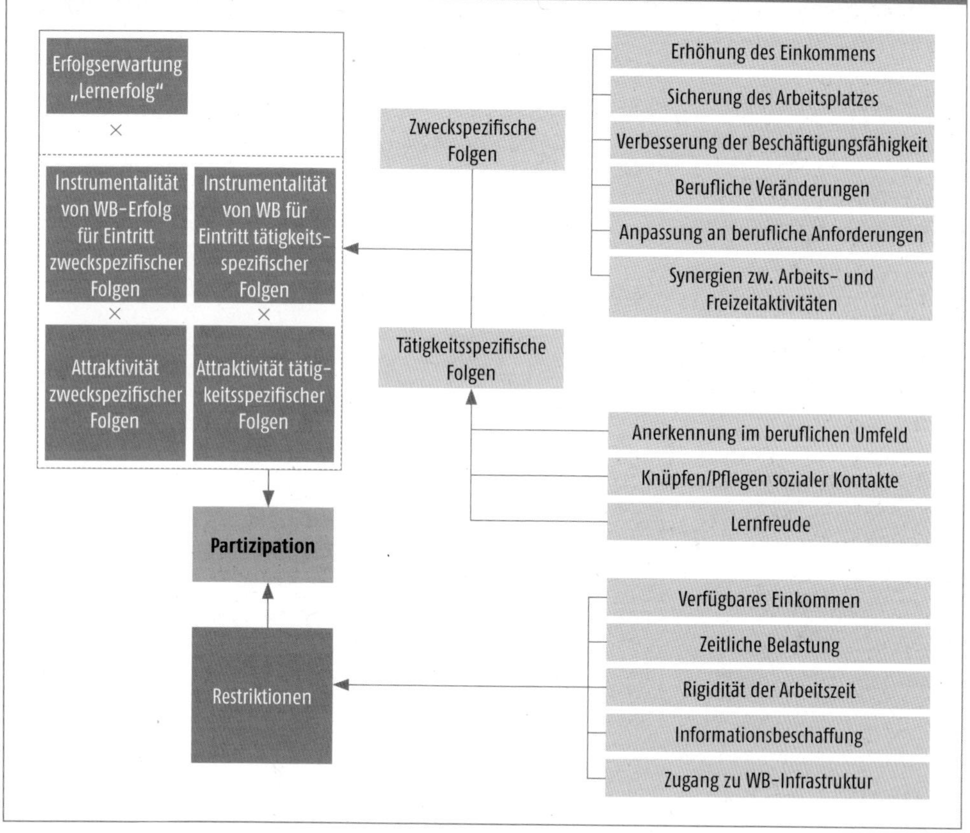

Bis hierhin habe ich nun jene Anreize ausführlich diskutiert, die ihre Wirkung auf der Basis der subjektiv vorweggenommenen Relevanz der Weiterbildung und ihrer Folgen entfalten. Noch nicht näher betrachtet habe ich hingegen jene Anreize, die den potenziellen Weiterbildungsteilnehmenden von Anreizgebenden gewährt werden, um die notwendigen Investitionen für Maßnahmen der beruflichen Weiterbildung gegenüber den Investitionen für andere Güter – das heißt die im obigen Schaubild abgebildeten Restriktionen der Weiterbildungspartizipation – zu reduzieren. Diese Anreize sowie die Ursachen ihrer Gewährung stehen im Zentrum des folgenden Kapitels.

4 Objektiv gewährte Anreize durch die öffentliche Hand: Versagen der individuellen Entscheidungsrationalität?

Die Möglichkeit, monetäre und zeitliche Investitionen für berufliche Weiterbildung leisten zu können, dürfte ein zentrales Moment der individuellen Weiterbildungspartizipation bilden, da Geld und Zeit als die eine individuelle Teilnahme objektiv restringierenden Faktoren fungieren. Anreize, welche die Reduktion der von Individuen für eine Teilnahme an nichtbetrieblicher beruflicher Weiterbildung zu entrichtenden Investitionen zum Ziel haben, werden vor allem durch das Budget des Bundes, der Länder und Kommunen, d. h. durch die öffentlichen Haushalte gesetzt.

Sollen Anreize zur Teilnahme an beruflicher Weiterbildung aus dem Etat der öffentlichen Haushalte finanziert werden, bedarf diese Finanzierung in Wirtschaftsordnungen mit dezentraler Lenkung zunächst einer grundsätzlichen Rechtfertigung. Im vorliegenden Kapitel zeichne ich eine solche Rechtfertigung zur Förderung nichtbetrieblicher beruflicher Weiterbildung auf der Grundlage wohlfahrtsökonomischer Überlegungen nach. Weiter oben habe ich bereits argumentiert, dass die Begründung der Anreizgewährung zum einen danach variiert, wie ein Gut charakterisiert ist, dessen Bereitstellung bzw. dessen Konsum durch die öffentlichen Haushalte gefördert werden soll, und zum anderen danach, im Hinblick auf welchen Bildungsbereich die öffentliche Anreizgewährung beabsichtigt ist. Die folgenden Darstellungen spitze ich dahingehend zu, dass die Gewährung von Anreizen zur Reduktion individueller Weiterbildungsrestriktionen durch die öffentlichen Haushalte letztlich auf verzerrte Präferenzen der potenziellen Teilnehmenden zurückzuführen ist. Die Ursache der Präferenzverzerrung wiederum kann in der mangelnden Transparenz des Weiterbildungsmarktes gesehen werden oder darin, dass bei der Entscheidung über eine Teilnahme an beruflicher Weiterbildung von staatlicher Seite ein Versagen der individuellen Entscheidungsrationalität der potenziellen Nachfragenden unterstellt wird.

Aufforderungen zur verstärkten Beteiligung an Prozessen beruflicher Weiterbildung, zumindest die Verdeutlichung ihrer vermeintlichen Relevanz „für Jedermann", sind in der bundesdeutschen sowie in der internationalen bildungspolitischen Debatte allgegenwärtig. Sie bleiben nicht allein auf die Ausweitung der Weiterbildungsanstrengungen seitens der Betriebe beschränkt, sondern zielen darüber hinaus vermehrt auf den quantitativen Ausbau solcher Weiterbildungsarrangements ab, deren zeitliche und finanzielle Investitionen maßgeblich von Individuen getragen werden (vgl. z. B. Expertenkommission „Finanzierung Lebenslangen Lernens" 2004, Rat der Europäischen Union 2003). Gestützt werden die Forderungen durch die empirische Begleitforschung, die in regelmäßigen Abständen eine Stagnation der Nachfrage nach betrieblicher wie nichtbetrieblicher Weiterbildung auf niedrigem Niveau feststellt und für die Zukunft zugleich einen steigenden Weiterbildungsbedarf prognostiziert (vgl. z. B. OECD 2010: 93 f., Rosenbladt/Bilger 2008). Das über diese Appellpolitik gezeichnete Bild impliziert eine allgemeine Vermutung, dass die Weiterbildungsnachfrage von Arbeitgeber/-innen wie Arbeitnehmer/-innen nach nicht betriebsspezifischen Weiterbildungsmaßnahmen im Aggregat trotz des offensichtlichen Weiterbildungsbedarfs zu niedrig ausfallen. In der Wohlfahrtsökonomie besteht ein theoretischer Analyserahmen zur Diskussion der Unterinvestitionsproblematik, die dort unter dem Stichwort des Marktversagens behandelt wird.

Der klassischen Wohlfahrtsökonomie Musgraves (1969) zufolge unterliegt alles staatliche Handeln der Erfüllung dreier grundlegender Aufgaben. Diese Aufgaben bezeichnet er als Allokations-, Distributions- und Stabilisierungsfunktion (vgl. Musgrave/Musgrave/Kullmer 1987).

Die oberste Aufgabe des Staates, deren Erfüllung der Allokationsabteilung obliege, besteht nach Musgrave in der pareto-effizienten Berichtigung der durch den Markt bewirkten Ressourcenallokation, wobei Allokation die gesamtgesellschaftliche Zuordnung von knappen Ressourcen zur Produktion von Gütern meint. Pareto-effizient ist eine Allokation, bei der kein Individuum besser gestellt werden kann ohne ein anderes schlechter zu stellen (vgl. Brümmerhoff 2007: 42). Weil diese pareto-optimale Güterversorgung volkswirtschaftlich effizient ist, jedoch nicht zwangsläufig als sozial gerecht empfunden werden muss, bestehe die zweite Hauptaufgabe des Staates sodann darin, die Verteilung der in der Volkswirtschaft verfügbaren Einkommen und Vermögen im Rahmen einer staatlichen Distribution fair zu arrangieren (vgl. Musgrave/Musgrave/Kullmer 1987: 10 f.).[41]

Zur Wahrnehmung der Allokationsfunktion sind die öffentlichen Haushalte dann angehalten, wenn der Marktmechanismus allein keine verzerrungsfreie Güterversorgung bereitstellen kann. Die Wohlfahrtsmaximierung bildet in diesen Fällen des Marktversagens die zentrale wohlfahrtsökonomische Aufgabe des Staates (vgl. Brümmerhoff 2007: 56, Lüdecke 1985). Im Umkehrschluss erscheinen staatliche Interventionen in den volkswirtschaftlichen Allokationsprozess nur dann gerechtfertigt, wenn der Markt als Allokationsprinzip partiell oder vollständig versagt. In der Literatur lassen sich die folgenden Ursachen für Marktversagen identifizieren (vgl. z. B. Balzer 2001: 16 f., Gasskov 2000, Musgrave 1969: 6 f., Musgrave/Musgrave/Kullmer 1987: 60 f., Pirzer 2000: 27, Straubhaar/Winz 1992: 54, Timmermann 1998b):

Zunächst wird eine pareto-optimale Allokation dann verhindert, wenn es um die Versorgung mit öffentlichen Gütern geht. Bei Mischgütern – das heißt bei Gütern, die sowohl Eigenschaften öffentlicher als auch privater Güter vereinen (vgl. Brümmerhoff 2007: 93, Musgrave/Musgrave/Kullmer 1987: 89 f.) – ist die Allokation durch den Markt zumindest partiell gestört. Ferner hemmen lokale, technische oder ökonomische Wettbewerbs- und Konkurrenzbeschränkungen die optimale marktliche Güterallokation. Für partielles Marktversagen werden überdies insbesondere sogenannte meritorische Bedürfnisse verantwortlich gemacht.

41 Unter die Stabilisierungsfunktion werden Maßnahmen zur Stabilisierung von Beschäftigung und Preisniveau subsumiert. Sie kann im Rahmen der vorliegenden Arbeit vernachlässigt werden.

Im Bildungsbereich kann darüber hinaus mit Marktversagen aufgrund einer unzureichenden Bereitstellung von Bildungskrediten argumentiert werden.

Die vorgenannten Ursachen für partielles oder vollständiges Marktversagen können prinzipiell isoliert voneinander auftreten, wirken jedoch häufig kumulativ. Zudem bilden insbesondere öffentliche Güter und meritorische Bedürfnisse Sammelkategorien, die ihrerseits wiederum eine Reihe allokativer (im Rahmen der meritorischen Güter ebenfalls distributiver) Probleme integrieren (s. u.). Im Folgenden diskutiere ich, welche Ursachen von Marktversagen im Rahmen des Gutes „berufliche Weiterbildung" diskutiert werden und welche dieser Ursachen sich letztlich tatsächlich zur Rechtfertigung der Gewährung zeitlicher und monetärer Anreize durch die öffentliche Hand heranziehen lassen.

4.1 Externalitäten in der beruflichen Bildung

Zunächst beleuchte ich, inwiefern sich Externalitäten in der beruflichen Weiterbildung als Ursachen der Anreizgewährung heranziehen lassen. Hierbei lassen sich Güter, deren Nutzen vollständig externalisiert ist (Kapitel 4.1.1), von Gütern mit partiell externalisiertem Nutzen (Kapitel 4.1.2) unterscheiden.

4.1.1 Private Güter und vollständig externalisierter Nutzen

Waren und Dienstleistungen lassen sich gemäß der Wohlfahrtsökonomie danach unterscheiden, ob ihr Konsum rivalisiert und ob durch ihren Konsum durch eine Person andere Personen von deren Nutzung ausgeschlossen werden (vgl. Musgrave/Musgrave/Kullmer 1987: 62 f., Rosen/Gayer 2008: 52). Ein Gut ist nichtrivalisierend, wenn infolge seines Konsums über den eigentlichen Käufer hinaus keine zusätzlichen Kosten entstehen. Das Kriterium der Nicht-Ausschließbarkeit ist gegeben, wenn potenzielle Konsumenten nicht, nicht sinnvoll oder nur ineffizient vom Konsum eines Gutes ausgeschlossen werden können. Güter, die nur eine dieser beiden Bedingungen erfüllen, werden in der ökonomischen Literatur als Mischgüter, unvollkommene bzw. unreine öffentliche Güter, Allmendegüter oder Klubgüter bezeichnet, während Güter, die beide Bedingungen erfüllen, vollkommene bzw. reine öffentliche Güter darstellen.

Bei privaten Gütern hingegen legen Konsumenten ihre Präferenzen offen und schließen Konkurrenten beim Kauf vom Konsum desselben Gutes aus (vgl. Timmermann 1998b: 346). Der durch den Konsum des Gutes erzeugte Nutzen kommt demnach auch vollständig dem Käufer zugute. Fehlen jedoch Konsumentenrivalität und/oder die Anwendbarkeit des Ausschlussprinzips, so sind die Individuen nicht zur Bekanntgabe ihrer Präferenzen für diese Güter gezwungen. Da im Rahmen öffentlicher Güter jeder potenzielle Konsument sowohl von seinem eigenen als auch vom Konsum der anderen profitiert, können Individuen das Gut konsumieren, ohne dafür zahlen zu müssen. Bei einer großen Menge von Akteuren am Markt wird überdies der Beitrag des Einzelnen zum insgesamt aufzubringenden Betrag verschwindend gering. In der Folge neigen Individuen dazu, den Anbietern der öffentlichen Güter eine freiwillige Vergütung derselben zu verweigern (vgl. Timmermann 1998b: 346). In dieser Störung der Verbindung zwischen Produzent und Konsument liegt die maßgebliche Ursache für das Einschreiten der öffentlichen Hand, welche die Bereitstellung der öffentlichen Güter übernehmen muss.

Zumindest hinsichtlich der betrieblichen Nachfrage wird beruflicher Weiterbildung der Charakter eines öffentlichen Gutes zugeschrieben. Hier kann das Problem des „poaching"[42] (vgl. Leuven 2005, Pigou 1912) zu Unterinvestitionen führen. Da ein Arbeitnehmer zu einem Zeitpunkt lediglich einem Betrieb zur Verfügung steht, ist das durch die Weiterbildung erzeugte Humankapital nur rivalisierend nutzbar. Gleichzeitig kann der Betrieb Konkurrenten jedoch grundsätzlich nicht von der Nutzung des hergestellten Humankapitals ausschließen, da Letztere die Möglichkeit besitzen, Arbeitnehmer/-innen abzuwerben. Das durch einen in Humankapital investierenden Betrieb produzierte personengebundene Wissen stellt aus seiner Sicht damit ein Allmendegut dar. Es liegt daher die Vermutung nahe, dass die Möglichkeit des poaching Betriebe davon abhält, in betriebsübergreifend nutzbare Weiterbildung zu investieren (vgl. Müller et al. 2010: 5).

Auf die nichtbetriebliche berufliche Weiterbildung treffen die beiden oben genannten Merkmale öffentlicher Güter jedoch nicht zu. Zunächst rivalisieren Konsumenten um freie Kontingente der Bildungsanbieter, da die von ihnen angebotenen Kurse schon aus organisatorischen sowie didaktischen Gründen quantitativen Beschränkungen unterliegen. Darüber hinaus ist das Ausschlussprinzip bei Maßnahmen beruflicher Weiterbildung über geforderte Eingangsqualifikationen, eine räumliche Trennung von Weiterbildungsteilnehmenden und Nichtteilnehmenden sowie insbesondere über Maßnahmegebühren leicht zu gewährleisten. Während also im Rahmen der betrieblichen Weiterbildung Störungen der marktlichen Allokation durch die Nicht-Ausschließbarkeit in der Nutzung des Humankapitals argumentiert werden können, lassen sich staatliche Anreize in der nichtbetrieblichen beruflichen Weiterbildung nicht auf der Grundlage von Merkmalen vollständig bzw. unreiner öffentlicher Güter ableiten.

4.1.2 Partiell externalisierter Nutzen

Von öffentlichen Gütern auf der einen Seite und rein privaten Gütern auf der anderen Seite werden in der Wohlfahrtsökonomie Mischgüter unterschieden. Mischgüter sind solche Güter, die sich weder eindeutig den öffentlichen noch den privaten Gütern zuordnen lassen. Sie zeichnen sich dadurch aus, dass ihr Nutzen bzw. ihre Kosten teilweise externalisiert sind.

Externalitäten liegen vor, wenn sich das Konsumverhalten eines Individuums ohne dazwischengeschaltete Marktentgelte auf Dritte auswirkt (vgl. Hall 2006: 165, Lüdecke 1985:

42 Eine für den vorliegenden Kontext passende Übersetzung dieses englischen Begriffs wäre „Wilderei" (Müller et al. 2010: 5).

98, Rosen/Gayer 2008: 71). Die Investition in ein Gut kann sowohl positive als auch negative Externalitäten aufweisen, indem es bei einzelnen Marktteilnehmenden, Gruppen oder in gesamtgesellschaftlicher Perspektive Nutzen oder Kosten erzeugt. Einen gesellschaftlichen Nutzen wirft ein Gut dann ab, wenn sein Konsum zu gesamtgesellschaftlichen Erträgen führt. Externalitäten werfen ein Allokationsproblem auf, weil ihr bei Dritten erzeugter Nutzen die privaten Erträge ergänzt, die kaufkräftige Nachfrage und somit der am Markt zu erzielende Preis jedoch lediglich den privaten Nutzen widerspiegelt (vgl. Timmermann 1998b: 347).

Externalitäten spielen bei der Begründung der staatlichen Bildungsfinanzierung im Primar- und Sekundarbereich eine tragende Rolle. Sie werden jedoch auch im Hinblick auf die Gewährung von Anreizen in der beruflichen Weiterbildung diskutiert (vgl. Weiß 2010: 370 f.). So besteht hinsichtlich der individuellen Weiterbildungsnachfrage die Annahme, dass, ähnlich dem allgemeinbildenden Bereich, auch in der beruflichen Weiterbildung über den individuellen Nutzen hinaus ein sozialer Nutzen entstehe, welcher nicht nur den jeweiligen Teilnehmenden, sondern der gesamten Gesellschaft zugute komme. Dieser soziale Nutzen beruflicher Weiterbildung gehe jedoch nicht in das individuelle Investitionskalkül ein. Stattdessen reflektierten Individuen lediglich den für sie selbst internalisierbaren Weiterbildungsnutzen. Der einzelne Nachfrager sei folglich nicht dazu bereit, für den gesellschaftlichen Ertrag von Weiterbildung zu zahlen und damit dem Anbieter die Bereitstellung von gesellschaftlicher Wohlfahrt zu honorieren (vgl. Timmermann 1998b: 347). Die unklaren Nutzenzuweisungen der Ergebnisse von Bildungsinvestitionen sowie die isolierten Investitionskalküle der einzelnen Akteure führen also zu der Vermutung, dass der gesellschaftliche Bedarf an Weiterbildung größer sei als die kaufkräftige Nachfrage und somit eine systematische Unterversorgung von beruflicher Weiterbildung vorliege (vgl. Booth/Snower 1996: 4, Timmermann 1998b: 347).

Hieraus lässt sich für die öffentlichen Haushalte eine Aufforderung ableiten, Anreize zur verstärkten Nachfrage nach nichtbetrieblicher beruflicher Weiterbildung zu gewähren. Die öffentliche Hand wird hier selbst zum Nachfrager, der Weiterbildung finanziert, weil er zur Verwirklichung makroökonomischer Zielsetzungen an einer ausgeprägten „sozialen Bildungsrendite" (Steiner 2009: 144) interessiert ist.

Hinsichtlich beruflicher Bildungsprozesse Erwachsener wird in der einschlägigen Literatur auf eine Vielfalt von Externalitäten verwiesen, die im Kern alle der Stabilisierung einer demokratischen Gesellschaft dienen sowie Impulse für wirtschaftliches Wachstum setzen sollen (vgl. Buttler/Tessaring 1993, Gasskov 2000: 193 f., Hall 2006, Oosterbeek/Patrinos 2008: 3, Timmermann 1998b: 348 f., West/Sparks 2000: 7).

Dass die Finanzierung der Weiterbildung aufgrund von Externalitäten partiell in der Verantwortung des Staates liegt, wird in der bildungsökonomischen Literatur trotz dieser Argumente überwiegend abgelehnt.

Einige Autoren erkennen zwar durchaus an, dass der Konsum von Weiterbildung zu positiven Externalitäten führe, leiten daraus jedoch keinen Auftrag für die öffentlichen Haushalte ab. So argumentiert z. B. Timmermann, die im Zusammenhang mit Weiterbildung postulierten Externalitäten seien nicht auf Aktivitäten der beruflichen Weiterbildung beschränkt. Vielmehr könnten sie ebenfalls durch Sachinvestitionen oder von Agenten in der individuellen Sozialisation (z. B. Betrieben, Vereinen, der Familie, Peers) erzeugt werden „[...] ohne dass dort nach dem Staat gerufen wird" (Timmermann 1998b: 349). Darüber hinaus wird angemerkt, dass Externalitäten kaum quantifizierbar und damit spekulativ seien (vgl. Gasskov 2000: 7, Schmid 2008: 88, Timmermann 1998b: 349). Nicht die Identifizierung von Externalitäten an sich gestalte sich problematisch (vgl. Buttler 1973: 134, Pirzer 2000: 29, Weiß 2010: 381), sondern vielmehr ihre Höhe und ihre Bedeutung sowie der sich daraus ableitende Auftrag für die öffentlichen Haushalte. Die Ablehnung gründet sich weiterhin darauf, dass angesichts des durch Aus- und Weiterbildung induzierten persönlichen Nutzens der gesellschaftliche Nutzen deutlich in den Hintergrund trete. So argumentiert bereits Mattern (1979: 8), dass die sozialen Erträge während der Elementar- und Primarbildung am höchsten seien und mit zunehmender weiterführender Bildung abnähmen. Die Qualifizierung trete in der beruflichen Weiterbildung gegenüber der allgemeinen Sozialisation deutlich in den Vordergrund, sodass staatliche Interventionen weitgehend verzichtbar seien (vgl. Straubhaar/Winz 1992: 63, Timmermann 1998b: 336). Hall (2006: 170 f.) weist ferner darauf hin, dass sich selbst unter der Annahme, Bildung produziere tatsächlich Externalitäten, eine öffentliche Finanzierung nur dann aufdränge, wenn feststehe, dass die Externalitäten die für ihre Bereitstellung anfallenden Ausgaben überstiegen.

Das Konzept der Externalitäten wird im Rahmen der beruflichen Weiterbildung auf einer inhaltlich-normativen Ebene bisweilen vollständig in Zweifel gezogen. So sei der gesamte durch berufliche Weiterbildung erzeugte Nutzen – und damit auch der gesellschaftliche – in Form von Löhnen über den Arbeitsmarkt internalisierbar (vgl. Hall 2006: 169). Solange der Beweis nicht erbracht sei, dass die durch Weiterbildung erzeugten Externalitäten nicht über den Arbeitsmarkt kompensiert würden, sei sie folglich als privates Gut zu betrachten, wonach keine Grundlage für eine ergänzende Nachfrage durch die öffentlichen Haushalte gegeben sei (vgl. auch Friedman 1971: 134 f., Friedman 1955, Lüdecke 1985: 99, Straubhaar/Winz 1992: 63). Weiß (2010: 381) fügt hinzu, dass ein staatlicher Mitfinanzierungsanspruch überdies nur dann bestehe, wenn der externe Nutzen mit dem individuellen rivalisiere, was im Weiterbildungsbereich jedoch nicht zuträfe.

4.2 Meritorische Bedürfnisse

Musgrave beschreibt meritorische Güter als „zweite Kategorie" zur Befriedigung öffentlicher Bedürfnisse (vgl. Musgrave 1969: 15). Der grundlegende Unterschied zur ersten Kategorie der Befriedigung öffentlicher Bedürfnisse, die er in den spezifisch öffentlichen Gütern sieht, bestehe darin, dass meritorische Güter Leistungen entsprächen, die grundsätzlich dem Ausschlussprinzip unterliegen und folglich auch durch den Markt befriedigt würden. Sie seien dennoch öffentliche Bedürfnisse, sobald sie als so bedeutend angesehen würden, „[...] dass durch das öffentliche Budget über das hinaus Sorge getragen wird, was der Markt zur Verfügung stellt und was von privaten Käufern bezahlt wird“ (Musgrave 1969: 15). Nach Brümmerhoff handelt es sich bei meritorischen Gütern um solche Güter, „in denen der Markt zwar technisch die Versorgung gewährleistet, aber unerwünschte Ergebnisse hervorbringt [...]“ (Brümmerhoff 2007: 96). Die Befriedigung meritorischer Bedürfnisse ist nach Musgrave nicht mit denselben Argumenten zu erklären wie die der spezifisch öffentlichen Bedürfnisse (vgl. Musgrave 1969: 15). Beide Bedürfniskategorien stellten insofern öffentliche Bedürfnisse dar, als ihre Befriedigung durch öffentliche Mittel erfolgen müsse. Spezifisch öffentliche Bedürfnisse sind aufgrund ihrer Nichtrivalität für alle Konsumenten im gleichen Umfang bereitzustellen. Die Schwierigkeit bestehe dabei darin, die öffentliche Bereitstellung so nah wie möglich an die individuellen Präferenzen anzupassen, die aufgrund fehlender Rivalität und/oder Nichtausschließbarkeit nicht geäußert werden müssen. Dabei baue die Befriedigung spezifisch öffentlicher Bedürfnisse analog der Befriedigung privater Bedürfnisse auf der Entscheidungssouveränität der Konsumenten auf (vgl. Musgrave 1969: 15).

Ein meritorisches Gut hingegen liegt dann vor, wenn Individuen den aus dem Konsum eines Gutes entstehenden Nutzen *nicht realistisch beurteilen* und in der Folge eine zu geringe Nachfrage äußern (vgl. Buttler 1973: 130, Head 1969: 214). Meritorische Güter schließen damit, im Gegensatz zu spezifisch öffentlichen Gütern, grundsätzlich eine Einmischung des Staates in die Präferenzen der Konsumenten ein (vgl. Musgrave 1969: 15), weil die individuellen Präferenzen als alleiniges Kriterium für die Bereitstellung der meritorischen Güter nicht *akzeptiert* werden (vgl. auch Buttler 1973: 133, Head 1966: 2, McLure 1968: 475 f., Tiebout/Houston 1962: 413 f.). In einer späteren Veröffentlichung definieren Musgrave/Musgrave/Kullmer (1987: 100) meritorische Güter daher „[...] als Güter, deren Bereitstellung die Gesellschaft (unabhängig von den Präferenzen des individuellen Konsumenten) zu begünstigen [...] sucht“.

Der sich an die öffentlichen Haushalte stellende Auftrag beim Vorliegen meritorischer Güter besteht darin, die Güternachfrage mittels positiver Anreize so weit anzuheben, bis das erkannte meritorische Bedürfnis befriedigt ist.

Im Anschluss an die Einführung des Konzeptes der meritorischen Güter durch Musgrave entwickelte sich in der wohlfahrtsökonomischen Literatur eine kontroverse Diskussion über die zentralen Determinanten des Konzeptes sowie seiner normativen wie explikativen Tragweite im Rahmen der Begründung und Erklärung öffentlicher Interventionen in das Handeln von Individuen. Grosso modo lassen sich dieser Diskussion unter allokativer Perspektive zwei wesentliche Ursachen für das Vorliegen meritorischer Bedürfnisse und ihrer Befriedigung entnehmen. Dies sind zum einen die Eigenschaften, die sich die meritorischen Güter mit öffentlichen Gütern teilen (Kapitel 4.2.1), und zum anderen verzerrte Konsumentenpräferenzen (Kapitel 4.2.2). Hinzu kommt, dass sich das Konzept der meritorischen Güter auch für die Rechtfertigung von distributiven Maßnahmen heranziehen lässt (Kapitel 4.2.3).

4.2.1 Meritorische Bedürfnisse und die Eigenschaften öffentlicher Güter

Musgraves ursprüngliche Ausführungen hinsichtlich der Frage, ob die Eigenschaften öffentlicher Güter eine potenzielle *Ursache* für das Vorliegen meritorischer Bedürfnisse darstellen könnten, sind nicht eindeutig.

Head (1969: 217 f., 1966: 8 f.) interpretiert frühe Ausführungen Musgraves (1969: 15) dahingehend, dass dieser sein Konzept der meritorischen Güter partiell auf Externalitäten zurückführe. Gemäß Pulsipher (1971) bildeten Externalitäten sogar eine notwendige Bedingung meritorischer Bedürfnisse. So sei jedes öffentliche Handeln fraglich, das sich auf ein Gut beziehe, dessen Konsum vollständig internalisiert werden könne, da an Konsum, der keinen anderen Bürger tangiere, eigentlich auch keinerlei öffentliches Interesse bestehen könne (vgl. Buttler 1973: 132 f., Pulsipher 1971: 269 f.). Demgegenüber verweist Ng (1983: 286 f.) darauf, dass es so etwas wie gesellschaftliche Präferenzen nicht gebe, sondern diese sich lediglich aus den Präferenzen der Individuen zusammensetzten. Öffentliches Handeln sei folglich nur dann erstrebenswert, sofern die *individuelle* Wohlfahrt auf dem Spiel stehe: „Given that the social objective should be a function of individual welfare, the only acceptable ground for recognizing merit [...] goods is the divergence of *individual* preference from *individual* welfare" (Ng 1983: 286, Herv. M.W.). Neben dieser Umkehrung von Pulsiphers Argumentation findet sich bei Andel über den Zusammenhang von Externalitäten und den meritorischen Bedürfnissen, man müsse Musgraves Ausführungen „[...] doch eher entnehmen, dass Musgrave diesen Aspekt *nicht* den „merit wants" zurechnen, sondern ihn aussondern [...]" (Andel 1969: 210, Herv. im Original) wolle.

Eine strikte Trennung von meritorischen Gütern und Externalitäten wurde auch von anderen Autoren gefordert: Die aus individueller Sicht durchaus rational erscheinende Nichtberücksichtigung der durch den eigenen Güterkonsum erzeugten gesellschaftlichen Wohlfahrt sei keine Rechtfertigung für das Vorliegen eines meritorischen Gutes, sondern für die Bereitstellung öffentlicher Güter bzw. Mischgüter, die bereits als eigenständige Ursache für Marktversagen thematisiert werden (vgl. Ballentine 1972: 299, Brennan/Lomasky 1983: 187, McLure 1968, Ng 1983: 286 f., Pulsipher 1971: 267). Das Konzept der meritorischen Güter umfasse folglich nur solche Güter, welche ein Individuum für seine *eigene* Wohlfahrt in zu geringem Umfang konsumiere und in deren Zusammenhang der öffentliche Eingriff in der Korrektur dieses internalisierbaren Maßes an Konsum bestehe, während keine Externalitäten mehr zu korrigieren seien (vgl. Brennan/Lomasky 1983: 187).

Musgrave selbst bestärkt in einer späteren Veröffentlichung diese, Externalitäten von meritorischen Bedürfnissen trennenden Positionen. Meritorische Güter seien zwar weiterhin als Güter zu definieren, deren Bereitstellung die Gesellschaft unabhängig von den Präferenzen des individuellen Konsumenten zu begünstigen ersuche. Dies könne jedoch letztlich nur durch Interventionen in die individuellen Entscheidungen gelingen (vgl. Musgrave/Musgrave/Kullmer 1987: 100). Die staatliche Subvention von Gütern mit externem Nutzen stelle demgegenüber keine Einmischung in die individuellen Entscheidungen dar, sondern erlaube lediglich, solche Entscheidungen effizienter zu treffen (vgl. Musgrave/Musgrave/Kullmer 1987: 101).

Bei meritorischen Gütern handelt es sich um Güter, die eine gesellschaftliche Bewertung erfahren. Im Falle meritorischer Güter ist diese Bewertung positiv, woraus sich eine Förderung des Konsums meritorischer Güter ableiten lässt. Diese Förderung unterscheidet sich – wenn auch nicht in der praktischen Umsetzung, sondern lediglich theoretisch-konzeptionell – grundlegend von der Förderung des Konsums von Gütern, deren Nutzen partiell oder vollständig externalisiert ist. Die gegenüber der individuellen Bewertung eines Gutes höher ausfallende Bewertung durch „die Gesellschaft" äußert sich in der Befriedigung meritorischer Bedürfnisse zwangsläufig über einen Eingriff in die individuellen Präferenzen. Im Kern können Eingriffe auf der Basis meritorischer Bedürfnisse daher nicht auf die in der beruflichen Weiterbildung ohnehin fraglichen Externalitäten zurückgeführt werden, ihre Ursache ist vielmehr in Verzerrungen der individuellen Präferenzen zu sehen.

4.2.2 Verzerrte Präferenzen

Die Annahme verzerrter Konsumentenpräferenzen widerspricht der in Kapitel 2 dargelegten grundlegenden ökonomischen Prämisse, dass die geäußerten Konsumentenpräferenzen einen nicht zu hinterfragenden Ausdruck der subjektiv wahrgenommenen Wohlfahrt darstellen (vgl. auch Brümmerhoff 2007: 97, Head 1966: 3, McLure 1968). Nach Musgrave (1969: 15) ist diese grundlegende ökonomische Prämisse sowie die Ablehnung der Befriedigung meritorischer Bedürfnisse nicht vertretbar. Er bezweifelt zum einen, dass Konsumenten ihre Präferenzen auf Basis *vollständiger Informationen* bilden und geht weiter davon aus, dass sie den Nutzen von Gütern nicht zwingend *rational bewerten* (vgl. Musgrave 1969: 16).

4.2.2.1 Verzerrte Präferenzen und Informationsdefizite

Head (1966: 4 f.) sieht in Informationsdefiziten den Kern meritorischer Bedürfnisse. Konsumentenpräferenzen basierten nur in den seltensten Fällen auf vollständigen Informationen. Der Grad der Unvollständigkeit variiere mit der Komplexität des zugrunde liegenden Gutes, dem Grad zu dem der Nutzen direkt auf den Konsum zurückgeführt werden könne sowie der Konsumhäufigkeit. Zusätzliche Informationen ließen sich nur gegen erhöhte Kosten erwerben, sodass nur so viele Informationen berücksichtigt würden, bis der aus der letzten Einheit gezogene Nutzen gerade die Kosten der Beschaffung und Verarbeitung decke (vgl. auch Simon 1972). Ein gewisses Maß an Unsicherheit sei demnach grundsätzlich gegeben. Musgrave verdeutlicht die Informationsproblematik am Beispiel von Erfahrungsgütern, deren Nutzenwahrnehmung erst nach einmal erfolgtem Konsum korrekt eingeschätzt werden könne und deren Nachfrage folglich zu fördern sei (Musgrave 1969: 16). So seien z. B. die „[...] Vorzüge einer Schulbildung [...] für die Gebildeten augenscheinlicher als für die Ungebildeten [...]" (vgl. Musgrave 1969: 16) und rechtfertigen damit den Zwang zur öffentlichen Finanzierung des Bildungswesens.

Neben Informationsmängeln sind ebenfalls Situationen denkbar, in denen sich tatsächlich vorhandene Informationen mehr irre- denn als zielführend darstellten. So seien Werbung und Massenkommunikation eher dazu geeignet, die Konsumwahl zu manipulieren, als vollständige Information zu gewährleisten (vgl. Musgrave 1969: 16).

Unter der Annahme, Informationen seien unvollständig oder durch irreführende Werbemaßnahmen verzerrt, sind Konsumentscheidungen zu erwarten, die vor dem Hintergrund der Prämissen vollständiger Informationen suboptimal sind, da sie die Diskrepanz von individuellen Wünschen (d. h. Präferenzen ex ante) einerseits und individueller Genugtuung (d. h. Präferenzen ex post) andererseits vergrößern (vgl. Head 1969: 215 f.).

Sowohl im Rahmen von Informationsmängeln als auch bei fehlgeleiteten Informationen sieht Musgrave die öffentlichen Haushalte in der Pflicht, die hervorgerufenen Präferenzverzerrungen durch Interventionen in die Konsumentensouveränität zu korrigieren, um Konsumentscheidungen zu ermöglichen, welche die Individuen selbst als „besser", d. h. näher an den eigenen Ex-post-Präferenzen wahrnehmen würden (vgl. Head 1969: 215). Das Erfordernis der Befriedigung meritorischer Bedürfnisse durch Interventionen des Staates in die Konsumentensouveränität aufgrund mangelnder bzw. fehlgeleiteter Informationen geht hier letztlich auf die Idee einer „sozialen Führungsrolle in einer demokratischen Gesellschaft" (Musgrave 1969: 16) zurück, in der in bestimmten Situationen eine gut informierte Gruppe berechtigt werde, ihre Entscheidung anderen, weniger informierten Gruppen aufzuerlegen (vgl. Musgrave 1969: 16).

An anderer Stelle wird demgegenüber angemerkt, dass die Lösung unvollständiger bzw. fehlgeleiteter Informationen nicht in der öffentlichen Bereitstellung meritorischer Güter bestehen könne, weil die öffentliche Hand die wahren Präferenzen nicht besser kennen könne als die Individuen selbst (vgl. McLure 1968: 481). Daher genüge es, wenn die öffentliche Hand eine umfassende und neutrale Informationsgrundlage sicherstelle und die Nutzung sowohl des Informationsangebotes als auch des Güterkonsums dem Bürger dann wiederum selbst überlasse (vgl. Andel 1969: 212, Brümmerhoff 2007: 97, McLure 1968: 481, Scherf 2009: 74).

In einem staatlichen Handeln, das sich im Angebot von Informationen erschöpft, die Konsumwahl dagegen dem Individuum überlässt, erkennen zahlreiche Autoren keine Eingriffe in die Konsumentensouveränität, wodurch sie eine Überflüssigkeit öffentlicher Interventionen und damit des Konzeptes der meritorischen Güter auch im Rahmen unzulänglicher bzw. irregeleiteter Informationen ableiten (vgl. z. B. Brümmerhoff 2007: 97, McLure 1968).

Folgt man jedoch Head (1969: 219 f.) und Pulsipher (1971: 270 f.), bildet bereits die Bereitstellung von Informationen einen Eingriff in die individuellen Präferenzen, da Informationen selbst nicht kostenlos sind und von informierten Individuen ein von Uninformierten abweichendes Verhalten erwartet werden müsse. Die Wahl zwischen der Bereitstellung von Informationen und einem Eingriff über Steuern bzw. finanzielle Anreize sei damit eine Frage relativer Effizienz (vgl. Head 1969: 220). Während Auld/Bing (1971: 260 f.) eine Präferenzsteuerung mittels monetärer Anreize als effizienter betrachten, kommen Ballentine (1972) und Lüdecke

(1985: 108) zu dem Ergebnis, dass öffentliche Informationspolitik zu bevorzugen sei. Braulke (1972) und Buttler (1973) dagegen argumentieren, dass es sich bei der Gewährung finanzieller Anreize sowie von Informationen nicht um eine Entweder-oder-Frage handele. Vielmehr obliege der staatlichen Einmischung in die Konsumentensouveränität in demokratischen Gesellschaften immer eine Begründungspflicht, sodass bei der Korrektur privater Konsumentscheidungen Informationsmaßnahmen unabkömmlich seien (vgl. Braulke 1972: 307 f.).

Die hier diskutierten Annahmen von Präferenzverzerrungen auf Grund von Informationsdefiziten finden sich in der einschlägigen Literatur zur Teilnahme an beruflicher Weiterbildung wieder. So sei der Markt für Weiterbildungsleistungen kein vollkommener Markt, weil Weiterbildung ein Erfahrungsgut darstelle, welches häufig durch lange Amortisationszeiten gekennzeichnet sei (vgl. Buttler 1994: 34, Weiß 2010: 370). Das Erfahrungsgut (Weiter-)Bildung zeichne sich dadurch aus, dass der Lernende anfangs nicht wisse, was er erfahren könne (vgl. Buttler 1994: 34). Entscheidungen über spezifische Bildungsarrangements sind überdies zumeist einmalig, weshalb Erfahrungen über deren Wirkungen fehlen (vgl. Lüdecke 1985: 107). Folglich könne ihm der Verbraucher a priori in der Regel weder seine Qualität noch die späteren Verwertungschancen ansehen (vgl. Weiß 2010: 370). Ferner wirke der Bildungsprozess selbst präferenzändernd (vgl. Lüdecke 1985: 107). Mit Buttler lässt sich ein weiteres Indiz für Informationsasymmetrien dahingehend sehen, dass sich aufgrund der Qualitätsunsicherheit auch schlechte Weiterbildungsangebote am Markt halten können (vgl. Buttler 1994: 34).

All diese Argumente werden als Gründe zur Förderung von Markttransparenz, der Beratung der Bildungssuchenden sowie der Qualitätssicherung der Bildungsangebote herangezogen.

In der wohlfahrtsökonomischen Debatte besteht Konsens, dass öffentliches Handeln zur Behebung von Transparenzproblemen vor allem dann notwendig wird, wenn wenige Anbieter den entsprechenden Markt bedienen (vgl. Brümmerhoff 2007: 57 f., Musgrave/Musgrave/Kullmer 1987: 4, 77). Beeinträchtigungen des vollkommenen Wettbewerbs führen hiernach zu einer Verzerrung der optimalen Allokation, der durch die öffentliche Hand entgegengewirkt werden kann.

Im bundesdeutschen Schul- und Hochschulwesen tritt die öffentliche Hand als nahezu alleiniger Bildungsproduzent und -finanzier auf. Der daraus resultierende Wettbewerbsmangel zwischen den Bildungsinstitutionen wird, primär mit Blick auf den Hochschulbereich, als Argument herangezogen, wettbewerbsfördernde Reformen in die Diskussion zu bringen. Vergleichbare, wettbewerbsbedingte Allokationsbedenken und deren Einfluss auf die Produktqualität bestehen in der beruflichen Weiterbildung hingegen nicht. Hier wird das Angebot von einer Vielzahl öffentlicher und privater Träger (Volkshochschulen, Kammern, Betrieben, privaten Bildungsanbietern, Vereinen, Stiftungen etc.) gewährleistet. Darüber hinaus zeichnen sich die Portfolios der Träger häufig durch eine hohe Vielfalt an Weiterbildungsveranstaltungen aus. Letztere sind überdies durch die in den vergangenen Jahren zunehmend verschärfte Konkurrenzsituation (Stichwort: systematischer Rückzug der staatlichen Weiterbildungsförderung, insbesondere im Bereich der Arbeitsmarktpolitik) gezwungen, mit kostengünstigen Angeboten auf Weiterbildungsbedarfe über zahlreiche berufliche Handlungsfelder hinweg zu reagieren (vgl. z. B. Dobischat 1999). Dies zeigt an, dass ernsthaft weder von einer Unterversorgung mit Weiterbildungsveranstaltungen noch von mangelndem Wettbewerb zwischen Anbietern gesprochen werden kann.[43]

Allerdings wird in der beruflichen Weiterbildung gerade dem Anbieterpluralismus die Eigenschaft eines zentralen Strukturproblems zugeschrieben (vgl. Dobischat/Düsseldorff/Dikau 2006: 534 f., Lipsmeier/Münk 1997: 30 f., Tippelt 1999).

Er bildet zwar einerseits eine wesentliche Voraussetzung für die enorme Flexibilität der Weiterbildungsangebote, was für die Anpassung und Erweiterung von Qualifikationen der Arbeitnehmer/-innen angesichts permanenter Modernisierungsprozesse in Bezug auf Technologien, Dienstleistungen, Produkte und Arbeitsprozesse vorteilhaft ist (Lipsmeier/Münk 1997: 30). Auf der anderen Seite schlagen sich die heterogene Anbieter- sowie die wenig regulierte Angebotsstruktur in einer erschwerten Marktübersicht nieder. Die Wahl einer passenden Maßnahme führt mitunter zu einer mit teils erheblichen (Opportunitäts-)kosten verbundenen Informationssuche, die aufgrund der Größe und Unübersichtlichkeit des Weiterbildungsmarktes zumeist selektiv bleiben muss (vgl. Institut der deutschen Wirtschaft 1997: 2, Pirzer 2000: 30 f.). Die Wahl einer für die persönliche Situation geeigneten Weiterbildungsmaßnahme setzt daher in aller Regel eine Informationssuche, z. T. über die Inanspruchnahme von Beratungsangeboten voraus. Relevante Beratungsfelder erstrecken sich vom regionalen Weiterbildungsangebot und den zu erwartenden Kosten über die zeitlichen Strukturen der Angebote und deren Qualität bis hin zur Verwertbarkeit der Inhalte und Zertifikate im Bildungssystem sowie auf dem Arbeitsmarkt. Ein Großteil der Weiterbildungsberatung erfolgt allerdings durch die Weiterbildungsträger selbst, sodass eine wünschenswerte Neutralität für die zu Beratenden häufig nicht gegeben ist.

Informationsmängel aufgrund mangelnder Markttransparenz bilden folglich eine wesentliche argumentative Grundlage für öffentliches Handeln in der beruflichen Weiterbildung.

Anhand repräsentativer Befragungen lässt sich ein erhebliches subjektiv wahrgenommenes Informationsdefizit hinsichtlich der individuellen Weiterbildungsmöglichkeiten bestätigen. So glaubt gemäß dem BSW IX nur etwa die Hälfte der 19- bis 64-Jährigen im Bundesgebiet, einen guten Überblick über die für sie infrage kommenden Weiterbildungsmöglichkeiten zu besitzen. Darüber hinaus gaben im Jahr 2006 35 Prozent der Befragten im BSW an, mehr Informationen und Beratung bezüglich Weiterbildung zu wünschen (vgl. BMBF 2006: 247). Die hier im Vordergrund stehende Gruppe der Erwerbstätigen gibt sich zwar in überdurchschnittlichem Maße überzeugt, einen guten Überblick über eigene Weiterbildungsmöglich-

43 Das IW meldete im Jahr 1997 ca. 320.000 Weiterbildungsangebote, die von etwa 35.000 unterschiedlichen Weiterbildungsträgern im gesamten Bundesgebiet angeboten wurden (vgl. IW 1997: 2). Allein in der Datenbank Kursnet sind zurzeit 557.483 (Stand vom 05.09.2013) Angebote geschaltet. Die regionale Verteilung der Angebote variiert dabei erheblich (vgl. z. B. Bolder/Hendrich 2000: 84 f.).

keiten zu haben, jedoch variieren die Einschätzungen nach Teilgruppen erheblich. Personen ohne beruflichen Abschluss, Erwerbstätige im Handwerk, Berufseinsteiger/-innen sowie Personen ohne deutsche Staatsangehörigkeit geben besonders häufig an, mehr Beratung über ihre Weiterbildungsmöglichkeiten zu wünschen (vgl. BMBF 2006: 80).

In der Summe besteht hinreichende Evidenz, dass zahlreiche Individuen nicht ausreichend über den Markt für berufliche Weiterbildung im Allgemeinen sowie hinsichtlich ihrer eigenen Weiterbildungsoptionen im Speziellen informiert sind und ihre Weiterbildungsnachfrage aus diesem Grund gestört wird. Daher ließe sich durchaus mit einem partiellen Marktversagen beruflicher Weiterbildung auf Grund von Informations- und Transparenzmängeln argumentieren. Korrekturen zur Behebung dieser Mängel durch die öffentliche Hand hätten die Aufgabe, Nachfrageentscheidungen zu ermöglichen, die möglichst nahe an den Ex-post-Präferenzen der potenziellen Teilnehmenden liegen. Möglichkeiten zur Umsetzung dieses Ziels bestehen in der direkten monetären Unterstützung privater Weiterbildungsanstrengungen, jedoch ebenfalls in einer Verbesserung der Informationsbasis, z. B. durch Implementierung unentgeltlicher Weiterbildungsberatung und Einführung von Qualitätssiegeln, Herausgabe von Informationsbroschüren, Zusammenlegung der bestehenden Kurs- und Förderdatenbanken, Lancierung von Werbekampagnen, Zusammenführung aller die Weiterbildung betreffenden Gesetze in einer gemeinsamen Rechtsgrundlage etc., um Transparenz zu erzeugen und die Individuen von jenem Teil der ihnen entstehenden Kosten zu entlasten, der nicht direkt einer Weiterbildungsmaßnahme, sondern der Informationsbeschaffung zuzurechnen ist.

4.2.2.2 Verzerrte Präferenzen aufgrund gestörter Entscheidungsrationalität

Eine weitere Annahme lautet, dass Individuen falsche Konsumentscheidungen treffen (im hier betrachteten Fall meritorischer Güter: sie konsumieren das Gut in einem zu geringen Umfang), ganz unabhängig davon, ob sie im Besitz von adäquaten Informationen über den Nutzen des Gutes sind. Solche Entscheidungen bilden einen Ausdruck irrationalen Verhaltens. Ein zu geringer Güterkonsum aufgrund eines Versagens der individuellen Entscheidungsrationalität bildet die theoretisch am wenigsten ausführlich diskutierte Ursache meritorischer Güter und ist im Hinblick auf die Teilnahme an beruflicher Weiterbildung bislang nicht empirisch untersucht. Dies mag neben der offensichtlichen Verletzung der Prämissen der ökonomischen Nutzentheorie zum einen daran liegen, dass Musgrave diesen Aspekt im Rahmen der Einführung des Konzeptes der meritorischen Güter nur am Rande behandelte und das Versagen der individuellen Entscheidungsrationalität im Gegensatz zu den übrigen Ursachen für Marktversagen daher keine besondere Popularität genießt. Zum anderen stellt sich eine empirische Überprüfung dieser Problematik außerordentlich kompliziert dar.

Im Zusammenhang mit den meritorischen Eigenschaften von Gütern wurde die Notwendigkeit von Eingriffen in die Präferenzen aufgrund irrationaler Handlungen immer wieder am Beispiel von Minderjährigen, Personen mit geistigen Behinderungen oder Suchtkranken erörtert (vgl. Musgrave 1969: 16, Musgrave/Musgrave/Kullmer 1987: 100 f.). Head (1966: 5 f.)

weist darauf hin, dass sich die gestörten Präferenzen hierbei jedoch weniger auf die Merkmale der Güter, sondern auf spezifische Eigenschaften der Konsumenten gründen. Ein allgemeineres Verständnis von Irrationalität im Konsumverhalten, bei dem nicht die Konsumenten, sondern die Güter im Zentrum stehen, wurde dagegen von Pigou formuliert:

> „Broadly speaking, everybody prefers present pleasures or satisfactions of a given magnitude to future pleasures or satisfactions of equal magnitude, even when the latter are perfectly certain to occur. But this preference for present pleasures does not [...] imply that a present pleasure of given magnitude is any *greater* than a future pleasure of the same magnitude. It implies only that our telescopic faculty is defective, and that we, therefore, see future pleasures, as it were, on a diminished scale“ (Pigou 1960: 96 f., Herv. im Original).

Die von Pigou beschriebene perspektivische Störung manifestiere sich folglich in einer hohen Präferenz der Individuen für gegenwärtig realisierbaren Nutzen. Kurzfristig realisierbarem Nutzen (wie z. B. geringeren Ausgaben oder erhöhter Freizeit) wird bei der Konsumentscheidung ein höheres Gewicht beigemessen als solchen Nutzenelementen, die sich erst langfristig realisieren lassen (z. B. höhere Beschäftigungssicherheit, höheres Einkommen und eine höhere Rente aufgrund der positiven Auswirkungen vermehrter Bildungsanstrengungen auf die Erwerbsbiografie). Bei einer Konsumentscheidung berücksichtige das Individuum den Nutzen, den es dem zukünftigen Ereignis bei einem sofortigen Eintritt beimessen würde, also nicht korrekt und handele damit im Hinblick auf die eigene Wohlfahrt irrational.

Ein Auftrag für die öffentlichen Haushalte würde sich folglich hinsichtlich der Nachfrage nach solchen Gütern ergeben, in deren Rahmen (1.) die Gegenwartspräferenz besonders ausgeprägt ist, die Befriedigung kurzfristiger Bedürfnisse also der Befriedigung langfristiger Bedürfnisse vorgezogen wird, obwohl der aus dem Konsum langfristiger Bedürfnisse gezogene Nettonutzen gleich oder höher dem Nettonutzen kurzfristig realisierbarer Güter ist und die (2.) als gesellschaftlich so wesentlich empfunden werden, dass der teleskopische Fehler bei der individuellen Bewertung nicht ignoriert werden kann.

Explizite Bezüge der als zu gering empfundenen Weiterbildungsnachfrage zum Versagen der individuellen Entscheidungsrationalität finden sich z. B. bei Timmermann und Lüdecke. So vertritt Timmermann die These, dass die öffentliche Weiterbildungsförderung auf „[...] Orientierungen der individuellen Präferenzen an kurzfristiger Bedürfnisbefriedigung [...]“ (Timmermann 1998b: 345) zurückzuführen sei. Ähnlich argumentiert Lüdecke (1985: 107): Nicht nur weil der Bildungsprozess präferenzändernd wirke und die Wahl eines Bildungsgangs eine in jedem Einzelfall einmalige und komplexe Entscheidung erfordert (s. o.), sondern eben auch weil sich die Auswirkungen des Bildungsprozesses erst langfristig zeigten, könne keine rationale Wahl erwartet werden.

Gegenüber dem Ansatz, geäußerte Präferenzen aufgrund eines Versagens der individuellen Entscheidungsrationalität als verzerrt zu betrachten, wurde insbesondere die Kritik hervorgebracht, dass Irrationalität nur unzureichend von fehlgeleiteten bzw. mangelnden Informationen zu unterscheiden sei (vgl. Head 1966: 6, Pulsipher 1971: 270). Hiernach handele es sich bei Irrationalität im Prinzip um Unsicherheit bei der Entscheidung zwischen intertemporalen Handlungsalternativen (vgl. Head 1966: 6).

Aus den vorgegangenen Ausführungen wird jedoch deutlich, dass auch bei einem Versagen der individuellen Entscheidungsrationalität faktisch zwischen verschiedenen Formen von Präferenzen unterschieden werden muss. Im Rahmen von Informationsasymmetrien differieren die individuellen *Wünsche* von der individuellen *Genugtuung*. Irrationale Entscheidungen hingegen lassen sich als Diskrepanz zwischen individueller *Genugtuung* und der individuellen *Wohlfahrt* verstehen (vgl. Head 1969: 216). Während sich also bei Informationsproblemen die Verzerrung im Unterschied von Präferenzen ex ante, d. h. vor dem Konsum, und Präferenzen ex post, d. h. nach dem Konsum zeigt, muss das Versagen der individuellen Entscheidungsrationalität letztlich darauf zurückgeführt werden, dass, neben den am Markt geäußerten Präferenzen, „eigentliche" oder „echte" Präferenzen existieren, die nicht zum Zuge kommen (vgl. Brennan/Lomasky 1983: 184, Buttler 1973: 135 f.).[44]

Irrationalität meint in diesem Zusammenhang folglich, dass die im RC-Ansatz postulierte Maximierungsstrategie zwar zur Anwendung kommt, sich jedoch aufgrund des teleskopischen Fehlers nicht im tatsächlich geäußerten Verhalten widerspiegelt.

Darüber hinaus wurde an anderer Stelle argumentiert, dass der von Pigou angesprochene perspektivische, zu irrationalem Verhalten führende Fehler nicht allein durch die Gewährung von Informationen zu beheben sei. Informierte Individuen könnten zwar die Information, die sie zur Korrektur ihres Verhaltens veranlassen soll, richtig verstehen. Dies sei jedoch nicht mit einer tatsächlichen Änderung des Verhaltens gleichzusetzen (vgl. Buttler 1973: 137). Insofern erscheint die separate Betrachtung einer systematischen Unterschätzung des durch Handlungen zukünftig generierbaren Nutzens gerechtfertigt.

4.2.3 Distributive Zielsetzungen der Gewährung von Anreizen durch die öffentliche Hand

Meritorische Bedürfnisse stellen nicht nur aus allokativer Perspektive eine maßgebliche Begründung zur öffentlichen Unterstützung der gesamtgesellschaftlichen Güternachfrage, sondern gleichfalls für gesellschaftliche Umverteilungs-, d. h. Distributionsprozesse dar.
Im Rahmen der Allokationsfunktion werden Güter bereitgestellt, die der Befriedigung wesentlicher Bedürfnisse dienen, deren Eigenschaften jedoch dazu führen, dass sie auf einem

44 Für diese Diskrepanz „geäußerter" und „eigentlicher" Präferenzen finden sich in der Literatur neben Ngs Unterscheidung von „individual preference" und „individual welfare" (Ng 1983: 286, s. o.) die Begriffspaare „choice" und „preference" bzw. „utility" und „true welfare" (Brennan/Lomasky 1983: 184), „present preferences" und „true preferences" (Auld/Bing 1971: 258 f., Head 1966: 6) sowie „satisfactions" und „real interests" (Head 1969: 216). McLure (1968: 482) bezeichnet die individuelle Wohlfahrt zudem als „real preferences".

freien Markt nicht oder nicht in ausreichendem Maße hergestellt und/oder nachgefragt werden. Eine effiziente Güterbereitstellung allein stellt jedoch noch nicht sicher, dass diese auch gesellschaftlich als „gerecht" bewertet wird. Neben allokativen Gesichtspunkten werden für öffentliche Interventionen daher ebenfalls Aspekte der sozialen Gerechtigkeit herangezogen (vgl. Musgrave/Musgrave/Kullmer 1987: 10 f.). Es bestehen verschiedene Auffassungen darüber, welche Verteilung innerhalb einer Volkswirtschaft als gerecht zu bezeichnen ist. Folgt man z. B. Timmermann (1998b), basieren die Entscheidungen darüber, ob und wann ein Bildungssystem als ungerecht empfunden wird, auf einem politischen Willensbildungsprozess, sind daher normativ und müssen immer wieder neu ausgehandelt werden.

Distributive Maßnahmen werden ergriffen, Ressourcen so zu verteilen, dass Individuen auch bei ungleicher Einkommens- und Vermögensverteilung ihre Präferenzen am Markt äußern können (vgl. Musgrave 1969: 20). Neben dem Einsatz von Mindestlöhnen, Gesetzen und Schutzzöllen werden erwünschte distributive Korrekturen insbesondere durch staatliche Steuer- und Transfersysteme vorgenommen.

Distributive Korrekturen können zunächst als von allokativen Maßnahmen unabhängig verstanden werden: Gegenüber den Steuern der Allokation, die dazu bestimmt seien, Geld aus dem privaten Bereich zum Zweck der Bereitstellung öffentlicher Güter auf den öffentlichen Bereich zu übertragen, dienten distributive Steuer- und Transferzahlungen der Übertragung von Ressourcen eines Individuums auf ein anderes Individuum (vgl. Musgrave 1969: 21 f.).

Am Beispiel der meritorischen Güter lässt sich jedoch deutlich machen, dass allokative und distributive Elemente in der Realität häufig ineinandergreifen (vgl. auch Timmermann 1998b, Weizsäcker 1999). Musgrave benennt beispielhaft Güter, deren Bereitstellung häufig mit verteilungspolitischen Überlegungen verbunden ist; ärztliche Behandlung von Mittellosen, sozialer Wohnungsbau – oder der Zugang zu Bildung. Die Bereitstellung dieser Güter könne ebenso als allokative Operation zur Befriedigung von meritorischen Bedürfnissen wie auch als distributive Maßnahme zur Umverteilung der Einkommen angesehen werden (vgl. Musgrave 1969: 25). Die Bereitstellung vieler meritorischer Güter entspricht im Kern einer Umverteilung in Form einer Zahlung, die an eine bestimmte Verwendung geknüpft ist, und hat somit distributiven Charakter (Musgrave 1969: 25, vgl. Musgrave/Musgrave/Kullmer 1987: 101 f., Pulsipher 1971: 272).

Die Diskussion um die Berücksichtigung von Umverteilungsprozessen im Konzept der meritorischen Güter findet auf zwei unterschiedlichen Ebenen statt. Auf einer inhaltlichen Ebene lässt sich zunächst eine Debatte bezüglich der Frage nachzeichnen, ob es sich bei distributiven Maßnahmen überhaupt um Eingriffe in individuelle Präferenzen handelt, die per Definition notwendige Bedingungen für das Vorliegen eines meritorischen Gutes darstellen (s. o.), wobei die Argumente für einen Eingriff überwiegen (vgl. Buttler 1973, McLure 1968: 480 f., Pulsipher 1971).

Daneben wurde auf konzeptioneller Ebene diskutiert, ob im Konzept der meritorischen Güter Umverteilungsprozesse grundsätzlich berücksichtigt werden sollten. Head argumentiert, dass die öffentliche Bereitstellung einiger Güter tatsächlich distributive Ziele erfülle. Bei der Befriedigung der ihnen zugrunde liegenden Bedürfnisse werde die Distributionsfunktion in besonderer Form wahrgenommen, weil sie nicht über die Umverteilung von Erwerbseinkommen erfolge, sondern über die Bereitstellung von Sachgütern, deren Konsum zu einem gewissen Mindestmaß als wünschenswert empfunden werde (vgl. Head 1966: 7). Distributive Ziele der Güterbereitstellung und verzerrte Präferenzen, die zur Bereitstellung meritorischer Güter führen, seien dennoch grundsätzlich distinkt und fielen wenn überhaupt nur zufällig zusammen. Daher schlägt Head vor, distributive Überlegungen nicht unter dem Konzept der meritorischen Güter zu führen (vgl. Head 1969: 218). Er verweist dabei auf Tiebout/Houston (1962), die für Güter, welche als so notwendig betrachtet werden, dass im Rahmen von Umverteilungsprozessen ein Mindestmaß an Konsum für jedes Individuum sichergestellt werden soll, den Begriff der notwendigen Güter („Necessity Goods") einführten und diese streng von meritorischen Gütern abgrenzten.[45] Distributive Aspekte seien nicht den meritorischen Gütern zuzuordnen, da die öffentliche Förderung notwendiger Güter ausschließlich Ungleichheiten in der gesellschaftlichen Einkommensverteilung reduziere und der meritorische Charakter der notwendigen Güter daher entfalle, sobald die subventionierten Individuen über ein höheres Einkommen verfügen (vgl. Tiebout/Houston 1962: 415 f.).

Zu einer konträren Einschätzung gelangt Pulsipher (1971: 217 f.). Ihm zufolge setzen allokative Maßnahmen voraus, dass eine Umverteilung der Einkommen in als ethisch und gerecht empfundenem Maße bereits erfolgt sei. Demnach könne die Rechtfertigung von Gütersubventionen für eng umgrenzte Personengruppen (d. h. nicht für alle Individuen) letztlich nur darin bestehen, dass diese Personen hinsichtlich des betrachteten Gutes – in stärkerem Maße als andere Personen – irrationale Entscheidungen träfen, wenn sie ihre Nachfrage auf dem freien Markt entfalten würden. Auch distributive Eingriffe müssten daher letztlich auf *individuelle Präferenzverzerrungen* zurückgeführt werden. Diese Präferenzverzerrung betreffe allerdings nicht zwingend alle Individuen gleichermaßen, sondern könne bei spezifischen Subgruppen verstärkt auftreten oder sich gänzlich auf sie beschränken.

Zweckgebundene Zuschüsse oder Sachleistungen zu redistributiven Zwecken lassen sich gemäß diesen Überlegungen als Eingriffe in die Präferenzen von Individuen definieren und finden als solche einen Platz im Konzept der meritorischen Güter. Sie sind Ausdruck der Annahme, dass ein bestimmtes Gut einerseits zu einem bislang nicht erreichten Mindestmaß konsumiert werden muss, dass jedoch andererseits spezifische Personengruppen dieses Gut bei Umverteilungsmaßnahmen ohne Zweckbindung nicht entsprechend ihrer eigenen Präferenzen und nicht in gesellschaftlich wünschenswertem Maße berücksichtigen.

Die vorangegangene theoretische Auseinandersetzung mit dem Konzept der meritorischen Güter als Ursache der Gewährung monetärer Anreize durch die öffentlichen Haushalte lässt sich für die weitere Analyse zu den folgenden Kernaussagen verdichten:

---

45 Meritorische Güter bleiben in dieser Betrachtung ausschließlich auf die Korrektur verzerrter Präferenzen beschränkt, weshalb Head (1969: 218) sie als „corrective goods" bezeichnet.

1. Meritorische Güter beinhalten zunächst immer eine normative Komponente. Eine Förderung der Nachfrage meritorischer Güter durch die öffentlichen Haushalte lässt sich immer darauf zurückführen, dass die Entscheidungsträger über die Gewährung von Anreizen davon ausgehen, die Nachfrage nach einem bestimmten Gut falle angesichts seines tatsächlichen Wertes für die Individuen zu gering aus.
2. Zur Begründung für die vermeintlich zu geringe Nachfrage lassen sich verzerrte Präferenzen heranziehen, die sich über Informationsasymmetrien bzw. ein Versagen der individuellen Entscheidungsrationalität äußern. Informationsasymmetrien wiederum fassen fehlende und fehlgeleitete Informationen begrifflich zusammen. Diese schlagen sich in einer Diskrepanz zwischen den Präferenzen vor dem Konsum und den Präferenzen, wie sie sich nach dem Konsum zeigen würden, nieder. Das Versagen der individuellen Entscheidungsrationalität offenbart sich dagegen in einer Diskrepanz *geäußerter* Präferenzen und *eigentlicher* Präferenzen im Sinne individueller Wohlfahrt.
3. Meritorische Güter besitzen eine allokative sowie eine distributive Dimension. Die allokative Dimension impliziert, dass die gesamtgesellschaftliche Nachfrage nach dem als meritorisch bezeichneten Gut aufgrund von Präferenzverzerrungen zu gering ausfällt. Die distributive Perspektive kommt dann zum Ausdruck, wenn diese Präferenzverzerrung ausschließlich bzw. verstärkt milieuspezifisch auftritt.

Soll das Konzept der meritorischen Güter auf den Bereich der beruflichen Weiterbildung Erwerbstätiger übertragen werden, so sind schließlich folgende Fragen zu beantworten:

- Weisen Entscheidungsträger über die Ausgestaltung von Anreizen der beruflichen Weiterbildung eine Bedeutung zu, welche sich in der derzeitigen Nachfrage durch Individuen nicht widerspiegelt und demnach (zunächst) unter normativen Gesichtspunkten eine Förderung rechtfertigt?
- Wie gut sind die Individuen über die ihnen offenstehenden Weiterbildungsmaßnahmen und deren potenzielle Folgen für die eigene Lebens- bzw. Erwerbsperspektive informiert?
- Besteht hinreichende Evidenz, dass die individuelle Entscheidungsrationalität bezüglich der Nachfrage nach beruflicher Weiterbildung versagt und es daher zu einer gesamtgesellschaftlich zu geringen Nachfrage kommt?
- Fällt die Weiterbildungsnachfrage milieuspezifisch – d. h. im vorliegenden Fall: von abgrenzbaren Subgruppen von Erwerbspersonen – aufgrund von irrationalem Verhalten zu gering aus?

Hinweise für die Bestätigung des ersten Gedankenstrichs lassen sich den bildungspolitischen Bekundungen zu Stand und vermeintlichem Bedarf von Weiterbildungsbeteiligung zuhauf entnehmen. Deutlich machen lässt sich die normative Komponente des „meritorischen Gutes berufliche Weiterbildung" z. B. anhand der Betrachtung (inter-)nationaler Indikatoren zur Weiterbildungsbeteiligung sowie den dazugehörigen Benchmarks.

Nationale sowie internationale Benchmarks zur Investition in bzw. Teilnahme an Weiterbildung lassen sich sodann als Abbildungen normativer Zielvorstellungen zum Weiterbildungsverhalten verstehen (vgl. z. B. Wittmann 2010: 7). Durch die Gegenüberstellung von Benchmarks und Indikatoren, d. h. einfachen und quantitativ erfassbaren Kennzahlen, die über die Qualität eines meist deutlich komplexeren Sachverhaltes Auskunft geben sollen (vgl. Döbert 2009: 15), lässt sich die Diskrepanz zwischen den bildungspolitischen Intentionen zur Beteiligung an beruflicher Weiterbildung und dem tatsächlichen Verhalten auf einer stark aggregierten Ebene deutlich machen.

So sehen zum Beispiel die Empfehlungen des Innovationskreises Weiterbildung vor, die jährliche Quote der Weiterbildungsteilnehmenden in Deutschland bis zum Jahr 2015 auf insgesamt 50 Prozent zu erhöhen (vgl. BMBF 2008: 8).[46]

Auf europäischer Ebene sieht einer der fünf infolge des Lissabon-Prozesses vom Rat der Europäischen Union beschlossenen Benchmarks vor, dass die „Teilnahme am Lebenslangen Lernen" – dabei handelt es sich im Verständnis des Rates um den Anteil der 25- bis 64-Jährigen, die in den vier Wochen vor einer Labor-Force-Survey-Erhebung an Maßnahmen der allgemeinen oder beruflichen Bildung teilgenommen hat – bis zum Jahr 2010, ausgehend von 7,1 Prozent im Jahr 2000 (5,2 % in Deutschland) 12,5 Prozent betragen sollte (vgl. Rat der Europäischen Union 2003: 4). Der letzte Fortschrittsbericht der Kommission weist gegenüber des beabsichtigten Wertes eine Bildungsbeteiligung von 9,7 Prozent im europäischen Durchschnitt sowie eine Beteiligung von 7,8 Prozent für Deutschland aus (vgl. Europäische Kommission 2008: 27). Obwohl das strategische Ziel nicht erreicht wurde, ist der Indikator zuletzt bis zum Jahr 2020 fortgeschrieben und auf 15 Prozent erhöht worden (vgl. Rat der Europäischen Union 2009: 8).

Die OECD gibt keinen Benchmark im Sinne einer international anzustrebenden Teilnahmequote an. Gleichsam wird jedoch vermerkt, dass „[...] *zusätzliche* Investitionen in Fort- und Weiterbildung [...]" (OECD 2010: 93, Herv. M.W.) notwendig seien, um „[...] die in unserer wissensbasierten Gesellschaft und Wirtschaft sowie für die aktuellen und künftigen Arbeitsmarktanforderungen notwendigen Kompetenzen zu vermitteln [...]" (OECD 2010: 93), da durch „[...] die Globalisierung und den technologischen Fortschritt, durch Veränderungen am Arbeitsmarkt und bei der Arbeitsorganisation sowie durch den demografischen Wandel [...] am Arbeitsplatz höhere Anforderungen an Qualität und Umfang von Kenntnissen und Fähigkeiten gestellt [...]" (OECD 2010: 93) würden.

46 Zwar bezieht sich diese Zielformulierung auf einen im Vergleich mit der vorliegenden Arbeit deutlich weiter gefassten Weiterbildungsbegriff, der auch allgemeine Weiterbildung, die Weiterbildung von Nichterwerbstätigen, informelle berufliche Weiterbildung sowie betriebliche Weiterbildung und das Selbstlernen am Arbeitsplatz erfasst (vgl. Rosenbladt/Bilger 2008: 45 f.), jedoch liegt der angestrebte Richtwert erstens deutlich über den damals wie heute realisierten Teilnahmequoten und zweitens verweist das Gros der zuletzt auf Bundesebene in Kraft getretenen Weiterbildungsförderprogramme, welche sich ausschließlich an Erwerbstätige richten und darüber hinaus auf die Bezuschussung von nichtbetrieblicher beruflicher Weiterbildung begrenzt sind, deutlich darauf, dass im Rahmen des Vorhabens der Bundesregierung die berufliche Weiterbildung Erwerbstätiger im programmatischen Vordergrund steht.

Bereits im Strukturplan für das deutsche Bildungswesen findet sich die normative Anpassungsverpflichtung durch berufliche Weiterbildung wieder. Der Bildungsrat fordert „Ständige Weiterbildung als Prinzip" (Deutscher Bildungsrat 1970: 51 f.) zur Reaktion auf technischen Fortschritt und unterstellt ein „[...] Interesse an einer *allseitigen ständigen* Weiterbildung einer *möglichst großen Anzahl* von Menschen [...]" (Deutscher Bildungsrat 1970: 199, Herv. M.W.). Diese Aufforderung wird 27 Jahre später durch die Europäische Kommission noch verstärkt, die diese nicht mehr auf eine „möglichst große Anzahl" beschränkt, sondern auf grundsätzlich alle Bürger/-innen erweitert. So setzt die Kommission voraus, dass im Individuum „[...] ein permanenter Wunsch zur Verbesserung der eigenen Fähigkeiten und Anpassungsmöglichkeiten besteht" (Europäische Kommission 1997: 70) und verweist weiter unmissverständlich darauf, dass *alle* Arbeitskräfte „[...] bereit sein [müssen], sich ständig weiterzubilden" (Europäische Kommission 1997: 81). Diese Forderung wird an anderen Stellen nochmals bestätigt: Lebenslange Aus- und Weiterbildung sei „[...] *für alle* der beste Weg, um den Herausforderungen des Wandels zu begegnen" (Europäische Kommission 2000: 8, Herv. M.W.).

Im empirischen Teil dieser Arbeit bearbeite ich die Fragen im dritten und vierten Gedankenstrich. Hierbei berücksichtige ich gleichfalls den subjektiven Stand der Informiertheit über die Weiterbildungslandschaft, um die hier bereits als Problem erkannten Informationsdefizite und ein vermeintliches Versagen der individuellen Entscheidungsrationalität trennen zu können.

4.3 Ausgestaltung von Anreizen zur Reduktion individueller Teilnahmerestriktionen

Mit den vielfältigen und sich ständig im Wandel befindlichen rechtlichen, organisatorischen und finanziellen Regelungs- und Zuständigkeitsbereichen im Weiterbildungssegment gehen sehr unübersichtliche und zeitlich instabile Förderstrukturen einher (vgl. Dobischat/Husemann 1995, Füssel 2001, Koschek/Müller/Walter 2011, Richter 1993). Von einer Diskussion aktueller Maßnahmen der Weiterbildungsförderung sehe ich hier daher ab.[47] Die nachfolgenden Ausführungen zu den objektiv gewährten Anreizen beschränken sich auf die Diskussion der Determinanten, anhand derer sich die Instrumente der monetären Förderung der Weiterbildungsnachfrage grundsätzlich differenzieren lassen.

In der einschlägigen Literatur werden jeweils verschiedene Merkmale besonders hervorgehoben. Insgesamt lassen sich 15 Parameter zur Ausgestaltung der Födermodelle identifizieren, die in der folgenden Abbildung zu monetären und personenbezogenen Determinanten sowie zu sonstigen Regulierungsbedarfen zusammengefasst sind (vgl. Abb. 4).

47 Für einen Überblick zu nationalen und internationalen Instrumenten der Weiterbildungsförderung und ihrer impacts verweise ich auf die vorliegende Literatur (z. B. Barnow 2009, Barrow/Rouse 2008, Jaich 2004, Koschek/Müller/Walter 2011, Kühnlein/Klein 2003a, Kühnlein/Klein 2003b, Levin 1992, Levin 1982, Lith 1983, Mangold/Oelkers/Rhyn 2000, Mangold/Rhyn 1999, Messer/Wolter 2009, Straubhaar/Winz 1992, Timmermann 2003b, Walter 2010, West/Sparks 2000, Wolter 2001, Wolter/Messer 2009).

Zunächst unterscheiden sich die Instrumente hinsichtlich der Periodizität der Ausgabe. Sie können einmalig oder in jährlichen Abständen in Anspruch genommen werden. Darüber hinaus kann die Vergabe nach Versicherungsfällen erfolgen, wie z. B. im Rahmen der Förderung beruflicher Weiterbildung nach SGB III. Ein wesentliches Stellrad bildet der *Nominalwert* der Förderung. Gegenüber gleichen Nennwerten für alle Bezugsberechtigten nehmen solche Lösungen, die den individuellen Investitionsmöglichkeiten vermehrt Rechnung tragen, eine stärkere distributive Funktion ein. Hierzu zählen zum Beispiel eine zu individuellen Einkommens- und Vermögensverhältnissen invers-lineare Staffelung der Nennwerte sowie die Förderung mit auf das zu versteuernde Jahreseinkommen anzurechnenden Nennwerten bei progressiver Einkommensteuer. Die verteilungspolitische Aufgabe wird ferner besonders dann wahrgenommen, wenn sich die Förderung von vornherein an als bedürftig empfundene Personengruppen richtet.

Weiterhin steht zunächst offen, ob die staatlichen Subventionen durch private Mittel *ergänzungsfähig* sind. Egalitäre Modelle sind nur dann zweckmäßig, wenn Bildungsanbieter in der Preiserhebung nicht frei sind oder aber die Maßnahmekosten vom Fiskus komplett übernommen werden (wie in der beruflichen Weiterbildung nach SGB III). In der beruflichen Weiterbildung außerhalb der aktiven Arbeitsmarktpolitik erscheinen sie jedoch nicht zielführend. Erstens werden so zusätzliche private Investitionen in berufliche Weiterbildung verhindert (fehlender Hebeleffekt) und zweitens führen egalitäre Modelle zu einer künstlichen Einschränkung in der Wahl des für Anreizempfangende am besten geeigneten Bildungsangebots.

Der *Selbstbehalt*, der quasi den Kaufpreis eines Instrumentes festlegt, trägt der Erwartung Rechnung, dass Bildungsnachfragende durch (Weiter-)Bildung einen privaten Nutzen generieren, der sich z. B. in steigendem Einkommen, erhöhter Beschäftigungsfähigkeit und mehr Gestaltungsspielräumen am Arbeitsplatz ausdrücken kann. Hier lässt sich wiederum zwischen Varianten unterscheiden, je nachdem, ob sie individuelle Kaufkraftunterschiede berücksichtigen oder nicht. Selbstbehalte weisen distributive Eigenschaften auf, wenn sie mit den individuellen Vermögens- und Einkommensverhältnissen variieren. Eine in der Praxis übliche Form der Kombination von Selbstbehalt und Komplementierbarkeit besteht darin, dass Anreizempfangende einen Selbstbehalt im Sinne einer Ergänzungspflicht mindestens in der Höhe der Förderung erbringen müssen.

Die verschiedenen Modelle der Nachfrageförderung unterscheiden sich ferner darin, inwiefern Kosten, die über Teilnahmegebühren hinausgehen, erstattungsfähig sind (sog. *Nicht-Trainingskosten* wie Reisekosten, Übernachtungskosten, Lebenserhaltungskosten usw.).

Im Rahmen der Nachfrageförderung im allgemeinen Bildungssystem wurden zum Teil Instrumente diskutiert, die den Anbietern Vorschriften zur Preisbildung machten. Eine solche *Gebührenregulation* erscheint in weitestgehend deregulierten Weiterbildungsmärkten jedoch wenig operabel.

Abbildung 4: Modellparameter zur Ausgestaltung der nachfrageorientierten Bildungsförderung

Monetäre Determinanten	Personelle Determinanten	Sonstiger Regulierungsbedarf
• Periodizität (einmalige/dauerhafte Förderung, Förderung nur im Versicherungsfall)	• Zielgruppen (Schüler, Erwerbslose Erwachsene, Ältere, ...)	• Ausgabeform (Coupon, Steuergutschrift, Konto)
• Nominalwert (Förderhöhe; mit bzw. ohne Berücksichtigung individueller Leistungsunterschiede?)	• Information (Wie stark werden Empfänger über Angebote informiert und in der Wahl beeinflusst?)	• Verwendungszweck (ausschließlich für Bildung einlösbar?)
• Komplementierbarkeit (ist die Förderung durch private Mittel ergänzungsfähig?)	• Anforderungen an Anbieter • Input (z. B. Qualität/Quantität der personellen und techn. Ausstattung) • Output (z. B. Zertifikate, Credits)	• Geltungsbereich: örtlich (regional, inter-/national), zeitlich (wenige Wochen, halbes Jahr, unbegrenzt)
• Selbstbehalt (Wie sehr muss der Anspruch mit eigenen Mitteln teilfinanziert werden?)	• Zulassungsbedingungen durch Maßnahmeanbieter (Ablehnung von Begünstigten möglich?)	
• Erstattung von Nicht-Trainingskosten (z. B. Fahrtkosten)	• Übertragbarkeit der Förderung auf andere Personen (ja/nein)	
• Gebührenregulation (Sind Anbieter frei in der Preisbestimmung?)		
• Finanzierung und Refinanzierung (aus Steuermitteln, Sozialversicherung, ...)		

(In Anlehnung an Jaich 2004: 25 f., Lith 1983: 349 f., Mangold/Oelkers/Rhyn 2000: 43 f., Straubhaar/Winz 1992: 114 f., West/Sparks 2000: 19 f., Wolter 2001: 34 f., eigene Darstellung)

Auch *Finanzierung und Refinanzierung* der Modelle sind äußerst variabel. Mithilfe der Förderinstrumente erhalten Individuen Ansprüche auf Bildungsleistungen (vgl. Jaich 2004: 25). Es handelt sich somit um Verteilungsinstrumente, die grundsätzlich nicht die Mittelaufbringung regeln, sondern lediglich zunächst deren organisatorische Ausgestaltung (vgl. Drexel 2004: 175). Daher können die über die individuelle Ergänzung bzw. Selbstbeteiligung angebotenen Subventionsbeträge sowohl aus dem allgemeinen Steueraufkommen, durch Beiträge zur Sozialversicherung sowie aus Fondsbeiträgen generiert werden. Ferner kann die Erstattung der Fördersumme an den Bildungsanbieter sowohl bei Einschreibung, nach bestimmten zeitlichem Abstand zum Beginn der Maßnahme oder nach Abschluss als Einmalzahlung oder in Raten erfolgen. In zahlreichen Programmen werden z. B. Gutscheine den Bildungsanbietern bei Maßnahmebeginn vorgelegt und von diesen anschließend an eine Verwaltungsstelle zur Refinanzierung weitergereicht. Im Rahmen anderer Instrumente bringen die Nachfragenden alle notwendigen Mittel zunächst selbst auf und fordern diese nach Maßnahmeende von der emittierenden Stelle zurück.

Eine zentrale personelle Determinante der Instrumente bildet die Bestimmung der *Zielgruppen*. Die Förderung kann sämtliche Bevölkerungsgruppen bildungsbereichsübergreifend umfassen oder sich auf einzelne Strukturelemente des Bildungssystems (z. B. Sekundarstufe II, berufliche Weiterbildung) oder eng eingegrenzte Personengruppen (junge Erwachsene an der zweiten Schwelle; Beschäftigte bestimmter Berufe/Berufsgruppen/Themengebiete bzw. Unternehmensgrößen; Erwachsene, die im Anschluss an Elternzeit oder Arbeitslosigkeit den Wiedereintritt in das Beschäftigungssystem anstreben; Personen, die eine Aufstiegs-/Anpassungs-/ Erhaltungsfortbildung planen) beschränken.

Die Modelle unterscheiden sich weiterhin dahingehend, wie intensiv Anreizempfangende über potenzielle Bildungsangebote *informiert* werden, bzw. ob beratend in den Auswahlprozess eingegriffen wird und Beratung auch begleitend zu den gewählten Bildungsmaßnahmen stattfindet.

Die Vergabe öffentlicher Mittel ist in der Regel an *Auflagen* für Bildungsanbieter geknüpft, die in den Wettbewerb um die Geförderten treten wollen. Zur Akkreditierung können sowohl Inputfaktoren (z. B. Qualität/Quantität des Lehrpersonals und -materials sowie Stundenumfang) als auch Output-Faktoren (erfolgreicher Abschluss, Credits, Zertifikate) herangezogen werden, wobei Output-Faktoren letztlich zugleich Anforderungen an die lernenden Individuen als Anreizempfangende darstellen.

Daneben kann den Bildungsanbietern selbst die Entscheidung darüber eingeräumt bzw. untersagt werden, Begünstigte abzulehnen. Der Nutzen solcher *Zulassungsbedingungen* erscheint jedoch fraglich, weil hierdurch die Transparenz über das für das Individuum zur Verfügung stehende Bildungsangebot verringert und der Wert der Förderung damit faktisch unterminiert wird.

Die Forderung der Übertragbarkeit von Förderinstrumenten gründet sich auf Hoffnung von Wettbewerbsförderung und spielt im Rahmen der ohnehin von Wettbewerb gekennzeichneten beruflichen Aus- und Weiterbildung daher eine untergeordnete Rolle. Übertragbarkeit wird überdies aus Gründen der Gefahr „sozialer Polarisierung“ (Jaich 2004: 36) abgelehnt, da ein Handel mit Bildungssubventionen weiterbildungsabstinente Personengruppen dazu verleiten könne, ihre Ansprüche auf die Teilhabe an Qualifizierungsprozessen zu veräußern. Durch den Verkauf der Förderung verliert Letztere ihre Zweckbindung und wird nur noch von solchen Personen in Anspruch genommen, deren Präferenz für Bildungs- und Weiterbildungsprozesse ohnehin bereits hoch ist. Es wäre somit ein Umverteilungsmechanismus zu erwarten, der die Selektivität im Bereich der beruflichen Weiterbildung zusätzlich festigt.

Weiterhin bedarf es der Definition eines *Verwendungszwecks*. Die Instrumente müssen nicht zwingend und ausschließlich für Weiterbildung nutzbar gemacht werden.[48]
An der Bildungsnachfrage orientierte Modelle unterscheiden sich ferner hinsichtlich ihres örtlichen und zeitlichen *Geltungsbereichs*. Während das Gros der Instrumente regional (Bundesland) bzw. national begrenzt ist, erstrecken sich andere auf die gesamte Europäische Union. Bezogen auf die zeitliche Dimension sind die Instrumente in der Regel nur wenige Monate gültig, gefordert werden jedoch auch Anreize ohne zeitliche Beschränkungen (vgl. Sachverständigenrat Bildung 1998, Seifert/Mauer 2004: 197).

48 So wurde z. B. die Förderung nach dem Vermögensbildungsgesetz erst nachträglich um die Verwendung für Maßnahmen der beruflichen Weiterbildung erweitert (vgl. §4 Abs. 4 Fünftes Vermögensbildungsgesetz).

Sämtliche vorgenannten Modellparamter sind für die Ausgestaltung grundsätzlich aller nachfrageorientierten Förderinstrumente gleichermaßen relevant. Was z. B. den Gutschein, den populärsten Vertreter der Bildungsnachfrage-Finanzierung, originär auszeichnet, ist letztlich die *Ausgabeform*, in der die Förderung von Anreizgebenden an Anreizempfangende erfolgt. Die internationale Literatur differenziert bezüglich der Fördermodelle daher häufig nur grob zwischen „pure Vouchers" und „quasi-Vouchers", also zwischen „echten" und „unechten" bzw. „virtuellen" Bildungsgutscheinen (vgl. Mangold/Oelkers/Rhyn 2000: 41, West/Sparks 2000: 13).

Das Alleinstellungsmerkmal „echter" Weiterbildungsgutscheine besteht in ihrer Ausgabe als Coupon, der einen zusätzlichen Tauschvorgang zwischen Bildungsanbieter und Anreizgeber erforderlich macht (vgl. Jaich 2004: 25, West/Sparks 2000: 12), während die übrigen Formen der monetären Weiterbildungsförderung den Empfängern direkt gutgeschrieben oder als indirekte Förderung nachgelagert mit dem zu versteuernden Einkommen bzw. der Steuerschuld (vgl. Mangold/Oelkers/Rhyn 2000: 43) verrechnet werden.

Unter die objektiv gewährten Anreize zur Reduzierung der für eine Weiterbildung zu erbringenden Investitionen können folglich sämtliche Instrumente subsumiert werden, welche

- Individuen für Weiterbildungszwecke gebundene (zumeist öffentliche) Mittel zuteilen,
- die Weiterbildungsbeteiligung – allgemein oder in Bezug auf spezifische Personengruppen – stimulieren sollen,
- den Begünstigten die Wahl der konkreten Qualifizierungsmaßnahme weitestgehend freistellen und
- die Gewährung der Subvention an die Bedingung einer Selbstbeteiligung knüpfen.[49]

Bildungskonten, Ausbildungs- und Studienbeihilfen (in der BRD z. B. die Förderung der beruflichen Weiterbildung nach AFBG („Meister-BAföG")) sowie die steuerliche Absetzbarkeit von Aufwendungen für berufliche Weiterbildung gehören hiernach ebenfalls zu den Anreizen, deren Ziel in einer Reduzierung der für Weiterbildung erforderlichen monetären Investitionen besteht.[50] Hinzu kommen mit den – allerdings nicht öffentlich, sondern betrieblich bereitgestellten – Arbeits- und Lernzeitkonten, die sich in Anbetracht der bereits vor etwa zehn Jahren hohen Verbreitung (vgl. z. B. DIHK 2004, Seifert/Mauer 2004: 193) heute flächendeckend durchgesetzt haben dürften[51], sowie den seit den 1970er Jahren sukzessive verabschiedeten Bildungsurlaubsgesetzen der Länder Anreize, welche die zeitlichen Restriktionen einer Wei-

49 Diese Eingrenzung entstand im Rahmen des BIBB-Projektes „Berufliche Weiterbildung: Ursachen möglicher Unterinvestitionen und Anreize für Betriebe und Beschäftigte", in dem u. a. Erfahrungen zur Wirkung implementierter Programme der Weiterbildungsförderung untersucht wurden (vgl. z. B. Müller/Walter 2013).

50 Reine Bildungskredite beinhalten in der Regel keinen Zuschussanteil. Sie dienen, wie alle Kreditgeschäfte, dem vorgezogenen Konsum und bilden damit eine Sonderform monetärer Anreize, da sie die Finanzierung von beruflicher Weiterbildung erleichtern, die Teilnahme jedoch vollständig auf eigene Kosten erfolgt.

51 Es ist anzunehmen, dass vorwiegend die Klein- und Kleinstbetriebe keine Arbeits- und Lernzeitkontensysteme nutzen. Vielfach greifen sie nicht auf formalisierte Formen der Arbeitszeitflexibilisierung zurück, was jedoch nicht bedeutet, dass die Arbeitszeitgestaltung hier zwangsläufig rigide verläuft (vgl. DIHK 2004: 6, Groß/Bauer/Munz 2002: 335 f.).

terbildungsteilnahme insofern reduzieren, als sie Spielräume zur Weiterbildungspartizipation flexibilisieren.

Das im Verlauf der Arbeit schrittweise entwickelte Anreizmodell lässt sich nach den Ausführungen zu den objektiv gewährten Anreizen nun folgendermaßen ergänzen:

Abbildung 5: **Anreize in der beruflichen Weiterbildung – Modell ergänzt um objektiv gewährte Anreize (Förderprogramme)**

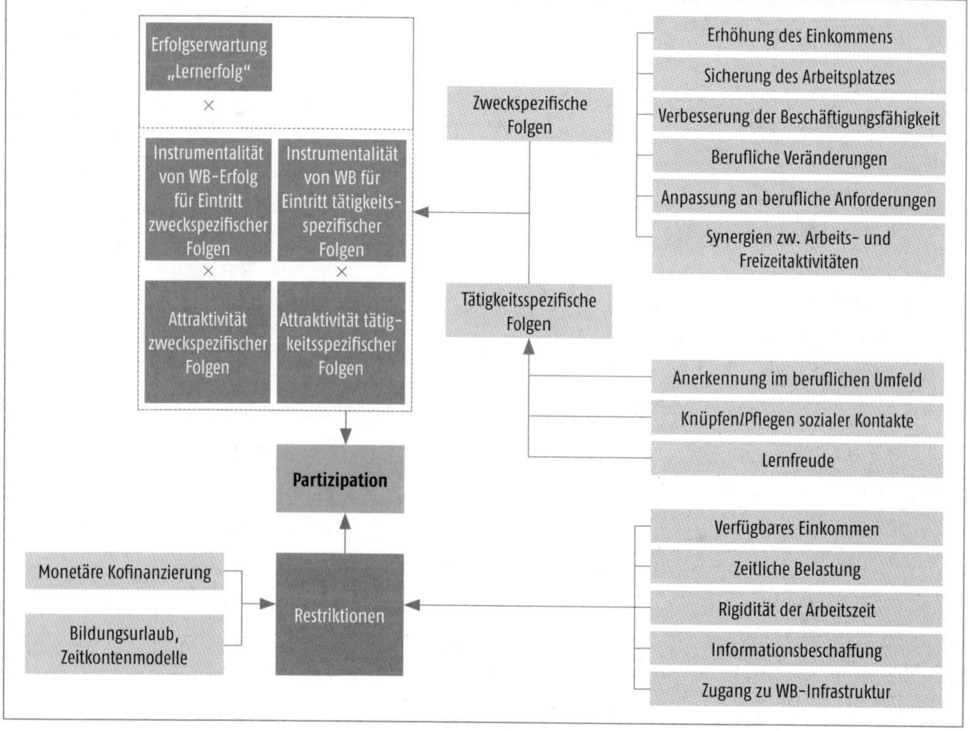

5 Empirischer Teil

Das vorliegende Kapitel dient der empirischen Prüfung von zehn Hypothesen, die sich aus den vorangegangenen Überlegungen ableiten lassen.

5.1 Datenbasis

5.1.1 Kontext, Zeitraum und Umfang der Durchführung

Grundlage der nachstehenden Darstellung deskriptiver Statistiken sowie der bi- und multivariaten Hypothesenprüfung bilden die Daten der BIBB-DICT-Erhebung (Walter/Müller 2013b). Der Datensatz entstand im Rahmen des in den Jahren 2010 bis 2012 im Bundesinstitut für Berufsbildung durchgeführten Forschungsprojektes „Berufliche Weiterbildung: Ursachen möglicher Unterinvestitionen und Anreize für Betriebe und Beschäftigte". Das genannte Forschungsprojekt setzte sich aus vier Arbeitspaketen zusammen, wobei die BIBB-DICT-Erhebung im Rahmen des ersten Arbeitspakets (Entscheidungsrationalität der Beschäftigten) entstand, für dessen Durchführung ich maßgeblich verantwortlich zeichnete.

Bei den Daten handelt es sich um Angaben 1.600 Erwerbstätiger. Sie wurden in der zweiten Jahreshälfte des Jahres 2010 mithilfe eines standardisierten CATI-Fragebogens erhoben.[52]

Das Erhebungsinstrumentarium wurde im Jahre 2009 konstruiert. Im Januar 2010 wurden sein Anspruchsniveau, die Skalierung der enthaltenen Fragen sowie die Wahl geeigneter Klassifizierungen für die Vercodung von Berufen und Branchen am Leibnitz-Institut für Sozialwissenschaften (gesis) in Mannheim diskutiert. Im Juni 2010 wurde es außerdem einem Feldpretest unterzogen, in den 52 Personen der relevanten Grundgesamtheit integriert waren.

Die Grundgesamtheit der Untersuchung umfasst alle in Deutschland erwerbstätigen Personen im Alter zwischen 19 und 64 Jahren, die zum Zeitpunkt der Befragung mindestens zehn Stunden pro Woche erwerbstätig waren. Die Mindestzahl von zehn geleisteten Arbeitsstunden pro Woche erfolgte in Anlehnung an das in der BIBB/BAuA-Erwerbstätigenbefragung verwendete Konzept der „Kernerwerbstätigkeit" (vgl. Hall 2009: 5 f.).[53] Die Grenze von zehn

52 Das Erhebungsinstrument sowie der Feldbericht der Erhebung sind im Web frei zugänglich (http://www.bibb.de/de/wlk54493.htm).

53 Das in der Untersuchung verwendete Konzept weicht aufgrund der spezifischen Beschäftigung mit beruflicher Weiterbildung in dreierlei Hinsicht von der BIBB/BAuA-Erwerbstätigenbefragung ab: Erstens zählen Erwerbstätige in der vorliegenden Untersuchung erst nach Abschluss des 19. Lebensjahres zur Grundgesamtheit. Zweitens konnten Beschäftigungsverhältnisse, die zum Erhebungszeitpunkt unterbrochen wurden, nicht berücksichtigt werden. Dagegen wurden in der vorliegenden Studie auch ehrenamtliche Tätigkeiten akzeptiert, solange diese mehr als zehn Stunden umfassten und bezahlt waren.

Arbeitsstunden erlaubt es, Erwerbstätigkeiten zu berücksichtigen, die nicht auf Vollzeitbasis erfolgen, aber unter- oder oberhalb einer „Halbtagesbeschäftigung" liegen. Hierdurch gehören zur Erwerbstätigkeit zum Beispiel auch solche Tätigkeiten, die neben einer Qualifizierung ausgeübt werden (z. B. wenn Studierende neben dem Studium einer bezahlten Tätigkeit nachgehen), sowie Tätigkeiten als im Betrieb mithelfende Familienangehörige. Nicht als Erwerbstätigkeit im Sinne dieser Untersuchung gelten dagegen Tätigkeiten, die notwendiger Bestandteil einer Ausbildung sind, z. B. im Rahmen einer dualen oder schulischen Berufsausbildung, Wehr- und Zivildienst sowie geringfügige Beschäftigungen.

Über alle Pretestinterviews hinweg spielten item-nonresponses, bedingt etwa durch Verweigerungen und Verständnisprobleme, nur eine geringe Rolle, sodass das Erhebungsinstrumentarium für die Hauptuntersuchung nur geringfügig zu überarbeiten war. Die Datenerhebung wurde – sowohl im Pretest als auch in der Hauptuntersuchung – von einem externen Dienstleister (forsa GmbH) durchgeführt.

5.1.2 Erhebungsinstrumentarium

Das eingesetzte Erhebungsinstrumentarium bestand aus vier Abschnitten. Der erste Abschnitt wurde im Rahmen einer von forsa täglich durchgeführten Mehrthemenbefragung (forsa.omnitel) realisiert. Er enthielt Screening-Fragen zu sozialstatistischen und erwerbsbezogenen Merkmalen, die überwiegend dem Ausschluss solcher zufällig kontaktierter Interviewpartner/-innen dienten, die nicht zur definierten Grundgesamtheit gehörten. Die Hauptinterviews fanden im Zeitraum zwischen dem 23. September und dem 28. Oktober 2010 statt. Um Verzerrungen der Ergebnisse aufgrund eines Statuswechsels der Befragten zwischen Screening und Hauptinterview zu vermeiden (z. B. bei einem zwischenzeitlichen Verlust des Arbeitsplatzes oder durch eine Änderung des Familienstandes), wurden einige Fragen aus dem Screening zu Beginn des Hauptinterviews wiederholt.

Fragen zur Bildungs- und Berufsbiografie sowie zur Erhebung sozialstatistischer und erwerbsbezogener Merkmale, die über den Screening-Prozess noch nicht erfasst werden konnten, wurden über den letzten Teil des Fragebogens ergänzt.

Im dritten Abschnitt wurden die Interviewteilnehmenden zu ihrem Weiterbildungsverhalten in der Vergangenheit befragt. Dieser Teil diente dazu, (un-)regelmäßig Teilnehmende von Abstinenten zu unterscheiden. Weil Informationen zur Weiterbildungsteilnahme für den Zeitraum von 2005 bis 2010 und ausschließlich für Kurse und Lehrgänge erfasst wurden, sind (un-)regelmäßig Teilnehmende hier definiert als solche Personen, die in den vergangenen fünf Jahren vor der Erhebung sowie im Erhebungsjahr mindestens einmal an einer formalisierten beruflichen Weiterbildung partizipiert haben. Trifft dies auf eine Person nicht zu, gilt sie im Sinne der Befragung als weiterbildungsabstinent.

Den inhaltlichen Kern des Erhebungsinstrumentariums bildete der zweite Abschnitt mit seinen Fragen zur Operationalisierung der Instrumentalitätstheorie.

Sowohl die methodologischen Vorüberlegungen als auch der Anspruch, (un-)regelmäßig Teilnehmende sowie Abstinente in die Analyse von Anreizen in der beruflichen Weiterbildung zu integrieren, ließen eine retrospektive Erfassung der Bestandteile des in der vorliegenden Arbeit verwendeten E*W-Modells (Valenzen, Instrumentalitäten, Erwartungswerte) ungeeignet erscheinen. Unter methodologischen Gesichtspunkten ist die Erfassung positiver und negativer Nutzenaspekte zur direkten Anwendung des RC-Ansatzes auf individuelle Entscheidungsprobleme der Mikroebene nicht auf bereits abgeschlossene Handlungen zu beziehen (vgl. Diekmann 1996: 96). Im besten Fall wird der erwartete Nutzen unmittelbar in der Entscheidungssituation erfasst. Dies, weil die Situationslogik zum Zeitpunkt der Entscheidung (hier abgebildet über die Befragungssituation) von der Situationslogik nach der tatsächlichen Ausführung der interessierenden Handlung abweicht. So verweisen verschiedene Arbeiten, sowohl für den Bereich der beruflichen Weiterbildung (vgl. Behringer 1999, 1996) als auch für die Wahl von Bildungsgängen der beruflichen Erstausbildung (vgl. Beicht/Ulrich 2010), auf die Problematik einer nachträglichen Rationalisierung des eigenen Handelns zur Vermeidung von kognitiver Dissonanz.

Aufgrund der Heterogenität des bundesdeutschen Quartärbereichs stellt sich einer auf RC basierenden Erfassung von Konsequenzen beruflicher Weiterbildung sowie deren Eintrittswahrscheinlichkeit überdies das Problem, dass die Bezugspunkte bei einer Ex-post-Nutzenmessung im Interview hinsichtlich Bildungsanbieter, Thema und Umfang der Maßnahmen bei einer geringen Stichprobe von 1.600 Personen sehr unterschiedlich ausfallen dürften. Bei den Abstinenten, die einen wesentlichen Anteil der erzielten Nettostichprobe stellten, hätte eine retrospektive Abfrage ferner überhaupt keine thematischen Bezugspunkte geliefert, an die eine Überprüfung des hier konstruierten E*W-Modells hätte anknüpfen können. Sie hätten folglich ausgeschlossen werden müssen, obwohl nach wie vor erheblicher Bedarf an einer näheren Untersuchung der Ursachen von Weiterbildungsabstinenz gegeben ist, um abstinentes Verhalten nachzuvollziehen und Möglichkeiten zu dessen Überwindung zu eruieren.

Eine prospektive Erfassung des Nutzens einer potenziellen Weiterbildungspartizipation erschien folglich unerlässlich. Der wesentliche Nachteil hierbei besteht naturgemäß darin, dass zunächst noch keine konkreten Weiterbildungssituationen vorliegen, an denen sich die Interviewten bei der Beantwortung der Fragen orientieren könnten. Bei der Überprüfung des RC-Modells kam daher eine szenarienbezogene Fragestrategie zur Anwendung, um die Nutzenbewertung für die Befragten durch einen konkreten thematischen Bezug nicht zu abstrakt zu gestalten. Diese Fragestrategie lässt sich als im Rahmen einer quantitativen Erhebung angewandte Variante der Lehr-Lern-Methode „Szenariotechnik“ interpretieren (vgl. Siebert 2010: 43). Die Anwendung dieser Methode erlaubt es, die Befragten mit einer hypothetischen Entscheidungssituation zu konfrontieren und ihre Bewertungen und Erwartungen zu von den Forschenden gesetzten und den durch ihre persönliche Lebenssituation gegebenen Rahmenbedingungen zu erfassen (vgl. Brödel/Yendell 2008: 122). Diese Methode ermöglicht folglich eine direkte Prüfung von aus dem RC-Ansatz abgeleiteten Hypothesen in prospektiver Form.

Wegen der Vorzüge bei der direkten Prüfung des RC-Ansatzes ist der Rückgriff auf fiktive Szenarien, insbesondere bei Autoren aus der Soziologie, zur Messung des subjektiv erwarteten Nutzens (in der Soziologie findet sich auch die Bezeichnung „Vignettentechnik") nicht ungewöhnlich (vgl. z. B. Brödel/Yendell 2008: 119 f., Brüderl 2004, Friedrichs/Stolle/Engelbrecht 1993).

Zunächst wurden die Befragten bezüglich der subjektiven Relevanz der neun potenziellen Ziele von beruflicher Weiterbildung befragt. Bei den potenziellen Weiterbildungszielen „Erhöhung des Erwerbseinkommens" sowie „berufliche Veränderungen" wurde in der Abfrage jeweils ein kurz- und ein mittel- bis langfristiger Realisierungshorizont unterschieden, sodass faktisch elf Ziele zu bewerten waren. Um sämtliche Ausprägungen der potenziellen Weiterbildungsfolge „berufliche Veränderung" berücksichtigen und den Wunsch nach beruflichen Veränderungen möglichst konkret erfassen, aber zugleich den Erhebungsaufwand gering halten zu können, hatten die Interviewten eine Veränderung auszuwählen, die für sie derzeit die höchste Relevanz besitzt. Der berufliche Aufstieg (hierauf entfallen 31,13 % der Stichprobe) wurde hierbei am häufigsten gewählt, gefolgt von einem Tätigkeitswechsel innerhalb des aktuell ausgeübten Berufs (21,75 %), einem vollständigen Berufswechsel (16,31 %), der Aufnahme einer selbstständigen bzw. nichtselbstständigen Tätigkeit (14 %) sowie einem Arbeitgeberwechsel (12,06 %). Die subjektive Relevanz kurzfristiger sowie mittel- bis langfristiger beruflicher Veränderungen und deren weiterbildungsbezogene Eintrittswahrscheinlichkeit wurden dann ausschließlich für das gewählte item erfasst.

Im Anschluss wurden die Untersuchungsteilnehmenden dann zufällig, jedoch zu gleichen Anteilen mit einem von vier hypothetischen Weiterbildungsszenarien konfrontiert, sodass auf jedes Szenario etwa 400 Befragte entfielen. Die Aufteilung der Befragten auf vier Szenarien sollte eine breitere Basis für die spätere Verallgemeinerung der Analyseergebnisse ermöglichen. Aus diesem Grund wurden Szenarien gewählt, die sich hinsichtlich ihres zeitlichen Umfangs sowie ihrer grundlegenden thematischen Ausrichtung unterschieden.

Da die Befragten nicht aus spezifischen Berufs- bzw. Erwerbskontexten ausgewählt wurden und die Befragung diesbezüglich folglich ein breites Spektrum abdeckte, war es bei der Formulierung der Szenarien erforderlich, Letztere nicht zu eingeengt auf spezifische Erwerbskontexte zu beziehen. Über eine Verwendung konkreter beruflich-thematischer Bezüge hätte die Abstraktheit der Szenarien zwar reduziert werden können. In einer telefonischen Zufallsbefragung hätte die hierdurch notwendige Beschränkung auf bestimmte berufliche Hintergründe der Befragten jedoch eine enorme Bruttostichprobe erfordert, um die gewünschte Fallzahl zu generieren. Entsprechend wurden möglichst allgemeine Szenarien (umfangreiche Aufstiegsfortbildung, EDV-Fortbildung, Weiterbildung im Themenbereich Soft-Skills sowie fachliche Fortbildung im jeweiligen Beruf des Befragten) formuliert und die Individuen bei der Befragung gebeten, das vom Interviewer dargestellte Szenario auf ihre aktuelle berufliche Situation zu beziehen. Dafür, dass die Szenarien offen genug konstruiert waren, sodass jede/-r Befragte sich in ihnen wiederfinden und folglich die Fragen zum RC-Modell beantworten konnte, spricht ein geringer Anteil von item-nonresponse.

Zur Approximation der Bereitschaft, am jeweiligen Szenario zu partizipieren, wurde – auf einer siebenstufigen Skala – im Anschluss die Zahlungsbereitschaft für das jeweilige Szenario erhoben. Es wird folglich angenommen, dass die bekundete Zahlungsbereitschaft ein gutes Maß für die Weiterbildungsbereitschaft darstellt. Diese Operationalisierung ermöglicht es, vor dem Hintergrund des normativen Aufforderungscharakters der Diskussion um das lebenslange Lernen die individuelle Bereitschaft zur Investition eigener Ressourcen für berufliche Weiterbildung zu beleuchten. Ferner dürfte sie zu weniger sozial erwünschten Angaben führen, als dies etwa bei einer einfachen Abfrage der Teilnahmeneigung (z. B. auf einer mehrstufigen Skala von sehr niedrig bis sehr hoch) zu befürchten wäre.

Anschließend wurde für jedes der zuvor bewerteten potenziellen Weiterbildungsziele die zugehörige Instrumentalität erfasst. Die Befragten hatten also anzugeben, mit welcher Wahrscheinlichkeit die zweckspezifischen und tätigkeitsspezifischen Weiterbildungsfolgen nach einer (erfolgreichen) Teilnahme am jeweiligen Weiterbildungsszenario auch verwirklicht würden. Im Rahmen der beiden potenziellen Weiterbildungsfolgen „berufliche Anerkennung" und „Freude am Lernen" konnten ferner negative Instrumentalitäten geäußert werden. Hierdurch wurde einerseits der Möglichkeit Rechnung getragen, dass die eigene Weiterbildungsaffinität nicht nur zu einer Anerkennung unter Kollegen führen, sondern ebenfalls durch das berufliche Umfeld abgelehnt werden kann. Zudem wurde berücksichtigt, dass Weiterbildungsanstrengungen – insbesondere in formalisierten Arrangements – für viele Erwerbstätige nicht mit positiven Affekten im Sinne von „Lernfreude", sondern mit einer hohen Belastung einhergehen und damit nicht nur als nicht angenehm, sondern auch als unangenehm empfunden werden können.

In der Befragung wurde daher zunächst über zwei Filterfragen festgestellt, ob eine Teilnahme an beruflicher Weiterbildung eher zu Anerkennung oder Ablehnung im beruflichen Umfeld führen würde und ob der Gedanke an eine Teilnahme an formalisierten Lernarrangements eher mit positiven Affekten einhergeht oder aber als belastend empfunden wird. Gesteuert durch die jeweilige Antwort auf die Filterfrage wurde dann die Stärke der positiven bzw. negativen Instrumentalität von Weiterbildung für den Eintritt dieser Folgen erfasst.

Grundlage für die anschließende Erfassung der Erwartung darüber, dass die jeweilige Weiterbildung erfolgreich abgeschlossen würde, d. h. deren Inhalt auf den eigenen Erwerbskontext übertragen werden könnte, waren drei Sub-Skalen, auf denen das Vertrauen in die eigenen Fähigkeiten sowie Annahmen hinsichtlich der wahrgenommenen Qualität von organisierten Weiterbildungskursen und den didaktisch-methodischen Kompetenzen des mit der Kursdurchführung beauftragten Lehrpersonals erhoben wurden. Sowohl für die Erfassung der subjektiven Relevanz der potenziellen Weiterbildungsziele als auch für die Erfassung der Instrumentalitäten und Erwartungswerte kamen vierstufige Skalen zum Einsatz (Valenzen: sehr wichtig, ziemlich wichtig, weniger wichtig, überhaupt nicht wichtig; Instrumentalitäten und Erwartungswerte: auf jeden Fall, wahrscheinlich, wahrscheinlich nicht, auf keinen Fall).

5.1.3 Untersuchungsgruppe

Die Stichprobe wurde per einfacher Zufallsauswahl ermittelt. Um den Aufwand bei der Stichprobenziehung zu verringern, kam bei der Stichprobenziehung ein zweiphasiges Verfahren zur Anwendung. In der ersten Phase wurden im Rahmen der von forsa täglich durchgeführten Mehrthemenbefragung (forsa.omnitel) an zufällig kontaktierte Personen Screeningfragen gerichtet, die eine Zuordnung der Befragten zur hier relevanten Grundgesamtheit ermöglichten. Personen, die zur gewünschten Grundgesamtheit gehörten, wurden um ihre Teilnahmebereitschaft an einer weiteren Befragung, dem eigentlichen Hauptinterview gebeten. Die Zustimmungsquote seitens der Befragten betrug hierbei 93 Prozent.

Insgesamt kam es zu 914 Stichprobenausfällen (unit-Nonresponse, vgl. Schnell/Hill/Esser 2008: 306), darunter 18 qualitätsneutrale und 896 systematische Ausfälle.[54]

Die Ausschöpfungsquote, die hier[55] das Verhältnis von beendeten Interviews zur Zahl der Personen, die ihre Zustimmung zum Hauptinterview gaben, widerspiegelt, lag im Rahmen der durchgeführten Befragung damit bei etwa 64 Prozent.

Für die vorliegende Untersuchung konnten keine Designgewichte berechnet werden. Letztere sind zur Gewichtung von Datensätzen aus Telefonbefragungen wünschenswert, um die Ziehungswahrscheinlichkeit des Interviewpartners aus allen zur interessierenden Grundgesamtheit zugehörigen Haushaltsmitgliedern auszugleichen (vgl. Rothe/Wiedenbeck 1994: 50).[56] Bei der realisierten Stichprobe muss folglich davon ausgegangen werden, dass sämtliche erreichten Personen die gleiche Wahrscheinlichkeit hatten, in ihrem Haushalt erreicht zu werden. Diesbezügliche Verzerrungen können ex post auch durch eine Verwendung von Redressmentgewichten nicht bereinigt werden.

Die Hoffnung bei einer Redressment- oder Anpassungsgewichtung besteht darin, dass durch die Anpassung der Verteilung ausgewählter Merkmale der Stichprobe an aus der Grundgesamtheit bekannte Verteilungen dieser Merkmale zugleich gute Schätzungen aller anderen

---

54 Die Abgrenzung beider Arten von Ausfällen wird zum Teil sehr unterschiedlich gehandhabt (vgl. Schnell 1997: 19 f.). Den qualitätsneutralen Ausfällen zugerechnet werden hier sämtliche Fälle, in denen ein Interview nicht durchgeführt werden konnte, weil der Telefonanschluss zum Zeitpunkt des Kontaktversuchs nicht (mehr) existierte, weil erreichte Personen nicht (mehr) zur Grundgesamtheit zählten oder weil Personen nicht zur Durchführung der Interviews in der Lage waren. Zu den systematischen Ausfällen werden Fälle gezählt, in denen die Zielpersonen das Interview verweigerten bzw. im Gesprächsverlauf abbrachen, oder im Zeitraum der Erhebung trotz genereller Teilnahmebereitschaft nicht erreichbar waren.

55 Üblicherweise bezieht sich die Ausschöpfungsquote auf das Verhältnis beendeter Interviews zur bereinigten Bruttostichprobe, wobei Letztere die um qualitätsneutrale Ausfälle verminderte Ausgangsstichprobe (Bruttostichprobe) darstellt (vgl. Schnell 1997: 23). Aufgrund der zweiphasigen Stichprobenauswahl lässt sich der Umfang der Bruttostichprobe hier allerdings nicht angeben, da nicht bekannt ist, wie viele Personen/Haushalte im Rahmen des Screenings kontaktiert werden mussten. Bekannt ist lediglich, dass 2.514 Personen in den Mehrthemenbefragungen ihre Zustimmung zur Durchführung des Hauptinterviews gaben, bis 1.600 Interviews geführt werden konnten.

56 Hierfür wären zwei Informationen notwendig gewesen, die forsa jedoch nicht erfasste: zum einen die Anzahl der zur Grundgesamtheit gehörenden Haushaltsmitglieder, also die der 19- bis 64-jährigen Erwerbstätigen, die wöchentlich mindestens zehn Stunden erwerbstätig sind, sowie die Zahl der Festnetznummern, unter denen der Haushalt erreicht werden kann.

Merkmale der Stichprobe erreicht werden und die Stichprobe für die fokussierte Grundgesamtheit folglich ein hohes Maß an „Repräsentativität" aufweist (vgl. Diekmann 2008: 368 f., Schnell/Hill/Esser 2008: 304 f.).[57]

Eine Gegenüberstellung der Verteilung zentraler soziodemografischer Merkmale und der tatsächlichen Verteilung in der hier interessierenden Grundgesamtheit laut Mikrozensus 2009 ergibt folgendes Bild:

- Jüngere Erwerbstätige (19–34 Jahre) sind in der Stichprobe leicht unter-, ältere Erwerbstätige (50–64 Jahre) überrepräsentiert. Personen der mittleren Alterskategorie (35–49 Jahre) sind ebenfalls überrepräsentiert, allerdings nur bei den männlichen Befragten. Der Anteil der weiblichen Befragten dieser Altersklasse entspricht ziemlich genau jener der Grundgesamtheit.
- Die regionale Verteilung (nach Bundesländern) unterscheidet sich nur marginal von der bekannten Verteilung aus der Grundgesamtheit.
- Vollzeitbeschäftigte sind in der Stichprobe (85 % gegenüber 75 % in der Grundgesamtheit) über-, Teilzeitbeschäftigte unterrepräsentiert.
- Der Anteil der in der Stichprobe enthaltenen Selbstständigen entspricht dem der Grundgesamtheit. Beamte und Angestellte sind über-, Arbeiter hingegen unterrepräsentiert.
- Deutlich unterscheiden sich außerdem die Verteilungen am oberen und unteren Ende der allgemeinbildenden und berufsbildenden Abschlüsse. Personen, die das allgemeinbildende Schulsystem ohne oder lediglich mit einem Volks- bzw. Hauptschulabschluss verlassen haben, sind in der Erhebung stark unterrepräsentiert (ca. 12 % im Vergleich zu 30 % in der Grundgesamtheit), während Personen mit allgemeiner und fachgebundener Hochschul- bzw. Fachhochschulreife deutlich überrepräsentiert sind. Der Anteil von Akademikern liegt in der Stichprobe mit 40 Prozent doppelt so hoch wie jener der Grundgesamtheit.

Zieht man den Vergleich der Merkmale und Merkmalsausprägungen zwischen der vorliegenden Erhebung und den bekannten Verteilungen aus der Grundgesamtheit als „grobe Kontrollen" (Schnell/Hill/Esser 2008: 306) für die Erwartungstreue der Stichprobenschätzer und damit der gesamten Stichprobengewinnung heran, so werden also Verzerrungen offensichtlich. Unklar ist, ob deren Ursache mehr in den Stichprobenausfällen oder in der Stichprobenziehung selbst zu sehen ist. Dafür, dass unter Interviewverweigerern – insbesondere bei

57 Zum Wunsch nach möglichst hoher Repräsentativität kann konstatiert werden, dass aufgrund der vielfältigen Merkmale und Merkmalskombinationen der Elemente in der Grundgesamtheit in einer endlichen Stichprobe unmöglich alle tatsächlichen Merkmalsverteilungen der Grundgesamtheit exakt abgebildet sein können und „repräsentative Stichproben" strenggenommen folglich nicht existieren (vgl. Alt/Bien 1994: 127 f., Diekmann 2008: 368, Rothe/Wiedenbeck 1994: 46). Stichproben können lediglich zu mehr oder weniger erwartungstreuen Schätzern für verschiedene Merkmale der Grundgesamtheit führen (vgl. Alt/Bien 1994: 126). Aufgrund der Voraussetzungen der Redressmentgewichtung sowie den vielfältigen und nur selten erfüllten Annahmen, auf denen die Verfahren basieren, wird die Sinnhaftigkeit der Redressmentgewichtung häufig gänzlich infrage gestellt (vgl. Alt/Bien 1994, Lüdtke et al. 2007: 108, Rothe/Wiedenbeck 1994, Schnell/Hill/Esser 2008: 306 f.).

Befragungen zu Bildungsthemen – Personen mit geringem formalen Bildungsniveau überrepräsentiert sind, liegen zumindest deutliche Hinweise vor (vgl. z. B. Reuband/Blasius 2000). Verzerrungen durch die Stichprobenziehung selbst sind im vorliegenden Fall ebenfalls anzunehmen. So liegt die Unterrepräsentierung Jüngerer voraussichtlich darin begründet, dass im verwendeten ADM-Telefon-mastersample ausschließlich Festnetzanschlüsse enthalten waren. Ferner sind Verzerrungen durch das Nachziehen neuer Fälle im Rahmen der rollierenden Mehrthemenbefragung zu vermuten (vgl. Schnell/Hill/Esser 2008: 315).

Bei der Verallgemeinerung der Stichprobenergebnisse auf die Grundgesamtheit ist aus mathematisch-statistischer Sicht also davon auszugehen, dass das Verfahren zur Stichprobengewinnung sowie die fehlende Designgewichtung zu verzerrten Parameterschätzungen führen würden.

Der Schwerpunkt der empirischen Analysen liegt hier allerdings ohnehin auf der Prüfung von Hypothesen auf der Basis ökonometrischer Modelle. Nach Diekmann sind „repräsentative" Stichproben hier entbehrlich, da der Geltungsanspruch von Hypothesen die gesamte Menschheit in Vergangenheit, Gegenwart und Zukunft betrifft, was ohnehin keine Stichprobe einlösen kann (vgl. Diekmann 2008: 369). Repräsentativitätsüberlegungen bleiben hier so lange unerheblich, wie die zu prüfenden Hypothesen keine Aussagen über Zusammenhänge mit soziodemografischen Parametern einer bestimmten Population machen (vgl. Diekmann 2008: 369).

Vor dem Hintergrund der beschriebenen Probleme und den grundsätzlichen Vorbehalten gegenüber einer Redressmentgewichtung basieren sämtliche nachstehende Tests, bivariate Darstellungen und multivariate Modelle auf ungewichteten Daten, obwohl mithilfe eines iterativen Verfahrens („Iterative Proportional Fitting (IPF)") auf der Grundlage einer beim Statistischen Bundesamt in Wiesbaden angeforderten Sonderauswertung des Mikrozensus (Referenzjahr 2009) Redressmentgewichte kalkuliert wurden.[58] Von einer Übertragung von geschätzten Populationsparametern auf die Grundgesamtheit sehe ich im Rahmen der Arbeit weitestgehend ab. Da die Ergebnisse von Signifikanztests in hohem Maße von der verwendeten Fallzahl abhängen (vgl. Janssen/Laatz 2005: 260), wird durch einen Verzicht auf Redressmentgewichte ebenfalls vermieden, dass die verwendeten statistischen Tests allein aufgrund gewichtungsbedingt künstlich erhöhter Fallzahlen als signifikant eingestuft werden.

5.1.4 Umgang mit item-nonresponse

Unter anderem aufgrund partieller Antwortverweigerungen, ungültiger Antworten sowie Interviewerfehlern sind die im Rahmen empirischer Erhebungen erzeugten Datensätze in aller Regel unvollständig. In Abgrenzung zu unit-nonresponse werden fehlende Werte für einzelne Variablen auch als item-nonresponse bezeichnet (vgl. Durrant 2009: 293). Im Hinblick auf

58 Das Verfahren ermöglicht die Anpassung der Verteilungen mehrerer Merkmale stufenweise ohne Kombinierung aller gewünschten Merkmale, was allerdings gegenüber der nachträglichen Schichtung zu einem Genauigkeitsverlust führt.

die Datenanalyse und die Inferenz der Ergebnisse auf die Grundgesamtheit führt item-nonresponse ohne Gegensteuerung im Wesentlichen zu zwei Problemen (vgl. Rubin 1987: 1). Erstens wird die für Analysezwecke brauchbare Stichprobe reduziert, weil gängige Analyseverfahren zumeist vollständige Datenmatrizen voraussetzen (vgl. Lüdtke et al. 2007: 103). Die Daten können mit zunehmendem item-nonresponse folglich weniger effizient genutzt werden. Wenn sich beobachtete und fehlende Werte systematisch unterscheiden, besteht zweitens die Gefahr verzerrter Parameterschätzungen.

In der einschlägigen Literatur werden drei Mechanismen von item-nonresponse unterschieden (vgl. Little/Rubin 2002: 11 f., Lüdtke et al. 2007, Spieß 2005: 202 f.). Der Umfang fehlender Werte blieb in der Erhebung, auf die sich die vorliegende Arbeit stützt, sehr gering. Über alle Fragen hinweg ergibt sich eine durchschnittliche Quote fehlender Werte pro Frage von ca. 0,59 Prozent. Aufgrund dieser geringen Ausfallquote unterstelle ich, dass die Ursache der fehlenden Werte ignoriert werden kann und damit gängige Verfahren zur Datenanalyse ohne Anpassung anwendbar sind. Eine solche Unterstellung ist gemäß Spieß (2005: 245) durchaus gängig. Letztlich lässt sich ohnehin nicht feststellen, ob die fehlenden Werte MCAR (Missing Completely At Random), MAR (Missing At Random) oder NMAR (Not Missing At Random) sind, weil aufgrund der fehlenden Informationen über die unbeobachteten Werte NMAR letztlich nie vollständig auszuschließen ist (vgl. Lüdtke et al. 2007: 105).

Als problematisch erwies sich in der Befragung lediglich die Erfassung des monatlich zur Verfügung stehenden Haushaltseinkommens mit insgesamt 196 fehlenden Werten (entspricht 12,25 % aller Antworten). Fehlende Angaben hierzu habe ich auf Basis einer ordinal-logistischen Regression imputiert. Bei imputationsbasierten Verfahren werden fehlende Werte durch möglichst sinnvolle Alternativwerte ersetzt (vgl. Lüdtke et al. 2007: 108 f.), was sie gegenüber einfachen Ausschlussverfahren effizienter macht. Bei der Imputation mittels Regressionsverfahren werden die fehlenden Werte auf Basis einer Regression gegen mehrere Variablen mit beobachteten Werten geschätzt. Im Vergleich zur Mittelwertimputation können folglich mehr Informationen zum Ersetzen der fehlenden Werte genutzt werden. Darüber hinaus ist die Mittelwertimputation bei MAR, teilweise bereits bei MCAR ungeeignet (vgl. Lüdtke et al. 2007: 108, Spieß 2005: 252). In die Schätzung des monatlichen Haushaltseinkommens flossen Informationen über das Geschlecht, das Alter, den höchsten beruflichen Abschluss des bzw. der Befragten, das Bundesland, in dem der bzw. die Befragte zum Zeitpunkt des Interviews wohnhaft war sowie über die Anzahl der im jeweiligen Haushalt lebenden Kinder.

Von einer multiplen Imputation oder modellbasierten Imputationsverfahren, die in der einschlägigen Literatur gegenüber der single imputation (zu der auch regressionsbasierte Verfahren gerechnet werden) bevorzugt wird (vgl. Graham/Cumsille/Elek-Fisk 2003, Lüdtke et al. 2007, Rubin 1987, Sinharay/Stern/Russell 2001), habe ich aus zwei Gründen abgesehen. Erstens war zum Zeitpunkt der Analysen eine Schätzung der für die multivariaten

Analysen verwendeten partial proportional odds-Modelle (s. u.) mit mehreren parallelen Datensätzen (die im Rahmen der multiplen Imputationsverfahren erzeugt werden) in der für die Regressionsanalysen genutzten Software (Stata) nicht möglich. Das präzisere Imputationsverfahren wurde also zugunsten eines präziseren und für die Fragestellung besonders geeigneten Regressionsverfahrens verworfen. Aus dem gleichen Grund wurde auch auf modellbasierte Imputationsverfahren verzichtet. Letztere sind nicht nur komplex, sondern setzen auch eigenständige Software-Lösungen und Analyseverfahren zum Testen von Forschungshypothesen voraus (vgl. Lüdtke et al. 2007: 111). Zweitens ist es in Stata nicht möglich, mehrfach imputierte Werte nachträglich weiterzuverarbeiten, was jedoch für die Transformation des Haushaltseinkommens in ein Nettoäquivalenzeinkommen (s. u.) erwünscht war.

Die Konstruktvariable des subjektiv erwarteten Weiterbildungsnutzens (s. u.) ließ sich aufgrund der vielen Determinanten, aus denen er sich zusammensetzt, trotz der geringen Antwortausfälle innerhalb der einzelnen Determinanten nur für 1.423 der 1.600 Interviewteilnehmenden berechnen (dies entspricht einem Ausschluss von ca. 11 %). Von einer Imputation fehlender Werte der einzelnen Nutzendeterminanten bzw. des resultierenden Gesamtnutzens habe ich aufgrund inhaltlicher und methodischer Vorbehalte jedoch abgesehen.

Da lediglich Einkommenswerte imputiert wurden, gehen in die Analysen also weitestgehend Befragungsfälle ein, die für die in den jeweiligen Analysen einbezogenen Variablen beobachtete Werte besitzen (available case analysis, vgl. Little/Rubin 2002: 41 f.). Weil sie für unverzerrte Parameterschätzungen idealerweise[59] MCAR voraussetzen und vor allem in multivariaten Analysen schnell zu einer ineffizienten Ausschöpfung des Datenpotenzials führen können (vgl. z. B. Sinharay/Stern/Russell 2001: 317 f.), werden Ausschlussverfahren häufig als schlechteste Wahl im Umgang mit item-nonresponse diskutiert. Andererseits liegen Simulationsstudien vor, die zeigen, dass der fall- bzw. paarweise Ausschluss im Vergleich zu „anerkannteren" Verfahren mitunter zu präziseren Parameterschätzungen führt (vgl. Roth/Switzer 1995, Switzer/Roth/Switzer 1998). Graham/Cumsille/Elek-Fisk (2003: 90) bezeichnen die Verwendung von Ausschlussverfahren zudem sowohl hinsichtlich des Anspruchs unverzerrter Parameterschätzungen als auch deren Effizienz als unbedenklich, solange in Analysen nicht mehr als fünf Prozent der Erhebungsfälle ausgeschlossen werden. Die Ausschlussquote liegt in den nachfolgenden Analysen, ausgenommen jenen, in die der Gesamtindikator des subjektiv erwarteten Nutzens eingeht, unter diesem Richtwert. Daher und wegen den inhaltlichen sowie methodischen Problemen, die mit einer Imputation der Nutzenwerte einhergegangen wären, erscheint die Anwendung des Ausschlussverfahrens hier gerechtfertigt.

---

59 Sind die fehlenden Werte der abhängigen Variablen MAR, so können Parameter auf der Grundlage multipler Regressionsverfahren – dem in dieser Arbeit bevorzugten Analyseverfahren – unverzerrt geschätzt werden, wenn sämtliche Variablen im Modell kontrolliert werden, welche mit den fehlenden Werten der abhängigen Variablen korrelieren (vgl. Graham/Cumsille/Elek-Fisk 2003: 90).

5.1.5 Zur Weiterbildungsbeteiligung nach der vorliegenden Untersuchung

Hinsichtlich des Formalisierungsgrades und der Lernformen orientiert sich die Abgrenzung des Weiterbildungsbegriffs in der vorliegenden Arbeit zunächst an der Weiterbildungsdefinition des deutschen Bildungsrates. Erfasst wurden ausschließlich selbstberichtete Teilnahmen an Kursen und Lehrgängen, d. h. an formalisierter Weiterbildung. Darüber hinaus wurde bei den Fragen zum Weiterbildungsverhalten in der Vergangenheit zwar explizit nach Teilnahmen an beruflicher Weiterbildung gefragt. Da eine entsprechende Definition im Interview jedoch nicht gegeben wurde, blieb die Einschätzung nach der beruflichen Relevanz besuchter Kurse und Lehrgänge den Befragten überlassen.[60] Der gesamte Referenzzeitraum, für den hier Beteiligungsquoten nachgezeichnet werden können, umfasst das Befragungsjahr sowie die fünf vorausgegangenen Jahre und damit den Zeitraum von 2005 bis zum Befragungszeitpunkt in 2010. Für die drei letzten Weiterbildungsteilnahmen, sofern sie in diesem Zeitraum lagen und zumindest partiell selbst finanziert wurden, wurde das konkrete Jahr der Teilnahme erfasst. So ließ sich die Weiterbildungsbeteiligung auch für ein- bis dreijährige Referenzzeiträume nachzeichnen, wie es in anderen Untersuchungen (z. B. SOEP, AES, EU-Labour Force Survey) gängig ist.

Die Auseinandersetzung mit dem vergangenen Weiterbildungsverhalten der Befragten erfolgt hier nicht mit dem Ziel eines Vergleichs exakter Teilnahmequoten oder einer Aktualisierung früherer Daten zu Partizipationsmustern in der beruflichen Weiterbildung, sondern dient – in Vorbereitung der Beantwortung der Forschungsfragen über eine entsprechende Hypothesenprüfung – der Analyse, ob sich die in der einschlägigen Literatur regelmäßig wiederkehrenden Partizipationsmuster tendenziell auch in der vorliegenden Stichprobe zeigen.

Diese Frage stellt sich unweigerlich, und zwar vor dem Hintergrund sowohl der Analyse von Anreizstrukturen in der Weiterbildung und der Entscheidungsrationalität von Erwerbstätigen als auch nicht zuletzt bedingt durch die mangelnde „Repräsentativität" des hier bearbeiteten Datensatzes (s. o.).

Beispielhaft für die Analyse der Weiterbildungsbeteiligung in der vorliegenden Stichprobe sind nachstehend die Teilnahmequoten für verschiedene Grade an beruflicher Handlungsautonomie ausgewiesen (Tab. 2).[61]

---

60 Ähnlich erfolgt die Abgrenzung von beruflicher und nichtberuflicher Weiterbildung in anderen Untersuchungen, wie dem SOEP oder dem BSW/AES (vgl. z. B. Rosenbladt/Bilger 2008: 36).

61 Bei der Darstellung von Zusammenhangsmaßen (Korrelations- und Regressionskoeffizienten) und Signifikanzwerten im Text sowie generell in Abbildungen und Tabellen verwende ich die amerikanische Schreibweise von Tausender- (,) und Dezimaltrennzeichen (.)

Tabelle 2: **Berufliche Stellung und Teilnahme an beruflicher Weiterbildung. Betrachtung nach individueller Handlungsautonomie. Teilnahmequoten in Prozent, Fallzahlen in Klammern.**

	Individuelle berufliche Weiterbildung		Berufliche Weiterbildung
Kategorie	2010	2005–2010	2005–2010
Einfache Tätigkeiten (30)	0	3.33	30
Fachkräfte (202)	2.97	15.84	55.94
Sachbearbeiter/untere Führungsebene (587)	10.73	30.49	76.66
Führungskräfte (775)[a]	13.68	48.62	86.3
Korrelation nach Spearman	0.107	0.135	0.25
p	0.001	0.001	0.001

Anmerkung: a 774 Fälle bei der Betrachtung von beruflicher Weiterbildung unabhängig von der Finanzierung.

Quelle: Eigene Berechnungen auf Basis der BIBB-DICT-Erhebung.

Die Teilnahmequoten der Spalte *Berufliche Weiterbildung* beziehen sich auf sämtliche Teilnahmen im Zeitraum 2005–2010, unabhängig davon, ob die Erwerbstätigen einen eigenen finanziellen Beitrag zur Teilnahme leisteten. *Individuelle berufliche Weiterbildung* bezieht sich dagegen ausschließlich auf Teilnahmen mit partieller Kostenübernahme durch die Befragten.[62]

Für die Zuweisung der Befragten zu den vier Kategorien der beruflichen Handlungsautonomie wurden Informationen über die berufliche Stellung sowie die Betriebsgröße genutzt[63]:

- Un- und angelernte Arbeiter sowie Angestellte mit einfachen Tätigkeiten ohne Abschluss einer beruflichen Erstausbildung bilden die Kategorie „Einfache Tätigkeiten".
- Facharbeiter/-innen, Angestellte mit einfachen Tätigkeiten und abgeschlossener beruflicher Ausbildung sowie Beamte im einfachen Dienst und mithelfende Familienangehörige wurden der Kategorie „Fachkräfte" zugewiesen.
- Die Kategorie „Sachbearbeiter/-innen bzw. untere Führungsebene" setzt sich zusammen aus Angestellten mit qualifizierter Tätigkeit, Beamten im mittleren Dienst, Meistern, Polieren, Vorarbeitern, Brigadieren, Kolonnenführern und Selbstständigen bzw. Freiberuflern, die ihren Betrieb ohne weiteres Personal leiten.
- Zur Kategorie „Führungskräfte" wurden Angestellte mit eigenständiger Leistung oder umfassenden Führungsaufgaben, Beamte im gehobenen oder höheren Dienst sowie Selbst-

62 Im Gegensatz zur vorliegenden Arbeit werden unter individueller beruflicher Weiterbildung im AES (vgl. z. B. Bilger/Rosenbladt 2011) sowie im SOEP (vgl. z. B. Behringer 1999) solche Teilnahmen verstanden, die überwiegend selbst finanziert werden.

63 Die Einteilung erfolgte in Anlehnung an die Vorgehensweise bei Behringer (1999: 138 f.) und Hoffmeyer-Zlotnik (2003).

ständige und Freiberufler zusammengefasst, die mindestens eine weitere, sozialversicherungspflichtige Person beschäftigen.

Tab. 2 zeigt einen deutlichen positiven Zusammenhang zwischen beruflicher Handlungsautonomie und Weiterbildungsbeteiligung. Der Spearman'sche Rangkorrelationskoeffizient[64] ist für alle drei Abgrenzungen der Weiterbildungsbeteiligung hochsignifikant. Die Befunde decken sich mit denen, die Behringer (1999: 141) auf Basis des SOEP vorfindet. Auch ohne Aggregation zur beruflichen Handlungsautonomie zeigen sich die üblichen Befunde zum Zusammenhang zwischen Weiterbildungsbeteiligung und beruflicher Stellung: Die Teilnahmequote von Selbstständigen und Freiberuflern ist am höchsten ausgeprägt. Die Beteiligung der Beamten liegt über jener der Angestellten, die wiederum mehr Weiterbildungsteilnahmen vorweisen als Arbeiter. Innerhalb dieser Gruppen steigt die Beteiligung linear mit dem Dienstgrad bzw. dem Beschäftigungsstatus. Die Teilnahmequoten verlaufen bei den Beamten (einfacher, mittlerer, gehobener und höherer Dienst), den Angestellten (ausführende Tätigkeit, qualifizierte Tätigkeit, eigenständige Leistungen, umfassende Führungsaufgaben) und den Arbeitern (un-/angelernt, Facharbeiter/-in, Vorarbeiter/-in bzw. Kolonnenführer/-in, Meister/-in bzw. Polier/-in oder Brigadier/-in) nahezu linear.

Die Teilnahmequoten steigen ferner mit dem höchsten allgemeinen und beruflichen Abschluss (für die individuelle berufliche Weiterbildung 2005–2010 jeweils r: .211, p: .001).

Analog neueren Befunden zur geschlechtsspezifischen Weiterbildungsbeteiligung (vgl. etwa Bilger 2013: 34) zeigen sich auch in der vorliegenden Stichprobe keine nennenswerten Unterschiede zwischen Frauen und Männern (individuelle Weiterbildungsbeteiligung 2010: Cramer's V = .046, p = .065).[65]

Hinsichtlich des Alters indes sind die Unterschiede in den Beteiligungsquoten deutlicher. Wie in anderen Studien (z. B. Bilger 2013: 35, Leber/Möller 2007: 12 f.) zeigt sich ein umgekehrt u-förmiger Zusammenhang zwischen Alter und Beteiligung. Je nach Abgrenzung des Betrachtungszeitraums fallen die Unterschiede zwischen jüngeren Erwerbstätigen (19–34-Jährige) und Erwerbstätigen mittleren Alters (35- bis 49-Jährige) unterschiedlich stark aus. Die älteren Erwerbstätigen (50- bis 64-Jährige) verfügen indes jeweils über die geringste Beteiligung.

Im Vergleich zwischen neuen und alten Bundesländern zeigen sich innerhalb der Stichprobe keine signifikanten Unterschiede. Auch dieser Befund ist in Übereinstimmung mit der Weiterbildungsstatistik. Diese weist für die neuen Länder zwar noch immer höhere Teilnahmequoten aus, allerdings nur für den Bereich der betrieblichen Weiterbildung. In der individuellen Weiterbildung sind die Differenzen marginal (vgl. Bilger 2013: 22).

64 Für den Rangkorrelationskoeffizienten nach Spearman verwende ich nachfolgend die Abkürzung r.

65 In der betrieblichen Weiterbildung sind Frauen weiterhin benachteiligt. Da betriebliche Weiterbildung in der vorliegenden Arbeit nicht getrennt erfasst wurde, zeigte sich ein solcher Befund nicht.

Mit steigendem Einkommen der Befragten nimmt auch die Beteiligung an beruflicher Weiterbildung zu.[66] Dieser Befund stellt sich sowohl bei der individuellen beruflichen als auch bei der finanzierungsunabhängigen beruflichen Weiterbildung ein und ist sowohl hinsichtlich des monatlichen Haushaltseinkommens, des Pro-Kopf-Einkommens und des Nettoäquivalenzeinkommens[67] signifikant.

Ferner ist die Weiterbildungsbeteiligung in den sekundären Dienstleistungsberufen am stärksten ausgeprägt, gefolgt von den Dienstleistungsberufen und schließlich den Produktionsberufen.[68] Und schließlich nahmen Beschäftigte wissensintensiver Branchen[69] in den Jahren vor der Befragung deutlich häufiger teil als Beschäftigte der Branchen, die nicht zu den wissensintensiven Branchen gerechnet werden. Beide Befunde decken sich in etwa mit den Informationen aus dem SOEP (vgl. Behringer 1999: 130 f.).

Die Analyse des Weiterbildungsverhaltens in der Stichprobe spiegelt also im Wesentlichen die Befunde der einschlägigen Erhebungen zur individuellen Weiterbildungsbeteiligung wider. Damit sind zum einen Hinweise dafür gegeben, dass die auf Basis der vorliegenden Erhebung gewonnenen Erkenntnisse auch über die Stichprobe hinaus von Interesse sind.

---

66 Forsa erfasst das Einkommen in 500 Euro-Intervallen von „unter 500 Euro" bis „4.500 Euro und mehr". Daher liegt für jede Person im Datensatz nicht das exakte Nettohaushaltseinkommen, sondern das dem Einkommen entsprechende Intervall vor. Hierdurch ergibt sich, dass sowohl für die Berechnung des Pro-Kopf-Einkommens als auch für die Berechnung des Nettoäquivalenzeinkommens keine konkreten Einkommenswerte herangezogen werden können. Hier wurde jeweils mit der untersten Grenze des abgefragten Intervalls gerechnet, sodass es sich bei den Angaben des Pro-Kopf- und Nettoäquivalenzeinkommens um Untergrenzen und damit um Mindestangaben gemäß des jeweiligen Intervalls handelt.

67 Das Nettoäquivalenzeinkommen berücksichtigt Veränderungen des Wohlstandsniveaus und Einspareffekte beim Hinzukommen weiterer Personen zu einem Haushalt sowie altersspezifische Versorgungsbedarfe. Hinsichtlich seiner Berechnung finden sich in der Literatur verschiedene Vorgehensweisen (vgl. z. B. Dennis/Guio 2004). Immer jedoch wird zunächst das gesamte Haushaltseinkommen addiert und anschließend über eine Äquivalenzskala gewichtet, wobei sich die Gewichtung nach der Anzahl und dem Alter aller im Haushalt lebenden Personen richtet. Da in der hier genutzten Befragung nicht die Zahl der im Haushalt lebenden Kinder unter 14 Jahren, sondern lediglich der Haushaltsmitglieder unter 18 Jahren erfasst wurde, wurde zur Bildung des Nettoäquivalenzeinkommens die von der OECD genutzte Skala geringfügig angepasst: Befragte am Telefon erhielten den Faktor 1, jede weitere volljährige Person im Haushalt den Faktor 0,5 und alle minderjährigen Kinder den Faktor 0,34. Dieser Faktor ergibt sich aus der Annahme, dass die Wahrscheinlichkeiten eines minderjährigen Haushaltsmitglieds in eine Altersstufe von 0–17 zu fallen, gleich verteilt sind. Hiernach wären 2/9 der Kinder zwischen 14 und 17 Jahren und 7/9 der Kinder bis 14 Jahre alt. Den modifizierten Faktor von 0,34 erhält man durch die Multiplikation dieser Quotienten mit ihrem jeweiligen Gewicht aus der Nettoäquivalenzeinkommensberechnung nach der OECD-Skala und ihrer anschließenden Addition: (2/9*0,3)+(7/9*0,5).

68 Der aktuell ausgeübte Beruf der Befragten wurde auf Basis der Klassifizierung der Berufe in der zum Zeitpunkt der Vercodung gültigen Ausgabe von 1992 (KldB 1992, vgl. Statistisches Bundesamt 1992) auf der Dreisteller-Ebene (Berufsordnungen) vercodet. Um die Teilnahmequoten nach Berufen übersichtlich abbilden zu können, wurden die Berufe analog der Berufsfelddefinition des BIBB (vgl. z. B. Helmrich/Zika 2010, Tiemann et al. 2008) nach ihrer Artverwandtschaft zu 54 Berufsfeldern, zwölf Berufshauptfeldern und den genannten drei Berufsoberfeldern zusammengefasst.

69 Für die Vercodung der Branche wurde die Klassifikation der Wirtschaftszweige in der Fassung von 2008 (WZ 2008, vgl. Statistisches Bundesamt 2008) herangezogen. Die Einteilung in wissensintensive und nicht-wissensintensive Berufe erfolgte in Anlehnung an Frietsch et al. (2010).

Zum anderen liefern die Ergebnisse einen Analyserahmen, der es ermöglicht, die Beleuchtung des Nutzenkonzeptes im nachfolgenden Teilkapitel hypothesengeleitet durchzuführen.

5.2 Individuelle Wahrnehmungen: Zusammenhänge zwischen Personenmerkmalen und Nutzenkomponenten

Um die „Black Box" der Weiterbildungsmotivation empirisch zugänglich zu machen, richte ich im Folgenden den Blick auf das im theoretischen Teil schrittweise entwickelte Anreizmodell. Ich untersuche zunächst,

- welche Relevanz Erwerbstätige den neun potenziellen tätigkeits- und zweckspezifischen Folgen einer Teilnahme an beruflicher Weiterbildung zuschreiben,
- als wie eng Erwerbstätige den Zusammenhang von (erfolgreicher) Weiterbildungsteilnahme einerseits und einem Eintritt der tätigkeits- und zweckspezifischen Folgen andererseits wahrnehmen und
- wie sicher sich der erfolgreiche Abschluss einer Weiterbildungsteilnahme aus der subjektiven Perspektive Erwerbstätiger überhaupt darstellt.

Analysiert werden folglich Zusammenhänge zwischen personenbezogenen Merkmalen und den einzelnen Komponenten des subjektiv erwarteten Weiterbildungsnutzens, um differenzierte Aussagen über die Wahrnehmung der Modellkomponenten für die Gesamtgruppe der Erwerbstätigen sowie für spezifische Subgruppen innerhalb der Erwerbstätigen treffen zu können. Die Relevanzwerte der potenziellen Weiterbildungsfolgen, die Instrumentalitäten und Erwartungswerte bildeten in den diesem Teilkapitel zugrunde liegenden Analysen damit die abhängigen Variablen, während personenbezogene Merkmale die erklärenden Variablen darstellten. Die Untersuchung des Zusammenhangs zwischen den personenbezogenen Merkmalen und den Modellkomponenten wird von drei Hypothesen geleitet:

Hypothese 1: Positiver Zusammenhang zwischen Weiterbildungsbeteiligung und Relevanz der Weiterbildungsfolgen; für Personengruppen mit hoher Weiterbildungsbeteiligung besitzen die potenziellen Folgen von beruflicher Weiterbildung eine höhere Relevanz als für Gruppen mit geringer durchschnittlicher Weiterbildungspartizipation.

Hypothese 2: Positiver Zusammenhang zwischen Weiterbildungsbeteiligung und erwarteter Wahrscheinlichkeit des Eintritts positiver Folgen nach (erfolgreicher) Weiterbildungsteilnahme; Weiterbildungsaktive besitzen im Vergleich zu Personengruppen mit niedriger durchschnittlicher Beteiligung stärkere Überzeugungen hinsichtlich der Instrumentalität von Weiterbildungspartizipation für den Eintritt der potenziellen tätigkeits- und zweckspezifischen Weiterbildungsfolgen.

Hypothese 3: Positiver Zusammenhang zwischen Weiterbildungsbeteiligung und Erwartung von Weiterbildungserfolg; innerhalb der Gruppen mit hoher durchschnittlicher Weiterbildungspartizipation liegen höhere Erwartungen vor, dass eine Weiterbildungsmaßnahme erfolgreich abgeschlossen, d. h. ihr Inhalt nach einer Teilnahme prinzipiell im eigenen Arbeitskontext angewendet werden kann als in Gruppen, die zu höheren Anteilen weiterbildungsabstinent sind.

Im Vordergrund der Analysen standen die personenbezogenen Merkmale Geschlecht, Alter, Einkommen, höchster erreichter allgemeinbildender sowie berufsbildender Abschluss, berufliche Stellung, berufliche Handlungsautonomie, Weiterbildungsteilnahme in den Jahren 2005–2010, Wissensintensität der Branche sowie Berufsoberfeld. Zwischen den Merkmalen und den einzelnen Modellparametern (Valenzen, Instrumentalitäten, Erwartungswerte) wurden gemäß den Hypothesen 1–3 folgende Zusammenhänge vermutet:

- Keine signifikanten Unterschiede in der Bewertung der Modellparameter zwischen Männern und Frauen;
- Negativer bzw. umgekehrt u-förmiger Zusammenhang zwischen den Ausprägungen der Modellparameter und dem Alter der Erwerbstätigen;
- Positiver Zusammenhang jeweils zwischen den Ausprägungen der Modellparameter und dem höchsten erreichten allgemeinbildenden/berufsbildenden Abschluss, der beruflichen Handlungsautonomie sowie dem monatlich zur Verfügung stehenden Einkommen;
- Berufliche Stellung: Höchste Bewertung der Modellparameter durch Selbstständige/Freiberufler, gefolgt von Beamten, Angestellten und Arbeitern;
- Berufsoberfeld: Höchste Bewertung der Modellparameter durch Personen in sekundären Dienstleistungsberufen, gefolgt von primären Dienstleistungsberufen und produktionsbezogenen Berufen;
- Branche: Höhere Bewertung der Modellparameter durch Personen in wissensintensiven Branchen;
- Weiterbildungsverhalten: Höhere Bewertung der Modellparameter durch Personen, die in den Jahren 2005–2010 mindestens einmal an individueller beruflicher Weiterbildung teilgenommen haben.

Die Untersuchung der Zusammenhänge zwischen den als erklärend angesehenen Variablen und den Komponenten des subjektiv erwarteten Nutzens einer Teilnahme an beruflicher Weiterbildung erfolgte jeweils zuerst bivariat. Analog zur bivariaten Analyse in Kapitel 5.1.5 wurden Zusammenhangsmaße (Cramer's V, Rangkorrelationskoeffizienten nach Spearman) berechnet sowie Unabhängigkeitstests (t-Tests, Chi^2-Tests) durchgeführt. Ergänzend habe ich den Zusammenhang zwischen den erklärenden Variablen und den abhängigen Variablen auf Basis von Regressionsmodellen multivariat untersucht. Um den Einfluss der Aufnahme einzelner Variablen auf die Bewertung der Modellparameter zu untersuchen, berechne ich jeweils vier Regressionsmodelle, in denen über die oben dargestellten Merkmale hinaus noch weitere Variablen kontrolliert werden (s. u.). Da sämtliche Komponenten des subjektiv erwarteten Nutzens einer Teilnahme an beruflicher Weiterbildung ordinal skaliert gemessen wurden, waren logistische Regressionsschätzungen für ordinal abhängige Variablen zu verwenden.

In Kapitel 5.2.1 skizziere ich zunächst die in den nachfolgenden Analysen genutzten Regressionsverfahren. Kapitel 5.2.2 fasst die Ergebnisse zur Prüfung der ersten drei Hypothesen zusammen. Die einbezogenen unabhängigen Variablen und ihre Merkmalsausprägungen können Tab. 3 entnommen werden.

5.2.1 Methodische Vorbemerkung: Logistische Regressionsschätzungen

Bei abhängigen kategorialen Variablen sind die auf Basis von Regressionsmodellen gewonnenen Schätzwerte der abhängigen Variable als eine Schätzung der Wahrscheinlichkeit zu interpretieren, dass ein in der abhängigen Variable beschriebenes Ereignis eintritt bzw. nicht eintritt. Die Verwendung einer linearen Regression zur Analyse von Zusammenhängen zwischen unabhängigen und kategorial abhängigen Variablen stellt sich dabei aus mehreren Gründen problematisch dar und ist daher aus mathematisch-statistischer Perspektive streng genommen unzulässig (vgl. z. B. Kohler/Kreuter 2008: 258 f.).

Zur Analyse der Effekte einer oder mehrerer unabhängiger Variablen auf eine dichotome oder ordinalskalierte abhängige Variable ist daher auf logistische Regressionsmodelle zurückzugreifen (vgl. z. B. Backhaus et al. 2006: 425 f.). Hier wird eine Transformation des Mittelwerts der abhängigen Variablen vorgenommen: geschätzt wird nicht (wie bei der linearen Regression) direkt das durchschnittliche Ausmaß der abhängigen Variable für die jeweilige Kombination der unabhängigen Variablen, sondern sogenannte log odds bzw. logits.

Hierbei handelt es sich um die logarithmierten Chancen, dass die abhängige Variable eine oder eine von mehreren Ausprägungen annimmt (vgl. Andreß/Hagenaars/Kühnel 1997: 197 f., Hosmer/Lemeshow 2000: 288 f.).

Während das zu untersuchende Ereignis bei binären abhängigen Variablen eindeutig definiert ist, lassen sich für ordinalskalierte abhängige Variablen verschiedene logistische Regressionsmodelle formulieren, die sich bezüglich ihrer Berücksichtigung der in der ordinalskalierten Variable enthaltenen Ranginformationen unterscheiden (vgl. Andreß/Hagenaars/Kühnel 1997: 197 f., 315 f., Hosmer/Lemeshow 2000: 288 f.). Die Regressionsanalysen in der vorliegenden Arbeit stützen sich auf cumulative odds-Modelle. Hierbei wird das Verhältnis der Wahrscheinlichkeit, dass die abhängige Variable mit einer Anzahl von M Ausprägungen einen höheren Wert als m annimmt zur Wahrscheinlichkeit, dass sie m oder einen geringeren Wert als m annimmt, abgebildet (d. h. ranghöhere Ausprägungen werden rangniedrigeren gegenübergestellt). Bei insgesamt M möglichen Ausprägungen sind so M-1 binäre Regressionsschätzungen möglich (vgl. Andreß/Hagenaars/Kühnel 1997: 317, Long/Freese 2006: 197 f.). Als proportional odds-Modell formuliert, basiert das cumulative odds-Modell auf der kritischen Annahme, dass die Regressionskoeffizienten (mit Ausnahme der Regressionskonstanten) für sämtliche binären Regressionen identisch sind, wodurch für jede unabhängige Variable nur ein Regressionskoeffizient berechnet werden muss. Diese Annahme wird in der Literatur als „parallel lines“-, „proportional odds“- oder „parallel regressions“-Annahme diskutiert.

Tabelle 3: Operationalisierung der Variablen zur Prüfung von Hypothese 1–3

	Operationalisierung	
Variable	Bivariat	Multivariat
Geschlecht	Männlich; Weiblich	
Alter	19- bis 34-Jährige; 35- bis 49-Jährige; 50- bis 64-Jährige	Alter in Lebensjahren
Einkommen	Monatliches Haushaltseinkommen: Bis 1,499€; 1,500 bis 2,999€; 3,000–4,499€; 4,500€ und mehr	Nettoäquivalenzeinkommen in Tsd. €, imputiert
Höchster allgemeinbildender Abschluss	Volks-/Hauptschulabschluss (inkl. „ohne Abschluss“); mittlere Reife (inkl. Polytechnische Oberschule); Fachhochschulreife; Allgemeine Hochschulreife; Studium (inkl. Promotion/Habilitation)	
Höchster berufsbildender Abschluss	Kein Abschluss; Berufsausbildung (dual/vollschulisch); Techniker/Meister (inkl. Fachwirte, Betriebswirte o. Ä.); Studium (inkl. Promotion/Habilitation)	
Berufliche Stellung	Selbstständige (inkl. Freiberufler); Beamte; Angestellte; Arbeiter	
Berufliche Handlungsautonomie	Einfache Tätigkeiten; Fachkräfte; Sachbearbeiter/untere Führungsebene; Führungskräfte	
Weiterbildungsteilnahme 2005–2010	Teilnehmende; Nichtteilnehmende an individueller beruflicher Weiterbildung in den Jahren 2005–2010	
Branche	Wissensintensiv; Nicht-wissensintensiv	
Berufsoberfeld	Produktionsbezogene Berufe; primäre Dienstleistungsberufe; sekundäre Dienstleistungsberufe	
Familienstand	–	Alleinlebend; Alleinerziehend, Zusammenlebend; Zusammenerziehend
Informiertheit über den Weiterbildungsmarkt	–	Schlecht; nicht so gut; gut; sehr gut
Arbeitszeitflexibilität	–	Flexibel; nicht flexibel
Betriebsgröße		Anzahl Mitarbeitende: 10–49; 50–249; 250 und mehr
Gebietsgröße	–	Anzahl Einwohnende: Unter 1,000; 1,000–9,999; 10,000–49,999; 50,000–249,999; 250,000 und mehr
Weiterbildungsszenario	–	Szenario 1 (Aufstiegsfortbildung); Szenario 2 (EDV-Fortbildung); Szenario 3 (Softskills-Fortbildung); Szenario 4 (Fachliche Fortbildung)

Die Beziehung zwischen den erklärenden Variablen und der logarithmierten Chance für den Wert der abhängigen Variable kann für das proportional odds-Modell formal durch folgende Regressionsgleichung beschrieben werden (vgl. z. B. Andreß/Hagenaars/Kühnel 1997: 317, Williams 2006: 2 f.)[70]:

$$\ln \frac{P(y > m|x)}{P(y \leq m|x)} = \beta_0 + \beta_1 X_1 + \ldots + \beta_k X_k, m = 1,2 \ldots, M - 1 \quad (5)$$

Wobei:
P: Wahrscheinlichkeit, dass die abhängige Variable einen höheren Wert als m annimmt.
β_0: Regressionskonstante
$\beta_1 \ldots \beta_k$: Regressionskoeffizienten
$X_1 \ldots X_k$: Unabhängige (erklärende) Variablen.

Konkret auf die Prüfung der Hypothesen 1–3 bezogen habe ich folgendes einfaches Grundmodell geschätzt:

$$\ln \frac{P(PM > m|x)}{P(PM \leq m|x)} = \beta_0 + \beta_{Pers} Pers + \varepsilon, m = 1,2 \ldots, M - 1 \quad (6)$$

Hierbei repräsentiert PM den jeweiligen Parameter des Nutzenkonzeptes, also z. B. die subjektive Relevanz von Einkommenssteigerungen. Der Term auf der linken Seite der Gleichung stellt also die logarithmierte Chance für einen Wert des jeweiligen Parameters größer m dar, also z. B. der Chance, dass eine Erhöhung des Einkommens eine höhere Relevanz als die Ausprägung „wichtig“ besitzt. Die Chance ist das Verhältnis zwischen der Wahrscheinlichkeit, dass der Wert größer als m ist, und der Wahrscheinlichkeit, dass er kleiner oder gleich m ist. Die rechte Seite der Gleichung enthält einen Vektor mit den oben aufgezählten personen- und berufsbezogenen Merkmalen (PERS).

Die Regressionskoeffizienten werden im logistischen Regressionsansatz auf Basis des Maximum-Likelihood-Prinzip so geschätzt, dass die in der Stichprobe beobachtete Verteilung der Untersuchungseinheiten auf die Ausprägungen der abhängigen Variable im Vergleich mit allen anderen möglichen Stichprobenwerten maximal wahrscheinlich wird (vgl. z. B. Backhaus et al. 2006: 436 f.).

Die nachstehenden Ergebnistabellen weisen die Regressionskoeffizienten in Form von odds ratios anstelle von log odds aus. Die Verwendung von odds ratios hat keinen Effekt auf die Modellschätzung, sondern vereinfacht lediglich die Interpretation der Ergebnisse (vgl.

70 In der Literatur wird das proportional odds-Modell häufig mit vertauschtem Zähler und Nenner auf der linken Seite sowie negativ gewichteten Regressionskoeffizienten auf der rechten Seite der Gleichung dargestellt (vgl. z. B. Hosmer/Lemeshow 2000: 291, Long/Freese 2006: 187). Auf eine Darstellung des binären logistischen Regressionsmodells kann hier verzichtet werden, da es sich um einen Sonderfall der dargestellten Gleichung mit zwei Ausgängen handelt (vgl. z. B. Andreß/Hagenaars/Kühnel 1997: 272).

Long/Freese 2006: 177 f.). Bei der Reparametrisierung als odds ratios wird für beide Seiten der logistischen Regressionsgleichung die Exponentialfunktion gebildet. Die delogarithmierten Regressionskoeffizienten lassen sich dann als multiplikative Faktoren interpretieren, um die sich, bei einer Veränderung der unabhängigen Variable um eine Einheit, die Chancen verändern, eine höhere oder niedrigere Kategorie der abhängigen Variablen anzugeben (vgl. Long/Freese 2006: 178). Odds ratios über 1.0 zeigen folglich an, dass eine Erhöhung der unabhängigen Variable um eine Einheit die Chancen eine höhere im Vergleich zu einer geringeren Kategorie der abhängigen Variable anzugeben, auf das $\exp(\beta_k)$-Fache erhöht. Auf der anderen Seite implizieren odds ratios unter 1.0, dass eine Erhöhung der unabhängigen Variable um eine Einheit die Chancen eine niedrigere Kategorie der abhängigen Variable zu äußern, auf das $\exp(\beta_k)$-Fache verringert bzw. auf das $1/\exp(\beta_k)$-Fache erhöht.

Nominalskalierte unabhängige Variablen mit mehr als zwei Ausprägungen wurden für die Analysen in 0/1-codierte Dummyvariablen umgewandelt. Hierbei wird für jede Merkmalsausprägung des Merkmals eine dichotome Variable gebildet, die den Gegensatz zwischen den Trägern der Merkmalsausprägung und allen anderen Trägern von Ausprägungen des Merkmals abbildet. Zur Berechnung der Regressionsmodelle wird dann eine der Dummyvariablen ausgelassen, um perfekte Kollinearität zu vermeiden. Die Merkmalsträger, die bei dieser ausgelassenen Variablen den Wert 1 „besitzen", bilden damit zugleich die Referenzgruppe, auf die sich die Regressionskoeffizienten der übrigen Dummyvariablen beziehen (vgl. Kohler/Kreuter 2008: 228 f.). Ordinalskalierte unabhängige Variablen behandle ich zur vereinfachten Interpretation je nach Merkmal entweder wie intervallskalierte Variablen, d. h. ich nehme sie unverändert in die Modelle auf, oder transformiere sie ebenfalls zu Dummyvariablen.

Im Zusammenhang der Regressionsmodelle werden jeweils eine Reihe von Kennziffern berechnet und verschiedene Tests durchgeführt:

- Williams (2006) zeigt, dass die proportional odds-Annahme häufig verletzt ist, was leicht zu Fehlinterpretationen der Zusammenhänge zwischen erklärenden und der abhängigen Variablen führt. Ob die proportional odds-Annahme für eine oder mehrere Variablen verletzt ist, habe ich für jedes hier zu spezifizierende ordinale Modell auf Basis eines Likelihood-Ratio-Tests (vgl. Gould/Wolfe 1998) sowie eines Wald-Tests (vgl. Brant 1990) geprüft. Bei Verletzung der Parallelitätsannahme habe ich anstatt des oben beschriebenen proportional odds-Regressionsmodells ein partial proportional odds model (vgl. Williams 2006) geschätzt. Das Verfahren erlaubt die Berechnung separater Regressionskoeffizienten für alle M-1 binären Regressionsschätzungen. In den tabellarischen Darstellungen sind entsprechend für sämtliche Variablen, für die die Parallelitätsannahme auf einem zuvor festgelegten Fehlerniveau (hier: 5 %-Fehlerniveau) zu verwerfen ist, separate Koeffizienten dargestellt. Für Variablen, welche die Parallelitätsannahme auf demselben Fehlerniveau nicht verletzen, ist hingegen nur ein Koeffizient abgebildet.
- Die Güte der Gesamtmodelle lässt sich zum einen auf Basis von Likelihood-Ratio-Tests überprüfen (vgl. z. B. Backhaus et al. 2006: 445 f.).

- Darüber hinaus wurden zwei Pseudo-R^2-Maßzahlen berechnet, die den Anteil der erklärten Variation des logistischen Regressionsmodells quantifizieren. Im Gegensatz zum R^2 der linearen Regression haben sich bezüglich Pseudo-R^2 unterschiedliche Kennzahlen etabliert. Nach Windmeijer (1995) sowie Hagle/Mitchell (1992) wird das R^2 der linearen Regression am besten von McKelvey und Zavoina's R^2 approximiert. Wie bei allen R^2 und Pseudo-R^2 variieren die Werte zwischen 0 und 1, wobei ein höherer Wert höhere Anteile erklärter Variation und damit eine bessere Güte impliziert. Da sich McKelvey und Zavoina's R^2 zum Zeitpunkt der Erstellung dieser Arbeit im Rahmen von partial proportional odds-Modellschätzungen über Stata nicht kalkulieren ließ, weise ich für diese Modelle McFaddens-R^2 aus. Letzteres ergibt sich aus einer Subtraktion des Quotienten der LogLikelihood des vollen Modells und der des Nullmodels von 1.
- Die Prüfung, ob sich die ermittelten Regressionskoeffizienten signifikant von Null unterscheiden, erfolgt auf Basis von Wald-Tests (vgl. Long/Freese 2006: 193, Rudolf/Müller 2004: 247).

5.2.2 Relevanz potenzieller Folgen von Weiterbildung, deren Eintrittswahrscheinlichkeit und Wahrscheinlichkeit des Weiterbildungserfolgs

Im vorliegenden Kapitel stelle ich die Ergebnisse zur Prüfung der ersten drei Forschungshypothesen dar, nach denen solche Personengruppen innerhalb der Erwerbstätigen, deren Weiterbildungsbeteiligung überdurchschnittlich ist, potenzielle Folgen von beruflicher Weiterbildung als relevanter, den Eintritt dieser Folgen durch Weiterbildung und den Weiterbildungserfolg selbst als wahrscheinlicher betrachten als Personen mit einer geringeren durchschnittlichen Weiterbildungsbeteiligung.[71]

Die Befunde zum Zusammenhang zwischen den Personendeterminanten und der subjektiven Relevanz von Einkommenssteigerungen sind nachstehend beispielhaft ausführlicher dargestellt.

Sowohl kurzfristige als auch langfristige Einkommenssteigerungen werden von den Befragten überwiegend als wichtig eingeschätzt. Bezüglich kurzfristiger Einkommenserhöhungen machten 29,56 Prozent (ziemlich wichtig) bzw. 36,94 Prozent (sehr wichtig) der Befragten eine entsprechende Angabe. Mittel- bis langfristige Einkommenserhöhungen nehmen sie im Vergleich als etwas relevanter wahr (34,44 Prozent ziemlich wichtig, 40,69 Prozent sehr wichtig).[72]

---

71 Die Formulierung der drei Hypothesen impliziert die Verwendung einseitiger Signifikanztests für die Korrelations- und Regressionskoeffizienten. Um jedoch auch signifikante Koeffizienten, die den in den Hypothesen unterstellten Zusammenhängen widersprechen, aufzeigen zu können, basieren die Signifikanzangaben in Kapitel 5.2 ausschließlich auf zweiseitigen Tests.

72 Der Wilcoxon-Test für die entsprechende Unterschiedshypothese ist hoch signifikant ($z = -8.133$, $p = 0.001$).

Die Ergebnisse der Analysen bestätigen die erste Hypothese nur teilweise. Auf der einen Seite zeigen sich einige die Hypothese deutlich stützende Befunde: Männer und Frauen unterscheiden sich bezüglich der subjektiven Bewertung von Einkommenssteigerungen kaum. Schwach signifikante Unterschiede finden sich lediglich in der multivariaten Analyse bezüglich der Relevanz mittel- bis langfristiger Einkommenssteigerungen, wonach Frauen eine geringfügig höhere Chance auf höhere Zustimmungen zum item besitzen. Dieser Effekt verschwindet allerdings im vollständigen Modell.

Während sich die Gruppe der 19- bis 35-Jährigen bezüglich der Bewertung kurzfristiger Einkommenserhöhungen kaum von der Gruppe der 35- bis 49-Jährigen unterscheidet, nimmt diese potenzielle Folge von beruflicher Weiterbildung für ältere Erwerbstätige einen deutlich geringeren Stellenwert ein. Mittel- bis langfristige Einkommenserhöhungen nehmen bei den 19- bis 34-Jährigen eine besonders große Rolle ein. Beide zustimmenden Antworten zusammengenommen, beurteilen über 90 Prozent dieser Gruppe eine mittel- bis langfristige Einkommenssteigerung als persönliches Ziel. Bei der mittleren Altersgruppe sind es immer noch nahezu 80 Prozent, während die Zustimmung durch Ältere erwartungsgemäß geringer ausfällt und zudem nicht stärker ausgeprägt ist als hinsichtlich des kurzfristigen Verwirklichungszeitraums. Der negative Zusammenhang zwischen Alter und subjektiver Bewertung von Einkommenssteigerungen wird in den multivariaten Analysen deutlich bestätigt.

Personen aus wissensintensiven Branchen äußern für den kurzen Verwirklichungszeitraum eine höhere Relevanz von Einkommenssteigerungen. Der Wunsch eines höheren Einkommens ist überdies bei Personen im sekundären Dienstleistungsbereich besonders stark ausgeprägt, gefolgt von den primären Dienstleistungsberufen. Bei den Erwerbstätigen produktionsbezogener Berufe spielen Einkommenssteigerungen die geringste Rolle.

Andere Befunde widersprechen Hypothese 1: Die subjektive Relevanz kurz- sowie mittel- und langfristiger Einkommenssteigerungen nimmt mit der Höhe des monatlichen Einkommens sowie des Bildungsgrades (höchster allgemeinbildender sowie berufsbildender Abschluss) tendenziell ab und nicht zu. Bezüglich des monatlichen Einkommens ist dieses Ergebnis auch multivariat statistisch abgesichert. Die Regressionskoeffizienten der Merkmale höchster allgemeinbildender und berufsbildender Abschluss bestätigen zwar die Ergebnisse der bivariaten Analyse, sind jedoch nur teilweise signifikant.

Personen, die im Erhebungsjahr und den fünf Jahren vor der Befragung an beruflicher Weiterbildung teilgenommen haben und den hierfür entstandenen Aufwand mindestens teilweise selbst finanzierten, bewerten zukünftige Einkommenssteigerungen im Vergleich zu in diesem Zeitraum Abstinenten ebenfalls als weniger wichtig. Bezüglich der beruflichen Handlungsautonomie sind die Befunde nicht eindeutig, vergleicht man allerdings Führungskräfte mit den Personen in einfachen Tätigkeiten, zeigt sich ebenfalls ein negativer, der Hypothese gegenläufiger Zusammenhang: Einkommenssteigerungen spielen bei Führungskräften eine geringere Rolle als in den anderen Gruppen.

Die Betrachtung nach der beruflichen Stellung widerspricht der Hypothese tendenziell. Für Arbeiter sind Einkommenssteigerungen besonders relevant, gefolgt von Angestellten. Selbstständige und Beamte messen dieser potenziellen Weiterbildungsfolge hingegen eine deutlich geringere Relevanz bei.

Abb. 6 sowie Tab. 4 fassen die beschriebenen Befunde für die mittel- bis langfristigen Einkommenssteigerungen grafisch bzw. tabellarisch zusammen.

Dieselben Analysen wurden für sämtliche weiteren Parameter des subjektiv erwarteten Nutzens durchgeführt, um Zusammenhänge zwischen Alter, Geschlecht, Abschlüssen, Einkommen, Branchen, Berufen, beruflicher Stellung, Handlungsautonomie und früherem Weiterbildungsverhalten einerseits und andererseits den Zielen Erwerbstätiger (Hypothese 1), den Wahrscheinlichkeiten, mit denen sie ein Erreichen dieser Ziele durch Weiterbildung erwarten (Hypothese 2) sowie den Wahrscheinlichkeiten, mit denen sie ein Erreichen der Lernziele einer Weiterbildung selbst erwarten (Hypothese 3), offenzulegen. Die Ergebnisse sind nachfolgend getrennt für die personen- und beschäftigungsbezogenen Merkmale zusammengefasst, an denen sich die Hypothesen 1–3 orientieren.

Geschlecht

Am besten bestätigt sind die Hypothesen 1 bis 3 hinsichtlich des Geschlechts der Befragten. Geschlechtsunterschiede bei der wahrgenommenen Relevanz der neun Weiterbildungsziele sowie der Wahrscheinlichkeit, dass diese Ziele durch eine Teilnahme an Weiterbildung eintreten werden, zeigten sich nur vereinzelt. Bei jenen Determinanten des subjektiv erwarteten Nutzens, für die sich die Hypothesen nicht bestätigen ließen, zeigte sich ein deutliches Muster: Wenn es einen Unterschied in der Relevanzbewertung von Weiterbildungszielen zwischen Männern und Frauen gibt (dies ist der Fall bei den Zielen „mittel- bis langfristige Einkommenssteigerungen", „Arbeitsplatzsicherheit", „Beschäftigungsfähigkeit" sowie „Lernfreude"), so werden diese Ziele von Frauen als attraktiver eingeschätzt.

Geschlechterunterschiede bei den Instrumentalitätswerten, d. h. hinsichtlich der Wahrscheinlichkeit, dass die Ziele nach einer Teilnahme an einer Weiterbildungsteilnahme auch eintreten (solche Unterschiede zeigten sich bei den Zielen „kurzfristige Einkommenssteigerungen", „mittel- bis langfristige Einkommenssteigerungen", „kurzfristige berufliche Veränderungen" sowie „berufliche Kontakte knüpfen/erhalten"), fallen dagegen durchweg zugunsten der Männer aus. Während Frauen also einige der potenziellen Weiterbildungsziele höher bewerten, sind Männer hinsichtlich ihres Eintritts optimistischer. Gänzlich bestätigen ließ sich Hypothese 3. In der Wahrnehmung, ob eine dem im Interview vorgestellten Szenario entsprechende Weiterbildung erfolgreich abgeschlossen werden kann, unterscheiden sich Männer und Frauen nicht.

Alter

Bezüglich des Alters bestätigen sich die im Rahmen von Hypothese 1 vermuteten Zusammenhänge überwiegend. Mit zunehmendem Alter verlieren Einkommenssteigerungen, Arbeitsplatzsicherheit, Beschäftigungsfähigkeit und berufliche Veränderungen subjektiv an Relevanz. Die Relevanz von Synergien zwischen Arbeits- und Freizeitaktivitäten sowie des Knüpfens bzw. Erhalts beruflicher Kontakte nimmt mit steigendem Alter dagegen zu. Dass mit dem Alter die Wahrnehmung sinkt, diese Ziele über Weiterbildung auch verwirklichen zu können, zeigt sich bei den outcomes „Einkommenssteigerung", „berufliche Veränderungen" und „Beschäftigungsfähigkeit". Über eine Teilnahme an Weiterbildung den Arbeitsplatz sichern, Anforderungen des Arbeitsplatzes besser erfüllen, Synergien zwischen Arbeits- und Freizeitaktivitäten erzeugen und berufliche Kontakte aufbauen bzw. erhalten zu können, wird hingegen mit zunehmendem Alter optimistischer eingeschätzt. Die dritte Hypothese wird hinsichtlich des Alters nicht gestützt: Während das Vertrauen, eine Weiterbildungsmaßnahme auf Basis der eigenen Kompetenzen erfolgreich absolvieren zu können, zwischen verschiedenen Altersgruppen nicht signifikant variiert, steigt das Vertrauen in die Qualität von Weiterbildungsangeboten sowie des mit der Kursdurchführung beauftragten Personals mit zunehmendem Alter an.

Einkommen

Mit zunehmendem Einkommen steigen weder die Relevanz der potenziellen Weiterbildungsziele noch die Wahrnehmung, dass eine Teilnahme an beruflicher Weiterbildung zum Eintritt dieser Ziele führen würde. Insbesondere für Geringverdienende besitzen die in der Untersuchung vorgelegten Ziele eine hohe Attraktivität. Zugleich äußern sie sich hinsichtlich des Eintritts der Ziele besonders optimistisch. Die einzige Ausnahme bildet hier die Anerkennung im beruflichen Umfeld: Je geringer das Einkommen, desto eher wird erwartet, dass Weiterbildungsanstrengungen im beruflichen Umfeld zu Ausgrenzung führen. Die Erwartung, dass die eigenen Kompetenzen für einen Weiterbildungserfolg ausreichen, steigt mit dem Einkommen. Für die übrigen beiden Skalen der Erfolgserwartung (Weiterbildungserfolg auf Basis der Kursqualität sowie der Kompetenzen des Lehrpersonals) lässt sich der in Hypothese 3 vermutete Zusammenhang hingegen abermals nicht auffinden.

Höchster allgemeinbildender Abschluss

Bezogen auf die Relevanz der potenziellen Weiterbildungsfolgen (Hypothese 1) fällt lediglich die Prüfung des Zusammenhangs von höchstem erreichtem Abschluss und der Relevanz von Einkommenssteigerungen eindeutig aus: Die Relevanz von Einkommenssteigerungen nimmt – entgegen des vermuteten Zusammenhangs – mit zunehmend höheren allgemeinbildenden Abschlüssen ab. Eine Bestätigung der Hypothese ist auch für die übrigen Folgen weder bi- noch multivariat möglich.

Abbildung 6: Relevanz mittel- bis langfristiger Einkommenserhöhungen – Bivariate Analyse

Subjektive Relevanz von Einkommenserhöhungen. Bivariate Analyse. Angaben in Prozent.

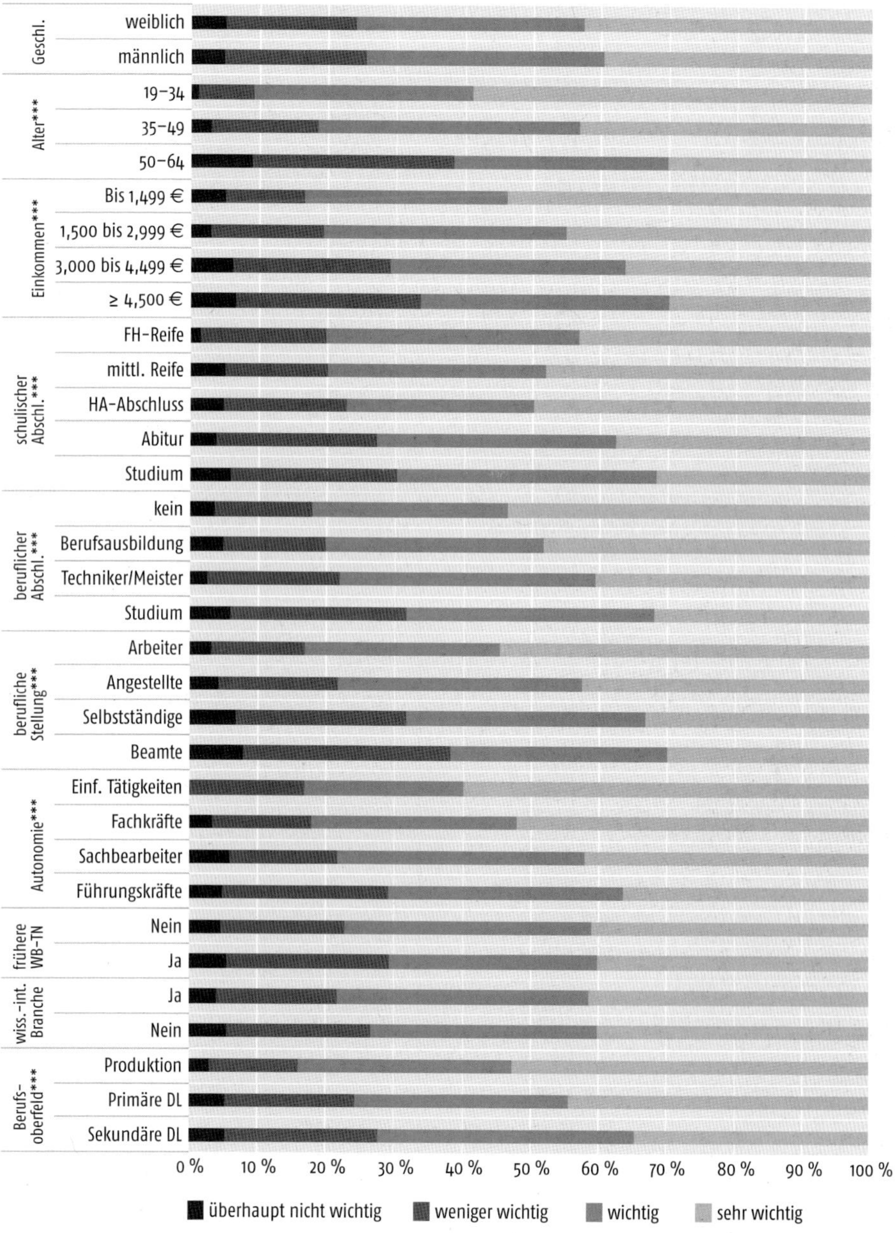

Anmerkung: Signifikanzniveaus: *** p<0.01, ** p<0.05, * p<0.1; Siginifikanztests basierend auf einem t-test des Spearman'schen Rangkorrelationskoeffizienten (ordinalskalierte Prädiktoren) bzw. einem chi²-Test von Cramer's V (nominalskalierte Prädiktoren);

Quelle: Eigene Berechnungen auf Basis der BIBB-DICT-Erhebung

Tabelle 4: Relevanz mittel- bis langfristiger Einkommenserhöhungen – Multivariate Analyse

	odds ratios			
Modell	**(1)**	**(2)**	**(3)**	**(4)**
Geschlecht (1 = männlich)	0.853	0.840*	0.839*	0.842
Alter	0.897***[a] 0.927***[b] 0.956***[c]	0.898***[a] 0.927***[b] 0.957***[c]	0.904***[a] 0.929***[b] 0.839***[c]	0.904***[a] 0.928***[b] 0.957***[c]
Höchster allgemeinbildender Abschluss (Ref.: Volks-/Hauptschulabschluss)				
Mittlere Reife	0.770	0.802	0.888	0.899
Fachhochschulreife	0.829	0.925	1.077	1.074
Allg. Hochschulreife	0.429***	0.449***	0.505***	0.511***
Studium	0.669*	0.697	0.795	0.787
Höchster beruflicher Abschluss (Ref.: Kein Abschluss)				
Berufsausbildung	1.045	1.119	1.044	1.048
Techniker/Meister	0.965	1.076	0.991	0.987
Studium	0.639	0.719	0.759	0.785
Familienstand (Ref.: Alleinlebend)				
Alleinerziehend	1.053	1.063	1.019	1.030
Zusammenlebend	0.841	0.848	0.899	0.904
Zusammenerziehend	1.001	1.016	1.015	1.012
WB-Teilnahme 2005–2010 (1 = ja)		0.879[a] 0.756**[b] 1.071[c]	0.890[a] 0.779*[b] 1.181[c]	0.899[a] 0.774*[b] 1.151[c]
Informiertheit über WB-Markt		0.880**	0.887**	0.876**
Berufliche Stellung (Ref.: Selbstständige)				
Beamte			0.763	0.772
Angestellte			1.103	1.117
Arbeiter			1.214	1.268
Berufliche Handlungsautonomie (Ref.: Einfache Tätigkeiten)				
Fachkräfte			0.825	0.875
Sachbearbeiter/untere Führungsebene			0.513[a] 0.983[b] 0.769[c]	0.543[a] 1.061[b] 0.861[c]
Führungskräfte			0.838	0.923
Arbeitszeitflexibilität (1 = flexibel)			0.860	0.870
Nettoäquivalenzeinkommen (in Tsd. €)			0.830**	0.832**
Wissensintensive Branche (1 = ja)			1.171	1.142
Berufsoberfeld (Ref.: Produktionsbezogene Berufe)				
Primäre Dienstleistungen			0.666[a] 0.692[b] 0.963[c]	0.870
Sekundäre Dienstleistungen			0.828	0.791
Betriebsgröße (Ref.: 1–9 Mitarbeitende)				
10–49 Mitarbeitende			0.920	0.907
50–249 Mitarbeitende			1.004	0.994
250+ Mitarbeitende			1.197	1.178
Gebietsgröße (Ref.: Unter 1,000 Einwohnende)				
1,000–9,999 Einwohnende				1.473
10,000–49,999 Einwohnende				1.063
50,000–249,999 Einwohnende				1.562
250,000+ Einwohnende				1.172
Szenario (Ref.: Aufstiegsfortbildung)				
EDV-Fortbildung				0.863
Softskills-Fortbildung				0.771**
Fachliche Fortbildung				0.779**
Cutpoints				
1	9.403***	11.596***	19.211***	12.695***
2	225.7****	311.4***	505.8***	376.8***
3	10.13***	12.13***	19.22***	16.55***
N	1,587	1,579	1,540	1,540
Pseudo R^2	0.062	0.065	0.079	0.084

Anmerkungen: Signifikanzniveaus: *** p<0.01, ** p<0.05, * p<0.1; Kodierung der abhängigen Variable: (1) gar nicht wichtig; (2) weniger wichtig; (3) wichtig; (4) sehr wichtig; Bei Variablen, welche die proportional odds-Annahme verletzen: a Chancenverhältnis von (2), (3), (4) im Vergleich zu (1), b Chancenverhältnis der beiden zustimmenden (3,4) im Vergleich zu den beiden ablehnenden Kategorien (1, 2), c Chancenverhältnis für Kategorie „sehr wichtig" im Vergleich zu allen anderen Kategorien; Parametrisierung der Koeffizienten als odds ratios; Ausgegebene Pseudo-R^2: McKelvey & Zavoina's R^2 für Modelle, deren Variablen die proportional odds-Annahme nicht verletzen, McFadden's R^2 bei partial proportional odds-Modellen

In der bivariaten Betrachtung fällt auf, dass Akademiker/-innen den potenziellen Folgen vielfach eine geringere Relevanz zuschreiben als die übrigen Gruppen. In der multivariaten Betrachtung wird dieses Bild zwar relativiert. Personen der untersten Abschluss-Kategorie haben dann im Vergleich zu anderen Gruppen geringere Chancen auf eine hohe Bewertung der jeweiligen Weiterbildungsziele. Die Regressionskoeffizienten sind hierbei jedoch nur vereinzelt signifikant, sodass sich auch hier nicht von einem eindeutigen Zusammenhang („je höher der Abschluss, desto attraktiver die potenziellen Weiterbildungsfolgen") sprechen lässt.

Hypothese 2 lässt sich lediglich für zwei items bestätigen: Je geringer der Abschluss, desto eher wird erstens befürchtet, dass eine Weiterbildungsteilnahme mit Ablehnung im beruflichen Umfeld einhergeht. Zweitens wird Weiterbildung mit sinkendem Allgemeinbildungsniveau zunehmend als belastend wahrgenommen. Für alle anderen items jedoch sind die Ergebnisse entweder insignifikant, oder aber sie widersprechen Hypothese 2. Insbesondere Personen mit niedrigem Abschlussniveau äußern sich hinsichtlich des Eintritts der potenziellen Weiterbildungsfolgen nach einer Weiterbildungsteilnahme optimistisch.

Ebenfalls ambivalent sind die Befunde zur dritten Hypothese. Während Personen mit niedrigem allgemeinbildenden Abschluss hinsichtlich der Qualität des Lehrpersonals optimistischer sind, fallen in dieser Gruppe erwartungsgemäß auch die Befürchtungen höher aus, dass ein Weiterbildungserfolg an den eigenen Kompetenzen scheitern würde. Keine Unterschiede zwischen den verschiedenen Abschlüssen zeigen sich bezüglich der wahrgenommenen Kursqualität.

Höchster berufsbildender Abschluss

Analog zum höchsten allgemeinbildenden Abschluss zeigt sich zwischen dem höchsten erreichten beruflichen Abschluss und der geäußerten Relevanz der potenziellen Weiterbildungsziele ein Zusammenhang, der dem in Hypothese 1 vermuteten überwiegend widerspricht. Der bivariaten Betrachtung folgend, betrachten Akademiker/-innen die potenziellen Weiterbildungsziele im Vergleich zu Personen mit niedrigeren beruflichen Abschlüssen häufig als weniger relevant, während ihnen insbesondere Personen ohne formalen Ausbildungsabschluss eine hohe Wertschätzung zukommen lassen. In der multivariaten Betrachtung wird dieser Befund häufig relativiert.

Hypothese 2 wurde teilweise für die Ziele „Beschäftigungsfähigkeit", „Anerkennung im beruflichen Umfeld" sowie „Lernfreude" bestätigt. Bei diesen Zielen geht mit höherem Bildungsstand tendenziell auch eine höhere Wahrnehmung einher, dass diese Ziele nach einer Weiterbildungsteilnahme eintreten. Bezüglich des Eintritts der übrigen Ziele zeigen sich jedoch durchweg insignifikante Ergebnisse oder solche, die der Hypothese entgegenstehen.

Entsprechend Hypothese 3 steigt mit dem beruflichen Abschluss auch das Vertrauen, dass die eigenen Kompetenzen ausreichen, um Weiterbildungsinhalte prinzipiell auf den eigenen Arbeitsplatz übertragen zu können. Ferner steigt mit dem beruflichen Abschluss auch die Wahrnehmung, dass die Qualität von Weiterbildungskursen einen Lernerfolg ermöglicht.

Berufliche Stellung

Die Vermutung, dass die in der Befragung geäußerten Valenzen, Instrumentalitäten und Erwartungswerte von Personen mit unterschiedlicher beruflicher Stellung entsprechend deren Weiterbildungsbeteiligung differieren, d. h. von Selbstständigen am höchsten eingeschätzt werden, gefolgt von Beamten, Angestellten und Arbeitern, ließ sich weitestgehend nicht bestätigen. Entgegen Hypothese 1 sind es insbesondere Arbeiter/-innen, die den potenziellen Weiterbildungszielen eine im Vergleich mit anderen Statusgruppen hohe Relevanz zuschreiben. Außerdem ist diese Gruppe hinsichtlich des Eintritts der Ziele besonders optimistisch (Hypothese 2). Klar bestätigt wurden die Hypothesen lediglich hinsichtlich der Relevanz beruflicher Kontakte (Hypothese 1) und der wahrgenommenen Wahrscheinlichkeit, dass eine formalisierte Weiterbildung Freude bereitet (Hypothese 2).

Hypothese 3 wurde für einen der drei Erwartungswerte bestätigt: Arbeiter/-innen haben im Vergleich zu den übrigen Statusgruppen ein geringeres Vertrauen in ihre eigenen Kompetenzen. Einen Weiterbildungserfolg auf der Grundlage der Kompetenzen des Lehrpersonals oder der wahrgenommenen Kursqualität sehen sie im Vergleich zu den übrigen Gruppen nicht mehr oder minder gefährdet.

Handlungsautonomie

Auch mit zunehmender beruflicher Handlungsautonomie gehen nicht per se höhere Valenz-, Instrumentalitäts- und Erwartungswerte einher. Hinsichtlich der Valenzen (Hypothese 1) zeigt sich viel eher eine gegenteilige Beobachtung. Mit Ausnahme kurzfristiger Einkommenssteigerungen, beruflicher Kontakte sowie der Anerkennung im beruflichen Umfeld nimmt die geäußerte Relevanz der Ziele mit steigender Handlungsautonomie geringfügig ab. Die Wahrscheinlichkeiten, dass diese Ziele durch eine Teilnahme an Weiterbildung erreicht werden können (Hypothese 2), folgen in fünf Fällen („kurzfristige Einkommenssteigerungen", „Sicherung der aktuellen Beschäftigung", „Anpassung an berufliche Anforderungen", „Anerkennung im beruflichen Umfeld" und „Lernfreude") dem unterstellten Zusammenhang: Personen mit hoher beruflicher Handlungsautonomie äußern hinsichtlich des Eintritts dieser Ziele mehr Optimismus. Für die übrigen Instrumentalitäten kann ein solcher Zusammenhang jedoch nicht bestätigt werden. Insgesamt fällt auf, dass Führungskräfte diejenige Gruppe darstellen, die dem Erreichen beruflicher Ziele mithilfe von beruflicher Weiterbildung besonders häufig eher skeptisch gegenübersteht.

Bezüglich der Erwartungswerte (Hypothese 3) bestätigt sich das bisher gezeichnete Bild: Während mit zunehmender Handlungsautonomie auch die Erwartung steigt, dass die eigenen Kompetenzen für einen Weiterbildungserfolg ausreichend sind, zeigen sich keine autonomiebezogenen Unterschiede im Ausmaß der Erwartung, dass ein Weiterbildungserfolg auf Basis der Kompetenzen des Bildungspersonals oder der Kursqualität möglich ist.

Weiterbildungsteilnahme in der Vergangenheit

Im Vergleich zu Weiterbildungsabstinenten besitzen Synergien zwischen Arbeits- und Freizeitaktivitäten, der Aufbau bzw. Erhalt beruflicher Kontakte sowie Lernfreude für ehemalige Weiterbildungsteilnehmende eine höhere Relevanz. Einkommenssteigerungen werden von Letzteren hingegen als weniger relevant wahrgenommen (Hypothese 1). Hinsichtlich des Eintritts der Ziele infolge einer Weiterbildungsteilnahme sind ehemalige Weiterbildungsteilnehmende überwiegend optimistischer eingestellt als Weiterbildungsabstinente (Hypothese 2). Die Erwartung, dass die eigenen Kompetenzen ausreichen, um eine Weiterbildungsmaßnahme erfolgreich zu absolvieren, ist bei ehemaligen Teilnehmenden ebenfalls stärker ausgeprägt. Zudem wird in dieser Gruppe seltener befürchtet, dass die Kursqualität einen Weiterbildungserfolg verhindert.

Branche

Lediglich kurzfristige Einkommenssteigerungen werden von Beschäftigten in wissensintensiven Branchen als höher und der Eintritt kurzfristiger Einkommenssteigerungen als wahrscheinlicher bewertet als von Beschäftigten, die nicht in wissensintensiven Branchen tätig sind. Arbeitsplatzsicherheit und Synergien zwischen Arbeits- und Freizeitaktivitäten werden entgegen Hypothese 1 als weniger wichtig erachtet. Die Anpassung an sich wandelnde Anforderungen am Arbeitsplatz, berufliche Veränderungen (sowohl kurz- als auch mittel- bis langfristig) und der Erhalt bzw. das Knüpfen beruflicher Kontakte durch Weiterbildung werden von Beschäftigten in wissensintensiven Branchen als weniger wahrscheinlich erreichbar wahrgenommen. Nur kurzfristige Einkommenssteigerungen werden von Beschäftigten wissensintensiver Branchen als wahrscheinlicher durch Weiterbildung erreichbar erachtet als von Erwerbstätigen nicht-wissensintensiver Branchen. Hypothese 3 bestätigt sich für den Unterschied zwischen Beschäftigten aus wissens- bzw. nicht wissensintensiven Branchen für den ersten der drei Erwartungswerte: Beschäftigte der wissensintensiven Branchen äußern höhere Erwartungen, dass ihre eigenen Kompetenzen ausreichen, um eine dem im Interview vorgestellten Szenario korrespondierende Weiterbildungsmaßnahme erfolgreich zu beenden.

Berufsoberfelder

Im Gegensatz zur ersten Hypothese gestalten sich die beobachteten Zusammenhänge zwischen dem Berufsoberfeld und der Relevanz potenzieller Weiterbildungsziele derart, dass Personen in produktionsbezogenen Berufen sie besonders hoch einschätzen. Ausnahmen bilden hier die beiden tätigkeitsspezifischen Ziele „berufliche Kontakte aufbauen bzw. erhalten" und „Lernfreude". Ein ähnliches Bild ergibt sich auch, wenn der Zusammenhang zwischen ausgeübtem Beruf und der Wahrscheinlichkeit betrachtet wird, dass die potenziellen Weiterbildungsziele durch eine Teilnahme an beruflicher Weiterbildung erreicht werden können. Auch hier sind Personen der produktionsbezogenen Berufe im Vergleich besonders optimistisch. Tendenziell gestützt wird die zweite Hypothese hinsichtlich der Wahrscheinlichkeit des Eintritts der Ziele „Anpassung an sich wandelnde Anforderungen", „kurzfristige berufliche Veränderungen", „Anerkennung im beruflichen Umfeld" sowie „Lernfreude". Hypothese 3 erhält dagegen eine deutliche Unterstützung. Ein Weiterbildungserfolg wird von Personen in primären und sekundären Dienstleistungsberufen eher erwartet als von Erwerbstätigen produktionsbezogener Berufe.

5.2.3 Relative Bedeutung der Nutzendeterminanten

Die Einschätzungen über die Relevanz der elf potenziellen Weiterbildungsziele, die Einschätzungen, inwiefern Weiterbildung für den Eintritt dieser elf Ziele jeweils instrumentell ist sowie die drei Erwartungswerte lassen sich jeweils zueinander in Beziehung setzen, um einen Eindruck über ihre relative Bedeutung zu vermitteln.

Um die unterschiedliche Bedeutung aller vier Antwortkategorien berücksichtigen und Informationen über die Signifikanz der Rangunterschiede angeben zu können, greife ich zur Erstellung der Ranglisten auf Friedman-Tests (vgl. Bortz/Lienert/Boehnke 2008: 197 f., Friedman 1937) zurück.[73] Das Testverfahren ordnet den Valenzen, Instrumentalitäten und Erwartungswerten für jede Person der Gesamtstichprobe zunächst jeweils einen Rang zu, der die Bewertung des items auf der im Interview verwendeten vierstufigen Skala im Vergleich zur Bewertung aller anderen items widerspiegelt. Diese Ranginformationen auf Einzelpersonenebene werden dann über alle Befragten hinweg aggregiert, sodass für jedes item ein Rang-Mittelwert angegeben werden kann. Je höher dieser „mittlere Rang" eines items ausfällt, desto höher ist folglich der Wert, den ihm die Befragten im Vergleich zu den anderen items beimessen. Ob die Unterschiede im mittleren Rang zufällig oder signifikant sind, lässt sich auf Basis der Chi^2-Verteilung ermitteln (vgl. Bortz/Lienert/Boehnke 2008: 268).

Valenzen

Abb. 7 weist die Ergebnisse des Friedman-Tests für die subjektive Relevanz der potenziellen Weiterbildungsfolgen aus. Der allgemeinen Beschäftigungsfähigkeit und dem Erhalt des derzeitigen Arbeitsplatzes messen die Befragten hiernach die höchste Bedeutung zu. Mit geringem Abstand folgen der Anspruch, dass Weiterbildung bereits während der Teilnahme Freude machen soll sowie der Wunsch nach einem Aufbau bzw. Erhalt beruflicher Kontakte. Die Anpassung an sich wandelnde berufliche Anforderungen bildet für Erwerbstätige das fünftwichtigste berufliche Ziel. Erst dann folgt der Wunsch, das eigene Einkommen zu erhöhen. Die Ziele „erhöhte Anerkennung im beruflichen Umfeld" und „Erzeugung von Synergien zwischen Arbeits- und Freizeitaktivitäten" folgen auf den Rängen acht und neun. Berufliche Veränderungen, insbesondere kurzfristige, bilden im direkten Vergleich die am wenigsten relevanten Ziele für die Befragten.

73 Die Durchführung der Friedman-Tests erfolgte auf Basis der Software PASW Statistics 18.

In der differenzierten Betrachtung nach spezifischen personenbezogenen Merkmalen ergeben sich Muster, die von dieser Rangfolge teilweise erheblich abweichen. So bewerten Männer die Relevanz, den aktuellen Arbeitsplatz zu sichern, etwas geringer (Rang 4), die Relevanz beruflicher Kontakte hingegen höher (Rang 2) als Frauen. Bei jüngeren Erwerbstätigen (19- bis 34-Jährige) bilden langfristige Einkommenssteigerungen das dritt- und bei den 35- bis 49-Jährigen das fünftwichtigste Ziel und sind damit überdurchschnittlich hoch bewertet. Auch mittel- bis langfristige berufliche Veränderungen werden von den 19- bis 34-Jährigen im Vergleich zu anderen Zielen als etwas wichtiger eingeschätzt (Rang 8) als im Durchschnitt der Erwerbstätigen. Ältere Erwerbstätige (50- bis 64-Jährige) weisen den tätigkeitsspezifischen outcomes „berufliche Kontakte aufbauen/erhalten" (Rang 2) und „Lernfreude" (Rang 3) eine höhere Relevanz zu als dem Erhalt des aktuellen Arbeitsplatzes (Rang 4). Zudem streben sie eher kurzfristige als langfristige Einkommenssteigerungen an. Synergien zwischen Arbeits- und Freizeitaktivitäten werden von den Älteren im Rang wichtiger eingeschätzt als von den beiden jüngeren Altersgruppen.

Abbildung 7: **Relevanz beruflicher Ziele – Rangfolge der elf Valenzen**

Rangfolge ermittelt auf Basis eines Friedman-Tests für verbundene Stichproben – Grundlage: Alle Erwerbstätigen

Rang	Ziel	Mittlerer Rang
1	Beschäftigungsfähigkeit	7.91
2	Arbeitsplatzsicherheit	7.24
3	Lernfreude	7.19
4	Berufliche Kontakte aufbauen/erhalten	7.10
5	Berufliche Anforderungen erfüllen	6.54
6	Mittel- bis langfristige Einkommenssteigerungen	6.24
7	Kurzfristige Einkommenssteigerungen	5.71
8	Anerkennung im beruflichen Umfeld	5.24
9	Synergien zwischen Arbeits- und Freizeitaktivitäten	4.94
10	Mittel- bis langfristige berufliche Veränderungen	4.37
11	Kurzfristige berufliche Veränderungen	3.51

Anmerkungen: n = 1,507; Chi²: 3,309.26; Freiheitsgrade: 10, p: 0.001.

Quelle: Eigene Berechnungen auf Basis der BIBB-DICT-Erhebung

In der Gruppe der Geringverdienenden (maximal 1.499 € monatlich zur Verfügung stehendes Haushaltseinkommen) werden mittel- bis langfristige (Rang 3) sowie kurzfristige (Rang 5) Einkommenssteigerungen relevanter eingeschätzt als vom Durchschnitt aller Erwerbstätigen. Demgegenüber spielt die Freude beim Lernen eine geringere Rolle (Rang 6). Auch in der Gruppe der Personen mit 1.500–2.999 Euro monatlich verfügbaren Haushaltseinkommens nehmen langfristige Einkommenssteigerungen (Rang 5) eine höhere Position ein als die Anpassung an berufliche Anforderungen (Rang 6). Mit zunehmendem Einkommen nimmt dann die Relevanz der Sicherheit des aktuellen Arbeitsplatzes ab. Personen mit einem Einkommen zwischen 3.000 und 4.499 Euro weisen diesem Ziel (Rang 3) eine geringere Relevanz zu als der Lernfreude. Personen, die über mehr als 4.500 Euro monatlich verfügen können, nehmen zusätzlich den Aufbau bzw. Erhalt beruflicher Kontakte im Vergleich zur Arbeitsplatzsicherung als wichtiger wahr. In der letztgenannten Gruppe kommt hinzu, dass kurzfristige Einkommenssteigerungen den drittletzten Platz einnehmen und damit deutlich weniger wichtig wahrgenommen werden als vom Durchschnitt aller Erwerbstätigen.

Personen, die maximal über einen Volks- bzw. Hauptschulabschluss verfügen, ziehen kurzfristige den mittel- bis langfristigen Einkommenserhöhungen vor. Für Personen mit mittlerer Reife sind dagegen mittel- bis langfristige Einkommenssteigerungen überdurchschnittlich relevant (Rang 5). Mit zunehmender Höhe des allgemeinbildenden Abschlusses rücken dann die tätigkeitsspezifischen Ziele Lernfreude sowie der Aufbau bzw. Erhalt beruflicher Kontakte als zweit- und drittwichtigstes Ziel in den Vordergrund, während die Sicherung der Beschäftigungsfähigkeit auch hier das Ziel mit der höchsten Relevanz bleibt. Personen, die über keinen beruflichen Abschluss verfügen, bewerten die Anpassung an sich wandelnde berufliche Anforderungen (Rang 3), mittel- bis langfristige Einkommenssteigerungen (Rang 5) sowie langfristige berufliche Veränderungen (Rang 8) höher als der Durchschnitt aller Erwerbstätigen. Lernfreude (Rang 6), kurzfristige Einkommenssteigerungen (Rang 9) und Synergien zwischen Arbeits- und Freizeitaktivitäten werden hingegen niedriger bewertet. Personen mit abgeschlossener dualer oder schulischer Berufsausbildung streben mittel- bis langfristige Einkommenssteigerungen (Rang 5) eher an als eine verbesserte Anpassung an berufliche Anforderungen (Rang 6).

Für Beamte und Selbstständige bilden der Aufbau bzw. Erhalt beruflicher Kontakte sowie Lernfreude gar die beiden wichtigsten potenziellen Ziele einer Teilnahme an beruflicher Weiterbildung. Die Sicherheit des aktuellen Arbeitsplatzes steht für beide Gruppen an Position fünf. Selbstständige bewerten kurzfristige (Rang 6) höher als mittel- bis langfristige Einkommenssteigerungen (Rang 7). Beamte weisen den kurzfristigen Einkommenssteigerungen dagegen nur einen geringen Wert zu, der sich im mittleren Rang kaum von beruflichen Veränderungen unterscheidet, die auch hier die beiden unwichtigsten Ziele darstellen. Für Arbeiter spielen mittel- bis langfristige (Rang 4) sowie kurzfristige Einkommenssteigerungen (Rang 6) eine höhere Rolle als für den Durchschnitt aller Erwerbstätigen, wodurch die Ziele „berufliche Kontakte erhalten/aufbauen" (Rang 5) sowie „berufliche Anforderungen besser erfüllen" (Rang 7) in ihrer Relevanz zurücktreten. Personen in einfachen Tätigkeiten bewerten mittel- bis langfristige Einkommenssteigerungen (Rang 4) sowie berufliche Veränderungen (Rang 8) überdurchschnittlich hoch. Auch für Fachkräfte besitzen mittel- bis langfristige Einkommenssteigerungen noch überdurchschnittliche Relevanz (Rang 4), während die verbesserte Anpassung an berufliche Anforderungen (Rang 7) von anderen Zielen verdrängt wird.

Bei Führungskräften stehen, neben dem Erhalt der Beschäftigungsfähigkeit (Rang 1), wiederum berufliche Kontakte (Rang 2) sowie die Freude am Lernen (Rang 3) im Vordergrund.

Ehemalige Weiterbildungsteilnehmende sowie Personen in sekundären Dienstleistungsberufen bewerten die tätigkeitsspezifischen outcomes „Lernfreude" sowie „berufliche Kontakte aufbauen/erhalten" (Rang 2 und 3) wichtiger als den Erhalt des aktuellen Arbeitsplatzes (Rang 4), was sicher auf den hohen Anteil an Akademikern in beiden Gruppen zurückzuführen ist.

Instrumentalitäten

Grundsätzlich kann festgestellt werden, dass der Anteil der Befragten, der erwartet, ein Ziel durch Weiterbildung wahrscheinlich oder sicher erreichen zu können, fast immer geringer ist als der Anteil, welcher dem entsprechenden Ziel eine wichtige oder sehr wichtige Bedeutung beimisst. Langfristige berufliche Veränderungen, Synergien zwischen Arbeits- und Freizeitaktivitäten sowie die Anerkennung im beruflichen Umfeld stellen drei Ausnahmen von diesem Befund dar: Hierbei handelt es sich allerdings um Ziele, denen die Befragten eine vergleichsweise geringe Relevanz beimessen (s. o.). Die Ergebnisse des Friedman-Tests für alle Erwerbstätigen sind in Abb. 8 dargestellt. Im Vergleich mit Abb. 7 wird deutlich, dass Erwerbstätige die Ziele, welche sie durch Weiterbildung als vergleichsweise gut erreichbar erachten, nicht zwangsläufig auch als besonders relevant einschätzen. Auf der anderen Seite äußern sich die Erwerbstätigen skeptisch, dass sie einige ihnen durchaus wichtige berufliche Ziele – insbesondere die Sicherung des aktuellen Arbeitsplatzes – durch Weiterbildung erreichen können.

Abbildung 8: **Eintrittswahrscheinlichkeit der Ziele durch Weiterbildung – Rangfolge der elf Instrumentalitätswerte**

Rangfolge ermittelt auf Basis eines Friedman-Tests für verbundene Stichproben – Grundlage: Alle Erwerbstätigen

Rang	Ziel	Mittlerer Rang
	Weiterbildung führt zu ...	
1	Beschäftigungsfähigkeit	7.36
2	Berufliche Kontakte erhalten/aufbauen	7.23
3	Anerkennung/Ablehnung im beruflichen Umfeld	7.08
4	Berufliche Anforderungen erfüllen	7.00
5	Lernfreude/Belastung	6.59
6	Synergien zwischen Arbeits- und Freizeitaktivitäten	6.56
7	Arbeitsplatzsicherheit	5.44
8	Mittel- bis langfristige berufliche Veränderungen	5.44
9	Mittel- bis langfristige Einkommenssteigerungen	5.15
10	Kurzfristige berufliche Veränderungen	4.33
11	Kurzfristige Einkommenssteigerungen	3.83

Anmerkungen: n = 1,447; Chi²: 2,621.29; Freiheitsgrade: 10, p: 0.001.

Quelle: Eigene Berechnungen auf Basis der BIBB-DICT-Erhebung

Bei der Verbesserung der eigenen Beschäftigungsfähigkeit handelt es sich nicht nur um das wichtigste Ziel der Befragten, sondern zugleich um dasjenige, welches sie durch eine Teilnahme an beruflicher Weiterbildung am ehesten als erreichbar erachten. Darüber hinaus erkennen die Befragten einen engen Zusammenhang zwischen einer Weiterbildungsteilnahme und dem Aufbau bzw. Erhalt beruflicher Kontakte, der Anerkennung bzw. Ablehnung[74] im beruflichen Umfeld sowie der Anpassung an sich wandelnde berufliche Anforderungen. Jeweils etwa 70 Prozent der Befragten glauben darüber hinaus, dass Weiterbildung mit Freude bzw. Belastung einhergeht und sich zudem über die Erwerbsarbeit hinaus in der Freizeit auszahlt. Im direkten Vergleich belegen die items damit den fünften und sechsten Rang. Es folgen die Erhöhung der Arbeitsplatzsicherheit (d. h. das zweitwichtigste berufliche Ziel der Befragten!), mittel- bis langfristige berufliche Veränderungen sowie mittel- bis langfristige Einkommenssteigerungen. Nur etwa die Hälfte der Befragten geht davon aus, dass Weiterbildung zur Verwirklichung dieser drei Ziele einen Beitrag liefern kann. Dass eine Weiterbildung zu kurzfristigen beruflichen Veränderungen oder kurzfristigen Einkommenssteigerungen führt, erachten jeweils nur etwa 30 Prozent der Erwerbstätigen als wahrscheinlich. Im Vergleich mit der Eintrittswahrscheinlichkeit der übrigen Ziele nehmen diese items die letzten beiden Ränge ein.

In den beiden jüngeren Altersgruppen (19- bis 34-Jährige und 35- bis 49-Jährige) nimmt die Einschätzung, Weiterbildung führe zur Sicherung des Arbeitsplatzes, einen unterdurchschnittlichen Rang ein. Beide Gruppen erachten – genau wie Führungskräfte, ehemalige Nichtteilnehmende, Personen in nicht-wissensintensiven Berufen sowie Personen aus produktionsbezogenen und sekundären Dienstleistungsberufen – den Eintritt mittel- bis langfristiger beruflicher Veränderungen, 19- bis 34-Jährige zusätzlich mittel bis langfristiger Einkommenssteigerungen als wahrscheinlicher. Letzteres gilt auch für Personen mit allgemeiner Hochschulreife oder einem abgeschlossenen Studium. Anders als der Durchschnitt aller Erwerbstätigen gehen ältere Arbeitnehmer/-innen davon aus, dass Weiterbildung sich am ehesten positiv auf berufliche Kontakte auswirkt und die Anpassung an sich wandelnde berufliche Anforderungen ermöglicht. Die Instrumentalität für die Verbesserung der Beschäftigungsfähigkeit belegt in dieser Gruppe den dritten Rang. Personen, die höchstens über einen Volks- bzw. Hauptschulabschluss verfügen, gehen deutlich häufiger davon aus, dass sich berufliche Weiterbildung positiv auf Aktivitäten während der erwerbsfreien Zeit auswirkt (Rang 3). Hierbei handelt es sich jedoch um ein Ziel, dem diese Gruppe nur geringe Relevanz beimisst. Akademiker/-innen äußern, dass Weiterbildung am ehesten dem Aufbau bzw. Erhalt beruf-

74 Die geäußerten Eintrittswahrscheinlichkeiten von Personen, die Weiterbildung eher als belastend oder als Freude stiftend empfinden sowie von Personen, für die Weiterbildung eher zu Anerkennung oder Ausgrenzung im beruflichen Umfeld führt, sind jeweils zusammengefasst, um die Friedman-Tests nicht getrennt für die jeweiligen Gruppen durchführen zu müssen. Ein hoher Rang gibt hier also an, dass Weiterbildung eher geeignet ist, mit Freude *oder* Belastung einherzugehen bzw. eher geeignet ist, zu Anerkennung *oder* Ablehnung als zum Eintritt der anderen Folgen zu führen.

licher Kontakte dient (Rang 1) und zur Anerkennung im beruflichen Umfeld (Rang 2) führt (von einer Ablehnung im beruflichen Feld geht nur ein geringer Teil der Akademiker/-innen aus). Vergleichsweise wenig Personen ohne beruflichen Abschluss erwarten, dass sie ihr wichtigstes berufliches Ziel – die allgemeine Beschäftigungsfähigkeit – über eine Teilnahme an beruflicher Weiterbildung (Rang 4) sichern können. Stattdessen erwarten sie besonders häufig, dass Weiterbildung mit Anerkennung bzw. Ablehnung im beruflichen Umfeld einhergeht. Im Hinblick auf eine mögliche Teilnahme ist dies nicht zu vernachlässigen, da immerhin ein Fünftel dieser Gruppe überzeugt ist, dass ihre Teilnahme von ihrem beruflichen Umfeld abgelehnt würde.

Erwartungsgemäß ist der Beitrag, den sich Beamte von Weiterbildung für die Erhöhung der Arbeitsplatzsicherheit (Rang 10) sowie der allgemeinen Beschäftigungsfähigkeit (Rang 6) versprechen, deutlich geringer als für Selbstständige, Angestellte und Arbeiter. Aus ihrer Perspektive führt Weiterbildung in erster Linie zum Erhalt oder zum Aufbau beruflicher Kontakte (Rang 1) oder zur Anpassung an geänderte Anforderungen des Arbeitsplatzes (Rang 2).

Die Befragten machten je nach Weiterbildungsszenario deutlich unterschiedliche Angaben, für wie instrumentell sie eine Teilnahme für den Eintritt der elf potenziellen Weiterbildungsziele erachten. Die geäußerten Instrumentalitäten unterschieden sich dabei in erster Linie zwischen dem ersten Szenario (umfangreiche Aufstiegsfortbildung) und den drei übrigen Szenarien (EDV-, Softskills- oder fachliche Fortbildung), während die Einschätzungen zwischen den drei kürzeren Szenarien kaum differierten.

Erwerbstätige schreiben der zeitlich besonders umfangreichen Weiterbildung signifikant häufiger als den kürzeren EDV-, Softskills- oder Fachfortbildungen zu, eine Verbesserung der individuellen Beschäftigungsfähigkeit, eine Erhöhung des Erwerbseinkommens und berufliche Veränderungen bewirken zu können. Außerdem erscheint sie eher für den Aufbau von beruflichen Kontakten und die Erhöhung der Anerkennung im beruflichen Umfeld geeignet zu sein. Umgekehrt schreiben Erwerbstätige den kürzeren Maßnahmen stärker zu, dass sie bereits während der Teilnahme Freude bereiten können und dass sie die Übertragbarkeit der Inhalte auf nicht berufliche Kontexte sowie die Erfüllung beruflicher Anforderungen fördern.

Diese Befunde lassen sich nicht allein auf den zeitlichen Aspekt der Szenarien zurückführen. Dies wird darin deutlich, dass nicht nur ein beruflicher Aufstieg, sondern auch eine Verbesserung der Beschäftigungsfähigkeit eher mit umfangreichen denn mit kürzeren Maßnahmen verbunden werden, obwohl eine Verbesserung der tatsächlichen Arbeitsleistung eher den kürzeren Maßnahmen zugeschrieben wird. Plausibel erscheint mir eine Erklärung, die mit dem zeitlichen Umfang in unmittelbarem Zusammenhang steht: Jene potenziellen Weiterbildungsziele, deren Eintritt infolge der kürzeren Maßnahmen im Vergleich zur umfangreichen Fortbildung als wahrscheinlicher betrachtet wird, beziehen sich entweder auf die Weiterbildungsteilnahme an sich (Freude am Lernen) oder auf die unmittelbare Anwendung der im Rahmen der Maßnahme vermittelten Inhalte (positive Auswirkung auf Freizeitaktivitäten, bessere Erfüllung beruflicher Anforderungen). Unter den potenziellen Weiterbildungszielen, deren Eintritt eher infolge umfangreicher Fortbildungen erwartet wird, dominieren mit Einkommenssteigerungen, beruflichen Veränderungen (Aufstieg, Berufswechsel, Betriebswechsel) und dem Erhalt der Beschäftigungsfähigkeit hingegen solche, für die anerkannte Abschlüsse bzw. Zertifikate traditionell eine hohe Bedeutung besitzen.

Die Unterschiede in den geäußerten Eintrittswahrscheinlichkeiten beruflicher und privater Zielvorstellungen auf der Grundlage einer Weiterbildungsteilnahme lassen sich also derart interpretieren, dass sich sowohl regelmäßig Teilnehmende als auch bislang Weiterbildungsabstinente über zwei Sachverhalte im Klaren sind: Dass mit umfangreichen Weiterbildungsmaßnahmen erstens in der Regel auch der Erwerb eines anerkannten Abschlusses oder zumindest eines Zertifikates einhergeht, während kurze Maßnahmen häufig allenfalls mit einem Teilnahmenachweis verbunden sind. Und dass anerkannte Abschlüsse und Zertifikate zweitens unabhängig des Umfangs tatsächlich angeeigneter Kompetenzen für berufliche Veränderungen, Einkommenssteigerungen und den Erhalt der Beschäftigungsfähigkeit dienlicher sind als Teilnahmebescheinigungen.

Erwartungswerte

Hinsichtlich der Erwartung, dass eine dem im Interview vorgestellten Szenario korrespondierende Weiterbildungsmaßnahme erfolgreich abgeschlossen werden kann, d. h. dass ihre Inhalte nach Abschluss der Maßnahme prinzipiell auf die eigene berufliche Situation anwendbar sind, fallen die Einschätzungen der Befragten homogen aus (vgl. Abb. 9).

Abbildung 9: **Erwartung eines Lernerfolgs – Rangfolge der drei Erwartungswerte**

Rangfolge ermittelt auf Basis eines Friedman-Tests für verbundene Stichproben – Grundlage: Alle Erwerbstätigen

Rang	Erwartungswert	Mittlerer Rang
1	Eigene Kompetenzen ermöglichen Lernerfolg	2.37
2	Kursqualität ermöglicht Lernerfolg	1.93
3	Didaktische/Methodische Kompetenzen des Lehrpersonals ermöglichen Lernerfolg	1.7

Anmerkungen: n = 1,574; Chi^2: 662.84; Freiheitsgrade: 2, p: 0.001.

Quelle: Eigene Berechnungen auf Basis der BIBB-DICT-Erhebung

Die höchste Erfolgswahrscheinlichkeit wird hinsichtlich der Selbstwirksamkeit geäußert: Erwerbstätige haben nur wenig Bedenken, dass ihre eigenen Kompetenzen, Fertigkeiten und Fähigkeiten nicht ausreichen, eine Weiterbildungsmaßnahme erfolgreich zu absolvieren. Es folgen die Erwartungen, dass die Qualität der Weiterbildungsangebote und die fachlichen, didaktischen und methodischen Kompetenzen des Lehrpersonals für einen Weiterbildungserfolg ausreichen. Hierbei ist zu betonen, dass es sich bei der Rangfolge lediglich um einen Vergleich der drei Erwartungswerte handelt. Die Ergebnisse lassen nicht darauf schließen, dass die Befragten eine geringe Kursqualität oder mangelhaft qualifiziertes Lehrpersonal vermuten. Im Gegenteil – sie äußerten sich auch diesbezüglich durchaus optimistisch. Im Vergleich mit der Erwartung, dass die eigenen Kompetenzen für einen Lernerfolg ausreichen, wurden lediglich geringfügig seltener höhere und geringfügig häufiger niedrigere Erfolgserwartungen geäußert. Bei Betrachtung der Ergebnisse der Friedman-Tests nach personen- und beschäftigungsbezogenen Merkmalen fallen nur geringfügige Abweichungen in den mittleren Rängen auf. Diese bewegen sich im Nachkommabereich, sodass sich für die in Abb. 9 dargestellte Rangfolge keine Änderungen ergeben.

Zusammenfassend wird deutlich, dass sich die im Rahmen der Hypothesen vermuteten Zusammenhänge vielfach, aber nicht überwiegend zeigen. Personengruppen, die in der Weiterbildungsberichterstattung regelmäßig durch geringe Partizipationsquoten auffallen und deren Weiterbildungsbeteiligung in der Folge als besonders defizitär wahrgenommen wird, beurteilen die einzelnen Determinanten des subjektiv erwarteten Nutzens einer Weiterbildungsteilnahme nicht per se geringer als Personen, die sich vergleichsweise stärker an beruflicher Weiterbildung beteiligen. Vielmehr wird schon auf der Aggregationsebene personen- und beschäftigungsbezogener Merkmale deutlich, wie differenziert die Bewertungen von Weiterbildungszielen, die Einschätzungen ihrer Erreichbarkeit durch Weiterbildung sowie die Erfolgserwartungen im Sinne eines Vertrauens in eigene Fähigkeiten und das Weiterbildungsangebot sind.

Zahlreiche den Hypothesen widersprechende Ergebnisse sind völlig plausibel, wie beispielsweise der Befund, dass Akademiker/-innen viel weniger stark an partikularen Beschäftigungsverhältnissen festhalten als Geringqualifizierte, oder etwa jener, dass Beamte sich von einer Weiterbildungsteilnahme geringe Zuwächse für die Sicherung ihres aktuellen Beschäftigungsverhältnisses versprechen.

Gemäß den im theoretischen Teil diskutierten Mikrotheorien gründet sich Weiterbildungsbereitschaft jedoch nicht auf der Ausprägung einzelner Parameter, sondern auf ihrer Verknüpfung. Eine Teilnahme dürfte aus subjektiver Perspektive kaum sinnvoll erscheinen, wenn (1.) über Weiterbildung tatsächlich erworbene Kompetenzen nicht erfolgreich am Arbeitsplatz angewendet werden können, wenn (2.) durch Weiterbildung vorwiegend unattraktive Ziele verwirklicht werden können oder wenn (3.) attraktive Ziele aus subjektiver Perspektive durch Weiterbildung nicht erreichbar erscheinen.

Die Hypothesen 1–3 sind vergangenheitsgerichtet, da sie sich auf Weiterbildungsteilnahmen in der Vergangenheit bzw. der allgemein bekannten Weiterbildungsbeteiligung beziehen und hiervon ausgehend Annahmen über die Ausprägungen verschiedener Nutzenparameter machen. Der Zusammenhang zwischen erwartetem Nutzen und der Teilnahme an einer (noch nicht beendeten!) Weiterbildung, auf welche Nutzenerfassung und -äußerung gerichtet waren, blieb bislang unberücksichtigt. Im nachfolgenden Teilkapitel erfolgt die Prüfung des

Zusammenhangs von erwartetem Nutzen und der Bereitschaft zur Weiterbildungsbeteiligung prospektiv, direkt bezogen auf die in der Befragung genutzten Weiterbildungsszenarien sowie unter Betrachtung sowohl des gesamten erwarteten Nutzens als auch unter Einbeziehung objektiver Handlungsrestriktionen.

5.3 Erklärung der Weiterbildungsbereitschaft auf Basis des subjektiv erwarteten Nutzens und objektiver Handlungsrestriktionen

Nachstehend prüfe ich, ob das Verhalten bei der Weiterbildungsentscheidung den Annahmen des RC-Paradigmas entspricht. Grundlage hierfür sind sieben Forschungshypothesen, die sich aus dem Rationalitätspostulat ableiten lassen.

Zunächst ist zu vermuten, dass die Bereitschaft zur Teilnahme an einer Maßnahme der beruflichen Weiterbildung mit zunehmendem, im Zusammenhang mit dieser Maßnahme erwartetem Nutzen ansteigt. Weiterhin unterstelle ich, dass mit zunehmenden Handlungsrestriktionen die Teilnahmebereitschaft sinkt.

Hypothese 4: Es besteht eine signifikante, positive Korrelation zwischen dem erwarteten Nutzen einer Weiterbildungsmaßnahme und der Bereitschaft, an dieser Maßnahme teilzunehmen. Mit zunehmendem erwarteten Nutzen steigt folglich auch die Teilnahmebereitschaft.

Hypothese 5: Es besteht eine signifikante, negative Korrelation zwischen den objektiven Handlungsrestriktionen und der Bereitschaft, an einer Weiterbildungsmaßnahme zu partizipieren. Personen mit stärkeren Restriktionen sollten folglich über eine geringere Teilnahmebereitschaft verfügen als Personen, deren Partizipation in schwächerem Maße restringiert ist.

Sollten die Befunde der vierten Hypothese widersprechen, so gäbe es keinen Hinweis darauf, dass sich der wahrgenommene Nutzen auf Weiterbildungsentscheidungen auswirkt. Kann Hypothese 5 nicht bestätigt werden, so würde es an einem Nachweis mangeln, dass sich umfangreichere Handlungsrestriktionen in einer geringeren Bereitschaft zur Teilnahme an Weiterbildung niederschlagen.

Ferner sollte sich die Entscheidung für oder wider eine Weiterbildungsmaßnahme *ausschließlich* über den wahrgenommenen Nutzen sowie die Handlungsrestriktionen erklären lassen. Personen- bzw. erwerbsbezogene Variablen sollten darüber hinaus keinen weiteren Einfluss auf die Teilnahmebereitschaft besitzen:

Hypothese 6: Sämtliche Variabilität innerhalb der Bereitschaft zur Weiterbildungsteilnahme zwischen den Trägern verschiedener personenbezogener Merkmale (wie Bildungsstand, Alter etc.) spiegelt sich im erwarteten Nutzen sowie den persönlichen Handlungsrestriktionen wider.

Unter der Kontrolle von erwartetem Nutzen und den objektiven Handlungsrestriktionen sollten personenbezogene Merkmale also nicht signifikant mit der individuellen Teilnahmebereitschaft korrelieren.

Die Hypothesen 4 und 5 beziehen sich auf die Erwerbstätigen insgesamt. Sie müssten jedoch auch bei der Betrachtung von Subpopulationen bestätigt werden können (Hypothese 7 und 9). Dabei sollten sich zwischen verschiedenen Subpopulationen zudem keine signifikanten Unterschiede im Ausmaß zeigen, in dem sich der erwartete Nutzen sowie individuelle Handlungsrestriktionen auf die Weiterbildungsbereitschaft auswirken (Hypothese 8 und 10).

Hypothese 7: Der positive Zusammenhang zwischen dem wahrgenommenen Nutzen und der Bereitschaft zur Teilnahme an beruflicher Weiterbildung zeigt sich nicht nur bei Betrachtung aller Erwerbspersonen, sondern auch für abgrenzbare Subgruppen unter den Erwerbstätigen (z. B. für Geringqualifizierte, ältere Erwerbstätige usw.).

Hypothese 8: Personenbezogene Merkmale moderieren den positiven Zusammenhang zwischen dem erwarteten Nutzen und der Teilnahmebereitschaft nicht. Bei den Trägern der Ausprägung eines personen- oder beschäftigungsbezogenen Merkmals (z. B. Personen mit abgeschlossener Berufsausbildung) wirkt sich der wahrgenommene Nutzen auf die Teilnahmebereitschaft also nicht stärker aus als bei Trägern anderer Ausprägungen desselben Merkmals (z. B. Personen ohne beruflichen Abschluss).

Hypothese 9: Der negative Zusammenhang zwischen Handlungsrestriktionen und der Bereitschaft zur Teilnahme an beruflicher Weiterbildung zeigt sich nicht nur bei Betrachtung aller Erwerbstätigen, sondern auch für abgrenzbare Subgruppen unter den Erwerbstätigen.

Hypothese 10: Personenbezogene Merkmale moderieren den negativen Zusammenhang zwischen den Handlungsrestriktionen und der Teilnahmebereitschaft nicht. Bei Trägern der Ausprägung eines personen- oder beschäftigungsbezogenen Merkmals wirken sich Handlungsrestriktionen also nicht stärker auf die Teilnahmebereitschaft aus als bei Trägern anderer Ausprägungen desselben Merkmals.

In Kapitel 5.3.1 stelle ich die Ergebnisse zur Prüfung der Hypothesen 4 bis 6, in Kapitel 5.3.2 die Ergebnisse der Prüfung von Hypothese 7 bis 10 dar. Weil die Hypothesenprüfung analog der Prüfung von Hypothese 1 bis 3 in erster Linie auf ordinal-logistischen Regressionsmodellen basiert, sei zur Methodik auf Kapitel 5.2.1 verwiesen. Die Regressionsgleichungen zur Prüfung der Hypothesen 7 bis 10 enthalten Interaktionsterme, wodurch sich die Interpretation der Regressionskoeffizienten ändert. In Kapitel 5.3.2 finden sich daher einige methodische Vorbemerkungen, um die Interpretation der Regressionskoeffizienten zu erleichtern. Entsprechend der gerichteten Formulierung der Hypothesen 4, 5, 7 und 9 erfolgt die Prüfung aller Nutzen- und Restriktionskoeffizienten auf Basis einseitiger Signifikanztests.

5.3.1 Erwerbstätige insgesamt

Die der Analyse zugrunde liegenden Daten erlauben es, die Hypothesen 4 bis 6 auf Basis eines einzigen Regressionsmodells zu prüfen. Die entsprechende Regressionsgleichung lautet formal:

$$ln\frac{P(WTP>m\,|x)}{P(WTP\leq m\,|x)} = \beta_0 + \beta_{SEUm}SEU + \beta_{RESTRm}RESTR + \beta_{PERSm}PERS + \beta_{SZENm}SZEN + \varepsilon,\ \mathrm{m} = 1, 2, \ldots, 6 \quad (7)$$

Hierbei repräsentiert WTP die individuelle Zahlungsbereitschaft der Befragten für eine dem im Interview vorgestellten Szenario entsprechende Weiterbildungsmaßnahme. Sie bildet die abhängige Variable der nachstehenden Analysen und einen möglichst realistischen Proxy für die Höhe der Teilnahmebereitschaft.

Die Zahlungsbereitschaft wurde auf einer siebenstufigen Skala gemessen, weshalb ich für die Analysen abermals ein ordinales Regressionsmodell verwende.

Auf der rechten Seite der Regressionsgleichung lassen sich die aufgenommenen unabhängigen Variablen zu vier Abschnitten gruppieren. Die ersten drei Abschnitte umfassen dabei sämtliche Variablen, die für die Prüfung jeweils einer der Hypothesen 4 bis 6 benötigt werden.

SEU steht in Anlehnung an den SEU-Ansatz für den Nutzen, den die Befragten im Zusammenhang einer Teilnahme an einer dem im Interview vorgestellten Szenario entsprechenden Weiterbildungsmaßnahme erwarten. Die SEU-Werte wurden für jeden Befragten aus den Nutzenbewertungen, Instrumentalitäts- und Erwartungswerten ermittelt. Die Berechnung geht dabei auf folgende Formel zurück:

$$SEU = \left(E\times\left[\sum_k (U_k\times I_k)\right]\right) + \left(\sum_l (U_l\times I_l)\right) \quad (8)$$

Mit:
SEU: Subjektiv erwarteter Nutzen einer Weiterbildungsteilnahme,
E: erwartete Wahrscheinlichkeit, dass die Weiterbildung zu einem Erfolg führt,
U_k: subjektiver Wert der zweckspezifischen Weiterbildungsziele,
U_l: subjektiver Wert der tätigkeitsspezifischen Weiterbildungsziele,
I_k: Instrumentalitäten einer erfolgreichen Weiterbildung für die Verwirklichung der zweckspezifischen Weiterbildungsziele,
I_l: Instrumentalitäten einer Weiterbildungsteilnahme für die Verwirklichung der tätigkeitsspezifischen Weiterbildungsziele.

E repräsentiert die erwartete Wahrscheinlichkeit, dass die Weiterbildung zu einem Erfolg führt.[75] U_k steht für den subjektiven Wert der zweckspezifischen Weiterbildungsziele und I_k für die Instrumentalitäten einer erfolgreichen Weiterbildung für die Verwirklichung der zweckspezifischen Weiterbildungsziele. U_l repräsentiert den subjektiven Wert der tätigkeitsspezifischen Weiterbildungsziele und I_l die entsprechenden Instrumentalitäten für den Eintritt dieser Ziele. Die Gleichung bildet damit das um tätigkeitsspezifische Handlungsergebnisfolgen erweiterte Handlungsmodell des maßgeblich durch Vroom geprägten VIE-Ansatzes für den konkreten Fall einer Teilnahme an beruflicher Weiterbildung ab, welches in Kapitel 3 hergeleitet und in Gleichung 4 formal dargestellt wurde.

Der Vektor RESTR umfasst die objektiven Handlungsrestriktionen. Insgesamt werden in die Analyse fünf Handlungsrestriktionen aufgenommen: das den Befragten zur Verfügung stehende monatliche Nettoäquivalenzeinkommen; die Anzahl der Stunden, die die Befragten wöchentlich für die Ausübung ihrer Erwerbsarbeit sowie familiäre Betreuungsverpflichtungen aufwenden müssen; der Grad ihrer Arbeitszeitflexibilität; die Größe ihres Wohnortes als Proxy ihrer Zugangsmöglichkeiten zu Weiterbildungsinfrastruktur sowie der von ihnen wahrgenommene Aufwand, den sie betreiben müssten, um sich einen Überblick über für sie potenziell infrage kommende Weiterbildungsmaßnahmen zu verschaffen.

Der Vektor PERS umfasst zentrale personen- und berufsbezogene Merkmale. Die Weiterbildungsszenarien, mit denen die Befragten konfrontiert wurden, wurden ebenfalls als Kontrollvariablen in die Regressionsgleichung aufgenommen, um die Ergebnisse unabhängig des jeweiligen Szenarios interpretierbar zu machen und auch die Unterschiede in der Zahlungsbereitschaft zwischen den einzelnen Szenarien aufzeigen zu können.

Die Durchführung eines approximate LR-Tests (Gould/Wolfe 1998) sowie eines Wald-Tests (Brant 1990) zeigte, dass die parallel lines-Annahme für zahlreiche der im Modell enthaltenen Variablen nicht gültig war. Aus diesem Grund wurde für die Prüfung der Hypothesen abermals auf ein partial proportional odds-Modell (Williams 2006) zurückgegriffen. Im formalen Modell wird dies durch die Indizierung der Vektoren mit m angezeigt; die Beta-Koeffizienten der unabhängigen Variablen können mit den verschiedenen Stufen von m variieren.

Tab. 5 gibt einen Überblick über die zur Prüfung der Hypothesen 4 bis 6 herangezogenen Variablen und deren Operationalisierung. Tab. 6 fasst zentrale deskriptive Statistiken dieser Variablen zusammen. Die sich anschließende Tab. 7 bildet die Ergebnisse der Modellierung von Gleichung 7 ab.

Ein Blick in die deskriptive Statistik zeigt, dass sich verschiedene Personengruppen deutlich im hier berücksichtigten erwarteten Gesamtnutzen sowie hinsichtlich der Restriktionen und schließlich der Zahlungs- bzw. Teilnahmebereitschaft unterscheiden. Stellt man, ganz im Sinne des „katholischen Arbeitermädchens vom Lande“ eine Gruppe von Personen mit „problematischem Weiterbildungsverhalten“ (maximal abgeschlossene beruf-

75 Die drei erhobenen Erwartungswerte wurden für jede Person gemittelt, um einen gemeinsamen Erwartungswert E zu erhalten.

liche Ausbildung, geringes Einkommen, keine Arbeitszeitflexibilität, mindestens 49 Jahre alt, bislang weiterbildungsabstinent, produktionsbezogener Beruf) einer Gruppe von Weiterbildungsaffinen (mindestens Techniker-/Meisterniveau, mittleres bis hohes Einkommen, flexible Arbeitszeiten, maximal 49 Jahre alt, regelmäßige Weiterbildungsbeteiligung, sekundärer Dienstleistungsberuf) gegenüber, so zeigen sich die in Abb. 10 ausgewiesenen Durchschnittswerte.

Tabelle 5: **Operationalisierung der Variablen zur Prüfung der Hypothesen 4–6**

Variable	Operationalisierung
Zahlungsbereitschaft	Für das erste Weiterbildungsszenario „Aufstiegsfortbildung" wurden folgende Stufen erhoben: 0 €; 1–500 €; 501–1,000 €; 1,001–2,000 €; 2,001–5,000 €; 5,001–10,000 €; mehr als 10,000 €. Für die übrigen Szenarien wurden die Stufen mit dem Faktor 1/10 herunterskaliert, da es sich hier um Maßnahmen mit deutlich kürzerem Umfang handelt: 0 €; 1–50 €; 51–100 €; 101–200 €; 201–500 €; 501–1,000 €; mehr als 1,000 €
SEU	Auf Basis des Handlungsmodells ermittelter Nutzenwert
Einkommen	Nettoäquivalenzeinkommen in Tausend €, imputiert
Wöchentlicher Zeitaufwand	Wöchentlicher Zeitaufwand für Erwerbsarbeit und familiäre Betreuungsverpflichtungen in Stunden
Arbeitszeitflexibilität	Flexibel; nicht flexibel
Informationsaufwand	Überhaupt nicht aufwendig; wenig aufwendig; ziemlich aufwendig; sehr aufwendig
Gebietsgröße	Anzahl Einwohnende: Unter 1,000; 1,000–9,999; 10,000–49,999; 50,000–249,999; 250,000 und mehr
Geschlecht	Männlich; Weiblich
Alter	Alter in Lebensjahren
Höchster berufsbildender Abschluss	Kein Abschluss, Berufsausbildung (schulisch/betrieblich); Techniker/Meister (inkl. Fachwirte, Betriebswirte o. Ä.); Studium (inkl. Promotion/Habilitation)
Berufliche Handlungsautonomie	Einfache Tätigkeiten; Fachkräfte; Sachbearbeiter/untere Führungsebene; Führungskräfte
Weiterbildungsteilnahme 2005–2010	Teilnehmende; Nichtteilnehmende an individueller beruflicher Weiterbildung in den Jahren 2005–2010
Wahrgenommene Übereinstimmung zwischen Fähigkeiten und beruflichen Anforderungen	Kein mismatch; eher überfordert; eher unterfordert
Branche	Wissensintensiv; Nicht-wissensintensiv (enge Abgrenzung)
Berufsoberfeld	Produktionsbezogene Berufe; primäre Dienstleistungsberufe; sekundäre Dienstleistungsberufe
Familienstand	Alleinlebend; Alleinerziehend; Zusammenlebend; Zusammenerziehend
Betriebsgröße	Anzahl Mitarbeitende: 10–49; 50–249; 250 und mehr
Weiterbildungsszenario	Szenario 1 (Aufstiegsfortbildung); Szenario 2 (EDV-Fortbildung); Szenario 3 (Softskills-Fortbildung); Szenario 4 (Fachliche Fortbildung)

Tabelle 6: **Variablen zur Prüfung der Hypothesen 4–6 – deskriptive Statistiken**

Variable	Min./Max.	Mittelwert	Median	Standard-abweichung
Zahlungsbereitschaft	1/7	3.82	4	1.63
SEU	-3/29.96	10.46	9.94	5.67
Nettoäquivalenzeinkommen	.16/6.62	1.71	1.63	.75
Wöchentlicher Zeitaufwand	10/168	43.79	41	19.5
Arbeitszeitflexibilität (1 = flexibel)	0/1	.81	1	.39
Informationsaufwand	1/4	2.22	2	.82
Gebietsgröße				
unter 1,000 Einwohnende	0/1	.03	0	.17
1,000–9,999 Einwohnende	0/1	.22	0	.42
10,000–49,999 Einwohnende	0/1	.33	0	.47
50,000–249,999 Einwohnende	0/1	.19	0	.39
250,000 und mehr Einwohnende	0/1	.22	0	.42
Geschlecht (1 = männlich)	0/1	.54	1	.5
Alter	19/64	45.18	46	10.45
Höchster berufsbildender Abschluss	1/4	2.89	3	.95
Berufliche Handlungsautonomie	1/4	2.74	3	.79
Weiterbildungsteilnahme 2005–2010 (1 = ja)	0/1	.3	0	.46
Übereinstimmung zwischen Fähigkeiten und beruflichen Anforderungen				
Kein mismatch	0/1	.79	1	.41
Überforderung	0/1	.05	0	.22
Unterforderung	0/1	.16	0	.37
Wissensintensive Branche (1 = ja)	0/1	.37	0	.48
Berufsoberfeld				
Produktionsbezogene Berufe	0/1	.12	0	.33
Primäre Dienstleistungen	0/1	.4	0	.49
Sekundäre Dienstleistungen	0/1	.48	0	.5
Familienstand				
Alleinlebend	0/1	.28	0	.45
Alleinerziehend	0/1	.04	0	.19
Zusammenlebend	0/1	.39	0	.49
Zusammenerziehend	0/1	.29	0	.45
Betriebsgröße	1/4	2.62	3	1.14
Weiterbildungsszenario				
Aufstiegsfortbildung	0/1	.24	0	.43
EDV-Fortbildung	0/1	.24	0	.43
Softskills-Fortbildung	0/1	.26	0	.44
Fachliche Fortbildung	0/1	.26	0	.44

Anmerkungen: n = 1,367. Angaben beziehen sich ausschließlich auf die zur Prüfung der Hypothesen 4–6 bezogenen Fälle.

Abbildung 10: **Weiterbildungsbereitschaft, erwarteter Nutzen und Restriktionen – deskriptive Statistiken (Mittelwerte) für zwei stilisierte Personengruppen**

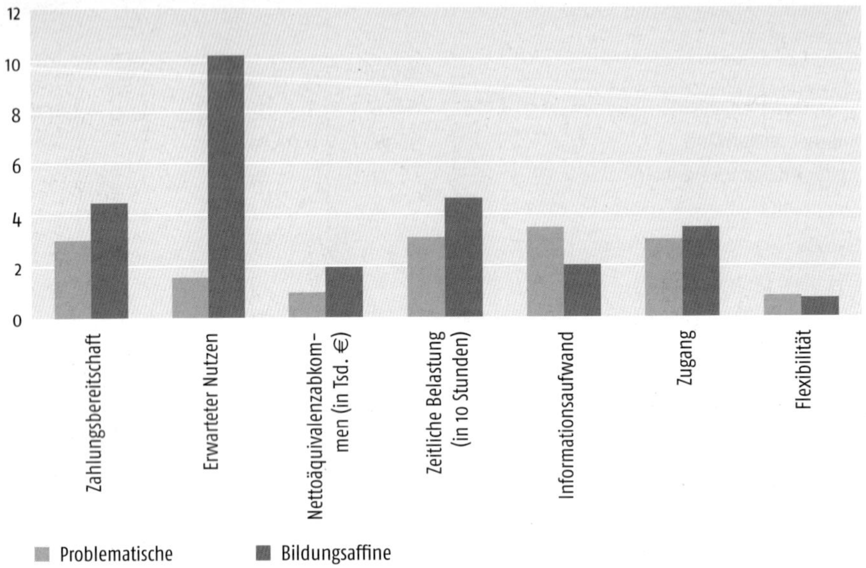

Hiernach weisen die „Bildungsaffinen" eine höhere mittlere Teilnahmebereitschaft, deutlich höhere Nutzenerwartungen und ein ebenfalls deutlich höheres Einkommen auf als die „Problematischen". Zudem gehen sie von einem niedrigeren Informationsaufwand bezüglich der für sie infrage kommenden Maßnahmen aus. Schließlich ist ihre Weiterbildungsbereitschaft höher. Diese Befunde plausibilisieren bereits, dass Unterschiede im Weiterbildungsverhalten auf Unterschiede im wahrgenommenen Nutzen und in den monetären Handlungsrestriktionen zurückgeführt werden können. Ob sich ein kausaler Zusammenhang zwischen Nutzenerwartungen, Einkommen und Informationsaufwand einerseits und der Weiterbildungsbereitschaft andererseits nachweisen lässt, ist nachfolgend noch zu prüfen. Bei den übrigen Restriktionen stellt sich die deskriptive Betrachtung noch nicht sehr aufschlussreich dar. Die beiden stilisierten Gruppen unterscheiden sich kaum im Zugang zu Weiterbildungsinfrastruktur und in der Arbeitszeitflexibilität. Darüber hinaus ist die zeitliche Belastung bei den „Problematischen" in der Stichprobe vergleichsweise gering ausgeprägt.[76] Die teilweise nur geringen Unterschiede zwischen beiden Gruppen zeigen an, dass die vorliegende Stichprobe im Hinblick auf Nutzenerwartungen und Restriktionen homogener ist, als dies vor dem Hintergrund der regelmäßigen Weiterbildungsberichterstattung zu erwarten wäre. Hinsichtlich der Interpretation von Hypothese 6 ist damit Vorsicht angebracht, da insignifikante Koeffizienten der personenbezogenen Merkmale nicht ausschließlich darauf zurückzuführen sind, dass Unterschiede der Wei-

76 Dies ist insofern einleuchtend, als in dieser Gruppe viele Personen mit geringem Beschäftigungsumfang vertreten sind. Allerdings sind auch die familiären Betreuungsverpflichtungen nicht höher als in der Gruppe der „Bildungsaffinen".

terbildungsbereitschaft im erwarteten Nutzen und den Restriktionen reflektiert sind, sondern schlicht ein Ergebnis geringer Unterschiede in der Weiterbildungsbereitschaft zwischen den Trägern verschiedener Ausprägungen der personenbezogenen Merkmale darstellen können.

Tabelle 7: Determinanten der Bereitschaft zur Teilnahme an beruflicher Weiterbildung – Erwerbstätige insgesamt

	odds ratios					
Modell	1 vs. 2–7	1–2 vs. 3–7	1–3 vs. 4–7	1–4 vs. 5–7	1–5 vs. 6–7	1–6 vs. 7
SEU-Wert	1.14***	1.08***	1.06***	1.05***	1.05***	1.06**
Nettoäquivalenzeinkommen (in Tsd. €)	.98	.98	1.30***	1.45***	1.72***	1.55**
Wöchentlicher Zeitaufwand	.99***	1.00	1.00	1.00	1.00	1.01
Arbeitszeitflexibilität (1 = flexibel)	1.68***					
Informationsaufwand	0.89**					
Region (Ref.: Unter 1,000 Einwohnende)						
1,000–9,999 Einwohnende	2.41***					
10,000–49,999 Einwohnende	2.75***					
50,000–249,999 Einwohnende	2.81***					
250,000+ Einwohnende	2.46***					
Geschlecht (1 = männlich)	.89	1.35**	1.5***	1.62***	1.33	2.13**
Familienstand (Ref: Alleinlebend)						
Alleinerziehend	.31***	.62	1.30	1.04	1.37	2.66
Zusammenlebend	.99					
Zusammenerziehend	1.02					
Alter	.99					
WB-Teilnahme in 2005–2010 (1 = ja)	5.12***	3.34***	2.34***	1.86***	2.03***	3.07***
Höchster berufsbildender Abschluss	1.1					
Berufliche Handlungsautonomie	1.4***					
Übereinstimmung zwischen Fähigkeiten und beruflichen Anforderungen (Ref.: kein mismatch)						
Gefühlte Überforderung	.6**					
Gefühlte Unterforderung	.85					
Betriebsgröße	1.00					
Berufsoberfeld (Ref: Primäre Dienstleistungen)						
Produktionsbezogene Berufe	1.9**	.95	.88	1.01	1.2	0.17*
Sekundäre Dienstleistungen	.81**					
Wissensintensive Branche (1 = ja)	1.57***					
Szenario (Ref: Aufstiegsfortbildung)						
EDV-Fortbildung	1.05	3.39***	2.98***	1.42**	1.20	2.4*
Softskills-Fortbildung	1.28	2.7***	2.54***	1.66***	1.37	1.41
Fachliche Fortbildung	1.88***	4.37***	3.64***	2.22***	1.66**	2.23
Konstante	0.24**	0.07***	0.02***	0.01***	0.00***	0.00***
N	1,367					
Pseudo R^2	0.101					

Anmerkungen: Signifikanzniveaus: *** p<0.01, ** p<0.05, * p<0.1; Abhängige Variable: Zahlungsbereitschaft für berufliche Weiterbildung, auf sieben Stufen erfasst; Parametrisierung der Koeffizienten als odds ratios; Ausgegebenes Pseudo-R^2: McFadden's R^2

Jede der sechs Spalten rechts neben den Variablenbezeichnungen repräsentiert eine binäre logistische Regression. Die Regressionskoeffizienten geben jeweils das Chancenverhältnis (odds ratio) an. Sie messen also den Effekt der jeweiligen erklärenden Variablen auf die Chance, dass die Teilnahmebereitschaft einer Person der höheren der kontrastierten Ausprägungen der abhängigen Variablen entspricht. Die erste Spalte kontrastiert die Ausprägung 1 mit den Ausprägungen 2–7, die zweite Spalte kontrastiert Ausprägung 1 und 2 mit den Ausprägungen 3–7, usw. Für die Interpretation der Ergebnisse ist weiterhin hilfreich, dass die niedrigste Kategorie der abhängigen Variable eine Zahlungsbereitschaft von null Euro repräsentiert. In der ersten Spalte werden folglich die Chancen einer generellen Weiterbildungsbereitschaft mit den Chancen verglichen, überhaupt nicht zur Teilnahme bereit zu sein.

Hypothese 4 unterstellt einen positiven Zusammenhang zwischen dem subjektiv erwarteten Nutzen und der Teilnahmebereitschaft. Diese Hypothese wird von den Daten deutlich gestützt. Zum einen erhöht ein Anstieg des subjektiv erwarteten Nutzens die Chance, dass von den Befragten eine generelle Teilnahmebereitschaft geäußert wird. Jeder zusätzliche Punkt auf der Nutzenskala erhöht die Chance einer generellen Teilnahmebereitschaft um 14 Prozent. Zum anderen steigt mit dem erwarteten Nutzen auch die Wahrscheinlichkeit, eine jeweils höhere Teilnahmebereitschaft zu äußern. Hypothese 5 unterstellt einen negativen Zusammenhang zwischen den eine Teilnahme an beruflicher Weiterbildung objektiv restringierenden Faktoren und der Teilnahmebereitschaft. Auch diese Hypothese wird von der Analyse wesentlich gestützt:

Erstens erhöht ein höheres monatlich zur Verfügung stehendes Haushaltseinkommen die Teilnahmebereitschaft. Der Effekt des Einkommens ist mit 30 bis 72 Prozent pro zusätzlichen 1.000 Euro Nettoäquivalenzeinkommen deutlich ausgeprägt. Auffällig ist, dass die Koeffizienten des Nettoäquivalenzeinkommens erst ab dem dritten Modell signifikant sind. Eine Lockerung der monetären Restriktionen kann also eine bereits vorhandene Teilnahmebereitschaft ab einem gewissen Niveau deutlich *erhöhen*, jedoch lässt sich eine Teilnahmebereitschaft durch eine Lockerung von Restriktionen nicht grundsätzlich *erzeugen*.

Zweitens erhöht jede wöchentlich für Erwerbsarbeit und häusliche Betreuungsverpflichtungen zusätzlich benötigte Stunde die Chance, gar keine Teilnahmebereitschaft zu äußern. Ist eine Zahlungsbereitschaft grundsätzlich vorhanden, so wird diese jedoch durch zusätzliche Zeitbeschränkungen nicht verringert. Dass lediglich der erste Koeffizient des partial proportional odds-Modells signifikant ist, kann möglicherweise durch den nicht zu vernachlässigenden Anteil an Personen in der Untersuchung erklärt werden, deren wöchentliche Arbeitszeit deutlich unterhalb einer Vollbeschäftigung liegt. Es erscheint durchaus nachvollziehbar, dass die Teilnahmebereitschaft nicht nur mit hoher zeitlicher Belastung abnimmt, sondern auch bei geringem Beschäftigungsumfang, bzw. dass sich die zeitlichen Restriktionen erst ab einem bestimmten Belastungsniveau negativ auf die Teilnahmebereitschaft auswirken.

Dass monetäre und zeitliche Belastungen die Weiterbildungsbereitschaft negativ beeinflussen, wird auch noch mal bei Betrachtung des Familienstands deutlich: Alleinerziehende, die in der Verfügung von Einkommen und Zeit vergleichsweise wenig flexibel sind, äußerten besonders häufig überhaupt keine Teilnahmebereitschaft.

Drittens erhöht die Möglichkeit, die eigene Arbeitszeit flexibel zu gestalten, die Chancen auf eine hohe Teilnahmebereitschaft. Der Effekt beträgt 68 Prozent.

Viertens steigen die Chancen auf eine niedrige Teilnahmebereitschaft mit dem Grad des Informationsaufwands, der aus Sicht der Erwerbstätigen notwendig wäre, um eine passende Maßnahme ausfindig zu machen. Die Chancen einer geringeren Teilnahmebereitschaft liegen bei Personen mit dem höchsten wahrgenommenen Informationsbedarf im Vergleich zu Personen mit dem geringsten Bedarf um 42 Prozent höher.[77]

Fünftens ist die geäußerte Teilnahmebereitschaft von Personen aus kleinen Wohnorten signifikant geringer als bei Personen aller anderen Wohnortgrößenklassen. Das Ergebnis lässt sich so interpretieren, dass die geäußerte Teilnahmebereitschaft bei Personen mit Wohnsitz in Regionen mit guter Weiterbildungsinfrastruktur höher ist als bei Personen, für die eine Teilnahme aufgrund einer schwach ausgeprägten lokalen Weiterbildungsinfrastruktur mit höherem Aufwand verbunden ist (mehr Informationsaufwand, weitere Anfahrtswege und damit verbundene Fahrt- und ggf. Unterbringungskosten). Hierbei fällt auf, dass der Effekt der Wohnortgröße auf die Teilnahmebereitschaft nicht linear ansteigt, sondern ab einer gewissen Einwohnerzahl stagniert.

Hypothese sechs unterstellt, dass durch die Kontrolle von subjektiv erwartetem Nutzen sowie objektiven Handlungsrestriktionen sonstige personen- und erwerbsbezogene Merkmale, die in der einschlägigen Literatur zumeist als Erklärungsfaktoren der Weiterbildungsbeteiligung herangezogen werden, nicht mehr signifikant mit der Bereitschaft zur Teilnahme an beruflicher Weiterbildung korrelieren. Diese Hypothese kann auf Basis der vorliegenden Daten nur teilweise bestätigt werden.

Zwar sprechen einige wichtige Befunde für die Bestätigung der Hypothese. Unter Kontrolle von subjektiv erwartetem Nutzen und objektiven Handlungsrestriktionen lassen sich weder ein Alterseffekt noch ein Effekt des höchsten erreichten beruflichen Abschlusses auf die Teilnahmebereitschaft nachweisen. Dieser Befund deutet an, dass Unterschiede in der Weiterbildungsbeteiligung nach Alter und Abschluss in erster Linie auf unterschiedliche Nutzenerwartungen sowie unterschiedlich ausgeprägte Handlungsrestriktionen unter den verschiedenen Altersgruppen und Qualifikationsniveaus zurückgeführt werden können. Männer und Frauen unterscheiden sich darüber hinaus nicht hinsichtlich ihrer grundsätzlichen Teilnahmebereitschaft. Ferner sind Zusammenlebende sowie Zusammenerziehende nicht mehr oder weniger teilnahmebereit als alleinlebende Erwerbstätige. Schließlich unterscheiden sich Personen, die sich beruflich tendenziell unterfordert fühlen, hinsichtlich ihrer Teilnahmebereitschaft nicht von Personen, die ihren Qualifikationen entsprechend gefordert werden.

Andere Befunde sprechen allerdings gegen die Hypothese. Wenn eine grundsätzliche Teilnahmebereitschaft vorhanden ist, ist diese bei Männern deutlich stärker ausgeprägt als bei Frauen. Beispielsweise übersteigen die Chancen von Männern, die höchste Teilnahmebereitschaft zu äußern, die der Frauen um 113 Prozent. Ferner ist die geäußerte Teilnahmebereitschaft bei Erwerbstätigen, die sich am Arbeitsplatz tendenziell überfordert fühlen,

---

77 Berechnung: $(((1/0.89^3)-1)*100)$

geringer als bei jenen, die angeben, ihren Qualifikationen entsprechend gefordert zu sein. Auch korreliert der Grad beruflicher Handlungsautonomie signifikant positiv mit der Höhe der Teilnahmebereitschaft. Gleichzeitig korreliert der Grad der beruflichen Handlungsautonomie mit der Höhe des beruflichen Abschlusses (r: .47, p: 0.001), sodass sich im Zusammenhang zwischen Handlungsautonomie und Teilnahmebereitschaft dann doch ein nutzen- und restriktionsunabhängiger Bildungseinfluss auf die Teilnahmebereitschaft zeigt.

Personen in sekundären Dienstleistungsberufen äußern eine geringere Teilnahmebereitschaft als Personen aus den vergleichsweise weniger weiterbildungsintensiven primären Dienstleistungsberufen und haben überdies im Vergleich zu Erwerbstätigen produktionsbezogener Berufe höhere Chancen, gar keine Teilnahmebereitschaft zu äußern. Dies kann möglicherweise darauf zurückgeführt werden, dass Weiterbildung in Berufen der sekundären Dienstleistungen in stärkerem Maße arbeitgeberseitig finanziert wird und die Zahlungsbereitschaft der Erwerbstätigen in der Folge aufgrund einer Antizipation des Arbeitgeberverhaltens durch die Arbeitnehmer/-innen niedriger ausfällt.

Die Chancen auf eine hohe Teilnahmebereitschaft bei Erwerbstätigen wissensintensiver Branchen sind außerdem höher als bei Beschäftigten nicht-wissensintensiver Branchen. Der am deutlichsten gegen Hypothese 6 sprechende Befund zeigt sich allerdings im Effekt des Merkmals „frühere Weiterbildungsbeteiligung". Selbst unter Kontrolle des erwarteten Nutzens und der objektiven Handlungsrestriktionen liegen die Chancen für eine generelle Teilnahmebereitschaft bei ehemaligen Teilnehmenden 412 Prozent über denen derjenigen Erwerbstätigen, die in den vergangenen Jahren nicht weiterbildungsaktiv waren. Selbst wenn eine grundlegende Teilnahmebereitschaft vorhanden ist, unterscheiden sich die beiden Gruppen erheblich: Im Erhebungsjahr sowie in den fünf vorausgegangenen Jahren mindestens einmal an individueller beruflicher Weiterbildung teilgenommen zu haben, erhöht die Chancen auf eine höhere Zahlungsbereitschaft um 86 bis 234 Prozent.

Das Entscheidungsverhalten Erwerbstätiger bezüglich einer Teilnahme an beruflicher Weiterbildung kann also nicht ausschließlich auf eine individuelle Abwägung von erwartetem Nutzen sowie objektiven Handlungsrestriktionen zurückgeführt werden.

Um einen direkten Vergleich der Effekte einzelner Variablen des Modells auf die Teilnahmebereitschaft zu ermöglichen, weist die nachstehende Tab. 8 die Regressionskoeffizienten als x-standardisierte Koeffizienten aus.[78]

---

78 Bei der x-Standardisierung werden die Regressionskoeffizienten mit ihrer jeweiligen Standardabweichung multipliziert, sodass jeder Koeffizient nicht mehr die Veränderung der abhängigen Variablen (bzw. in der logistischen Regression: die Veränderung der Chancen, in eine Kategorie der abhängigen Variablen zu fallen) bei einem Anstieg der jeweiligen unabhängigen Variable um eine Einheit, sondern um eine Standardabweichung ausdrückt. Da die hier präferierte partial proportional odds-Schätzung eine x-Standardisierung zum Zeitpunkt der Erstellung der vorliegenden Arbeit nicht zuließ, musste ich auf eine vereinfachte ordinal-logistische Regression zurückgreifen. Folglich ist nachstehend pro unabhängige Variable nur ein Regressionskoeffizient ausgewiesen.

Tabelle 8: **Determinanten der Bereitschaft zur Teilnahme an beruflicher Weiterbildung – Erwerbstätige insgesamt. Ordinal logistische Regression mit x-standardisierten Koeffizienten**

	Erwerbstätige insgesamt		
	Odds Ratio	**Standardabweichung**	**x-std. Koeffizient**
SEU-Wert	1.07***	5.67	1.43
Nettoäquivalenzeinkommen (in Tsd. €)	1.3***	0.75	1.22
Wöchentlicher Zeitaufwand	1.00	19.5	1.01
Arbeitszeitflexibilität (1 = flexibel)	1.69***	0.39	1.23
Informationsaufwand	0.89**	0.82	0.9
Region (Ref.: Unter 1,000 Einwohnende)			
1,000–9,999 Einwohnende	2.07***	0.42	1.35
10,000–49,999 Einwohnende	2.4***	0.47	1.51
50,000–249,999 Einwohnende	2.42***	0.39	1.41
250,000+ Einwohnende	2.18***	0.42	1.39
Geschlecht (1 = männlich)	1.45***	0.5	1.2
Familienstand (Ref.: Alleinlebend)			
Alleinerziehend	0.81	0.19	0.96
Zusammenlebend	0.97	0.49	0.98
Zusammenerziehend	1.03	0.46	1.01
Alter	0.99	10.45	0.94
WB-Teilnahme in 2005–2010 (1 = ja)	2.18***	0.46	1.43
Höchster berufsbildender Abschluss	1.11*	0.95	1.11
Berufliche Handlungsautonomie	1.37***	0.76	1.27
Übereinstimmung zwischen Fähigkeiten und beruflichen Anforderungen (Ref.: kein mismatch)			
Gefühlte Überforderung	0.66*	0.22	0.91
Gefühlte Unterforderung	0.85	0.37	0.94
Betriebsgröße	1.00	1.14	1.00
Berufsoberfeld (Ref.: Primäre Dienstleistungen)			
Produktionsbezogene Berufe	1.03	0.33	1.01
Sekundäre Dienstleistungen	0.84	0.5	0.92
Wissensintensive Branche (1 = ja)	1.57***	0.48	1.24
Szenario (Ref.: Aufstiegsfortbildung)			
EDV-Fortbildung	1.89***	0.43	1.32
Softskills-Fortbildung	1.86***	0.44	1.31
Fachliche Fortbildung	2.61***	0.44	1.52
N		1,367	
Pseudo R^2		0.197	

Anmerkung: Signifikanzniveaus: *** p<0.01, ** p<0.05, * p<0.1; Abhängige Variable: Zahlungsbereitschaft für berufliche Weiterbildung, auf sieben Stufen erfasst; Ausgegebenes Pseudo-R^2: McKelvey & Zavoina's R^2; Standardisierte Koeffizienten: X-Standardisierung über die Standardabweichung der Variablen

Die Betrachtung der standardisierten Koeffizienten verdeutlicht den hohen Einfluss von subjektiv erwartetem Nutzen und objektiven Handlungsrestriktionen auf die individuelle Bereitschaft zur Weiterbildungsbeteiligung. Dem erwarteten Nutzen kommt hierbei ein besonders hoher

Stellenwert zu: Jeder Anstieg um eine Standardabweichung erhöht die Chancen auf eine hohe Teilnahmebereitschaft um 43 Prozent. Vergleichbar stark wirkt sich unter den Merkmalen, bei denen in den Hypothesen vier und fünf ein Zusammenhang mit der Teilnahmebereitschaft unterstellt wurde, lediglich der Zugang zu Weiterbildungsinfrastruktur aus. Der Einfluss des subjektiv erwarteten Nutzens ist damit stärker ausgeprägt als jener der übrigen objektiven Handlungsrestriktionen Einkommen, Zeitaufwand, Arbeitszeitflexibilität und Informationsaufwand.

Auch ein Vergleich mit den Koeffizienten der personen- und beschäftigungsbezogenen Merkmale ist aufschlussreich. Zum einen zeigt sich, dass der Einfluss jener Merkmale auf die Teilnahmebereitschaft, die entgegen Hypothese 6 einen solchen besitzen, im Vergleich zu den Einflüssen der objektiven Handlungsrestriktionen, besonders aber im Vergleich zum subjektiv erwarteten Nutzen schwach ausgeprägt ist. Die einzige Ausnahme bildet hierbei die frühere Weiterbildungsbeteiligung, deren Einfluss auf die Teilnahmebereitschaft exakt dem des subjektiv erwarteten Nutzens entspricht. Insgesamt unterstreichen die standardisierten Koeffizienten, dass Nutzen und Restriktionen zentrale Prädiktoren der Teilnahmebereitschaft darstellen.

Betrachtet man die nicht-standardisierten Koeffizienten, so fallen geringere Differenzen zur partial proportional odds-Schätzung auf, die darauf zurückgehen, dass in der einfachen, ordinal-logistischen Regression lediglich ein einziges Modell geschätzt wird.[79]

Wie stark Nutzenerwartungen und Restriktionen die Weiterbildungsbereitschaft beeinflussen, lässt sich auch anhand konkreter Antwortwahrscheinlichkeiten darstellen. Tab. 9 zeigt die Wahrscheinlichkeiten für jede Antwortkategorie der Teilnahme- bzw. Zahlungsbereitschaft am Beispiel zweier stilisierter Personengruppen[80]: Personen mit hohen Nutzenerwartungen und niedrigen Restriktionen sowie Personen mit geringen Nutzenerwartungen und hohen Restriktionen. Die enormen Unterschiede in der Teilnahmebereitschaft zwischen beiden Typen werden sofort deutlich. Die Wahrscheinlichkeit, überhaupt nicht zur Weiterbildungsbeteiligung bereit zu sein, beträgt bei Personen mit negativer Kosten-Nutzen-Saldierung nahezu 60 Prozent. Bei Personen mit positiver Kosten-Nutzen-Saldierung dagegen ist zumindest eine mittlere Teilnahmebereitschaft garantiert. Betrachtet man indes die Eintrittswahrscheinlichkeiten für verschiedene Personengruppen innerhalb der beiden stilisierten Typen, so fällt auf, dass die Eintrittswahrscheinlichkeiten mit variierenden personenbezogenen Merkmalen nur geringfügige Unterschiede aufweisen.

Die Interpretation der geschätzten Koeffizienten als Chancen und Wahrscheinlichkeiten der Zugehörigkeit zu den Antwortkategorien der abhängigen Variable ist gewöhnungsbedürftig. Um die Interpretation weiter zu vereinfachen, habe ich in Ergänzung zum obigen logistischen Regressionsmodell eine Intervallregression geschätzt. Der wesentliche Vorzug der

79 Der Nachteil der einfacheren Interpretation dieses Modells besteht darin, dass hier nicht mehr zwischen einer Wahrscheinlichkeit, dass die Befragten überhaupt keine Teilnahmebereitschaft im Vergleich zu einer generellen Teilnahmebereitschaft äußern einerseits, und den Wahrscheinlichkeiten einer jeweils höheren Teilnahmebereitschaft bei einer grundsätzlich vorhandenen Teilnahmebereitschaft andererseits unterschieden werden kann.

80 Die Antwortwahrscheinlichkeiten wurden aus dem Tab. 8 zugrunde liegenden Regressionsmodell geschätzt.

Intervallregression besteht zum einen darin, dass eine Interpretation der Regressionskoeffizienten analog der OLS-Regression ermöglicht wird (vgl. z. B. Long 1997: 206 f.). Das bedeutet für den vorliegenden Fall, dass die Regressionskoeffizienten die erwarteten Veränderungen der Zahlungsbereitschaft in Euro widerspiegeln.

Tabelle 9: **Nutzenerwartungen, Restriktionen und Weiterbildungsbereitschaft – Geschätzte Antwortwahrscheinlichkeiten stilisierter Beispieltypen, Angaben in Prozent**

	Teilnahme-/Zahlungsbereitschaft						
Beispieltypen	**1 (0 €)**	**2**	**3**	**4**	**5**	**6**	**7**
Positive Kosten-Nutzen-Saldierung[a]	1	1	2	7	30	34	25
• Männer	1	1	2	6	28	34	28
• Frauen	1	1	2	8	33	32	21
• 34-Jährige	1	1	2	7	29	34	26
• 55-Jährige	1	1	2	7	31	34	24
• Geringqualifizierte	1	1	2	8	33	32	21
• Hochqualifizierte	1	1	2	6	28	34	27
Negative Kosten-Nutzen-Saldierung[b]	59	15	12	9	4	0	0
• Männer	55	16	14	10	5	1	0
• Frauen	64	14	11	8	3	1	0
• 34-Jährige	57	15	13	9	4	1	0
• 55-Jährige	60	15	12	9	4	1	0
• Geringqualifizierte	63	14	11	8	3	1	0
• Hochqualifizierte	56	15	13	10	5	1	0

Anmerkungen: n = 1,367; für die Schätzung der Wahrscheinlichkeiten genutzte Werte: [a] hoher Nutzen (30), niedrige Restriktionen (zeitliche Belastung = 40 Stunden pro Woche, hohe Arbeitszeitflexibilität, Nettoäquivalenzeinkommen = 6,000 €/Monat, guter Zugang zu Weiterbildungsinfrastruktur, geringer Informationsaufwand, [b] niedriger Nutzen (-3), hohe Restriktionen (zeitliche Belastung = 60 Stunden pro Woche, niedrige Arbeitszeitflexibilität, Nettoäquivalenzeinkommen = 1,000 €/Monat, schlechter Zugang zu Weiterbildungsinfrastruktur, hoher Informationsaufwand

Quelle: Eigene Berechnungen auf Basis der BIBB-DICT-Erhebung

Formal lässt sich das Modell der Intervallregression, bezogen auf die hier vorzunehmende Schätzung, wie folgt darstellen (vgl. z. B. Long 1997: 196):

$$WTP^* = \beta_0 + \beta_{SEU} SEU + \beta_{RESTR} RESTR + \beta_{PERS} PERS + \beta_{SZEN} SZEN + \varepsilon \qquad (9)$$

Die Variablen bzw. Vektoren unterscheiden sich dabei nicht von denen in Gleichung 7. Der Stern hinter der abhängigen Variable deutet an, dass es sich bei der Zahlungsbereitschaft um eine latente Variable handelt, deren exakte Werte lediglich für y = 0 Euro bekannt, für Werte über 1,000 Euro (Szenario 2–4) bzw. 10,000 Euro (Szenario 1) unbekannt sind und zwischen diesen Extremwerten in fest definierten Intervallen liegen:

$$\text{WTP} = \begin{cases} 1, wenn\ WTP^* = 0€ \\ 2, wenn\ 1€ \leq WTP^* \leq 50€ \\ 3, wenn\ 51€ \leq WTP^* \leq 100€ \\ 4, wenn\ 101€ \leq WTP^* \leq 200€ \\ 5, wenn\ 201€ \leq WTP^* \leq 500€ \\ 6, wenn\ 501€ \leq WTP^* \leq 1.000€ \\ 7, wenn\ WTP^* \geq 1.000€ \end{cases}$$

für eine den Weiterbildungsszenarien 2–4 (EDV-Fortbildung, Softskills-Fortbildung, fachliche Fortbildung) korrespondierende Maßnahme, bzw.

$$\text{WTP} = \begin{cases} 1, wenn\ WTP^* = 0€ \\ 2, wenn\ 1€ \leq WTP^* \leq 500€ \\ 3, wenn\ 501€ \leq WTP^* \leq 1.000€ \\ 4, wenn\ 1.001€ \leq WTP^* \leq 2.000€ \\ 5, wenn\ 2.001€ \leq WTP^* \leq 5.000€ \\ 6, wenn\ 5.001€ \leq WTP^* \leq 10.000€ \\ 7, wenn\ WTP^* \geq 10.000€ \end{cases}$$

für eine dem Weiterbildungsszenario 1 (Aufstiegsfortbildung) korrespondierende Maßnahme.

Zum anderen umgeht die Intervallregression die Probleme einer Anwendung der OLS-Regression bei kategorial abhängigen Variablen (s. o.) (vgl. z. B. Stewart 1983).
Die Ergebnisse der Modellschätzung auf Basis der Intervallregression sind in Tab. 10 dargestellt. Sie stützen die partial proportional odds-Variante weitestgehend:

- Jeder zusätzliche Punkt auf der Skala des subjektiv erwarteten Nutzens führt zu einem Anstieg der Zahlungsbereitschaft um sechs Euro für die Weiterbildungsszenarien zwei bis vier bzw. 60 Euro für das erste Weiterbildungsszenario.[81] Diese Werte mögen zunächst gering erscheinen. Da die Nutzenskala jedoch insgesamt 40 Punkte umfasst (niedrigster potenzieller Wert: -6, höchster: 33), beträgt der Unterschied in der Zahlungsbereitschaft vom niedrigsten zum höchsten Wert des erwarteten Nutzens etwa 240 Euro (Szenario 2–4) bzw. 2.400 Euro (Szenario 1).
- Je 1.000 Euro zusätzlich verfügbares monatliches Einkommen steigt die Zahlungsbereitschaft um knapp 37 Euro (Szenario 2–4) bzw. 370 Euro (Szenario 1). Betrachtet man die standardisierten Koeffizienten, so wird deutlich, dass der Einfluss des Einkommens auf die Teilnahmebereitschaft hoch ist, jedoch deutlich geringer als der des erwarteten Nutzens.
- Erwerbstätige, die ihre Arbeitszeit flexibel gestalten können, verfügen über eine Zahlungsbereitschaft, die jene der Personen ohne flexible Arbeitszeit um 53 Euro bzw. 530 Euro übersteigt.
- Die Zahlungsbereitschaft steigt mit der Größe des Wohnortes und damit mit der Zugänglichkeit zu lokalen Weiterbildungsinfrastrukturen.
- Je aufwendiger das Einholen von Informationen über persönlich infrage kommende Weiterbildungsmaßnahmen empfunden wird, desto geringer ist die Zahlungsbereitschaft. Der Unterschied zwischen dem geringsten und dem höchsten empfundenen Aufwand beträgt 63 Euro bzw. 630 Euro.

81 Um den Effekt der unabhängigen Variablen auf die Zahlungsbereitschaft zu errechnen, müssen aufgrund der abweichenden Skalierung der Zahlungsbereitschaft für das erste Weiterbildungsszenario lediglich die Regressionskoeffizienten mit zehn multipliziert werden.

- Die Zahlungsbereitschaft von Männern liegt ca. 50 Euro bzw. 500 Euro über jener der Frauen.
- Das Alter und der höchste erreichte berufliche Abschluss haben unter Kontrolle von Nutzen und Restriktionen keinen signifikanten Einfluss auf die Zahlungsbereitschaft.
- Mit steigender beruflicher Handlungsautonomie steigt auch die Zahlungsbereitschaft für individuelle berufliche Weiterbildung. Die Zahlungsbereitschaft von Führungskräften übersteigt die von Personen in einfachen Tätigkeiten um ca. 113 Euro bzw. 1.130 Euro.
- Die Zahlungsbereitschaft von ehemaligen Teilnehmenden liegt auch unter Kontrolle von Nutzen und Restriktionen um ca. 91 Euro bzw. 910 Euro über der von Personen, die mindestens im Erhebungsjahr und den fünf davorliegenden Jahren nicht an individueller Weiterbildung partizipiert haben.
- Erwerbstätige wissensintensiver Branchen besitzen eine um etwa 57 Euro bzw. 570 Euro höhere Zahlungsbereitschaft als Beschäftigte nicht-wissensintensiver Branchen.

Um die Koeffizienten vergleichbar zu machen, weist die Tabelle erneut standardisierte Koeffizienten aus. Die Befunde entsprechen hierbei im Wesentlichen denen der ordinal-logistischen Regression. Der vom früheren Weiterbildungsverhalten ausgehende Einfluss auf die Teilnahmebereitschaft ist hiernach etwas stärker ausgeprägt als der Einfluss des subjektiv erwarteten Nutzens.

Ein wesentlicher Nachteil des bislang verwendeten Indikators für den subjektiv erwarteten Nutzen einer Weiterbildungsteilnahme besteht darin, dass der tatsächliche Beitrag jeder einzelnen Nutzendeterminante auf die individuelle Weiterbildungsbereitschaft nicht aufgezeigt werden konnte.

Um den Beitrag der einzelnen Elemente zur Teilnahmebereitschaft offenzulegen, lassen sich ergänzend Modelle schätzen, die anstelle des Nutzenindikators einzelne Valenzen, Instrumentalitäten und Erwartungswerte als unabhängige Variablen enthalten. Tab. 11 weist den Einfluss jedes Elements auf die Teilnahmebereitschaft aus. Die Tabelle weist daher neben den odds ratios auch wieder standardisierte Koeffizienten aus, um die Effekte der Nutzendeterminanten auf die Teilnahmebereitschaft besser vergleichbar zu machen.

Da es sich bei den Valenzen, Erwartungs- und Instrumentalitätswerten um insgesamt 25 untereinander korrelierte Variablen handelt, liefert ein einziges Regressionsmodell, das alle Variablen umfasst, keine sinnvoll interpretierbaren Ergebnisse. Für jedes Element habe ich daher ein eigenes Modell geschätzt.

Wie die in Abb. 11 dargestellte Korrelationsmatrix zeigt, sind die einzelnen Elemente untereinander nicht besonders hoch korreliert. Sehr hohe Korrelationen (> .6) finden sich lediglich in zwei Fällen: Die Einschätzungen, mit welcher Wahrscheinlichkeit Weiterbildung zu kurzfristigen Einkommenssteigerungen sowie kurzfristigen beruflichen Veränderungen führt, unterscheiden sich nur geringfügig von den Einschätzungen von auf Weiterbildung zurückführbare mittel- bis langfristige Einkommenssteigerungen und berufliche Veränderungen.[82] Es ist also davon auszugehen, dass die in Tab. 11 ausgewiesenen Effekte auf die Teilnahmebereitschaft nicht stark überschätzt werden.

Aus Tab. 11 geht deutlich hervor, dass die einzelnen Elemente des erwarteten Nutzens die Teilnahmebereitschaft unterschiedlich stark beeinflussen. Allerdings besitzen nahezu alle Valenz-, Instrumentalitäts- und Erwartungsvariablen einen signifikanten Effekt auf die Höhe der Teilnahmebereitschaft.

Bei zwei der elf Valenzen ist dies nicht der Fall: Für das Maß der Teilnahmebereitschaft ist nicht relevant, wie attraktiv kurzfristige Einkommenssteigerungen und Lernfreude bewertet werden. Darüber hinaus nehmen mit zunehmender Relevanz langfristiger Einkommenssteigerungen und von Anerkennung im beruflichen Umfeld zwar die Chancen zu, überhaupt eine Teilnahmebereitschaft zu äußern, allerdings variiert eine bereits vorhandene Teilnahmebereitschaft nicht mit der subjektiven Relevanz der beiden genannten Elemente. Alle übrigen Elemente des subjektiv erwarteten Nutzens haben hingegen einen deutlichen positiven Einfluss auf die Höhe der geäußerten Teilnahmebereitschaft.

Sowohl die Regressionskoeffizienten als auch die ausgewiesenen Anteile erklärter Varianz (R^2) zeigen an, dass die Teilnahmebereitschaft stärker von den Instrumentalitäten beeinflusst wird als von den Valenzen. Für die Bereitschaft zur Teilnahme an beruflicher Weiterbildung ist also die Höhe der Bewertung potenzieller Weiterbildungsziele weniger wichtig als die subjektiven Einschätzungen, ob die potenziellen Weiterbildungsziele nach der (erfolgreichen) Kursteilnahme auch eintreten.

Der Einfluss der Valenzen mit signifikanten Koeffizienten auf die Teilnahmebereitschaft ist bei allen potenziellen Weiterbildungszielen in etwa gleich stark ausgeprägt.
Innerhalb der Instrumentalitäten besitzen langfristige Einkommenssteigerungen, Lernfreude und die berufliche Anerkennung vergleichsweise hohe Koeffizienten. Die Einschätzung, dass diese Ziele über Weiterbildung erreichbar sind, wirkt sich folglich besonders stark auf die Teilnahmebereitschaft aus.

Insgesamt machen diese Ergebnisse deutlich, dass es sich bei sämtlichen in dieser Arbeit berücksichtigten potenziellen Zielen von beruflicher Weiterbildung definitiv um Anreize für Weiterbildungspartizipation handelt. Dies gilt auch für jene Ziele, deren Relevanzbewertungen mit der Teilnahmebereitschaft nicht signifikant korrelieren, denn über den Zusammenhang mit ihren Eintrittswahrscheinlichkeiten nehmen sie einen deutlichen mittelbaren Einfluss auf die Teilnahmebereitschaft.

---

82 Für die Bewertung der Relevanz kurzfristiger und langfristiger Einkommenssteigerungen sowie kurzfristiger und langfristiger beruflicher Veränderungen lässt sich indes kein vergleichbar starker Zusammenhang aufzeigen. Personen, die auf Weiterbildung zurückführbare mittel- bis langfristige Einkommenssteigerungen und berufliche Veränderungen als realistisch betrachten, neigen folglich dazu, dies auch für einen kurzfristigen Eintritt zu tun (und umgekehrt). Gleichzeitig kann die empfundene Dringlichkeit des Eintritts der Ziele für die beiden Zeiträume deutlich abweichen.

Tabelle 10: Determinanten der Bereitschaft zur Teilnahme an beruflicher Weiterbildung – Erwerbstätige insgesamt. Intervallregression

	Erwerbstätige insgesamt			
	Koeffizient	x-std. Koeffizient	95 % Konf.Intervall	
SEU-Wert	6.03***	34.2	3.84	8.23
Nettoäquivalenzeinkommen (in Tsd. €)	36.75***	27.65	18.21	55.29
Wöchentlicher Zeitaufwand	.26	5	-.55	1.06
Arbeitszeitflexibilität (1 = flexibel)	53.09***	20.81	21.06	85.12
Informationsaufwand	-20.74***	-17.08	-35.82	-5.65
Region (Ref.: Unter 1,000 Einwohnende)				
1,000–9,999 Einwohnende	80.79**	33.53	7.77	153.82
10,000–49,999 Einwohnende	99.1***	46.66	27.44	170.76
50,000–249,999 Einwohnende	107.67***	42.27	33.48	181.85
250,000+ Einwohnende	95.59***	39.99	22.04	169.14
Geschlecht (1 = männlich)	49.66***	24.75	23.73	75.58
Familienstand (Ref.: Alleinlebend)				
Alleinerziehend	4.95	0.96	-64.26	74.15
Zusammenlebend	-2.88	-1.41	-34.74	28.97
Zusammenerziehend	2.53	1.51	-36.52	41.57
Alter	-.73	-7.6	-1.98	.53
WB-Teilnahme in 2005–2010 (1 = ja)	91.13***	41.83	62.8	119.46
Höchster berufsbildender Abschluss	13.62*	12.96	-2.35	29.59
Berufliche Handlungsautonomie	37.52***	28.56	18.55	56.49
Übereinstimmung zwischen Fähigkeiten und beruflichen Anforderungen (Ref.: kein mismatch)				
Gefühlte Überforderung	-16.90	-3.65	-73.84	40.04
Gefühlte Unterforderung	-8.9	-3.27	-42.61	24.82
Betriebsgröße	-1.19	-1.36	-12.44	10.05
Berufsoberfeld (Ref.: Primäre Dienstleistungen)				
Produktionsbezogene Berufe	-4.87	-1.6	-47.24	37.49
Sekundäre Dienstleistungen	-18.46	-9.2	47.74	10.82
Wissensintensive Branche (1 = ja)	57.02***	27.51	30.95	83.1
Szenario (Ref.: Aufstiegsfortbildung)				
EDV-Fortbildung	52.27***	22.47	17.35	87.2
Softskills-Fortbildung	49.57***	21.62	14.97	84.17
Fachliche Fortbildung	89.25***	38.97	54.68	123.82
Konstante	-232.25***	–	-363.5	-101
N	1,367			
Pseudo R^2	0.169			

Anmerkungen: Signifikanzniveaus: *** p<0.01, ** p<0.05, * p<0.1; Abhängige Variable: Zahlungsbereitschaft für berufliche Weiterbildung, auf sieben Stufen erfasst. Intervalle: 1: 0 €; 2: 1–50 € (Szenario 2–4)/1–500 € (Szenario 1); 3: 51–100 €/501–1,000 €; 4: 101–200 €/1,001–2,000 €; 5: 201–500 €/2,001–5,000 €; 6: 501–1,000 €/5,001–10,000 €; 7: 1,000 € und mehr/10,000 € und mehr; Ausgegebenes Pseudo-R^2: McKelvey & Zavoina's R^2; Standardisierte Koeffizienten: X-Standardisierung über die Standardabweichung der Variablen

Tabelle 11: Beitrag einzelner Elemente des subjektiv erwarteten Nutzens zur Teilnahme an beruflicher Weiterbildung – Erwerbstätige insgesamt. Logistische Regressionen

	Valenzen			Instrumentalitäten			Erwartungswerte		
	e^{β}	R^2	x-std.	e^{β}	R^2	x-std.	e^{β}	R^2	x-std.
Kurzfristige Einkommenssteigerungen	n. s.	–	–	2.91***	.144	1.34			
Langfristige Einkommenssteigerungen	1.22**[a] 1.00[b] .91[c] .98[d] .99[e] .89[f]	.071	.99	3.35***	.155	1.44			
Arbeitsplatzsicherheit	1.08*	.13	1.07	1.99***	.14	1.28			
Beschäftigungsfähigkeit	1.1*	.13	1.08	2.26***	.14	1.27			
Anpassung an berufl. Anforderungen	1.16**	.128	1.11	2.2***	.137	1.26			
Kurzfristige berufliche Veränderungen	1.1**	.127	1.1	2.1***	.136	1.24			
Langfristige berufliche Veränderungen	1.1**	.127	1.1	2.67***	.147	1.36			
Synergien	1.13**	.128	1.11	2.18***	.136	1.25			
Kontakte knüpfen/erhalten	1.28***	.13	1.2	2.64***	.141	1.3			
Anerkennung	1.23**[a] 1.00[b] .93[c] .91[d] .83[e] .94[f]	.07	.96	1.37***	.129	1.56			
Lernfreude	n. s.	–	–	1.86***	.158	1.45			
Selbstwirksamkeit							1.49*	.127	1.08
Kursqualität							2.91***	.138	1.27
Kompetenzen des Lehrpersonals							3.28***[a] 1.21[b] 1.46[c] 1.16[d] .85[e] .34[f]	.072	1.05

Anmerkungen: Jede Zeile präsentiert ausgewählte Kennzahlen logistischer Regressionsmodelle. Aufgeführt sind die Exponentialkoeffizienten e^{β} (odds ratios) für die links aufgeführten Merkmale samt Niveau des einseitigen Tests auf Signifikanz (*** $p<0.01$, ** $p<0.05$, * $p<0.1$, n. s. nicht signifikant), das Pseudo-R^2 des jeweiligen Regressionsmodells (McKelvey & Zavoina's R^2 für Modelle, deren Variablen die proportional odds-Annahme nicht verletzen; McFadden's R^2 für partial proportional odds-Modelle), sowie die x-standardisierten Koeffizienten des proportional odds-Modells. Berechnung auf Basis der ungewichteten Fallzahlen (n = 1,373). Abhängige Variable: Zahlungsbereitschaft für berufliche Weiterbildung, auf sieben Stufen erfasst. [a] Chancen für eine generelle Teilnahmebereitschaft im Vergleich zu keiner Teilnahmebereitschaft, [b] Chancen für eine Teilnahmebereitschaft von 3–7 vs. 1–2, [c] Chancen für eine Teilnahmebereitschaft von 4–7 vs. 1–3, [d] Chancen für eine Teilnahmebereitschaft von 5–7 vs. 1–4, [e] Chancen für eine Teilnahmebereitschaft von 6–7 vs. 1–5, [f] Chancen für eine Teilnahmebereitschaft von 7 vs. 1–6. Für folgende Variablen wurde in allen Modellen kontrolliert: Einkommen, wöchentlicher Zeitaufwand für Erwerb und familiäre Betreuungsverpflichtungen, Arbeitszeitflexibilität, Höhe des für die Information über passende Weiterbildungsangebote benötigten Informationsaufwands, Größe des Wohnorts, Geschlecht, Alter, höchster berufsbildender Abschluss, matching zwischen beruflichen Anforderungen und eigenen Fähigkeiten, Familienstand, Betriebsgröße, Branche, Berufsfeld, in der Befragung vorgestelltes Weiterbildungsszenario.

Lesebeispiel: Steigt die subjektive Bedeutung einer kontinuierlichen Anpassung der eigenen Fähigkeiten an die beruflichen Anforderungen um eine Einheit, so erhöhen sich die Chancen auf eine höhere Teilnahmebereitschaft an einer dem im Interview vorgestellten Weiterbildungsszenario entsprechenden Maßnahme um 16 Prozent. Steigt die Überzeugung, dass eine Weiterbildungsteilnahme die Beschäftigungsfähigkeit erhöht, um eine Einheit, so erhöhen sich die Chancen auf einen Anstieg der Teilnahmebereitschaft auf etwa das 2,26-Fache.

Quelle: Eigene Berechnungen auf Basis der BIBB-DICT-Erhebung.

Abbildung 11: Elemente des subjektiv erwarteten Nutzens – Korrelationsmatrix

	Valenzen											Instrumentalitäten											Erwartungen		
	Einkommen – kurzfristig	Einkommen – langfristig	Arbeitsplatzsicherheit	Beschäftigungsfähigkeit	Anpassung an Anforderungen	Berufl. Veränderungen – kurzfristig	Berufl. Veränderungen – langfristig	Synergien Arbeit/Freizeit	Berufliche Kontakte	Berufliche Anerkennung	Lernfreude	Einkommen – kurzfristig	Einkommen – langfristig	Arbeitsplatzsicherheit	Beschäftigungsfähigkeit	Anpassung an Anforderungen	Berufl. Veränderungen – kurzfristig	Berufl. Veränderungen – langfristig	Synergien Arbeit/Freizeit	Berufliche Kontakte	Berufliche Anerkennung	Lernfreude	Eigene Kompetenzen	Kursqualität	Lehrpersonal
Valenzen																									
Einkommen – kurzfristig	-																								
Einkommen – langfristig	.7***	-																							
Arbeitsplatzsicherheit	.27***	.28***	-																						
Beschäftigungsfähigkeit	.21***	.25***	.55***	-																					
Anpassung an Anforderungen	.14***	.18***	.2***	.16***	-																				
Berufl. Veränderungen – kurzfristig	.25***	.25***	.12***	.1***	.11***	-																			
Berufl. Veränderungen – langfristig	.2***	.32***	.12***	.12***	.09***	.57***	-																		
Synergien	.11***	n.s.	.1***	.09***	.13***	.11***	.05*	-																	
Berufliche Kontakte	.13***	.13***	.15***	.19***	.22***	.06**	.04*	.2***	-																
Berufliche Anerkennung	.16***	.16***	.16***	.15***	.17***	.1***	.06**	.17***	.2***	-															
Lernfreude	.08**	.08***	.13***	.11***	.15***	.06**	.08***	.11***	.16***	.1***	-														
Instrumentalitäten																									
Einkommen – kurzfristig	.17***	.16***	.11***	.07***	.12***	.19***	.15***	.15***	.12***	.15***	.08***	-													
Einkommen – langfristig	.13***	.19***	.11***	.07***	.13***	.17***	.25***	.1***	.1***	.12***	.09***	.63***	-												
Arbeitsplatzsicherheit	.15***	.11***	.19***	.11***	.13***	.11***	.06***	.12***	.11***	.15***	.08***	.42***	.39***	-											
Beschäftigungsfähigkeit	.08***	.11**	.15***	.16***	.11***	.06**	n.s.	.12***	.09***	.11***	.08***	.26***	.34***	.42***	-										
Anpassung an Anforderungen	.1***	.05**	.1***	.07***	.13***	.06**	n.s.	.13***	.11***	.13***	.1***	.27***	.28***	.39***	.28***	-									
Berufl. Veränderungen – kurzfristig	.12***	.1***	.09***	.05**	.1***	.27***	.19***	.1***	.1***	.1***	.09***	.5***	.41***	.37***	.26***	.28***	-								
Berufl. Veränderungen – langfristig	.07***	.14***	.1***	.06**	.1***	.22***	.3***	.1***	.05**	.08***	.08***	.44***	.6***	.34***	.33***	.23***	.64***	-							
Synergien	.08***	n.s.	.07***	n.s.	.1***	.04*	n.s.	.25***	.1***	.1***	.1***	.2***	.21***	.2***	.23***	.36***	.22***	.22***	-						
Berufliche Kontakte	.05**	n.s.	.05*	n.s.	.13***	.07***	.06**	.17***	.22***	.14***	.11***	.3***	.34***	.3***	.4***	.32***	.29***	.31***	.27***	-					
Berufliche Anerkennung	n.s.	n.s.	n.s.	n.s.	.05*	n.s.	n.s.	n.s.	.07***	.17***	n.s.	.16***	.16***	.22***	.24***	.3***	.11***	.16***	.16***	.24***	-				
Lernfreude	.08***	.04*	.04*	.05**	.1***	.08***	.06**	.1***	.15***	.06**	.16***	.25***	.22***	.26***	.23***	.34***	.21***	.19***	.28***	.25***	.22***	-			
Erwartungen																									
Eigene Kompetenzen	.06**	.1***	n.s.	n.s.	.05*	n.s.	.07***	.1***	.11***	n.s.	.14***	.06**	.11***	.06***	.13***	.15***	n.s.	.08***	.14***	.15***	.15***	.27***	-		
Kursqualität	.08***	.1***	.07***	.06**	.09***	n.s.	n.s.	.1***	.11***	.11***	.12***	.27***	.28***	.28***	.31***	.33***	.24***	.25***	.21***	.27***	.23***	.27***	.17***	-	
Lehrpersonal	.05**	.05*	.09***	.06**	.05**	n.s.	n.s.	.07***	.1***	.11***	n.s.	.18***	.19***	.2***	.18***	.26***	.19***	.17***	.17***	.23***	.16***	.19***	.07***	.39***	-

Anmerkung: Berichtet werden Spearman's Rangkorrelationskoeffizienten, die bei zweiseitigen Signifikanztests mindestens auf dem 10%-Niveau signifikant sind; *** p<.01, ** p<.05, * p<.1, n.s. = nicht signifikant; Paarweise Berechnung auf Basis der ungewichteten Daten (n = 1,600, die exakten Fallzahlen variieren aufgrund einzelner fehlender Werte in geringem Umfang).

5.3.2 Spezifische Subgruppen

Zur Prüfung der Hypothesen 7 bis 10 lassen sich die obigen Gleichungen 7 und 9 um Interaktionsterme zwischen zentralen Variablen der personenbezogenen Merkmale (also des Vektors PERS) und (1.) dem subjektiv erwarteten Nutzen sowie (2.) den objektiven Handlungsrestriktionen erweitern.

Die Aufnahme der Interaktionsterme ermöglicht es erstens zu testen, ob der positive Zusammenhang zwischen dem subjektiv erwarteten Nutzen einer Weiterbildung und der Teilnahmebereitschaft bzw. der negative Zusammenhang zwischen den objektiven Handlungsrestriktionen und der Teilnahmebereitschaft auch für besonders interessierende Subgruppen aus der Population der Erwerbstätigen nachgewiesen werden kann (Hypothese 7 und 9).

Zweitens ermöglicht sie die Überprüfung, ob – und wenn ja wie stark – sich der Einfluss des subjektiv erwarteten Nutzens bzw. der objektiven Handlungsrestriktionen auf die Teilnahmebereitschaft zwischen verschiedenen Subgruppen Erwerbstätiger signifikant *unterscheidet* (Hypothese 8 und 10).[83]

Ein Interaktionseffekt liegt vor, wenn der Effekt einer unabhängigen auf eine abhängige Variable von den Ausprägungen einer dritten Variable abhängt. Diese „dritte Variable" wird in der Regel als Moderator bezeichnet, während die unabhängige Variable, deren Effekt auf die abhängige Variable moderiert wird, in der Literatur entweder als Prädiktor oder fokale Variable bezeichnet wird (vgl. z. B. Aiken/West 1991, Frazier/Tix/Barron 2004, Jaccard 2001).[84] Ob der Effekt einer fokalen Variable moderiert wird, kann überprüft werden, indem ein multiplikativer Term aus fokaler Variable und potenziellem Moderator – also der Interaktionsterm – in die Modellgleichung aufgenommen wird.

Die fokalen Variablen sind hier zum einen der subjektiv erwartete Nutzen und zum anderen die fünf in die Analysen aufgenommenen objektiven Handlungsrestriktionen.

Als potenziell moderierende Merkmale betrachte ich im Folgenden das Geschlecht, das Alter, die frühere Weiterbildungsbeteiligung, den höchsten erreichten beruflichen Abschluss, das matching zwischen beruflichen Anforderungen und selbst wahrgenommenen Fähigkeiten, den Familienstatus sowie die berufliche Handlungsautonomie von Erwerbstätigen. Diese Variablen sind – teilweise im Unterschied zu den Analysen zur Prüfung der Hypothesen 4 bis 6 – für alle Modelle, in die sie als potenzielle Moderatoren eingehen, binär kodiert, um die einzelnen Ausprägungen der Merkmale leichter als Referenzgruppen in die Regressionsschätzungen aufnehmen zu können.

---

83 Der Zusammenhang zwischen subjektiv erwartetem Nutzen bzw. objektiven Restriktionen und der Teilnahmebereitschaft wäre prinzipiell auch ohne Interaktionsterme auf der Basis von Analysen mit getrennten Stichproben prüfbar. Ob sich die Zusammenhänge zwischen subjektiv erwartetem Nutzen bzw. Restriktionen und der Zahlungsbereitschaft bei verschiedenen Gruppen Erwerbstätiger in ihrer Stärke statistisch signifikant voneinander unterscheiden, kann auf Basis getrennter Stichproben jedoch nicht geprüft werden (vgl. Jaccard 2001: 17, Lohmann 2010: 680 f.).

84 Technisch werden fokale Variable und Moderatorvariable im Modell gleich behandelt. Welche der Variablen des Interaktionsterms als fokal und welche als moderierend zu betrachten sind, unterliegt folglich allein der Argumentation des die Analysen durchführenden und Daten interpretierenden Forschers (vgl. Jaccard 2001: 13).

Ansonsten sei für die Kodierung der in die Analyse einbezogenen Variablen sowie deskriptive Kennzahlen auf Tab. 5 und Tab. 6 verwiesen.

Die Interpretation der Koeffizienten von fokalen Variablen und Interaktionstermen ist bei umfangreichen Modellen mit multiplen Interaktionen, insbesondere bei logistischen Regressionen, selbst für das geübte Auge schwierig. Vielfach wird daher eine grafische Darstellung von Regressionsgleichungen mit Interaktionstermen bevorzugt bzw. gefordert (vgl. Bauer 2010, Lohmann 2010). Für jedes potenzielle Moderatormerkmal sind daher nachstehend beispielhafte Befunde grafisch veranschaulicht. Zur vereinfachten Interpretation basieren die Abbildungen auf den Ergebnissen einer Intervallregression.

Die entsprechende Gleichung lautet formal:

$$WTP^* = \beta_0 + \beta_{SEU}SEU + \beta_{RESTR}RESTR + \beta_{PERS}PERS + \beta_{SZEN}SZEN + \beta_{PERSxSEU}PERSxSEU + \beta_{PERSxRESTR}PERSxRESTR + \varepsilon \quad (10)$$

Die Skalierung der abhängigen Variable basiert hierbei analog Gleichung 9 ausschließlich auf den Werten der drei kürzeren Weiterbildungsszenarien. Für die Aufstiegsfortbildung sind die auf den Ordinaten ausgewiesenen Werte folglich wieder mit 10 zu multiplizieren.

Daneben basieren die nachfolgend beschriebenen Befunde wieder auf einem partial proportional odds model. Formal lässt sich die um Interaktionsterme erweiterte Gleichung 7 folgendermaßen darstellen:[85]

$$ln\frac{P(WTP>m\,|x)}{P(WTP\leq m\,|x)} = \beta_0 + \beta_{SEUm}SEU + \beta_{RESTRm}RESTR + \beta_{PERSm}PERS + \beta_{SZENm}SZEN + \beta_{PERSxSEUm}PERSx\,SEU + \beta_{PERSxRESTRm}PERSxRESTR + \varepsilon,\ \mathrm{m} = 1, 2, \ldots, 6 \quad (11)$$

Durch diese kombinierte Darstellung der Ergebnisse lassen sich zwei wesentliche Schwächen der rein grafischen Interpretation von Regressionsergebnissen umgehen: Um eine Regressionsgerade zweidimensional abbilden zu können, müssen für die meisten Prädiktoren im Modell fixe Annahmen getroffen werden. Die grafische Darstellung von Regressionsmodellen mit vielen unabhängigen Variablen beschränkt sich folglich zwingend auf einen kleinen Ausschnitt der Ergebnisse. Darüber hinaus geben die abgebildeten Regressionsgeraden unabhängig ihrer Steigung keine Information über die Signifikanz der Koeffizienten und des Gesamtmodells.

85 Gemäß Ai/Norton (2003) ist die Interpretation des Vorzeichens, der Effektstärke sowie der Signifikanz von Regressionskoeffizienten, die einen Interaktionsterm abbilden, ausschließlich in linearen, nicht aber in logistischen Regressionsmodellen zulässig. Die mathematisch/statistischen Vorbehalte von Ai/Norton kann ich hier auf forschungspraktischer Ebene nicht bestätigen – die Intervallschätzung erbrachte in keinem Fall Ergebnisse, die denen der logistischen Regression grundlegend widersprechen. Unterschiede ergeben sich ausschließlich durch die differenzierte Ausweisung der Regressionskoeffizienten im partial proportional odds-Modell (s. o.).

5.3.2.1 Geschlecht

Der Blick auf die Weiterbildungsbereitschaft von Männern und Frauen liefert eine deutliche Unterstützung der Hypothesen 7 bis 10. Der subjektiv erwartete Nutzen einerseits und sämtliche Handlungsrestriktionen andererseits beeinflussen die Teilnahmebereitschaft bei beiden Geschlechtern positiv (Nutzen) bzw. negativ (Restriktionen). Hierbei wird der wesentliche Befund aus der vorhergehenden Analyse gestützt, dass eine Verringerung monetärer Restriktionen eine vorhandene Weiterbildungsbereitschaft zwar erhöht, jedoch keine generelle Bereitschaft zu erzeugen in der Lage ist. Darüber hinaus unterscheidet sich der positive Einfluss des subjektiv erwarteten Nutzens auf die Teilnahmebereitschaft zwischen Männern und Frauen nicht. Hinsichtlich des geschlechterspezifischen Zusammenhangs zwischen den Restriktionen und der Teilnahmebereitschaft zeigt sich lediglich ein (schwach) signifikanter Interaktionseffekt, der durch die unterschiedlichen Steigungen in Abb. 12 (rechte Seite) gut zu erkennen ist: Bei Männern ist der negative Effekt des Informationsaufwands auf die Teilnahmebereitschaft weniger stark ausgeprägt als bei den Frauen.

Abbildung 12: Interaktion zwischen erwartetem Nutzen/Restriktionen und Geschlecht – Intervallregression

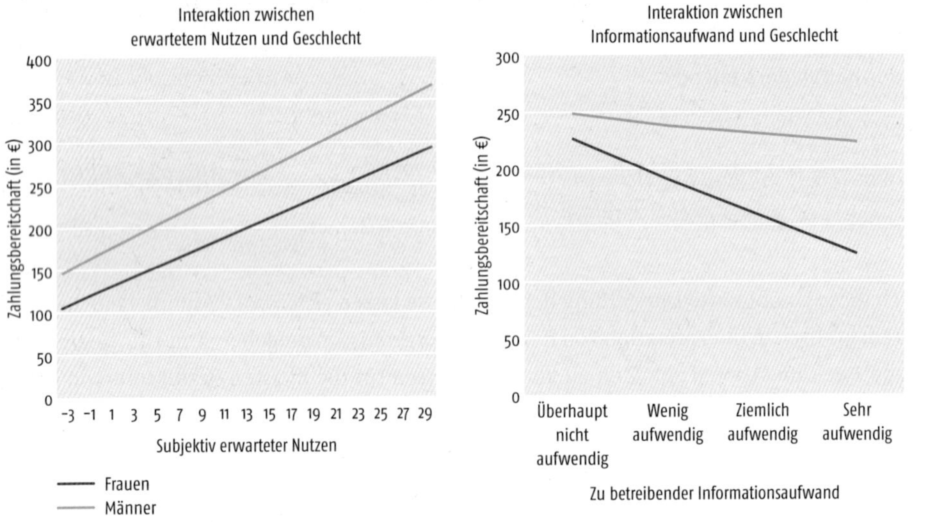

Anmerkung: n = 1,382; R^2 (McKelvey & Zavoina's): 0.137; Kontrollierte Variablen: Subjektiv erwarteter Nutzen (Ø), Restriktionen (Nettoäquivalenzeinkommen (Ø), zeitliche Belastung (Ø), Arbeitszeitflexibilität (Ø), Zugang zu Weiterbildungsinfrastruktur (über 1,000 Einwohnende), Informationsaufwand (Ø), Geschlecht, Alter (Ø), früheres Weiterbildungsverhalten (ehemalige Nichtteilnehmende), matching zwischen Fähigkeiten und beruflichen Anforderungen (kein mismatch), höchster beruflicher Abschluss (Ø), berufliche Handlungsautonomie (Ø), Familienstand (alleinlebend ohne Kinder); Angaben in Klammern zeigen die Werte, die für den erwarteten Nutzen, Restriktionen und Kontrollvariablen (sofern nicht auf der Abszisse abgebildet) festgelegt wurden, um konkrete Werte der Zahlungsbereitschaft schätzen zu können.

5.3.2.2 Alter

Auch in der Betrachtung nach Altersgruppen zeigen sich grundsätzlich die in den Hypothesen 7 bis 10 vermuteten Zusammenhänge (Abb. 13). In allen drei Altersgruppen führt ein höherer erwarteter Nutzen auch zu einer höheren Teilnahmebereitschaft. Ferner wird der Einfluss des erwarteten Nutzens auf die Teilnahmebereitschaft nicht durch das Alter moderiert, sondern ist in allen drei Gruppen gleich stark. Auch korrelieren die objektiven Handlungsrestriktionen in allen drei Altersgruppen negativ mit der Teilnahmebereitschaft. Hierbei gibt es jedoch Ausnahmen:

- Für 19- bis 34-jährige Erwerbstätige kann kein Zusammenhang zwischen dem für eine Kurswahl benötigten Informationsaufwand und der Teilnahmebereitschaft gezeigt werden. Dies wird sowohl an den Koeffizienten der Teilnahmebereitschaft selbst als auch an den signifikanten Interaktionstermen deutlich.
- Bei 50- bis 64-jährigen Erwerbstätigen findet sich kein negativer Zusammenhang zwischen dem wöchentlichen Zeitaufwand (für Erwerb und familiäre Betreuungsverpflichtungen) und der Teilnahmebereitschaft.
- In derselben Altersgruppe spielt darüber hinaus die Größe des Wohnortes für die Teilnahmebereitschaft keine Rolle. Bei den 35- bis 49-Jährigen hat die Größe des Wohnortes (und damit der Zugang zu Weiterbildungsinfrastruktur) hingegen einen besonders starken Einfluss auf die Teilnahmebereitschaft (Abb. 13, rechte Seite).
- Die Koeffizienten des monatlich zur Verfügung stehenden Einkommens sind für alle Altersgruppen erst ab dem dritten Modellvergleich signifikant. Der Befund, dass eine Verringerung monetärer Restriktionen nur die Teilnahmebereitschaft von bereits grundsätzlich weiterbildungsbereiten Personen erhöht, wird folglich für alle drei Altersgruppen bestätigt.

Abbildung 13: **Interaktion zwischen erwartetem Nutzen/Restriktionen und Alter – Intervallregression**

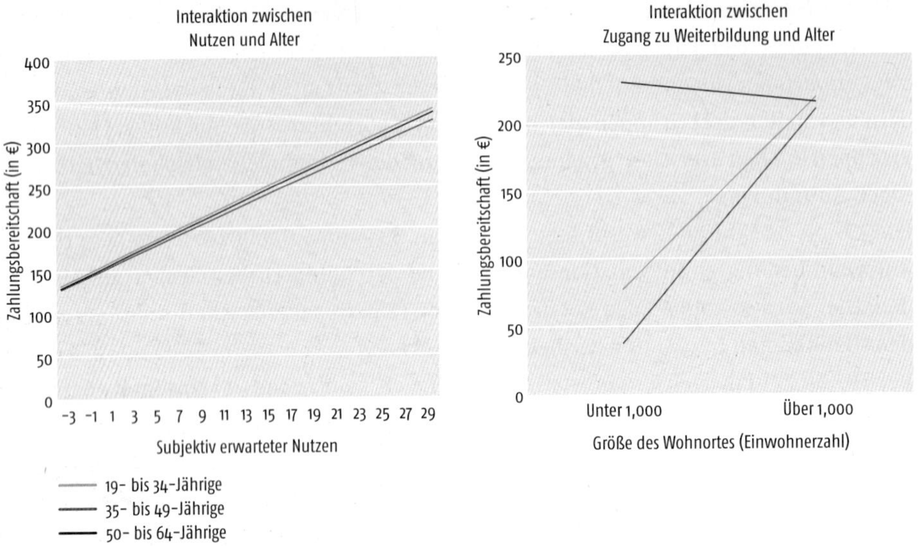

Anmerkung: n = 1,382; R^2 (McKelvey & Zavoina's R^2): 0.141; Kontrollierte Variablen: Subjektiv erwarteter Nutzen (Ø), Restriktionen (Nettoäquivalenzeinkommen (Ø), zeitliche Belastung (Ø), Arbeitszeitflexibilität (Ø), Zugang zu Weiterbildungsinfrastruktur (über 1,000 Einwohnende), Informationsaufwand (Ø), Geschlecht (Ø), Alter, früheres Weiterbildungsverhalten (ehemalige Nichtteilnehmende), matching zwischen Fähigkeiten und beruflichen Anforderungen (kein mismatch), höchster beruflicher Abschluss (Ø), berufliche Handlungsautonomie (Ø), Familienstand (alleinlebend ohne Kinder); Angaben in Klammern zeigen die Werte, die für den erwarteten Nutzen, Restriktionen und Kontrollvariablen (sofern nicht auf der Abszisse abgebildet) festgelegt wurden, um konkrete Werte der Zahlungsbereitschaft schätzen zu können.

5.3.2.3 Frühere Weiterbildungsbeteiligung

Die vorliegenden Daten stützen die aus dem RC-Paradigma abgeleiteten Hypothesen zur Weiterbildungsbereitschaft sowohl für ehemalige Teilnehmende als auch für Personen, die im Befragungsjahr und mindestens den vorangegangenen fünf Jahren nicht an individueller beruflicher Weiterbildung partizipiert haben (Abb. 14). Der subjektiv erwartete Nutzen beeinflusst die Chancen einer höheren Teilnahmebereitschaft in beiden Gruppen positiv. Restriktionen korrelieren mit der Teilnahmebereitschaft darüber hinaus negativ. Es zeigen sich zwei schwach signifikante Interaktionseffekte: Zum einen ist der negative Einfluss, der von steigendem Informationsaufwand auf die Teilnahmebereitschaft ausgeht, bei Personen mit Weiterbildungserfahrung höher ausgeprägt als bei Abstinenten. Zum anderen erhöht zusätzliches Einkommen die Teilnahmebereitschaft der Abstinenten stärker als die der ehemaligen Teilnehmenden (dieser Befund tritt im partial proportional odds model stärker hervor als in der Intervallregression).

5.3.2.4 Beruflicher Abschluss

Ein positiver Zusammenhang zwischen subjektiv erwartetem Nutzen und der geäußerten Teilnahmebereitschaft kann für alle vier Gruppen gezeigt werden. Bei Technikern/Meistern ist der Zusammenhang zwischen Nutzen und Teilnahmebereitschaft im partial proportional odds model allerdings signifikant schwächer ausgeprägt als bei den übrigen drei Gruppen.

Bei Personen ohne Abschluss hingegen ist hiernach der Effekt des erwarteten Nutzens auf die generelle Bereitschaft zur Teilnahme besonders stark: Jeder zusätzliche Punkt auf der Nutzenskala erhöht die Chancen, eine generelle Teilnahmebereitschaft zu äußern, um etwa 24 Prozent.

Mit zunehmendem Einkommen steigen in allen vier Gruppen die Chancen auf eine höhere Teilnahmebereitschaft. Der Zusammenhang ist erneut in der Gruppe der Personen ohne berufliche Ausbildung besonders stark ausgeprägt. Nur in dieser Gruppe lässt sich außerdem durch eine Verringerung der monetären Restriktionen eine generelle Teilnahmebereitschaft erzeugen. In den übrigen Gruppen steigt mit abnehmenden monetären Restriktionen zwar ebenfalls die Teilnahmebereitschaft, nicht aber die Chance, grundsätzlich zur Teilnahme bereit zu sein. Ein Zusammenhang zwischen dem wöchentlichen Zeitaufwand für Erwerbsarbeit und familiären Betreuungsverpflichtungen sowie der Arbeitszeitflexibilität einerseits und der Teilnahmebereitschaft andererseits lässt sich für die Gruppe der Personen ohne beruflichen Abschluss nicht nachweisen.

Nur für Personen mit dualer/vollschulischer Ausbildung, Techniker/Meister sowie Akademiker lässt sich darüber hinaus zeigen, dass die Teilnahmebereitschaft umso geringer ausfällt, je höher der benötigte Aufwand empfunden wird, sich über passende Weiterbildungsangebote zu informieren. Nach dem partial proportional odds model erhöht der vereinfachte Zugang zu Weiterbildungsinfrastruktur zudem die Teilnahmebereitschaft bei Akademikern, Technikern/Meistern und Personen ohne beruflichen Abschluss, während sich ein solcher Zusammenhang für Personen mit abgeschlossener Berufsausbildung nicht aufzeigen lässt. In der Intervallregression lässt sich der erwartete Zusammenhang nur für Akademiker und Techniker/Meister zeigen (Abb. 15).

Abbildung 14: Interaktion zwischen erwartetem Nutzen/Restriktionen und früherer Weiterbildungsbeteiligung – Intervallregression

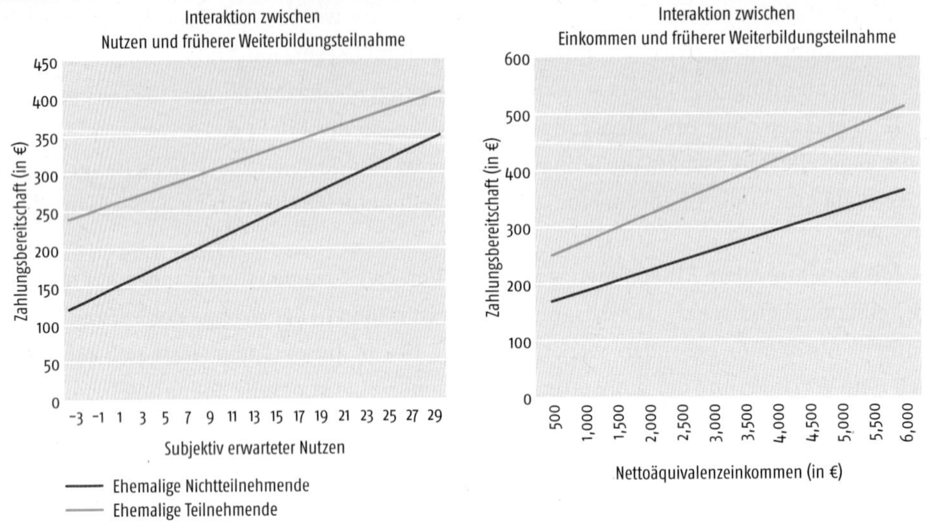

Anmerkung: n = 1,382; R^2 (McKelvey & Zavoina's R^2): 0.14; Kontrollierte Variablen: Subjektiv erwarteter Nutzen (Ø), Restriktionen (Nettoäquivalenzeinkommen (Ø), zeitliche Belastung (Ø), Arbeitszeitflexibilität (Ø), Zugang zu Weiterbildungsinfrastruktur (über 1,000 Einwohnende), Informationsaufwand (Ø), Geschlecht (Ø), Alter (Ø), früheres Weiterbildungsverhalten, matching zwischen Fähigkeiten und beruflichen Anforderungen (kein mismatch), höchster beruflicher Abschluss (Ø), berufliche Handlungsautonomie (Ø), Familienstand (alleinlebend ohne Kinder); Angaben in Klammern zeigen die Werte, die für den erwarteten Nutzen, Restriktionen und Kontrollvariablen (sofern nicht auf der Abszisse abgebildet) festgelegt wurden, um konkrete Werte der Zahlungsbereitschaft schätzen zu können.

5.3.2.5 Wahrgenommenes matching zwischen beruflichen Anforderungen und eigenen Fähigkeiten

Die Ergebnisse der Hypothesenprüfung unterscheiden sich grundsätzlich zwischen Personen, die sich am Arbeitsplatz tendenziell überfordert fühlen auf der einen und jenen Erwerbstätigen, die sich tendenziell unterfordert oder weder über- noch unterfordert fühlen auf der anderen Seite.

So lässt sich für die Gruppe der tendenziell Überforderten kein signifikant positiver Zusammenhang zwischen dem subjektiv erwarteten Nutzen und der Teilnahmebereitschaft nachweisen. Durch eine Vermeidung von Zuständen dauerhafter Überforderung am Arbeitsplatz lässt sich die Bereitschaft zur Weiterbildungsbeteiligung hiernach fördern. Allerdings könnte der insignifikante Effekt in dieser Gruppe auch darauf zurückzuführen sein, dass sich nur wenige Personen der Stichprobe zu ihr zählten. Dennoch erscheint der Befund plausibel: Während Weiterbildung bei Unterforderung genutzt werden kann, um sich neue Aufgabenfelder zu erschließen, führt Überforderung nicht nur zu genereller Unzufriedenheit. Hohe Arbeitsbelastung hält darüber hinaus von einer Weiterqualifizierung mit dem Ziel die Überforderung zu reduzieren, möglicherweise gerade ab.

Abbildung 15: Interaktion zwischen erwartetem Nutzen/Restriktionen und höchstem beruflichen Abschluss – Intervallregression

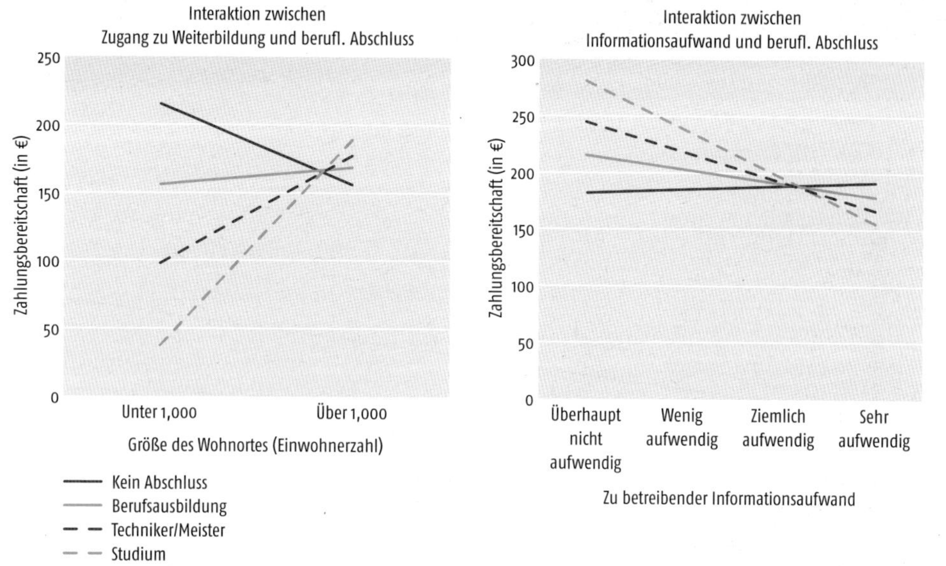

Anmerkung: n = 1,382; R^2 (McKelvey & Zavoina's R^2): 0.143; Kontrollierte Variablen: Subjektiv erwarteter Nutzen (Ø), Restriktionen (Nettoäquivalenzeinkommen (Ø), zeitliche Belastung (Ø), Arbeitszeitflexibilität (Ø), Zugang zu Weiterbildungsinfrastruktur (über 1,000 Einwohnende), Informationsaufwand (Ø), Geschlecht (Ø), Alter (Ø), früheres Weiterbildungsverhalten (ehemalige Nichtteilnehmende), matching zwischen Fähigkeiten und beruflichen Anforderungen (kein mismatch), höchster beruflicher Abschluss, berufliche Handlungsautonomie (Ø), Familienstand (alleinlebend ohne Kinder); Angaben in Klammern zeigen die Werte, die für den erwarteten Nutzen, Restriktionen und Kontrollvariablen (sofern nicht auf der Abszisse abgebildet) festgelegt wurden, um konkrete Werte der Zahlungsbereitschaft schätzen zu können.

Ferner wird in dieser Gruppe auch die Hypothese nur partiell gestützt, dass sich stärkere Restriktionen negativ auf die Teilnahmebereitschaft auswirken. So wird die Teilnahmebereitschaft weder signifikant durch einen höheren zeitlichen Aufwand für Erwerb und familiäre Betreuungsverpflichtungen noch durch eine geringe Arbeitszeitflexibilität beeinflusst. Allerdings nimmt die Teilnahmebereitschaft mit sinkendem Einkommen, steigendem Aufwand für das Einholen von Informationen über Weiterbildungsmaßnahmen sowie einem schlechteren Zugang zu Weiterbildungsinfrastruktur ab.

In den übrigen beiden Gruppen werden die Hypothesen deutlich stärker gestützt. Bei Personen, die sich unterfordert oder weder unter- noch überfordert fühlen, zeigen auch der subjektiv erwartete Nutzen, die zeitliche Belastung und die Arbeitszeitflexibilität die unterstellten Zusammenhänge.

5.3.2.6 Berufliche Handlungsautonomie

Bezüglich der beruflichen Handlungsautonomie sind die Hypothesen 7 und 9 am deutlichsten für die Gruppe der Führungskräfte gestützt. Hier zeigt sich sowohl hinsichtlich des subjektiv erwarteten Nutzens als auch hinsichtlich aller im Modell enthaltenen objektiven Handlungsrestriktionen der in den Hypothesen unterstellte Zusammenhang.

Abbildung 16: **Interaktion zwischen erwartetem Nutzen/Restriktionen und Matching Fähigkeiten/berufliche Anforderungen – Intervallregression**

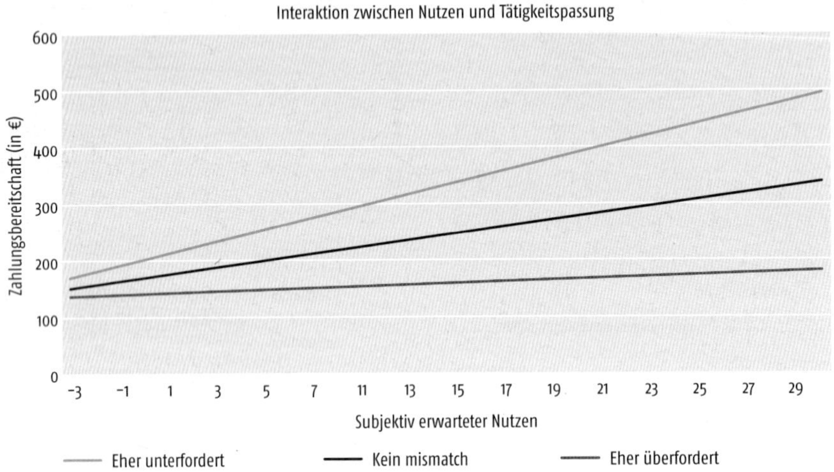

Anmerkung: n = 1,382; R^2 (McKelvey & Zavoina's R^2): 0.137; Kontrollierte Variablen: Subjektiv erwarteter Nutzen (Ø), Restriktionen (Nettoäquivalenzeinkommen (Ø), zeitliche Belastung (Ø), Arbeitszeitflexibilität (Ø), Zugang zu Weiterbildungsinfrastruktur (über 1,000 Einwohnende), Informationsaufwand (Ø), Geschlecht (Ø), Alter (Ø), früheres Weiterbildungsverhalten (ehemalige Nichtteilnehmende), matching zwischen Fähigkeiten und beruflichen Anforderungen, höchster beruflicher Abschluss (Ø), berufliche Handlungsautonomie (Ø), Familienstand (alleinlebend ohne Kinder); Angaben in Klammern zeigen die Werte, die für den erwarteten Nutzen, Restriktionen und Kontrollvariablen (sofern nicht auf der Abszisse abgebildet) festgelegt wurden, um konkrete Werte der Zahlungsbereitschaft schätzen zu können.

Für Personen in einfachen Tätigkeiten kann nicht gezeigt werden, dass ein vereinfachter Zugang zu Weiterbildungsinfrastruktur die Zahlungsbereitschaft erhöht. Bei Fachkräften und Sachbearbeitern ist ferner der unterstellte Zusammenhang zwischen dem Grad der Arbeitszeitflexibilität und der Teilnahmebereitschaft zwar signifikant, aber nur schwach ausgeprägt. Selbiges gilt in der Gruppe der Sachbearbeiter ebenfalls für den Zusammenhang zwischen der Höhe des Informationsaufwands. Für Erwerbstätige in einfachen Tätigkeiten zeigt sich ein signifikanter Einfluss auf die Teilnahmebereitschaft weder für den Grad der Arbeitszeitflexibilität noch für den empfundenen Informationsaufwand. Die Gruppe der Ausführenden einfacher Tätigkeiten zeichnet sich durch zwei weitere Besonderheiten aus: Folgt man dem partial proportional odds model, dann hat das Einkommen in dieser Gruppe einen besonders starken Effekt auf die Teilnahmebereitschaft. Ferner beeinflusst das verfügbare Einkommen hier nicht lediglich die Höhe der Teilnahmebereitschaft, sondern nimmt auch Einfluss darauf, ob überhaupt eine Teilnahmebereitschaft geäußert wird. Die Einkommenseffekte ähneln damit sehr stark denen bei Personen ohne beruflichen Abschluss – was aufgrund der Korrelation beider Merkmale wenig überrascht.

Abb. 18 gibt einen Überblick, inwiefern die vorliegenden Daten die Forschungshypothesen für die betrachteten Merkmale stützen. Die deutlichste Stützung erhält Hypothese 7. Lediglich bei Personen, die sich in ihrer Erwerbstätigkeit überfordert fühlen, lässt sich ein Zusammenhang zwischen erwartetem Nutzen und Weiterbildungsbereitschaft nicht nachweisen. Hypothese 9 erhält ebenfalls eine starke Stützung: Die Bereitschaft zur Teilnahme an einer Maßnahme der beruflichen Weiterbildung ist in starkem Maße von den objektiven Restriktionen abhängig. Für jede Restriktion gibt es allerdings Ausnahmen.

Abbildung 17: Interaktion zwischen erwartetem Nutzen/Restriktionen und beruflicher Handlungsautonomie – Intervallregression

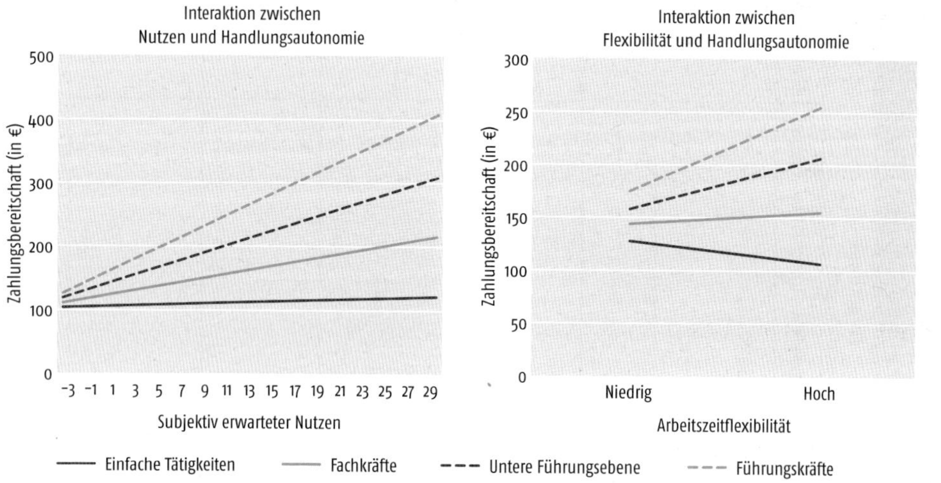

Anmerkung: n = 1,382; R^2 (McKelvey & Zavoina's R^2): 0.137; Kontrollierte Variablen: Subjektiv erwarteter Nutzen (Ø), Restriktionen (Nettoäquivalenzeinkommen (Ø), zeitliche Belastung (Ø), Arbeitszeitflexibilität (Ø), Zugang zu Weiterbildungsinfrastruktur (über 1,000 Einwohnende), Informationsaufwand (Ø), Geschlecht (Ø), Alter (Ø), früheres Weiterbildungsverhalten (ehemalige Nichtteilnehmende), matching zwischen Fähigkeiten und beruflichen Anforderungen, höchster beruflicher Abschluss (Ø), berufliche Handlungsautonomie (Ø), Familienstand (alleinlebend ohne Kinder); Angaben in Klammern zeigen die Werte, die für den erwarteten Nutzen, Restriktionen und Kontrollvariablen (sofern nicht auf der Abszisse abgebildet) festgelegt wurden, um konkrete Werte der Zahlungsbereitschaft schätzen zu können.

Auch dass die Effekte von erwartetem Nutzen und/oder Restriktionen bei verschiedenen Subgruppen Erwerbstätiger auf die Teilnahmebereitschaft grundlegend voneinander differieren, lässt sich auf Basis der vorliegenden Ergebnisse nicht behaupten. Gleichwohl zeigten sich vereinzelt Befunde, die den Hypothesen 8 und 10 widersprechen. Insgesamt zeigen diese nicht hypothesengerechten Befunde an, dass Geringqualifizierte vergleichsweise sensibler auf Veränderungen objektiver Handlungsrestriktionen reagieren.

Sowohl die Hypothesen unterstützende, wie ihnen widersprechende Beobachtungen sind wertvoll für die Bewertung und Diskussion der Weiterbildungsbeteiligung auf nationaler (Makro-)Ebene sowie des Status quo und möglicher Entwicklungstendenzen der monetären und nichtmonetären Weiterbildungsförderung.

Abbildung 18: Übersicht zur Stützung der Hypothesen 7–10

Merkmal		Hypothese 7	8	9 (Restriktionen)					10 (Restriktionen-Interaktion)				
		Nutzen	Nutzen - Interaktion	Einkommen	Zeit	Flexibilität	Information	Region	Einkommen	Zeit	Flexibilität	Information	Region
Geschlecht	Frauen	++	++	+	•	++	•	++	++	++	++	-	++
	Männer	++	++	+	•	++	++	++	++	++	++	-	++
Alter	19-34Jährige	++	++	+	•	•	-	++	++	++	++	-	++
	35-49Jährige	++	++	+	•	++	++	++	++	++	++	-	-
	50-64Jährige	++	++	+	-	++	++	-	++	++	++	++	-
WB Beteiligung 2005-2010	Nichtteilnehmende	++	++	+	•	++	•	•	-	++	++	-	++
	Teilnehmende	++	++	+	•	++	++	++	-	++	++	-	++
Abschluss	Kein	++	-	+	-	-	-	++	-	++	++	++	++
	Ausbildung	++	-	+	•	•	•	-	-	++	-	++	++
	Meister	•	-	+	•	+	-	•	-	++	++	-	++
	Akademiker	++	-	+	•	+	+	+	-	++	-	-	++
Matching	Kein mismatch	++	++	+	•	++	•	++	-	++	++	-	++
	Überforderung	-	-	•	-	-	+	++	++	++	++	-	++
	Unterforderung	++	-	+	•	•	++	-	-	++	++	-	++
Autonomie	Einfache Tätigkeiten	•	++	++	++	-	-	-	-	-	++	++	++
	Fachkräfte	•	-	-	•	•	+	•	-	-	++	++	++
	Sachbearbeiter	++	-	+	•	•	•	-	-	-	-	++	++
	Führungskräfte	++	-	+	•	+	++	++	-	-	-	++	++

Anmerkungen: ++: Hypothese wird vollständig gestützt; +: Hypothese wird bei nicht gültiger parallel-lines Annahme im partial proportional odds Modell in maximal 2 Modellvergleichen nicht gestützt; •: Hypothese wird bei nicht gültiger parallel-lines Annahme einem bis zwei Modellvergleichen gestützt; -: Hypothese wird nicht gestützt.

6 Der Weiterbildungsbereich: Fortgesetzte Selektivität anstatt lebenslanges Lernen für alle

Unterschiede in der Weiterbildungsbeteiligung werden in der umfangreichen Literatur zum Weiterbildungsverhalten, insbesondere in der empirisch-quantitativen, regelmäßig auf Unterschiede der Ausprägungen personen- und beschäftigungsbezogener Merkmale zurückgeführt. Die vorliegende Arbeit ist von der Annahme geleitet, dass es im Kern nicht diese Merkmale sind, mit denen die Weiterbildungsbereitschaft zu erklären ist, sondern die mit ihnen eng verbundenen subjektiven Erwartungen an den durch Weiterbildung generierbaren Nutzen sowie Faktoren, die eine Weiterbildungsteilnahme grundsätzlich restringieren.

Eine differenzierte Erfassung der Relevanz persönlich-beruflicher Lebensziele (und damit potenzieller Weiterbildungsziele) sowie der Erwartungen, inwiefern sich diese Ziele über Weiterbildung erreichen lassen, ermöglichte es, zu demonstrieren, dass der im Zusammenhang mit einer Weiterbildungsmaßnahme subjektiv erwartete Nutzen tatsächlich einen Hauptprädiktor für die individuelle Weiterbildungsbereitschaft darstellt. Unter seiner Kontrolle liefern zahlreiche der in der Literatur zu wichtigen Prädiktoren des Weiterbildungsverhaltens erklärten personen- und beschäftigungsbezogenen Merkmale keinen eigenen oder nur noch einen geringen Beitrag zur Aufklärung von Unterschieden der Teilnahmebereitschaft.

Eine Aufgliederung des erwarteten Nutzens in seine einzelnen Bestandteile hat ferner deutlich gemacht, dass nahezu sämtliche seiner Elemente dazu dienen, Unterschiede in der Teilnahmebereitschaft zu erklären.

Besonders wichtige Anreize zur Teilnahme an beruflicher Weiterbildung – d. h. solche Determinanten des subjektiv erwarteten Nutzens, die mit der Teilnahmebereitschaft besonders stark korrelieren – sind die wahrgenommene Kursqualität, die wahrgenommenen Kompetenzen des Bildungspersonals, Einkommenssteigerungen, eine Erhöhung der Beschäftigungsfähigkeit, Schutz vor Arbeitslosigkeit, die Anpassung an berufliche Anforderungen, das Knüpfen von beruflichen Kontakten, die Verwertbarkeit von Weiterbildungsinhalten im Alltag und die Verwirklichung beruflicher Veränderungen.

Dabei ist auffällig, dass die Überzeugungen, inwiefern eine Maßnahmebeteiligung zum Eintritt persönlich-beruflicher Ziele führt, die Teilnahmebereitschaft stärker beeinflussen als die grundsätzliche Relevanz, die Erwerbstätige diesen Zielen zuschreiben (Kapitel 5.3.1).

Berufliche Ziele und die Einschätzungen der Erreichbarkeit dieser Ziele durch Weiterbildung sind unter den Erwerbstätigen sehr unterschiedlich ausgeprägt. So ist z. B. die allgemeine Beschäftigungsfähigkeit ein besonders wichtiger Anreiz für Weiterbildungsbereitschaft. Sie wird von den Erwerbstätigen als in höchstem Maße relevant wahrgenommen. Zudem sehen sie die Verbesserung der Beschäftigungsfähigkeit durch Weiterbildung als durchaus erreichbar an. Auf der anderen Seite sind sowohl die subjektive Relevanz von Einkommenssteigerungen und beruflichen Veränderungen als auch die Erwartungen, dass Weiterbildung zur Verwirklichung dieser beiden Ziele beiträgt, im Mittel nur schwach ausgeprägt.

Neben Nutzenerwartungen beeinflusst erwartungsgemäß eine Reihe monetärer und nichtmonetärer Handlungsrestriktionen die individuelle Teilnahmebereitschaft. Der Zugang zu Weiterbildungsinfrastruktur erweist sich unter den Handlungsrestriktionen als stärkster Prädiktor des Weiterbildungsverhaltens. Einkommenseffekte sind ebenfalls signifikant, wenn auch im direkten Vergleich schwächer ausgeprägt.

Allerdings besitzen einige personen- und beschäftigungsbezogene Merkmale auch unter Kontrolle von erwartetem Nutzen und Restriktionen noch einen Einfluss auf die Teilnahmebereitschaft. Diese Effekte sind indes deutlich schwächer ausgeprägt als die Erklärungskraft von erwartetem Nutzen und Handlungsrestriktionen. Die einzige Ausnahme bildet hier das Weiterbildungsverhalten in der Vergangenheit, das ebenfalls erheblich zur Erklärung von Varianz im späteren Teilnahmeverhalten beiträgt.

Die genannten Befunde zeigen sich sowohl für die Gruppe aller Erwerbstätigen (Kapitel 5.3.1) als auch in der Betrachtung nach Teilpopulationen (Kapitel 5.3.2).

Als Prädiktoren des subjektiv erwarteten Nutzens habe ich zahlreiche personen- und beschäftigungsbezogene Merkmale herangezogen (Kapitel 5.2). Die Rückführung der Nutzendeterminanten auf sozialstatistische Merkmale ist anschlussfähig an weitere Ergebnisse der beruflichen Weiterbildungsforschung. Verschiedene erziehungswissenschaftlich-einzeltheoretische Ansätze, wie institutionenzentrierte, beruflich-sozialisationstheoretische, biografietheoretische und milieutheoretische Zugänge werden nicht nur genutzt, um, genau wie ich es hier auf Basis des RC-Paradigmas getan habe, individuelle Bildungsentscheidungen strukturierende Mechanismen zu beleuchten (vgl. Büchter 2010). Sie liefern darüber hinaus Möglichkeiten zur Plausibilisierung bzw. Ansatzpunkte zur Diskussion der hier vorgefundenen Unterschiede im subjektiv erwarteten Nutzen und deren Ursachen. Es ist nicht davon auszugehen, dass die personen- und beschäftigungsbezogenen Merkmale selbst, sondern mit ihnen verbundene Eigenschaften entscheidend dafür sind, für wie relevant potenzielle Weiterbildungsziele, für wie wahrscheinlich ein Weiterbildungserfolg und für wie realistisch der Eintritt der persönlichen Ziele durch Weiterbildung eingeschätzt werden.

Weiterbildungsabstinenz – eine begründete Reaktion auf strukturelle Problemlagen

Auf Basis der vorliegenden Ergebnisse lässt sich näher bestimmen, inwiefern es sich bei Weiterbildung um ein meritorisches Gut handelt. Ein meritorisches Gut wird öffentlich subventioniert, wenn es als so bedeutend angesehen wird, dass für seine Befriedigung durch das öffentliche Budget über das hinaus Sorge getragen werden muss, was am Markt bereits zur Verfügung gestellt und nachgefragt wird (Kapitel 4.2).

Dass die tatsächlich realisierte Weiterbildungsnachfrage weit unter der von Inhabern „sozialer Führungsrollen“ (hier: Vertreter aus Bildungspolitik und -wissenschaft) erwünschten bzw. als notwendig erachteten Nachfrage liegt, habe ich an verschiedenen Stellen herausgearbeitet. So wird auf die Nutzenevidenz beruflicher Weiterbildung hinsichtlich Einkommenssteigerungen, beruflichem Aufstieg, Beschäftigungsfähigkeit sowie Produktivitätszuwachs immer wieder hingewiesen (Kapitel 2.2.3). Die Befunde werden mit Verweis auf die zunehmende Pflicht zur aktiven Gestaltung der eigenen Berufsbiografie immer wieder dahingehend interpretiert, dass eine Steigerung der individuellen Weiterbildungsbereitschaft per se gefordert sei (Kapitel 3.2 und 4.2). Ein Blick in die Weiterbildungsstatistik macht zudem schnell deutlich, dass die Beteiligung von Individuen an organisierten Formen beruflicher Weiterbildung – nicht nur in der BRD – seit Jahren allenfalls stagniert und sich ungleichmäßig auf verschiedene Personenkreise und Erwerbssegmente verteilt, qualifikatorische Diskrepanzen also mehr verstärkt denn relativiert (Kapitel 1).

Dieser meritorische, d. h. wünschenswerte Charakter von Weiterbildung lässt sich theoretisch letztlich nur darauf zurückführen, dass die Weiterbildungspartizipation zu gering ausfällt, weil den Individuen unvollständige oder falsche Informationen vorliegen oder weil die individuelle Rationalität bei der Entscheidung über eine Beteiligung versagt.

Dafür, dass Letzteres auf breiter Ebene der Fall wäre, geben die hier vorliegenden Analysen allerdings keine Hinweise. Insgesamt lassen die Ergebnisse zum Zusammenhang zwischen erwartetem Weiterbildungsnutzen und der geäußerten Weiterbildungsbereitschaft nicht darauf schließen, dass Weiterbildungsabstinenz tatsächlich auf Störungen der individuellen Entscheidungsrationalität zurückzuführen ist.

Vielmehr erhärten die vorliegenden Befunde die Annahme, dass Weiterbildungsabstinenz eine begründete Reaktion auf die Auseinandersetzung mit der eigenen ökonomischen Situation sowie den privaten und beruflichen Lebensbedingungen darstellt. Die Entscheidung über eine Weiterbildungsteilnahme geht in hohem Maße auf individuelle Kosten-Nutzen-Abwägungen zurück. Abstinentes Verhalten wird umso wahrscheinlicher, je weniger attraktiv sich die möglichen Folgen einer Teilnahme aus der subjektiven Perspektive darstellen, je weniger das aktuelle Beschäftigungsverhältnis oder die generellen Möglichkeiten zur Gestaltung der eigenen Berufsbiografie auf dem Arbeitsmarkt in den Augen der potenziellen Teilnehmenden geeignet erscheinen, eine Verwirklichung dieser Folgen herbeizuführen, und je geringer die Erwartungen ausfallen, dass eine Maßnahme überhaupt erfolgreich abgeschlossen werden kann. Darüber hinaus wird Weiterbildungsbereitschaft durch eine ganze Reihe monetärer und nichtmonetärer Faktoren restringiert.

Die Aufspaltung der subjektiven Nutzenerwartungen lässt die vielerorts dokumentierten Widersprüche zwischen Weiterbildungsappellen bzw. auch weiterbildungsbezogenen Interessensbekundung seitens der Individuen (vgl. hierzu z. B. Behringer 1996, BMBF 2006, Kuwan 1996, Stender 1994) und tatsächlich geäußerter Weiterbildungsnachfrage plausibel erscheinen: Selbst wenn die potenziellen Folgen einer Weiterbildung allgemein hoch bewertet werden, erscheint Weiterbildungspartizipation nicht geboten, solange diese Folgen nicht zum Tragen kommen, weil sie in der individuellen berufsbiografischen Perspektive durch aktive Partizipation nicht erreichbar erscheinen (vgl. auch Holzer 2006: 317).

Niedrige Teilnahmequoten spezifischer Bevölkerungsgruppen, wie beispielsweise Geringqualifizierter oder älterer Erwerbstätiger, denen regelmäßig eine defizitäre Weiterbildungsbereitschaft unterstellt wird, lassen sich hiernach derart interpretieren, dass bei diesen Gruppen die mit einer Weiterbildungsteilnahme verbundenen Nutzenerwartungen, gemessen am zu betreibenden Aufwand zu gering ausfallen.

Diese für sich genommen keineswegs neue Sicht auf das individuelle Weiterbildungsverhalten gibt dem mit jeder Aktualisierung der Weiterbildungsberichterstattung auffälliger werdenden Auseinanderfallen von vermeintlich kontinuierlich steigendem Weiterbildungsbedarf und tatsächlichem Weiterbildungsverhalten eine Interpretationsgrundlage, die zum Großteil der Debatten um das lebenslange Lernen nicht passt. Dort werden niedrige Teilnahmequoten Älterer, Geringqualifizierter, geringfügig Beschäftigter etc. – also all jener Gruppen mit seit jeher niedrigen Partizipationsquoten – zum Defizit erklärt, das es schon im Eigeninteresse der „Betroffenen" zu beheben gilt. Vor dem Hintergrund der Befunde dieser Arbeit wäre indes zu konstatieren, dass Weiterbildungsabstinenz keine individuell verschuldete Fehlhaltung darstellt, sondern strukturell verursacht wird und die anhaltenden Weiterbildungsappelle an den tatsächlichen Wünschen, Möglichkeiten und gerade auch Bedarfen eines Großteils des Erwerbspersonenpotenzials vorbeigehen.

Damit ist nicht ausgeschlossen, dass die individuelle Weiterbildungsnachfrage unter unvollständigen oder falschen Informationen leidet. Öffentliche Weiterbildungsförderung kann dazu beitragen, Informationsdefizite zu kompensieren. Allerdings sind in Bezug auf breit gestreute Bildungsappelle erhebliche Zweifel angebracht, dass staatliche Entscheidungsträger, Bildungspolitik und Wissenschaft über Informationen hinsichtlich der zu erzielenden Weiterbildungserträge verfügen, die die Informationsgrundlage der Beschäftigten in Umfang und Qualität weit übersteigen. Dies, zumal Weiterbildungserträge immer vor dem Hintergrund der individuellen Lebens- und Erwerbssituation zu betrachten sind.

Diskrepanz zwischen vermutetem und tatsächlichem Weiterbildungsbedarf

Für die Diskrepanz zwischen den vermuteten und tatsächlichen Weiterbildungsbedarfen lassen sich der reichhaltigen Forschungsliteratur zum sozialen Wandel selbst vielfältige Hinweise entnehmen, mit der sonst eher wachsende Weiterbildungsbedarfe begründet werden.

So hat sich beispielsweise die Modernisierung organisations- und geschäftspolitischer Strategien in Industrie- und Dienstleistung sehr viel langsamer vollzogen als in den 80er Jahren angenommen. Auch bei den Autoren der entsprechenden Studien finden sich heute vielfach Aussagen, welche die ursprünglichen Positionen relativieren (vgl. etwa Baethge 2004b: 10).

Obwohl das allgemeine Bildungsniveau und damit die Qualifizierung des Arbeitskräfteangebots in den westlichen Gesellschaften tendenziell ansteigt, bleibt der von Pongratz/Voß

(2003) beschriebene „Arbeitskraftunternehmer" eine relative Randerscheinung (vgl. auch Baethge/Baethge-Kinsky 2006: 159). Neben der steigenden Zahl von Personen, die das (Berufs-)Bildungssystem als hoch qualifiziert verlassen und in adäquate Arbeitsmarktpositionen gelangen, befinden sich nach wie vor zahlreiche Arbeitnehmer/-innen in an- und ungelernten Berufspositionen (vgl. Bolder 2001: 24, Bosch 2001: 140). Geringqualifizierte üben im Kern nach wie vor monotone, abwechslungsarme Tätigkeiten aus, die auf starren und hochgradig standardisierten Ablaufprozessen basieren (vgl. Clement 2007: 37, Dobischat/Seifert/Ahlene 2003: 133). Eine Vielzahl an Arbeitsplätzen über alle Erwerbssegmente hinweg falle also auch heute noch in die Kategorie tayloristisch-arbeitsorganisatorischer Regimes – und zwar sowohl im produzierenden Sektor wie auch im Dienstleistungsbereich (vgl. Baethge 2004b: 9 f., Bosch 2001, Schmiede 2000: 15). Diese Arbeitsplätze sind nicht nur zu geringen Anteilen lernförderlich gestaltet, sondern fordern auch weiterhin wenig kontinuierliche formalisierte Qualifikationsanstrengungen. Schmiede (2000: 17 f.) etwa spricht von einer Tendenz zunehmender Polarisierung von Arbeit und identifiziert am unteren qualifikatorischen Rand eine in ihrer quantitativen Bedeutung zunehmende Gruppe hoch disponibler Erwerbspersonen in prekärer Beschäftigung.

Damit ist zugleich der Paradigmenwechsel von implizitem, im unmittelbaren Arbeitskontext erworbenem Wissen hin zu expliziten, theoretischen Wissensbeständen infrage gestellt. In Beschäftigungsverhältnissen auf dem Jedermann-Teilarbeitsmarkt kann das Gros der Qualifikationen als sukzessive Akkumulation von Erfahrungswissen noch direkt am Arbeitsplatz erworben werden (vgl. Biersack et al. 2001: 147, Bolder/Hendrich 2000: 261). Diettrich konstatiert gar eine globalisierungsbedingt „[...] erhebliche Bedeutungszunahme des Erfahrungswissens" (Diettrich 2004: 92).

Für viele Arbeitnehmer/-innen – zumindest für Geringqualifizierte, erscheint die subjektive Notwendigkeit, sich unter hohem Aufwand neue Kompetenzen anzueignen, die über die unmittelbaren Arbeitsplatzanforderungen hinausreichen, folglich fraglich. Ihre ablehnende Haltung gegenüber formalisierter Weiterbildung ist dagegen plausibel, wenn sie kontinuierliches Engagement in formalen Lernprozessen als nicht erforderlich wahrnehmen (vgl. auch Ambos 2005: 14, Bosch 2001).

Insgesamt scheinen die tatsächlichen Entwicklungen des Beschäftigungssystems den Prognosen zum Wandel von Arbeitsorganisation, Arbeitskraft und Arbeitskräftebedarf sowie den damit verbundenen Begründungen eines erhöhten Weiterbildungsbedarfs und erhöhten individuellen Weiterbildungsengagements nur bedingt zu entsprechen. Dieser mismatch lässt sich nicht zuletzt auch ganz aktuell an der Entwicklung der Erwerbslosenraten Älterer deutlich machen. Letztere blieben von einer Verschlechterung der Beschäftigungsperspektiven, auch in den wirtschaftlich besonders schwachen Staaten Europas, – ganz im Gegensatz zur gut und nach aktuellem Stand ausgebildeten Jugend – verschont (vgl. OECD 2013). Auch wenn Weiterbildung älterer Erwerbstätiger aus betrieblicher und volkswirtschaftlicher Sicht u. a. aufgrund der Entwertung vormals erworbener Qualifikationen notwendig ist, so müssen individuelle Investitionen in Weiterbildung aus der subjektiven Perspektive noch lange nicht geboten erscheinen, solange keine Karriereaspirationen (mehr) vorliegen und die eigene Beschäftigung nicht gefährdet ist.

Diskrepanz zwischen Weiterbildungsbedarf und individuellen Wünschen/ Möglichkeiten

In Bezug auf die Diskrepanz zwischen unterstellten Weiterbildungsbedarfen sowie den Wünschen und Möglichkeiten der Individuen leuchten zunächst beschränkte finanzielle und zeitliche Dispositionsspielräume unmittelbar ein. Darüber hinaus tragen jedoch gerade die Betriebe, das Bildungs- und Qualifizierungssystem sowie dessen Akteure und die politischen Entscheidungsträger wesentlich dazu bei, das nach außen sichtbare Weiterbildungsengagement gerade Geringqualifizierter zu beschränken.

In den Betrieben entsteht Demotivation auf zweierlei Weise. Zum einen erhalten Geringqualifizierte aus einem durchaus nachvollziehbaren betrieblichen Kalkül heraus nur einen sehr eingeschränkten Zugang zur betrieblichen Weiterbildung, die weiterhin das dominierende Weiterbildungssegment darstellt. Zum anderen sind viele Arbeitsplätze nicht nur so gestaltet, dass ein kontinuierlicher Weiterbildungsbedarf gar nicht besteht (s. o.). Vielmehr steht auch der Sackgassencharakter der an diese Tätigkeiten gebundenen Beschäftigungsverhältnisse einem hohen Eigenengagement in der beruflichen Weiterbildung entgegen. Wenn keine Einkommens-, Mobilitäts- und Karriereperspektiven erkennbar sind und Weiterbildung auch nicht als Möglichkeit für soziale Zugewinne (Anerkennung, Netzwerkbildung) oder der allgemeinen persönlichen Entwicklung dienlich erscheint, weil sie die eigenen Voraussetzungen und Interessen kaum berücksichtigt, dann sind die für eine Teilnahme aufzubringenden monetären und zeitlichen Investitionen nicht gerechtfertigt (vgl. auch Baethge et al. 2003: 26, Bolder/Hendrich 2000: 26 f., Dobischat/Seifert/Ahlene 2003). Eine Teilnahme an Weiterbildung steht immer in Konkurrenz zu einer Vielzahl weiterer Handlungsoptionen. Mithin lassen sich private und berufliche Wünsche mit alternativen Aktivitäten deutlich effizienter erreichen. Dies insbesondere, wenn sich der Konsum kursförmig organisierter Bildungsangebote im fortgeschrittenen Alter in der subjektiven Perspektive nicht als Privileg und lustvolles Erlebnis darstellt, sondern in erster Linie als psychosoziale Belastung, weil er mitunter jahrelange Negativerfahrungen in formalen Lernkontexten reaktiviert.

Lässt man die tätigkeitsspezifischen Aspekte von Weiterbildung außen vor, ergeben sich Anreize zum Lernen im Kern daraus, dass Individuen in Folge ihrer Lernleistungen Vorteile im Bildungs- und Beschäftigungssystem und folglich hinsichtlich ihrer Arbeitsmarkt- und Lebenschancen antizipieren (vgl. auch Kell 1982: 292).

Wie stark die Motivation zum Lernen ausfällt, hängt folglich davon ab, welche Ansprüche die Inhaber/-innen von im Rahmen von Weiterbildung erworbenen Lernnachweisen (Abschlüssen, Zertifikaten, Teilnahmebescheinigungen) im Bildungssystem geltend machen können, inwiefern Arbeitgeber/-innen die Nachweise bei der Stellenbesetzung sowie der internen Personalentwicklung berücksichtigen und inwiefern den Individuen die Anschlussmöglichkeiten im Bildungs- sowie die aus dem Verhalten von Arbeitgeber/-innen resultierenden Verwendungsmöglichkeiten der Nachweise im Beschäftigungssystem bekannt sind. Die Verwertbarkeit von im Rahmen der beruflichen Weiterbildung erworbenen Lernnachweisen ist allerdings nach wie vor schwach ausgeprägt.

Im Rahmen der Weiterbildung erworbene Nachweise wirken gegenüber Nachweisen vorgelagerter Bildungsbereiche längst noch nicht komplementär oder kompensierend. Sowohl hinsichtlich der Anschlüsse im Bildungs- als auch der Verwertbarkeit im Beschäftigungssystem und damit für die individuelle Entlohnung sind die Abschlüsse der Erstausbildung weiterhin von primärer Bedeutung (Faulstich/Vespermann 2001).

Anschlüsse im Bildungssystem werden in erster Linie im Rahmen von Fortbildungsabschlüssen generiert. Spätestens seit dem KMK-Beschluss vom 06.03.2009 (vgl. KMK 2009) geht mit zahlreichen Fortbildungsabschlüssen zugleich der Erwerb der allgemeinen Hochschulzugangsberechtigung einher. Darüber hinaus sind Fortbildungsabschlüsse vielfach in gestuften Teilsystemen verortet und eröffnen Zugangsoptionen zu weiteren staatlich anerkannten Abschlüssen. Dies ist zum Beispiel im Rahmen des IT-Weiterbildungssystems (vgl. IT-Fortbildungsverordnung 2002) sowie im Rahmen der IHK-Weiterbildungsprüfungen der Fall.

Für Inhaber/-innen von Zertifikaten und Teilnahmebescheinigungen dagegen bestehen vergleichbare Anschlussmöglichkeiten im formalen Bildungssystem oder innerhalb der Weiterbildungs-Teilsysteme staatlich beauftragter und privater Anbieter nicht.

Darüber hinaus dienen die Verfahren zur Erfassung non-formal und informell erworbener Kompetenzen in der BRD nahezu ausschließlich der Kompetenzidentifizierung, d. h. der individuellen Standortbestimmung über eine Sichtbarmachung und Reflexion der eigenen Kompetenzen. In den Bereichen, in denen sie tatsächlich zur Anerkennung, d. h. zur Verkürzung von Lernzeiten in formalen Bildungsgängen oder zur Ermöglichung eines Zugangs zu formaler Bildung genutzt werden, orientieren sie sich eng an den Regeln, der Infrastruktur und den Rahmenbedingungen des formalen Bildungssystems (vgl. Dehnbostel/Seidel/Stamm-Riemer 2010: 48 f.). Dem formalen Lernen gleichgestellte Bildungskarrieren, die überwiegend auf nonformalem und informellem Lernen basieren, lassen sich so nur schwer realisieren.

Die „punktuelle Einbeziehung" (Dehnbostel/Seidel/Stamm-Riemer 2010: 48) nonformalen und informellen Lernens zeigt sich z. B. dort, wo Kompetenzen im Rahmen der regulären Prüfungen des angestrebten Abschlusses nachgewiesen werden müssen (z. B. in der Externenprüfung nach BBiG/HwO und im Hochschulbereich) und wo die Teilnahme an einem Anerkennungsverfahren formale Abschlüsse (z. B. beim Hochschulzugang für beruflich Qualifizierte, bei der Begabtenprüfung, bei der Externenprüfung im Fachschulbereich und dem Hochschulzugang für besonders befähigte Berufstätige) oder Vorbereitungs*kurse* (z. B. im Rahmen der Nichtschülerprüfung) voraussetzt.

Für Lernende und im Hinblick auf die Erhöhung der Weiterbildungsbeteiligung stellt sich diese Orientierung am formalen Bildungssystem bisweilen problematisch dar. Erfolgserwartungen, die die Weiterbildungsbereitschaft entscheidend mitbestimmen, werden nicht in einem spontanen Prozess der Abwägung einer Weiterbildungsbeteiligung gebildet. Sie sind vielmehr das Ergebnis langjähriger Erfahrungen im Bildungssystem. Weiterbildungsabstinenz lässt sich damit auch als Folge von in der Bildungsbiografie wiederholt gemachten Misserfolgserfahrungen beschreiben.

Im Weiterbildungsbereich drücken sich niedrige Erfolgserfolgserwartungen einerseits in einer tendenziellen Ablehnung von kursförmig organisierten und sich in erster Linie auf fachsystematische Inhalte beziehenden Weiterbildungsangeboten aus – sei es aus Besorgnis, dem Anspruch der Maßnahmen nicht gerecht werden zu können oder aus mangelndem Vertrauen in die Institutionen und Akteure des Weiterbildungsbereichs. Geringe Erfolgserwartungen dürften ferner die Hoffnungen eines erfolgreichen Durchlaufens von am formalen Bildungssystem orientierten Anerkennungsverfahren reduzieren und die Abneigung gegenüber der als in hohem Maße belastend empfundenen Vorbereitung in Form von Kursen und Lehrgängen und/oder Prüfungssituationen erhöhen. Gerade Geringqualifizierte würden also von einer verstärkten Zertifizierung und Anerkennung informellen und non-formalen Lernens profitieren. Zumal nicht nur Befunde vorliegen, nach denen informelles Lernen besonders effizient ist und größten Anteil an allen Lernformen ausmacht (vgl. Bohlinger 2009: 161 f.) – bei Geringqualifizierten ist die Beteiligung an dieser Lernform deutlich höher ausgeprägt als die Beteiligung am formalen und non-formalen Lernen (vgl. z. B. BMBF 2006: 55). Zwar lernen formal gut Qualifizierte auch stärker informell (vgl. BMBF 2006: 55, Clement 2012: 323 f.). Dies kann jedoch keine Begründung dafür sein, einen Großteil des Kompetenzerwerbs Geringqualifizierter faktisch zu entwerten.

Die Bereitschaft zur Teilnahme an einem Anerkennungsverfahren wird darüber hinaus durch den mit ihnen verbundenen Informationsaufwand eingeschränkt. Zum einen zeichnen sich die Verfahren noch durch einen sehr geringen Bekanntheitsgrad aus. Zum anderen handelt es sich bei der Beurteilung von informell erworbenen Kompetenzen in aller Regel um Einzelfallentscheidungen, deren Ausgestaltung im (hoch-)schulischen Bereich den Regelungen der Länder unterliegt bzw. auf Standortebene – Stichwort Hochschulautonomie – ausgehandelt wird und für die Individuen damit nur schwer planbar ist, was wiederum die Erwartungen eines Anerkennungserfolgs schwächt.

Auch um die Anerkennung von Lernanstrengungen der beruflichen Weiterbildung auf dem Arbeitsmarkt ist es vergleichsweise schlecht bestellt. Fachlich einschlägigen Weiterbildungsabschlüssen wird bei der Personalrekrutierung ein hoher Wert beigemessen (vgl. Faulstich/Vespermann 2001: 50). Diese machen jedoch nur einen geringen Umfang der Nachweise im Weiterbildungsbereich aus. Zertifikate, Teilnahmebescheinigungen etc., insbesondere wenn sie von wenig bekannten Institutionen ausgestellt wurden, spielen in der Personalauswahl hingegen eine geringe Rolle (vgl. Faulstich/Vespermann 2001: 50).

Auf dem betrieblichen Teilarbeitsmarkt besitzt die tatsächliche Arbeitsleistung ferner weiterhin eine höhere Bedeutung als der Erwerb von Weiterbildungsnachweisen (vgl. Faulstich/

Vespermann 2001: 52 f.). Eine Verwertbarkeit, etwa für berufliche Aufstiege, ist hier abermals in erster Linie bei Abschlüssen, kaum jedoch bei Zertifikaten oder Teilnahmenachweisen gegeben. Auch die De-facto-Anerkennung informeller Lernleistungen ist auf dem Arbeitsmarkt stark eingeschränkt (betriebsübergreifender Arbeitsmarkt: Arbeitszeugnisse; betriebsinterner Arbeitsmarkt: Mitarbeitergespräche, Kompetenzanalysen, Assessmentverfahren).

Die Diskrepanz zwischen vermeintlichem Weiterbildungsbedarf einerseits und den Wünschen und Möglichkeiten der Individuen andererseits resultiert also insbesondere auch aus der weiterhin fehlenden Gleichwertigkeit zwischen formalem, non-formalem und informellem Lernen. Trotz der zahlreichen Versuche durch politische Institutionen seit den 1960er Jahren (Europarat, OECD, UNESCO und EU, vgl. Kapitel 2.1), die außerhalb formaler Bildungsarrangements erworbenen Kompetenzen aufzuwerten und so dem Ziel der Förderung von Transparenz, Durchlässigkeit, Flexibilität und Chancengleichheit auf breiter Ebene Rechnung zu tragen, ist die tatsächliche Bedeutung non-formal und informell erworbener Kompetenzen nach wie vor gering (vgl. auch Clement 2012: 323).

Im Weiterbildungsbereich, der sich in erster Linie durch non-formales und informelles Lernen auszeichnet, führt diese Dominanz dazu, dass vorhandene Weiterbildungspotenziale unausgeschöpft bleiben.

Hierfür geben die Befunde der vorliegenden Arbeit konkrete Hinweise. So lassen sich die deutlich unterschiedlichen Einschätzungen bezüglich der Erreichbarkeit persönlicher Ziele zwischen den drei kürzeren Weiterbildungsszenarien auf der einen und der umfangreichen Aufstiegsfortbildung auf der anderen Seite so interpretieren, dass die Befragten sich des Zusammenhangs von Maßnahmedauer, Grad der formalen Anerkennung von in Weiterbildung erwerbbaren Nachweisen und des Bekanntheitsgrads der die Nachweise ausgebenden Stellen einerseits und der Verwertbarkeit der Nachweise im Bildungs- und Beschäftigungssystem andererseits bewusst waren und ihre Vermutungen bei der Angabe der Instrumentalitäten berücksichtigten. Bei Einkommenssteigerungen, beruflichen Veränderungen, beruflicher Anerkennung, der Verbesserung der Beschäftigungsfähigkeit sowie zum Teil bei der Sicherung des Arbeitsplatzes handelt es sich um Ziele, deren Eintritt infolge umfangreicherer Maßnahmen im Vergleich zu kürzeren Maßnahmen deutlich höher eingeschätzt wird. Andererseits gehen Erwerbstätige jedoch nicht nur davon aus, dass kürzere EDV-, Softskills- und Fachfortbildungen weniger belastend sind als sehr zeitintensive Maßnahmen, sondern dass sie im Vergleich zu umfangreichen Maßnahmen trotz des deutlich geringeren Zeitaufwands außerdem eher geeignet sind, die tatsächliche Arbeitsleistung zu verbessern. Niedrige geäußerte Eintrittswahrscheinlichkeiten der persönlich-beruflichen Ziele sind damit nicht zuletzt das Resultat der Einschätzung, dass im Rahmen umfangreicherer Maßnahmen Abschlüsse, im Rahmen kürzerer Maßnahmen dagegen in erster Linie Teilnahmebescheinigungen erworben werden können und Letztere aufgrund mangelnder Standardisierung, Bekanntheit und Transparenz (also einer geringen Signalfunktion) im Bildungssystem sowie auf internen und externen Arbeitsmärkten nur einen geringen Wert besitzen, auch wenn sie durchaus mit erheblichem

Kompetenzerwerb einhergehen. Die subjektiven Vorstellungen über die Verwertbarkeit von Lernnachweisen wiederum wirken sich auf die Teilnahmebereitschaft aus, da die wahrgenommene Instrumentalität von Weiterbildung für persönliche Ziele einen wesentlichen Bestandteil der subjektiven Nutzenerwartungen bildet.

Die wesentliche Ursache für die Dominanz formalen Lernens liegt in der Selektions-, Allokations-, Monopolisierungs- und Herrschaftsfunktion von Nachweisen (vgl. Clement 2012, Kell 1982: 302 f.). Verfahren zur Zertifizierung non-formalen und informellen Lernens besitzen das Potenzial, das traditionelle Gefüge von Allokation auf Arbeitsmarktpositionen, Zugang zu Einkommen und weiterer Bildung auf Basis von Lernnachweisen zu gefährden, indem sie alternative Möglichkeiten zum Erwerb von Berechtigungen eröffnen und so bestehende Mechanismen der Verteilung entwerten. Dass die verstärkte Zertifizierung von Lernen außerhalb formalisierter Kontexte durch tradierte Bildungsanbieter abgelehnt wird, leuchtet vor diesem Hintergrund ein. Mit der verstärkten Zertifizierung nichtformalisierter Lernformen würde zwar auch der Zugang zu bestehenden Weiterbildungsangeboten vereinfacht werden. Gegenüber der positiven Einschätzung dieses Marktpotenzials dürfte bei den Kammern, in den Kultusministerien sowie bei den Fach- und Hochschulen allerdings im Saldo die Furcht vor personal-, ressourcen- und prestigerelevanten Einbußen in der Kursnachfrage überwiegen, die alternative Formen der Zertifizierung eröffnen (vgl. Clement 2012: 327 f.). Für Betriebe hat sich darüber hinaus das Vertrauen in spezifische zertifizierende Institutionen bewährt, sodass das Interesse an einer aus institutionellen Gefügen herausgelösten Anerkennung von Kompetenzen gering ist (vgl. Clement 2012: 325 f.) – zumal eine solche Anerkennung potenziell immer auch zu einer unerwünschten Erhöhung der Mobilität der eigenen Beschäftigten führen könnte.

Der geringe Marktwert von non-formalem und informellem Lernen ist folglich das Resultat von Interessenspolitik der Anbieter, der Akteure des formalen Qualifizierungssystems und der Arbeitskräftenachfrage, die von der besonderen Verwertbarkeit formalen Lernens profitieren und so ihre starke Position auf dem Weiterbildungsmarkt begünstigen, ihr eigenes Fortbestehen sichern und Unsicherheit reduzieren.

Auch die Träger entsprechender Nachweise selbst tun als Profiteure des formalen Bildungssystems gut daran, am formalen Qualifizierungsweg festzuhalten, um ihre Bildungs- und Arbeitsmarktprivilegien zu sichern. Die hohe Verwertbarkeit formalisierten Lernens sichert in doppeltem Maße Arbeitsmarktvorteile: Potenziellen Konkurrenten bleibt der Zugang zu Positionen verwehrt, wenn sie über entsprechende Nachweise als formales Zugangskriterium nicht verfügen – auch wenn sie die mit den Nachweisen dokumentierten Kompetenzen besitzen bzw. erwerben könnten. Hier wird also Beschäftigungsfähigkeit über Ausgrenzung gesichert. Damit gehen Vorteile in der Arbeitsplatzsicherung und Entlohnung einher. Eine hohe Selektivität im Zugang zu Erwerbspositionen verhindert eine Inflation der Berechtigungen im Sinne eines für Individuen ungünstigen Verhältnisses von Arbeitskräfteangebot und -nachfrage.

Trotz der langjährigen Forderungen nach mehr Gleichwertigkeit, Durchlässigkeit und Chancengleichheit übernimmt der Weiterbildungsbereich also in erster Linie nicht etwa eine Kompensations- und Nachholfunktion, sondern eine Selektionsfunktion. Hier zeigt sich, dass das Weiterbildungssegment bei aller staatlichen Zurückhaltung eben doch den quartären Bereich des Bildungssystems markiert. Die starke Fokussierung der faktischen Verwertbarkeit von Lernergebnissen auf formalisiertes Lernen trägt dazu bei, dass sich die Weiterbildungsteilnehmenden in erster Linie aus bereits zuvor Bildungsprivilegierten rekrutieren. Frühere Selektionsprozesse werden im Weiterbildungssegment aufgegriffen und fortgeführt, sodass sich akkumulierte Chancenunterschiede noch verstärken. Diese Selektionsfunktion des Weiterbildungssegments dient dem effizienten Funktionieren der Arbeitskräfteallokation und der Reproduktion bestehender Herrschaftsverhältnisse. Indem sie den Kreis der formal Qualifizierten begrenzt, sichert sie sowohl eine effiziente Verteilung von Arbeitskräften auf mittlere und höhere Arbeitsmarktpositionen, als auch die bestehenden Arbeitsmarkt- und Einkommensprivilegien der dort Beschäftigten. Der geringe Wert nichtformalisierten Lernens ist damit letztlich eine nicht intendierte Konsequenz des Festhaltens am bestehenden System von Zugangsmöglichkeiten in Arbeitsmarkt und Bildungssystem sowie an den damit verbundenen Privilegien. Es ist daher unwahrscheinlich, dass in absehbarer Zeit deutlich höhere Anteile des deutschen Erwerbspersonenpotenzials bereit sind, eigene Ressourcen in Weiterbildung zu investieren, insbesondere wenn Beschäftigungsbedingungen und Bildungserfahrungen gegen eine Beteiligung sprechen.

Ökonomisierung der Bildung und die Interessen der Subjekte

Der primär ökonomische Fokus des in der Lissabon-Erklärung festgehaltenen strategischen Ziels, die EU bis zum Jahr 2010 „[…] zum wettbewerbsfähigsten und dynamischsten wissensbasierten Wirtschaftsraum der Welt zu machen – einem Wirtschaftsraum, der fähig ist, ein dauerhaftes Wirtschaftswachstum mit mehr und besseren Arbeitsplätzen und einem größeren sozialen Zusammenhalt zu erzielen“ (Rat der Europäischen Union 2000: 2), ist klar erkennbar. Die Lissabon-Erklärung knüpft damit ungebrochen an frühere Ziele der Europapolitik an (vgl. Münk 2006: 54). In der Lissabon-Erklärung selbst, in sämtlichen Folgeerklärungen des Lissabon-Prozesses und in den begleitenden Kommissionsinitiativen (vgl. z. B. Europäische Kommission 2007, Europäische Kommission 2001, Europäische Kommission 2000) wird dem bildungspolitischen Konzept des Lebenslangen Lernens die Rolle einer wesentlichen Leitstrategie zur Verwirklichung der europäischen Zielsetzungen zugeschrieben. Die zentrale Kernidee dieser Leitstrategie besteht in der Erhöhung der individuellen Beschäftigungsfähigkeit.

Im Rahmen zahlreicher Ratsbeschlüsse und den Schlussfolgerungen des Rates über Benchmarks in der allgemeinen und beruflichen Bildung zu Beginn des Jahrtausends verpflichteten sich die EU-Mitgliedstaaten verbindlich, berufsbildungspolitische Strategien zur Erreichung dieses vorgenannten Ziels im nationalen Kontext umzusetzen und den Umsetzungsprozess einem messbaren europäischen Vergleich auszusetzen (vgl. auch Münk 2008: 284). Auch mit Blick auf formal-administrative Instrumente wie den EQR, der nicht auf ganzheitliche Qualifizierungen hin ausgerichtet (etwa auf den Beruf) ist, sondern sich an arbeitsplatzbezogenen Anforderungen orientiert und der nicht allein auf Monitoring- und Benchmarkingfunktionen beschränkt bleibt, sondern in die bildungs- und ordnungspolitische Steuerung nationalstaatlicher Bildungssysteme eingreift, ließe sich also argumentieren, dass nationale Qualifizierungssysteme zunehmend für die ökonomische Entwicklung instrumentalisiert werden (vgl. auch Lipsmeier 1991: 357, Münk 1995: 32). Eine Folge dieser primär ökonomischen und auf Beschäftigungsfähigkeit ausgerichteten Steuerung ist die Gefahr der Orientierung individueller Qualifizierung an den Erfordernissen potenzieller oder im Extremfall aktueller Beschäftiger.

Im Hinblick auf die berufliche Erstausbildung wird diese Gefahr aktuell in erster Linie im Rahmen der Modularisierungsdebatte diskutiert. Die Kritik an der Modularisierung richtet sich allerdings gegen „Fragmentierungskonzepte" (vgl. Ertl/Sloane 2003: 93). Dieser Kritik wurde durch die Konzeption von Modularisierungsansätzen, die einem „Differenzierungskonzept" (Ertl/Sloane 2003: 93) folgen, längst begegnet. Eine Vereinbarkeit von Outcomeorientierung, Modularisierung und der ganzheitliche, sich durch ein hohes Qualifikationsniveau auszeichnende berufliche Charakter der deutschen Berufsausbildung scheinen grundsätzlich vereinbar. Im Weiterbildungssegment ist die Ausrichtung auf unmittelbar im Arbeitskontext verwertbare Kompetenzen hingegen kaum vermeidbar, leisten Betriebe doch den höchsten Anteil der Weiterbildungsinvestitionen und dominiert hier doch der Bereich der Anpassungsfortbildung.

Bildungsaspirationen im Erwachsenenalter werden in der Folge also nicht nur durch eine Fokussierung auf das den Lerngewohnheiten vieler Erwerbstätiger widersprechende formale Lernen und die geringe Berücksichtigung von Lernen im Arbeitsprozess verhindert (s. o.). Hinzu kommt die aus berufspädagogischer Perspektive ambivalent zu bewertende Ausrichtung auf individuelle Beschäftigungsfähigkeit: Zwar richtet sich das Konzept der employability explizit gegen eine Trennung von Lernen und Arbeiten und für die Anerkennung des Bildungswertes von praktischen Tätigkeiten außerhalb formalisierter Lernkontexte und steht damit für zentrale berufsbildungstheoretische Denkfiguren. Andererseits führt das Primat der employability dazu, dass die konkreten inhaltlichen Bildungsinteressen in höchst unterschiedlichem Maße honoriert werden. Von vergleichbar geringer Verwertbarkeit ist der gesamte Bereich der allgemeinen und politischen Bildung. Zwar beziehen sich die politisch gesetzten Zielmarken der Weiterbildungsbeteiligung immer auch auf die allgemeine und politische Weiterbildung. Allerdings ist die Aneignung von Kompetenzen, die in anderen Kontexten als dem beruflichen erfolgt, kein Kriterium zur Zulassung an den derzeit bestehenden Anerkennungs- bzw. Anrechnungsverfahren.

Nicht nur in Bezug auf Aus-, sondern gleichfalls auf Weiterbildung lässt sich vor diesem Hintergrund für eine „arbeitsorientierte Berufspädagogik" bzw. „arbeitsorientierte Berufsbildungspolitik" votieren, die Arbeitsbezug als Kern jeder Form von Bildung auffasst und sich dabei eng an den Zielen und inhaltlichen Interessen der Individuen orientiert (vgl. etwa Faulstich 2013). Im Hinblick auf das Weiterbildungssegment wäre hiermit die Forderung verbunden, das Lernen direkt in Arbeitstätigkeiten zu honorieren, Erfahrungswissen verstärkt zu zertifizieren und anzuerkennen sowie auch jene Kompetenzen zu berücksichtigen, die außerhalb des Arbeitskontextes und ohne spezielles berufliches Verwertungsinteresse erworben, gleichwohl im Arbeitskontext verwertbar sind.

Framing in der beruflichen Weiterbildung – das „Weiterbildungs-Weiterbildungs-Syndrom"

Auch unter Kontrolle von Nutzenerwartungen und Restriktionen zeichneten sich Träger der Ausprägungen verschiedener personen- und berufsbezogener Merkmale durch eine deutlich höhere Weiterbildungsbereitschaft aus als Träger anderer Ausprägungen derselben Merkmale. Dieser Befund lässt sich vor dem Hintergrund des hier gewählten theoretischen Ansatzes derart interpretieren, dass die Weiterbildungsbereitschaft von verschiedenen Gruppen auf habitualisiertem Handeln und nicht auf einer Kosten-Nutzen-Analyse basiert.

Anders als bei Kosten-Nutzen-Abwägungen verschiedener Handlungsalternativen erfolgt habitualisiertes Handeln nicht auf der Antizipierung künftiger Ereignisse, sondern auf der Grundlage früheren Verhaltens in vergleichbaren Entscheidungssituationen. Hier ist eine Dekodierung von Normen handlungsleitend, denen das eigene Handeln vermeintlich zu unterliegen habe.

Im Entscheidungsprozess über Weiterbildungsteilnahme oder -abstinenz äußern zahlreiche Personen folglich eine hohe bzw. niedrige Teilnahmebereitschaft, die sich biografisch und durch ihre Zugehörigkeit zu sozialen Schichten aufdrängt.

Dem theoretischen Fundament dieser Arbeit widerspricht ein solcher Erklärungsansatz nicht, weil sich Formen habitualisierten Handelns auf Basis des Modells der Frame-Selektion in den theoretischen Rahmen des RC-Paradigmas integrieren lassen (vgl. Kapitel 3.5.1).

Die Überlegungen zum Framing in Bezug auf die vorliegende Arbeit sind in Abb. 19 am Beispiel der beiden frames „berufliche Krise" und „berufliche Zufriedenheit" dargestellt. Hiernach kam es dann zu einem reflektierten Abwägen der Weiterbildungsbereitschaft, wenn die Gültigkeit des in der Situation zunächst erzeugten frames durch den Interviewverlauf infrage gestellt wurde, wenn also eine Störung zwischen den erwarteten und tatsächlich wahrgenommenen Symbolen vorlag. Eine Reflexion von Nutzenerwartungen und Handlungsrestriktionen drängte sich bei der Äußerung der Weiterbildungsbereitschaft erst dann auf, wenn die im Interview erzeugte Handlungssituation und die hier verwendeten Symbole im Widerspruch zu jenem gedanklichen Modell der beruflichen Zufriedenheit standen, das zum Interviewzeitpunkt besonders leicht zugänglich war.

Abbildung 19: Berufliche Zufriedenheit, framing der Interviewsituation und Modus der Äußerung von Weiterbildungsbereitschaft

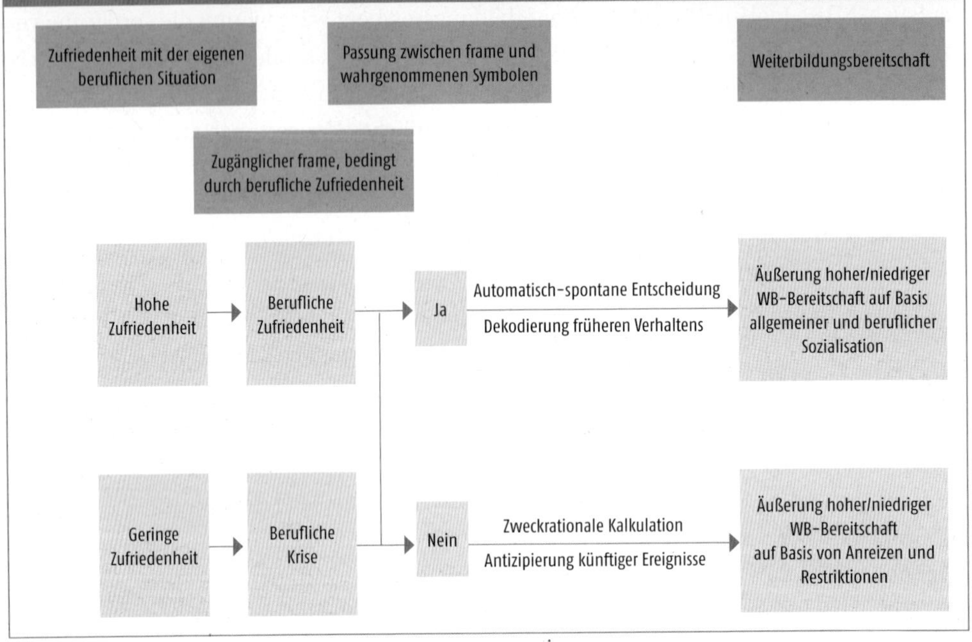

Wenn nicht, wurde die Teilnahmebereitschaft auf Grundlage der hohen gedanklichen Übereinstimmung zwischen Interviewsituation und frame spontan geäußert. Eine hohe bzw. niedrige Teilnahmebereitschaft ist dabei für alle Kombinationsmöglichkeiten aus frame, matching und Handlungsmodus denkbar (Abb. 20).

Unter forschungsmethodischen Gesichtspunkten betrachtet, gab ein Teil der Befragten trotz niedriger geäußerter Weiterbildungsbereitschaft hohe Nutzenerwartungen an (und umgekehrt). Dies führte dazu, dass die personen- und berufsbezogenen Merkmale – allen voran jene, in denen sich hohe Unterschiede in der individuellen Bildungsaffinität ausdrücken – in den Regressionsanalysen einen signifikanten Zusammenhang mit der Zahlungsbereitschaft aufweisen.

Durch die in der vorliegenden Arbeit gewählte Mikrotheorie der Handlungsselektion und deren Erweiterung auf die Selektion von Handlungsmodell und Handlungsmodus – also die Berücksichtigung von framing – lassen sich viele der Merkmale, auf welche die Beteiligung an beruflicher Weiterbildung in der Literatur zurückgeführt wird, wie das Alter, der höchste allgemeinbildende oder berufliche Abschluss, das Geschlecht, der Familienstand, das frühere Weiterbildungsverhalten, das Einkommen, die verfügbare Zeit usw., in einem gemeinsamen theoretischen Rahmen zusammenfassen. Weiterbildungsbeteiligung und -abstinenz erhalten so eine theoretische Interpretation, die präzise, in Bezug auf die benötigten Variablen vergleichsweise sparsam und darüber hinaus empirisch gestützt ist.

Abbildung 20: Kombinationen von Situationswahrnehmung zu Interviewbeginn (frame), Passung von frame und Symbolen im Interviewverlauf und Weiterbildungsbereitschaft

Frame	Matching	Weiterbildungsbereitschaft: Gering	Weiterbildungsbereitschaft: Hoch
Zufriedenheit	Gering	*Situation:* Handlungsbedarf zur Verbesserung der beruflichen Situation wird bewusst. *Folge:* Abwägung von positiven und negativen Anreizen von Weiterbildungsbeteiligung. *Ergebnis:* Weiterbildung **ist nicht** geeignet, um berufliche Situation zu verbessern.	*Situation:* Handlungsbedarf zur Verbesserung der beruflichen Situation wird bewusst. *Folge:* Abwägung von positiven und negativen Anreizen von Weiterbildungsbeteiligung. *Ergebnis:* Weiterbildung **ist** geeignet, um berufliche Situation zu verbessern.
Zufriedenheit	Hoch	*Situation:* Kein unmittelbarer Handlungsbedarf. *Folge:* Automatisch-spontane Äußerung. *Ergebnis:* **Niedrige** Teilnahmebereitschaft auf Basis sozialisationsbedingter **geringer** Bildungsaffinität.	*Situation:* Kein unmittelbarer Handlungsbedarf. *Folge:* Automatisch-spontane Äußerung. *Ergebnis:* **Hohe** Teilnahmebereitschaft auf Basis sozialisationsbedingter **hoher** Bildungsaffinität.
Krise	Gering	*Situation:* Möglichkeit zur Verbesserung der beruflichen Situation durch Weiterbildung wird eröffnet. *Folge:* Abwägung von positiven und negativen Anreizen von Weiterbildungsbeteiligung. *Ergebnis:* Weiterbildung **ist nicht** geeignet, um berufliche Situation zu verbessern.	*Situation:* Möglichkeit zur Verbesserung der beruflichen Situation durch Weiterbildung wird eröffnet. *Folge:* Abwägung von positiven und negativen Anreizen von Weiterbildungsbeteiligung. *Ergebnis:* Weiterbildung **ist** geeignet, um berufliche Situation zu verbessern.
Krise	Hoch	*Situation:* Bereits bekannte Probleme werden bestätigt. *Folge:* Automatisch-spontane Äußerung. *Ergebnis:* **Niedrige** Teilnahmebereitschaft – Weiterbildungsbeteiligung liegt **außerhalb** des gewohnten Handlungsschemas für ähnliche Situationen.	*Situation:* Bereits bekannte Probleme werden bestätigt. *Folge:* Automatisch-spontane Äußerung. *Ergebnis:* **Hohe** Teilnahmebereitschaft – Weiterbildungsbeteiligung liegt **innerhalb** des gewohnten Handlungsschemas für ähnliche Situationen.

Die Erklärung der von den Hypothesen abweichenden Ergebnisse mithilfe von Frame-Selektion geht dabei allerdings nicht über eine nachträgliche Plausibilisierung hinaus, da ich weder die Gültigkeit von frames zu Interviewbeginn und den mit ihnen verbundenen Nutzen noch die Passung dieser frames im Interviewverlauf erfasst habe.

Der Zusammenhang von allgemeiner und beruflicher Erstausbildung und der Teilnahme an beruflicher Weiterbildung, begrifflich umschrieben z. B. als „Ausbildungs-Weiterbildungs-Syndrom" (Lipsmeier/Münk 1997: 103) oder „Matthäus-Effekt" (Ehmann 2003: 107), wird regelmäßig thematisiert. Demgegenüber spielt der Zusammenhang zwischen der Weiterbildungsbeteiligung einerseits und vorausgegangenen Weiterbildungserfahrungen andererseits in der Literatur bislang keine nennenswerte Rolle. Im empirischen Teil konnte nun gezeigt werden, dass die Bildungsakkumulationsthese (vgl. Becker 1993b: 98 f.) für diesen Zusammenhang ebenfalls gilt.

Aufgrund des besonders starken Zusammenhangs zwischen früherem Weiterbildungsverhalten und späterer Weiterbildungsbereitschaft und da dieser Zusammenhang durch die Kontrolle der Erstausbildung in Regressionsanalysen überdies nicht auf einen Effekt der Erstausbildung zurückgeführt werden kann, besteht Anlass dazu, von einem eigenständigen

Phänomen – z. B. in begrifflicher Anlehnung an Lipsmeier/Münk von einem „Weiterbildungs-Weiterbildungs-Syndrom" – zu sprechen.

Dass die Weiterbildungsnachfrage nicht ausschließlich Nutzenüberlegungen widerspiegelt, sondern zugleich auch aus unreflektierten Habitualisierungen resultiert, lässt sich zum einen als Argument für eine öffentliche Weiterbildungsförderung ins Feld führen. Die partielle Habitualisierung im Weiterbildungshandeln betrifft jedoch nicht exklusiv diejenigen mit geringer Weiterbildungsbereitschaft. Ebenso gilt sie für die regelmäßig Teilnehmenden, deren hohe Weiterbildungsbereitschaft sich ebenfalls nicht allein in einer Abwägung von zu leistendem Aufwand und erwartetem Nutzen erschöpft.

Die Ergebnisse zum Zusammenhang von erwartetem Nutzen und Restriktionen einerseits und der Teilnahmebereitschaft andererseits sind also nicht nur weder einseitig als Nachweis, dass sich Personen aus gutem Grund einer Teilnahme verweigern – nämlich weil sie ihre beruflichen und privaten Lebensbedingungen auf Basis von Weiterbildung nicht verändern können oder wollen –, noch für die Notwendigkeit zur Verbesserung von Weiterbildungsförderangeboten zu verstehen. Sie geben darüber hinaus gleichsam Anlass zur Forderung nach Zurückhaltung bezüglich der Formulierung generalisierter Weiterbildungsappelle.

7 Gestaltungsoptionen: Perspektiven von Weiterbildungspartizipation und Weiterbildungssubvention

Wenn die Diskrepanz zwischen dem vermeintlich für das gesamte Erwerbspersonenpotenzial geltenden Weiterbildungsbedarf und der tatsächlichen Beteiligung nicht auf ein Versagen der individuellen Entscheidungsrationalität zurückgeführt werden kann und zugleich niedrige Nutzenerwartungen als Abstinenzgrund nicht akzeptiert werden, so bleibt letztlich, diesen Widerspruch darüber zu begründen, dass die individuellen Präferenzen für Weiterbildung aufgrund mangelnder oder fehlgeleiteter Informationen verzerrt sind. Diese Argumentation ist nicht neu (vgl. Kapitel 4.2.2) und wird durch die Ergebnisse der vorliegenden Arbeit darüber hinaus gestützt. Informationsdefizite beeinflussen die Weiterbildungsbereitschaft negativ. Darüber hinaus zeigte sich der erwartete Nutzen bei Personen, die bereits in der Vergangenheit weiterbildungsaktiv waren, zum Teil deutlich höher ausgeprägt als der erwartete Nutzen von bislang Abstinenten. Die höheren Erfolgserwartungen und die höhere Weiterbildungsbereitschaft regelmäßig Teilnehmender im Vergleich zu bislang Abstinenten sind Hinweise dafür, dass es sich bei Weiterbildung tatsächlich gewissermaßen um ein Erfahrungsgut handelt, dessen Wert sich partiell erst im Anschluss an eine Teilnahme erschließt bzw. dessen Inanspruchnahme präferenzändernd wirkt und auch die individuellen Erwartungen an künftigen (Weiter)Bildungserfolg mitstrukturiert.

Offen bleibt indes das Ausmaß, in dem die individuellen Präferenzen verzerrt sind. Unter Betrachtung spezifischer Teilgruppen Erwerbstätiger liefern die Analysen ferner vereinzelte Hinweise auf partielle Einschränkungen bezüglich der Rationalität im Weiterbildungsverhalten (s. u.). Diese Befunde verweisen zusammen mit den Hinweisen auf Informationsdefizite auf den Bedarf einer öffentlichen Förderung der Weiterbildungsnachfrage durch Bildungsberatung und monetäre Unterstützungsleistungen (Kapitel 7.2 und 7.3).

Losgelöst von der Frage, inwiefern die Präferenzen für Weiterbildung tatsächlich verzerrt sind und ob kompensatorische Leistungen zur Behebung der aus der Präferenzverzerrung resultierenden Nachfragedefizite geboten sind, können die öffentliche Hand, Weiterbildungsanbieter und Betriebe Anreize zur Weiterbildungsbeteiligung setzen. Dies, indem sie die Qualität ihrer Angebote verbessern, auf eine hohe pädagogische Qualifizierung des mit der Kursdurchführung beauftragen Personals achten bzw. die pädagogische Professionalität dieser Gruppe nicht aus den Augen verlieren (Kapitel 7.4) und verstärkte Anstrengungen zur Erhöhung von Durchlässigkeit und Transparenz im Bildungs- und Qualifizierungssystem sowie über die Grenzen formalisierten Lernens hinaus (Kapitel 7.5) unternehmen. Ferner lassen sich aus den Befunden der Arbeit Implikationen für die Gestaltung von Lehr-Lern-Prozessen ableiten (Kapitel 7.1).

7.1 Implikationen für die Gestaltung von Lehr-Lern-Prozessen

Bildungsgang und -bereichsunabhängig lässt sich die individuelle Motivation zur Teilnahme an und Mitarbeit in Lehr-Lernarrangements zunächst durch eine deutliche Formulierung der Kursziele fördern. Hierunter zu subsumieren sind sowohl die mittel- bis langfristigen Kursziele (Erreichen des Schulabschlusses, Voraussetzung schaffen für den Übergang in weiterführende Schulformen, günstige Ausgangspositionen für den Arbeitsmarkt, Berufsabschluss usw.) als auch die unmittelbar auf jede Kurseinheit bezogenen Ziele (was soll heute erreicht werden und in welchem Zusammenhang steht dies mit den mittel- bis langfristigen Zielen?).

Unterrichtsmethoden sind überdies so zu wählen, dass sie ein Erreichen der gesetzten Ziele bestmöglich unterstützen. Die Orientierung an mittel- bis langfristigen Zielen setzt gleichsam eine ständige Überprüfung von Inhalten und Methoden auf ihre Aktualität und ihre Zielgruppenorientierung hin voraus.

Die Erwartung, Ziele durch eigenes Handeln selbst verwirklichen zu können, wirkt motivationsfördernd. Insofern empfiehlt sich ein offener Unterricht, bei dem Lernende in Entscheidungsvorgänge möglichst häufig aktiv einbezogen werden.

Kurse und Lehrgänge der beruflichen Weiterbildung zeichnen sich nicht zuletzt dadurch aus, dass die Lebenskontexte der Lernenden heterogener und ihre Zielvorstellungen konkreter sind als bei Lernenden in davor liegenden Bildungsphasen. Gleichzeitig hat das Lehrpersonal hier, durch die weniger stark standardisierten und regulierten Curricula, mehr Möglichkeiten auf die größere Heterogenität der Teilnehmenden einzugehen. Kursleitende stehen folglich vor der Aufgabe, sich bei der Planung und Durchführung ihrer Angebote mit den individuellen Zielen der Teilnehmenden auseinanderzusetzen und deren berufliche Realität zu berücksichtigen.

Durch all dies kann der erwartete Nutzen und damit die Motivation zur Beteiligung an bzw. in bereits laufenden Maßnahmen gestärkt werden. Da sich im erwarteten Nutzen vergangene Erfahrungen niederschlagen, ist die Beachtung dieser Hinweise im Hinblick auf die Bildungsbereitschaft im Erwachsenenalter bereits in frühen Bildungsphasen von höchster Relevanz.

Der positive Zusammenhang zwischen Nutzenerwartungen und der Bereitschaft zur Bildungsbeteiligung verweist darauf, dass die Planung neuer Bildungsmaßnahmen, die Überarbeitung bestehender Konzepte und die formative Evaluation laufender Kurse, gerade auch die der Reflexion von Problemen in Lehr-Lern-Kontexten, von einer Auseinandersetzung mit den Ansprüchen und Erwartungen der Kursteilnehmenden bzw. der Zielgruppe profitieren. In Abb. 21 habe ich das hier verwendete Konzept des erwarteten Nutzens, in enger Anlehnung an ein ähnliches Modell für den Sekundarbereich I (vgl. Rheinberg 2005, 2004), in ein Analyseschema überführt, das Lehrende und Kursplanende einsetzen können, um verschiedene Formen von Bildungsmotivation sowie aktive und passive Verweigerungsformen im Unterricht sowie motivationsbezogene Ursachen negativer Teilnahmeentwicklungen (Kursabbrüche, mangelnde Kursnachfrage) näher zu bestimmen.

Über die Beantwortung der acht Leitfragen für einzelne Lernende oder ganze Lerngruppen gelangt man schrittweise zu den der Beteiligung zugrunde liegenden Motivationsformen oder spezifischen Motivationsproblemen (vgl. Rheinberg 2005: 10 f., Rheinberg 2004: 24 f.). Sowohl die Ermittlung der Motivationsformen und -probleme wie auch deren Lösung lässt sich durch informelle Einzelgespräche (mit den Lernern bzw. in früheren Bildungsphasen auch mit den Eltern) oder in größeren Gruppen umsetzen.

Ist das Lernen bzw. die Bildungsbeteiligung tätigkeitsspezifisch motiviert, so wird der Lernkontext bereits aufgrund der Aussicht auf ein positives konsumatorisches Erlebnis oder auf das Erreichen von zielunabhängigen Folgen der Lernaktivität aufgesucht. Hinweise auf Bildungsziele und deren Folgen sind nicht notwendig, können die Teilnahmemotivation jedoch zusätzlich stützen.

Ausschließlich oder primär fremdkontrollierte Bildungsmotivation ist in der Weiterbildung weniger stark verbreitet als in anderen Bildungsbereichen (insbesondere im Sekundarbereich). Dennoch ist auch hier nicht ausgeschlossen, dass Lernaktivitäten nicht aus Interesse oder als Mittel zur Erreichung von persönlichen Zielen erfolgen, sondern in erster Linie auf die Erfüllung von Erwartungen im persönlichen Umfeld gerichtet sind, z. B. zur Vermeidung von Sanktionen in der betrieblichen Weiterbildung oder in der aktiven Arbeitsmarktpolitik.

Fremdkontrollierte Bildungsmotivation ist insbesondere dann problematisch, wenn Sanktionen bei Zuwiderhandlung gegen die Erwartungen nicht an Bildungsresultate (z. B. den Erwerb eines Zertifikats), sondern an die bloße physische Anwesenheit in einem Kurs geknüpft sind. Hier erhöht sich die Wahrscheinlichkeit aktiven und passiven Widerstands.

Im Kern handelt es sich bei der fremdkontrollierten Aktivität um eine Sonderform der selbstgesteuerten Zielaktivität, d. h. einer Aktivität, die nicht primär aus Interesse, sondern wegen ihrer lohnenswerten Folgen ausgeführt wird. Die Handlung ist hier eine Tätigkeit, deren Ausführung oder deren Ergebnis zur Vermeidung von wie auch immer gearteten Sanktionen erfolgt (lohnende Folge = Vermeidung von unangenehmen Jahresgesprächen, Nachteilen bei Gehaltsverhandlungen etc.).

Aktive Verweigerungsformen im konkreten Unterricht können durch konsequentes Anknüpfen an die Interessen der Teilnehmenden reduziert, fremdgesteuerte Aktivitäten durch Beschäftigung mit den Zielen der Teilnehmenden und dem Aufzeigen ihrer Erreichbarkeit in selbstgesteuerte bzw. selbstbeherrschte Aktivitäten überführt werden. Zudem lassen sich, wenn auch in der Weiterbildung in geringerem Maße als im Sekundarbereich, fremdkontrollierte Anreize durch das Lehrpersonal setzen (Lob/Anerkennung etc.). Was der Motivation als fremdkontrollierter Anreiz dient, hängt allein von der Wahrnehmung der Lernenden ab. Daher bedingt die Gestaltung solcher Anreize eine Beschäftigung mit der Frage, welcher Erwartungshaltung die Lernenden sich ausgesetzt sehen und welche fremdgesetzten Folgen für sie überhaupt einen positiven Anreizcharakter besitzen.

Abbildung 21: **Frage-Antwortschema zur Bestimmung verschiedener Motivationsformen und -probleme**

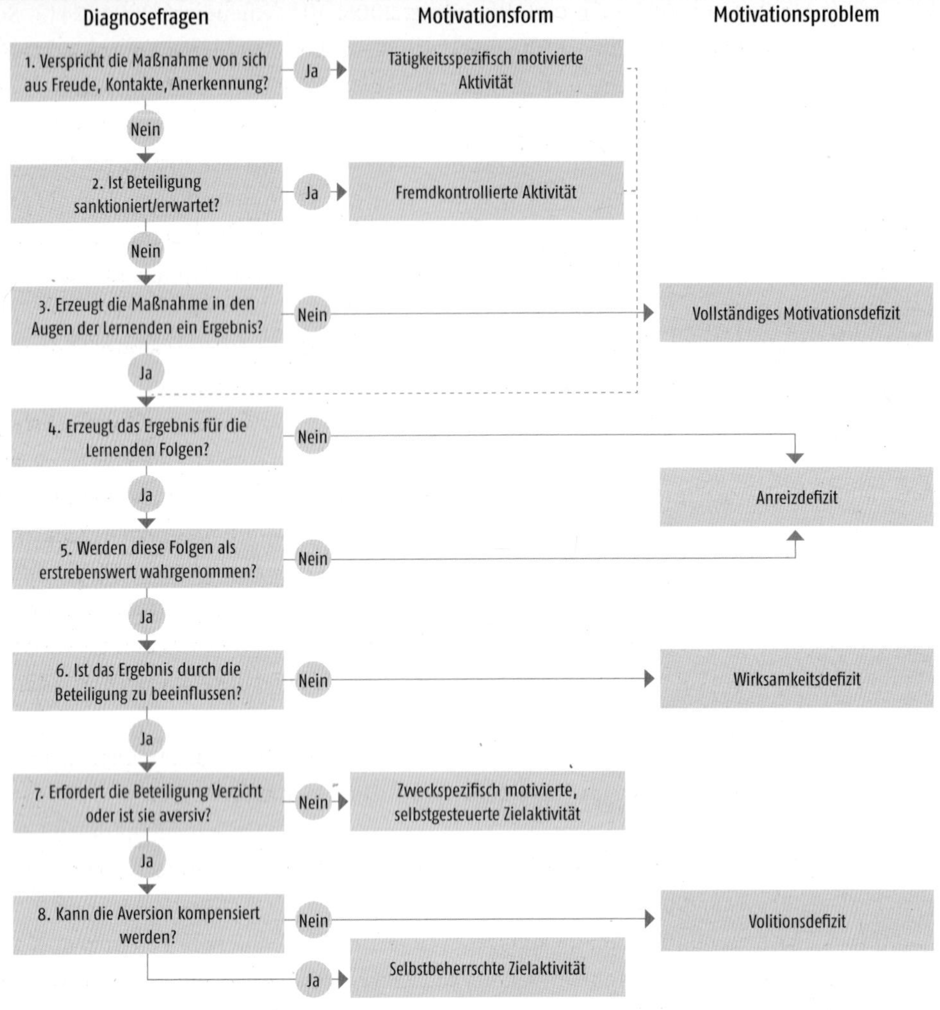

Quelle: In Anlehnung an Rheinberg (2004: 24 f.)

Bei problematischen Kursentwicklungen ist für das planende und durchführende Personal zunächst die Frage zu klären, ob die Maßnahme überhaupt am Markt bekannt ist. Können Bekanntheitsdefizite ausgeschlossen und Maßnahmeprobleme zumindest partiell auf Motivationsdefizite zurückgeführt werden, so ergeben sich je nach Motivationsdefizit unterschiedliche Interventionsmöglichkeiten.

Bei vollständigen Motivationsdefiziten ist eine Teilnahme unattraktiv, weil sie weder als Handlung zum Erreichen persönlich-beruflicher Ziele wahrgenommen noch als von sich aus Freude stiftend betrachtet wird. Da eine Teilnahme hier darüber hinaus nicht forciert ist, bestehen hohe Chancen, dass Bildungsaktivitäten erst gar nicht aufgenommen oder im laufenden Prozess abgebrochen werden. Die Lösung dieses Motivationsproblems besteht folglich im Aufzeigen konkreter Ergebnisse, auf die im Lernprozess hingearbeitet wird.

Ein Anreizdefizit liegt vor, wenn Lernende zwar erkennen, dass der Bildungsprozess ergebnisbezogen ist, sie die Lernergebnisse jedoch zugleich als folgenlos oder die Folgen als unattraktiv betrachten. Liegt eine tätigkeitsspezifische Weiterbildungsmotivation vor, bezieht sich dieses Defizit ausschließlich auf die zweckspezifischen Anreize. Je nachdem, ob es sich um ein auf die Relevanz der Folgen bezogenes oder um ein auf die Instrumentalität des Ergebnisses für die Folgen bezogenes Anreizdefizit handelt, kann eine Verringerung dieses Defizits eher durch ein stärkeres Anknüpfen an die konkreten Ziele der Lernenden bzw. ein Aufzeigen der von Lernenden möglicherweise übersehenen Ziele und einem Einführen neuer Ziele (z. B. selbstgesetzte Ziele wie Stolz auf die eigene Leistung oder fremdgesetzte Ziele wie Belohnungen) oder eher durch eine Verdeutlichung deren Erreichbarkeit gelingen.

Bei Wirksamkeitsdefiziten erkennen Lernende sowohl, dass der Bildungsprozess zu einem Ergebnis führen kann, als auch eine Verbindung dieses Ergebnisses zu erstrebenswerten Folgen. Den Eintritt des Ergebnisses und damit auch die Verwirklichung der eigenen Ziele nehmen sie jedoch nicht als durch die Kursleitenden oder durch eigene Anstrengungen beeinflussbar war. Bei der Behebung dieses Defizits geht es also entweder darum, Inhalte und Lehrmethoden so zu wählen und zu vermitteln, dass eine Ergebniserreichung den Lernenden möglich erscheint (auf andere bezogenes Wirksamkeitsdefizit), oder darum, bei Lernenden das Vertrauen in die Wirksamkeit des eigenen Handelns zu erhöhen (auf das eigene Handeln bezogenes Wirksamkeitsdefizit).

Bei Volitionsdefiziten schließlich sind potenzielle Lernende nicht in der Lage, aversive Momente des Lehr-Lern-Prozesses (z. B. Anstrengungen, Müdigkeit, Prüfungsdruck) zu bewältigen.

Auch Anreiz-, Wirksamkeits- und Volitionsdefizite führen bei gleichzeitig fehlender tätigkeitsspezifischer Motivation oder Fremdkontrolle mit hoher Wahrscheinlichkeit zu Abstinenz oder Abbruch von Lehr-Lern-Situationen.

Ein komplettes Meidungsverhalten (Abstinenz) ist besonders problematisch, weil es durch die Abwesenheit nur außerhalb konkreter Lehr-Lern-Situationen behoben werden kann. Hier erhalten Bildungsberatung und die grundsätzliche Erzeugung von Lernmotivation im Pflichtschulbereich ihre hohe Bedeutung. Frühe Bildungsstationen und die dort agierenden Lehrenden stehen hier vor der Aufgabe, zum einen zu vermitteln, dass Lernen Freude stiften kann und zum anderen, Einstellungen über den Zusammenhang von Bildungsbeteiligung, deren Erfolg und der Verwirklichung von Zielen nachhaltig zu prägen. Gelingen kann dies durch die konsequente Erzeugung von Erfolgserlebnissen und indem Lehr-Lern-Situationen so gestaltet werden, dass Schüler/-innen sich als handlungswirksam erleben, indem sie mit dem ihnen möglichen Verhalten Erfolge erzielen und aversive Ereignisse aus eigener Kraft beseitigen, vermeiden oder kompensieren können.

Entstehen spezifische Motivationsdefizite hingegen im Rahmen laufender Lehr-Lern-Prozesse und werden diese durch Lehrende und Ausbildende im beruflichen Schulwesen und in der betrieblichen Ausbildung, durch Lehrende auf dem zweiten Bildungsweg sowie in der allgemeinen und beruflichen Weiterbildung erkannt, so können Lehrende und Lernende durch eine offene Thematisierung Motivationsproblemen entgegenwirken.

7.2 Aufsuchende (Weiter-)Bildungsberatung

Die personenbezogene Weiterbildungsberatung zielt zum einen darauf ab, den von Anbieter- und Angebotspluralismus geprägten Weiterbildungsmarkt für potenzielle Teilnehmende transparenter machen. Zum anderen soll sie die Weiterbildungsbereitschaft erhöhen, indem sie Individuen dabei unterstützt, ihre Interessen, Qualifikationen und Fähigkeiten zu erkennen, zu reflektieren und ggf. zu aktualisieren (vgl. z. B. Bauer 1991, Kejcz 1988, Schiersmann/ Remmele 2004).

Die empirischen Befunde der vorliegenden Arbeit unterstreichen zum einen das Potenzial, das Weiterbildungsberatung zur Erreichung beider Ziele innewohnt. Zum anderen lassen sich aus den empirischen Ergebnissen der Arbeit Hinweise zur Gestaltung der Bildungs- und Weiterbildungsberatung ableiten.

So zeigte sich ein kausaler negativer Zusammenhang zwischen dem Informationsaufwand, den die Individuen als Voraussetzung zur Teilnahme an einer für sie infrage kommenden Weiterbildung erwarten, und der Teilnahmebereitschaft. Gute Beratung kann vermeiden, dass prinzipiell Weiterbildungsmotivierte allein aufgrund von Orientierungs- und Informationsdefiziten eine Teilnahme aufschieben oder von einer solchen gänzlich absehen.

Darüber hinaus wurde deutlich, dass der erwartete Nutzen eine besonders zentrale Einflussgröße für die Bereitschaft Erwerbstätiger, an einer Weiterbildungsmaßnahme teilzunehmen, darstellt. Dieser Befund unterstreicht insbesondere das Potenzial, welches Weiterbildungsberatung zur Aktivierung bislang Weiterbildungsabstinenter zukommt.

Erstens kann der Nutzen, den Erwerbstätige an die Teilnahme an beruflicher Weiterbildung knüpfen, über eine Verringerung der Befürchtung eines ausbleibenden Weiterbildungserfolgs gestärkt werden. Im Rahmen einer Beratung lässt sich mit Blick auf die Erwartung eines Weiterbildungserfolgs sowohl das Vertrauen in die eigenen Fähigkeiten als auch in die Kompetenzen des Lehrpersonals und die Kursqualität erhöhen. Gerade bei Weiterbildungsabstinenten mangelt es häufig am Vertrauen, Weiterbildungsmaßnahmen aus eigener Kraft erfolgreich abschließen zu können. Weiterbildungsberatung kann dazu beitragen, dieses Vertrauen in die Selbstwirksamkeit zu stärken.

Zweitens lässt sich auf der Grundlage von Beratung die subjektive Wahrnehmung dafür schärfen, dass eine Weiterbildungsteilnahme zur Erreichung persönlich wichtiger Zielvorstellungen sowie zur Vermeidung negativer beruflicher Entwicklungen beiträgt.

Die Bereitschaft zur Teilnahme steigt auch dann, wenn es sich bei den Zielen, deren Erreichung durch Weiterbildung ausreichend realistisch eingeschätzt wird, um subjektiv besonders wertvolle Ziele handelt, während Weiterbildungsbereitschaft ausbleibt, solange die durch Weiterbildung erreichbaren Ziele überwiegend unattraktiv erscheinen. Drittens können an Weiterbildung geknüpfte Nutzenerwartungen also durch Beratung gefördert werden, indem Letztere eine individuelle Auseinandersetzung mit beruflichen und privaten Lebenszielen anstößt und diesen Prozess beratend begleitet.

Eine Förderung des subjektiv erwarteten Nutzens durch Beratungsprozesse setzt voraus, dass Beratung in einer Phase an die Individuen herangetragen wird, in der diese selbst noch kein umfangreiches Weiterbildungsinteresse entwickelt haben. Insofern besteht die wesentliche Herausforderung für die Weiterbildungsberatung in der Kontaktherstellung zur Gruppe der Personen mit geringer oder keiner Weiterbildungsmotivation. Aufgrund vorgelagerter negativer bildungs- oder milieuspezifischer Sozialisationserfahrungen oder ihrer derzeitigen Arbeits- und Lebenssituation besitzen Personen dieser Gruppe jedoch eine geringe Bildungsbereitschaft, mit der auch ein geringes Beratungsinteresse – zumal an passiver, hochinstitutionalisierter und möglicherweise überdies noch kostenpflichtiger Beratung – einhergeht. Zu finden sind also Wege der Initiierung einer „biographieorientierten Beratung“ (vgl. Gieseke 2000: 15 f.), bei der Bildungs- und Qualifizierungsperspektiven erst angesprochen und reflektiert werden müssen.

Kühnapfel (2008: 30 f.) unterscheidet hinsichtlich der Räume, in denen Beratung stattfindet, zwischen Beratungsräumen, institutionellen Räumen sowie sozialen Räumen. Personen mit geringer Weiterbildungsmotivation suchen Beratungsräume und Beratungsangebote in institutionellen Räumen nicht eigeninitiativ auf (vgl. z. B. bereits Kejcz 1988: 157 f.). Insofern muss vor der eigentlichen Beratung zunächst eine Kontaktaufnahme in aktiver, aufsuchender Form über die sozialen Räume, in denen sich die Adressaten bevorzugt und vertraut bewegen, erfolgen. Dies kann nur über eine offensive, aktivierende Werbe- und Informationspolitik gelingen, die sich nicht in Medienarbeit (Presse, regionales Funk- und Fernsehprogramm), zielgruppenadäquaten Publikationen, Ausstellungen und Messen sowie niedrigschwelligen Beratungsangeboten (exponierte Standorte von Beratungseinrichtungen, kostenlose Beratung ohne Voranmeldung etc.) erschöpft, sondern verschiedene Formen aufsuchender Bildungsinformation umfasst. Empfohlen wird hier neben „Straßenaktionen“ seit jeher insbesondere auch der Aufbau eines Multiplikatorennetzes, das sich aus Akteuren anderer sozialer Felder (z. B. Jugendeinrichtungen, soziale Dienste, Selbsthilfeinitiativen, Gewerkschaften, Vereine) zusammensetzt, die im direkten Kontakt mit der Zielgruppe stehen (vgl. etwa Bauer 1991, Kejcz 1988). Aufsuchende Beratung ist jedoch bis heute kein fester Bestandteil der Beratungspraxis geworden (vgl. Schiersmann/Remmele 2004: 48 f.), sondern findet sich allenfalls in zeitlich befristeten und regional begrenzten Modellprojekten (vgl. Dietel 2009, Kühnapfel 2008).

Auch eine Kontaktaufnahme zu Erwerbstätigen im betrieblichen Umfeld erscheint naheliegend. Hier verschwimmen die Grenzen zwischen personen- und organisationsbezogener

Beratung. Direkte Kooperationen zwischen Akteuren der Weiterbildungsberatung und betrieblichen Arbeitnehmervertretern sowie Personalverantwortlichen wären in der Lage, auch die Auseinandersetzung mit dem betrieblichen Weiterbildungsverhalten anzustoßen sowie Betriebe bei der Deckung ihres Weiterbildungsbedarfs zu unterstützen. Letztendlich stünde eine solche Zusammenarbeit weniger für eine schleichende Verlagerung von Weiterbildungsanstrengungen in die Verantwortung der Individuen als für den Versuch, eine faire Verteilung von Lern- und Arbeitszeit sowie der monetären Weiterbildungskosten zu gewährleisten.

Einen weiteren Anknüpfungspunkt zur Förderung der Teilnahme am lebenslangen Lernen über Prozesse der Bildungsberatung bietet die Berufsberatung in der Sekundarstufe I an allgemeinbildenden Schulen.

Nach Euler/Severing (2011) liegt der Kern erfolgreicher schulischer Bildungs- und Berufsberatung heute nicht mehr in der Berufskunde, sondern in einer Förderung grundlegender Selbstlern- und Selbststeuerungskompetenzen, die den Jugendlichen die Gestaltung ihrer eigenen Erwerbsbiografie erleichtern und damit die Grundlage für lebenslanges Lernen darstellen. Die schulische Berufsorientierung müsse daher zum einen eine reflektierte Auseinandersetzung über die eigenen Interessen, Stärken, Schwächen und Werte ermöglichen (vgl. Euler/Severing 2011: 30). Zugleich kann schon die Berufsorientierung in der Sekundarstufe verstärkt über die gestiegenen (und weiter steigenden) Unsicherheiten bei der längerfristigen Karriere- und Lebensplanung aufklären und den Jugendlichen so vermitteln, dass berufliche Weiterbildung ein konstituierendes Element der Erwerbsbiografie im Anschluss an eine erste berufliche Ausbildung darstellt.

Wenn die Sensibilisierung für lebenslanges Lernen bereits früh gelingt und Jugendliche schulische Bildungs- und Berufsberatungsprozesse als hilfreich wahrnehmen, so dürften schließlich auch die Chancen steigen, dass sie auf der Grundlage einer erhöhten Weiterbildungsmotivation im weiteren Lebensverlauf verstärkt Weiterbildung nachfragen und bei entsprechendem Bedarf auch Weiterbildungsberatung als Orientierungs- und Entscheidungshilfe aufsuchen. Hierzu indes wäre schulische Bildungsberatung fest im Curriculum allgemeinbildender Schulen zu verankern (vgl. Euler/Severing 2011: 34) und mit weiteren Maßnahmen der Berufsorientierung (Praktika) und den außerschulischen Akteuren der Berufsberatung und des Beschäftigungssystems zu verzahnen, was derzeit noch nicht der Fall ist (vgl. Kupka/Wolters 2010).

Bei allem Argumentieren für das Potenzial der (Weiter-)Bildungsberatung zur Förderung der Weiterbildungsmotivation ist indes sicherzustellen, dass weder die schulische Bildungs- und Berufsberatung noch Weiterbildungsberatung Probleme der Sozial- und Arbeitsmarktpolitik zu individuellen Bildungsproblemen umdefinieren (vgl. Bauer 1991: 380 f.). Weder vermag Weiterbildung die grundlegenden Probleme des Arbeitsmarktes zu lösen noch ist sie in der Lage, neue und weiterbildungsintensive Arbeitsplätze zu schaffen. Das Ziel der Sensibilisierung für lebenslanges Lernen durch Beratung ist damit eng an die Bedingung gebunden, die Lebenssituation der zu Beratenen ernst zu nehmen und damit trägerunabhängig, neutral und bisweilen auch desillusionierend (vgl. Bauer 1991: 380) zu agieren. Diese Bedingung verweist zusammen mit den Erfordernissen eines niedrigschwelligen, d. h. möglichst kostengünstigen oder -freien Angebots mit guter Erreichbarkeit auch außerhalb strukturstarker Ballungszentren, auf ordnungspolitischen Handlungsbedarf. Eine öffentliche Finanzierung erscheint geboten, weil die Eigeninteressen privater Beratungsanbieter leicht zu Fehlallokationen führen können.

Mit der permanenten Einrichtung eines Beratungsangebotes, welches dem hier in groben Zügen umrissenen entspricht, ist ein enormer personeller, organisatorischer und finanzieller Aufwand verbunden. Dieser ist jedoch in Kauf zu nehmen, wenn sich die Widersprüche zwischen dem „[...] auf hohem Niveau institutionalisierten Dauerappell [...]" (Axmacher 1992: 152) zur Teilnahme an (beruflicher) Weiterbildung und der Teilnahmewirklichkeit in absehbarer Zeit verringern sollen.

Bei der Finanzierung kann auf erhebliche Mittel zurückgegriffen werden, die bereits heute im Rahmen zur Durchführung von Beratungsangeboten zur Verfügung stehen. Begünstigte haben in zahlreichen Weiterbildungsförderprogrammen – allen voran den Gutscheininstrumenten – die Pflicht zur Teilnahme an einer vor der eigentlichen Kurswahl stattfindenden Weiterbildungsberatung. Da zum Beratungszeitpunkt das Interesse der Inanspruchnahme des Förderinstruments bereits groß ist, unterstützt Weiterbildungsberatung in einer solchen Form in erster Linie Personen, die aufgrund ihrer Nutzenerwartungen ohnehin bereits an der Schwelle zur Teilnahme stehen. Weil sie vorwiegend grundsätzlich Weiterbildungsinteressierte über Kursangebote informiert, ist die Beratung im Rahmen der Förderprogramme folglich in erster Linie als Mittel zur Gewährleistung einer effektiven Nutzung der Fördergelder zu verstehen, nicht als Mittel zur Aktivierung von Personen mit geringer Weiterbildungsmotivation. Erstere lässt sich jedoch – und auch hier liefern die im Rahmen der Arbeit gewonnenen Ergebnisse Gestaltungspotenzial (s. u.) – über eine Steuerung anderer Förderparameter effizienter gewährleisten.

Für bereits gut informierte Weiterbildungsinteressierte bildet verpflichtende Beratung sogar eine potenzielle Hürde, wenn sie für eine solche benötigte Zeiten nicht aufbringen können bzw. wollen oder befürchten, dass die Beratung einer gezielten Allokation auf spezifische Anbieter oder Kurse dient und sich für die Teilnahme an einer von ihnen bevorzugten Maßnahme damit mehr hinder- denn förderlich darstellt.

Befunde aus der Impactforschung stützen die an der derzeitigen Ausgestaltung von Weiterbildungsberatung geübte Kritik (vgl. Walter 2009). Für die Empfänger von Gutscheinen gestaltet sich Beratung vielfach als Pflichtübung und führt nicht zu einer Teilnahmestimulierung (vgl. Messer/Wolter 2009, Walter 2009: 21, Wolter/Messer 2009). Ferner ist zu beachten, dass sich durch obligatorische Beratung auch der Verwaltungsaufwand und damit die Kosten von Förderprogrammen erhöhen.

Folglich spricht vieles dafür, Weiterbildungsberatung im Rahmen von Förderinstrumenten nicht verpflichtend, sondern allenfalls in Form eines freiwilligen Zusatzangebotes zu verankern, die effiziente Verwendung der Fördergelder für „sinnvolle“ Maßnahmen stattdessen über alternative Parameter zu steuern und die hierdurch eingesparten Mittel in die Etablierung einer dauerhaften, trägerunabhängigen und aktivierenden Beratungsstruktur zu investieren.

Im Jahr 2008 stellt der „Innovationskreis Weiterbildung“ unter dem Vorsitz der Bundesministerin für Bildung und Forschung fest, dass es einem alle Lernphasen umfassenden Systems der Bildungs- und Berufsberatung bedürfe, das auch aufsuchende Beratungsangebote umfasst (BMBF 2008: 17).

Zur Weiterentwicklung der Bildungsberatung in Deutschland empfiehlt der Innovationskreis sodann, die Transparenz und den Zugang zu Beratungsstrukturen zu erhöhen, bestehende Maßnahmen besser zu vernetzen, bundesweit neutrale und trägerübergreifende Beratungsstrukturen zu etablieren, Instrumente zur Qualitätssicherung von Bildungs- und Berufsberatung zu verankern und Bildungs- und Berufsberatung auf eine einheitliche, staatliche Finanzierungsgrundlage zu stellen (vgl. BMBF 2008: 18).

Dass sich das genannte Gremium unter anderem aus großen Arbeitgeber- (IHK, HWK) und -nehmervertretungen (DGB), staatlichen wie privaten Weiterbildungs- und Beratungsträgern sowie der Kultusministerkonferenz zusammensetzte, deutet einen breiten bildungspolitischen Konsens hinsichtlich der Empfehlungen an. Eine Umsetzung dieser, durch die Ergebnisse der vorliegenden Arbeiten gestützten Handlungsempfehlungen dürfte insofern voraussichtlich bislang eher an ordnungspolitischer Zurückhaltung denn an Interessenskonflikten der genannten Akteure scheitern.

7.3 Ausgestaltung der monetären Weiterbildungsförderung

In Bezug auf die Ausgestaltung der monetären Weiterbildungsförderung geben die Befunde der vorliegenden Arbeit zunächst Anlass, die derzeitige Praxis der punktuellen Weiterbildungsförderung auf Basis monetärer Förderinstrumente – wie sie in der BRD außerhalb des tertiären Bereichs, der Aufstiegsfortbildung und der aktiven Arbeitsmarktpolitik vorherrscht – kritisch zu hinterfragen.

Der auch hier deutlich gewordene Zusammenhang zwischen Einkommensbeschränkungen und der individuellen Weiterbildungsbereitschaft verweist darauf, dass Erwerbstätige – und darunter auch jene, die an eine Teilnahme durchaus hohe Nutzenerwartungen knüpfen – unter Umständen zusätzliche finanzielle Mittel benötigen, um ihre Weiterbildungsmotivation auch in eine tatsächliche Teilnahme überführen zu können.

Für eine punktuelle Förderung der Weiterbildungsnachfrage von Erwerbstätigen auf der Basis monetärer Förderprogramme spricht dieser Befund allerdings nicht per se. Grundlegender ließe sich fragen, weshalb die den Individuen zur Verfügung stehenden Ressourcen zur Weiterbildungsfinanzierung nicht ausreichen und ob dieses Problem nicht besser auf der Basis einer grundsätzlichen Optimierung der Steuer- und Verteilungsgerechtigkeit als auf der Basis monetärer Subventionierung im Einzelfall zu beheben ist (vgl. auch Walter/Müller 2013a: 28 f.). Aus dem genannten Befund lässt sich also in erster Linie die Forderung ableiten, für ein Steuer- und Verteilungssystem zu sorgen, das Einkommen gewährleistet, die den Beschäftigten Weiterbildungsinvestitionen ermöglichen.

Plausibel sind finanzielle Zuschüsse für Weiterbildungsaktivitäten dort, wo die individuellen Präferenzen für Weiterbildung durch Informationsdefizite verzerrt werden und wo Individuen sich bezogen auf ihr Weiterbildungsverhalten nicht rational verhalten, d. h. wenn sich der von ihnen erwartete Nutzen einer Weiterbildung nicht im Teilnahmeverhalten niederschlägt. Die vorangegangenen Analysen liefern jedoch nur in ganz bestimmten Fällen Hinweise auf Einschränkungen der Rationalitätsannahme. In diesen Fällen geben sie (in gewissen Grenzen) Anlass, eine finanzielle Förderung zu befürworten (s. u.).

Der signifikante negative Zusammenhang zwischen Einkommensrestriktionen und der Bereitschaft zur Weiterbildungsbeteiligung zeigte sich ferner nur unter der Voraussetzung, dass eine grundsätzliche Teilnahmebereitschaft schon vorhanden ist. Mit anderen Worten: Über eine monetäre Förderung kann eine *bereits vorhandene* Teilnahmebereitschaft zwar *gesteigert*, nicht jedoch eine *generelle* Teilnahmebereitschaft *erzeugt* werden.

Die Möglichkeit, auf der Basis einer Lockerung finanzieller Restriktionen positive Impulse für die Weiterbildungsbeteiligung Erwerbstätiger zu setzen, erscheint vor diesem Hintergrund eingeschränkt, da sie ausschließlich jene Personen erreicht, die aufgrund von Nutzenerwartungen bereits an der Schwelle zur Teilnahme stehen. Anders stellt sich dies beim subjektiv erwarteten Weiterbildungsnutzen dar, dessen Erhöhung nicht nur mit einer Erhöhung einer bereits vorhandenen, sondern auch mit der grundsätzlichen Erzeugung einer Teilnahmebereitschaft einhergeht.

Dass die Verteilung der finanziellen Verantwortung für allgemeine und berufliche Weiterbildung auf Bund, Länder, die Bundesagentur für Arbeit sowie Betriebe und Individuen in absehbarer Zeit umfassend und verlässlich gesetzlich geregelt wird, wie etwa von der „Expertenkommission Finanzierung Lebenslangen Lernens" (2004: 205 f.) in ihren Empfehlungen zur Einrichtung eines Erwachsenenbildungsförderungsgesetzes sowie eines Bildungsförderungsgesetzes in Grundzügen beschrieben, ist derzeit nicht absehbar.

Förderprogramme, die je nach Bundesland entweder mit Bundesförderungen konkurrieren oder die Förderlücken auf Bundesebene nur teilweise schließen und die hinsichtlich ihrer Implementierung und Verlängerung von kurzfristig getroffenen Entscheidungen abhängen, werden daher voraussichtlich auch künftig eine wenn auch wenig transparente, aber immerhin pragmatische Form der öffentlichen Weiterbildungsförderung darstellen.

Auch wenn eine steuer-, verteilungs- und ordnungspolitische Gesamtlösung deutlich zu bevorzugen wäre, so lassen sich aus den Ergebnissen der vorliegenden Arbeit doch immerhin einige Hinweise für die sinnvolle Ausgestaltung dieser Förderprogramme ableiten, die auf Bundesebene und in zahlreichen Bundesländern zur punktuellen Unterstützung der individuellen Weiterbildungsnachfrage genutzt werden. Konkret formulieren lassen sich Gestaltungshinweise hinsichtlich der Zielgruppen von Förderinstrumenten sowie deren Förderperiodizität und -höhe.

Implikationen für die monetäre Weiterbildungsförderung liefern zunächst die beiden auch hier vorgefundenen Zusammenhänge von Weiterbildungsbereitschaft und früheren Bildungsverhaltens. Da sich mit steigendem Abschlussniveau eine Neigung zur Teilnahme entwickelt, die unabhängig von erwartetem Nutzen und objektiven Handlungsrestriktionen wirkt, gehören Geringqualifizierte zum Personenkreis, der durch Förderprogramme ins Visier genommen werden sollte. Höherqualifizierte sind hingegen nachrangig zu fördern. Diese Empfehlung wird von einem weiteren Befund der vorliegenden Arbeit gestützt: Unter Aufnahme von Interaktionstermen legten die Analysen für zwei Personengruppen Ausnahmen vom oben genannten Befund zum Zusammenhang von Einkommensveränderungen und Teilnahmebereitschaft offen. Sie deuten darauf hin, dass eine Verringerung von Einkommensrestriktionen bei Personen ohne beruflichen Abschluss sowie bei Personen in einfachen Tätigkeiten nicht nur zur Erhöhung einer bereits vorhandenen Teilnahmebereitschaft, sondern auch zur generellen Erzeugung einer solchen in der Lage ist. Dass die Effizienz von Förderinstrumenten mit einer Konzentration auf Geringqualifizierte aufgrund geringerer Mitnahmeeffekte steigt (vgl. z. B. Messer/Wolter 2009), kann im Licht der Befunde der vorliegenden Arbeit folglich gerade auch auf die stärkere Reaktion Geringqualifizierter auf Einkommensänderungen zurückgeführt werden.

Für eine Fokussierung Geringqualifizierter zulasten Höherqualifizierter spricht neben den Befunden dieser Arbeit auch, dass Letztere erstens deutlich stärker in die betriebliche Weiterbildung eingebunden sind (vgl. z. B. Bilger/Rosenbladt 2011: 30) und dass sie zweitens bessere Möglichkeiten zur Refinanzierung von Ausgaben für berufliche Weiterbildung besitzen (vgl. z. B. Ehmann 2003: 109).

Da ferner eine erstmalige Teilnahme einen besonders starken Impuls für eine dauerhaft erhöhte Teilnahmebereitschaft setzt, bietet es sich überdies in besonderem Maße an, Förderprogramme in erster Linie an jene Personen zu richten, die in mehreren aufeinanderfolgenden Jahren vor der Förderung keine Weiterbildungsaktivitäten vorweisen können. Regelmäßige Teilnehmende sollten demgegenüber nur nachrangig gefördert werden.

Diese Empfehlung wird durch die Analysen ferner insofern gestützt, als sich unter Aufnahme von Interaktionstermen zeigte, dass die Teilnahmebereitschaft bisheriger Nichtteilnehmender auf monetäre Impulse in höherem Maße reagiert als die der regelmäßigen Teilnehmenden.

Eine Beschränkung der Förderung auf bisherige Nichtteilnehmende würde ferner bewirken, dass Fördermittel nicht mehr, wie bislang üblich, jährlich beantragt werden können. Diese Änderung der Förderperiodizität würde wiederum ermöglichen, im Einzelfall höhere Fördersummen zu gewähren, ohne dass die Gesamtkosten eines Förderprogramms im Vergleich zur häufigeren Förderung mit geringen Fördersummen ansteigen würden. Eine Erhöhung der Förderbeträge erscheint auch im Licht der Befunde von Evaluationen und Sekundäranalysen zu Programmen der monetären Weiterbildungsförderung sinnvoll: Hier wird immer wieder auf einen positiven (wenn auch nicht zwangsläufig linearen) Zusammenhang zwischen Förderumfang und Erhöhung der Weiterbildungsbeteiligung hingewiesen (vgl. z. B. Leckie et al. 2010, Messer/Wolter 2009: 13). Darüber hinaus steigen die Mitnahmeeffekte mit abnehmendem Förderumfang, sodass durch eine geringere Einzelförderung zwar prinzipiell mehr Personen erreicht werden können, insgesamt aber deutlich weniger bisherige Nichtteilnehmende aktiviert werden, deren Teilnahme ohne eine Förderung nicht erfolgt wäre (vgl. z. B. Messer/Wolter 2009).

Ferner sollten Instrumente der monetären Weiterbildungsförderung insbesondere Personen mit hohen Restriktionen in den Blick nehmen. Hierzu gehören zum einen monetäre Restriktionen, deren Reduzierung sich durch monetäre Förderung naturgemäß besonders anbietet. Zahlreiche Förderprogramme richten sich bereits heute vorwiegend an Geringverdienende. Das Ausmaß der Teilnahmerestriktionen wird hier folglich am Haushaltseinkommen festgemacht. Der Zusammenhang von Haushaltseinkommen und Weiterbildungsbereitschaft wurde auch in der vorliegenden Arbeit deutlich.

Darüber hinaus erscheint jedoch auch die Fokussierung von Frauen als Zielgruppe der monetären Weiterbildungsförderung sinnvoll. Bei dem Geschlecht der Erwerbstätigen handelt es sich um ein weiteres Merkmal, das auch unter Kontrolle von erwartetem Nutzen und Handlungsrestriktionen einen Einfluss auf die Teilnahmebereitschaft besitzt. Männer äußern bei gleichem erwarteten Nutzen und gleichen Restriktionen eine höhere Teilnahmebereitschaft als Frauen. Schließt man aus, dass bei den Männern für Weiterbildung lediglich „das Geld lockerer sitzt", so lässt sich aus diesem Befund ein Argument für die gezielte Förderung von Frauen ableiten. Angesichts der mittlerweile ausgeglichenen Partizipationsquoten beider Geschlechter mag diese Empfehlung zunächst widersprüchlich erscheinen. Bei differenzierter Betrachtung geschlechtsspezifischer Unterschiede der Weiterbildungspartizipation wird jedoch sichtbar, dass Männer im Vergleich zu Frauen erstens häufiger überhaupt keine Weiterbildungskosten tragen und Frauen zweitens kürzere und günstigere Weiterbildungsarrangements wählen (vgl. z. B. Beicht/Krekel/Walden 2006: 93 f.). Folglich haben sich die Partizipationsquoten quantitativ, nicht aber qualitativ angeglichen. Dieser Befund spiegelt möglicherweise wider, dass nicht nur die Erwerbstätigkeit von Frauen und Männern nach wie vor ungleich entlohnt wird, sondern dass Frauen auch bezüglich der Verwendung des Haushaltseinkommens finanziell benachteiligt sind. Er lässt ferner plausibel erscheinen, dass zahlreiche bestehende Förderinstrumente vorwiegend von Frauen in Anspruch genommen werden.

Eine Lockerung der zeitlichen und finanziellen Restriktionen muss nicht zwingend über Instrumente der monetären Weiterbildungsförderung erfolgen. Vielmehr können Förderprogramme durchaus auch Aspekte in den Blick nehmen, welche die Weiterbildungsbereitschaft mittelbar erhöhen. So lassen sich zeitliche Belastungen beispielsweise auf Basis einer Ausweitung betrieblicher Lernzeitkontenmodelle, von Gleitzeitregelungen oder weiteren Maßnahmen zur Flexibilisierung der Arbeitszeit reduzieren.

Auch wenn der Kenntnisstand zu Ausbreitung und Wirksamkeit von Lernzeitkonten vergleichsweise gering ist, dürfte zumindest gelten, dass Lernzeitkonten im Gegensatz zu Arbeitszeitkonten weiterhin kaum verbreitet sind (vgl. z. B. Heidemann 2009: 453, Zickert 2007: 48 f.). Ferner stehen sie verschiedenen Beschäftigtengruppen nicht in gleichem Maße zur Verfügung (vgl. Dobischat/Seifert 2005a: 46).

Gefördert werden könnten etwa betriebliche Modellprojekte zur Einführung flexibler Arbeitszeiten für Beschäftigte, die hiervon noch nicht erreicht werden. Außerdem ließen sich Wege erproben, wie sich bestehende (Förder-)Ansprüche, z. B. aus Tarifverträgen, Bildungsgutscheinen, Bildungskonten und Bildungsurlaub mit betrieblichen Arbeits- und Lernzeitkonten verknüpfen und unter Wahrung von Arbeitgeber- und Arbeitnehmerinteressen absichern lassen (vgl. Dobischat/Seifert 2005a: 47).

Ferner würde ein (Wieder-)Ausbau bzw. ein Entgegenwirken weiteren Abbaus der lokalen Weiterbildungsinfrastruktur, insbesondere in weniger dicht besiedelten Regionen, die individuellen Teilnahmerestriktionen senken, ohne dass die Individuen direkt monetär gefördert werden müssten. Überdies können verstärkte Aktivitäten in der Weiterbildungsberatung und hinsichtlich der Zertifizierung von Weiterbildungsanstrengungen (s. u.) dazu beitragen, die Transparenz des Weiterbildungsmarktes und der dort erworbenen Kompetenzen zu erhöhen und damit Informationsaufwand für Betriebe und Beschäftigte zu verringern.

Die monetäre Förderung kann jedoch pragmatisch genutzt werden, um zusätzliche Impulse zu setzen. So bietet es sich zum einen an, Kosten für die Reise zum und die Unterkunft am Ort der Weiterbildung sowie die Beschaffung von Arbeitsmitteln zur Teilnahme an E-Learning-basierten Maßnahmen zu bezuschussen, um die Teilnahmebedingungen von Personen mit schlechtem Zugang zu Weiterbildungsinfrastruktur zu verbessern. Die Berücksichtigung unterschiedlicher Zugangsmöglichkeiten zu Weiterbildungsmaßnahmen drängt sich zunehmend auf, da sich die bereits heute vorhandenen Disparitäten des regionalen Weiterbildungsangebots im Zuge des demografischen Wandels weiter verschärfen werden. Unter Berücksichtigung der heterogenen Kompetenzen unterschiedlicher Lernender im Umgang mit Medientechnik, den verschiedenen Vorlieben für unterschiedliche Lernformen und der Tatsache, dass sich nicht alle Inhalte optimal auf der Basis von Fernlernen vermitteln bzw. aneignen lassen, ist in jedem Fall für einen Erhalt lokaler/regionaler Bildungsinfrastrukturen zu sorgen.

Mithilfe von Gleitzeitregelungen sowie Arbeits- und Lernzeitkonten lässt sich das Verhältnis von Arbeits- und Freizeit flexibel gestalten. Eine Verlagerung der arbeitszeitlichen Belastungen ermöglicht es, zusätzliche Zeiträume für Weiterbildung zu schaffen. Zeitliche Belastungen entstehen jedoch auch durch häusliche Betreuungsverpflichtungen. Es ist absehbar, dass diese zeitlichen Belastungen im Zuge des gesellschaftsstrukturellen Wandels ansteigen werden, weil weder die Familienstrukturen (Kleinfamilien, geprägt durch Erwerbstätigkeit aller erwachsenen Mitglieder und hohen Ansprüchen an berufliche Flexibilität und Mobilität) noch die Strukturen des Gesundheits- und Pflegesystems gut auf die Folgen einer alternden

Gesellschaft vorbereitet sind. Die zeitlichen Belastungen können indes über eine Bezuschussung der Kosten für die Betreuung von Kindern bzw. pflegebedürftigen Familienmitgliedern während der Teilnahme an Weiterbildungsmaßnahmen reduziert werden. Kindesbetreuung wird im Bereich der Aufstiegsfortbildungsförderung über das AFBG (vgl. Aufstiegsfortbildungsgesetz 2007) bereits heute gefördert. Die vorliegenden Ergebnisse geben Anlass zu empfehlen, auch andere Formen der Familienbetreuung in das AFBG zu integrieren und diese Fördermöglichkeit auch auf Maßnahmen der Anpassungs-, Erhaltungs- und Erweiterungsfortbildung auszudehnen.

Alleinerziehende würden von einer solchen Erweiterung der Förderrichtlinien besonders profitieren: Zu den wenigen personen- und erwerbsbezogenen Merkmalen, die auch unter Kontrolle des subjektiv erwarteten Nutzens und der Handlungsrestriktionen einen eigenen Einfluss auf die Teilnahmebereitschaft zeigten, gehört der Familienstand. Bei Alleinerziehenden zeigten sich im Vergleich zu Alleinlebenden, Zusammenlebenden und Zusammenerziehenden deutlich höhere Chancen, nicht bereit zu sein, in die eigene berufliche Weiterbildung zu investieren.

7.4 Professionalisierung in der beruflichen Weiterbildung

Aus der Diskussion um Professionalisierung in der beruflichen Weiterbildung treten im Wesentlichen zwei Begriffsverständnisse hervor. Zum einen findet sich auch heute noch ein formal-funktionales Verständnis von Professionalisierung, das sich an berufs- und professionssoziologischen Arbeiten der sechziger, siebziger und achtziger Jahre orientiert. Professionalisierung wurde und wird hier als Prozess beschrieben, in dem sich berufliche Tätigkeiten dem annähern, was zunächst vorwiegend in der angelsächsischen Soziologie als „profession“ bezeichnet wurde (vgl. Helsper 2007, Kutscha 1989: 763, Lempert 2010: 20 f.). Das Verständnis darüber, was eine Profession im Detail ausmacht und von semi- und nicht-Professionen unterscheidet, variiert je nach Autor und mit der jeweils gewählten theoretischen Perspektive (vgl. Fuchs 2010: 65 f., Helsper 2007: 576 f., Nittel 2000).

Als Hauptmerkmal professionalisierter Tätigkeiten gilt indes über alle Ansätze hinweg eine Spezialisierung beruflichen Wissens auf der Grundlage einer standardisierten akademischen Ausbildung mit klarer Bezugswissenschaft, die einer verhältnismäßig homogenen Gruppe ein hohes Ausbildungsniveau, einen Expertenstatus und damit fachliche Autorität verleiht.

Ein zweites Begriffsverständnis von Professionalisierung ergibt sich aus der Kritik an dieser formal-funktionalen, berufssoziologischen Betrachtung (vgl. Beck/Brater/Daheim 1980, Dewe 1990: 290, Fuchs 2010: 87 f., Kutscha 1989: 764 f., Nittel 2000: 24) sowie auf der Grundlage von Auflösungstendenzen beruflich organisierter Arbeit überhaupt (vgl. etwa Faulstich 1996: 290, Fischell/Rosendahl 2012: 72 f., Kraft 2006: 5 f., Pöggeler 1968: 106). Hier wird auf das „[...] expertokratisch orientierte, auf die Exklusivität von Sonderwissen gestützte

[...]" (Kutscha 1989: 765) berufssoziologische Professionalisierungsmodell zugunsten einer Fokussierung der erwachsenenpädagogischen Professionalität im unmittelbaren beruflichen Handeln verzichtet (vgl. z. B. Gieseke 2011: 386, Kraft 2006: 6, Peters 1999, Wittpoth 2003: 186 f.).

Die Professionalisierungsdiskussion wird zu weiten Teilen als Qualitätsdiskussion geführt. Fortschritte in der Professionalisierung des Bildungspersonals bzw. der Professionalität der Beschäftigten in Erwachsenen- und beruflicher Weiterbildung werden so bisweilen als wesentliche Voraussetzungen für lebenslanges Lernen und die Verwirklichung der europäischen Bildungs- und Wirtschaftspolitik erklärt. Innerhalb dieser Teildebatte finden sich zwei weithin postulierte Zusammenhänge, bezüglich derer bislang kaum empirische Evidenz vorliegt. Zu einer abschließenden Behebung dieses Defizits trägt auch die vorliegende Arbeit nicht bei. Dennoch liefert sie hinsichtlich beider unterstellter Zusammenhänge einige empirisch fundierte Erkenntnisse und damit Impulse für die Diskussion um die Professionalisierung des Weiterbildungspersonals.

Zum einen wird ein enger Zusammenhang zwischen Professionalität und der Qualität formalisierter Weiterbildung vermutet (vgl. etwa Arnold 1997, Europäische Kommission 2007: 9, Gieseke 1997, Knoll 2002: 72, Kraft 2006: 8 f., Kremer 2008, Lattke/Nuissl 2008: 16, Meisel 2005, Meisel 2002, Schlutz 1995). Darüber, wie sich Weiterbildungsqualität im Detail determiniert, herrscht in der Literatur kein Konsens. Dennoch hat die theoretische und empirische Literatur die Kompetenzen des Bildungspersonals als wesentliches Element der Kursqualität herausgearbeitet (vgl. Harteis/Prenzel 1998: 583, Krekel/Beicht 1995, Loibl 2003, Tippelt/Hippel 2007: 120 f.).

Vor dem Hintergrund sowohl des weiten, funktionalen Verständnisses von Professionalisierung (Professionsentwicklung) als auch des engeren Verständnisses der Professionalität des Weiterbildungspersonals (Entwicklung erwachsenenpädagogischer Professionalität), dürfte der vermutete Zusammenhang von Professionalität und Qualität zunächst Anlass zu erheblicher Sorge um die Qualität von formalisierten Weiterbildungsangeboten und ihrer weiteren Entwicklung geben.

Anhand der Hauptmerkmale, an denen sich Professionsentwicklung misst, sowie an einer Vielzahl von Folge- und Sekundärmerkmalen lässt sich nämlich deutlich machen, dass die Professionalisierung im Weiterbildungssegment stagniert. Partiell finden sich gar Hinweise auf eine Deprofessionalisierung. Das Weiterbildungssegment ist jedenfalls nach wie vor weit davon entfernt, sich als Profession bezeichnen zu können. Einige Stichworte: Mangel an einer standardisierten akademischen Ausbildung mit klarer Bezugsdisziplin (vgl. Fuchs et al. 2009: 33 f., Kraft 2011, Kraft 2006, Przybylska 2008: 89, Wittwer 2006, WSF 2005: 49), einschlägige erwachsenenpädagogische Qualifizierung spielt bei der Personalrekrutierung eine nachgeordnete Rolle (vgl. Fuchs et al. 2009: 33 f., WSF 2005: 49), Mangel an berufsständischer Vertretung (vgl. z. B. Nittel/Völzke 2002: 14, Wittwer 2006: 402) und einheitlichem Berufsverständnis (vgl. Baethge 2011: 447, Fuchs 2010: 39 f., Gieseke 1988: 11 f., Kollmannsberger/

Fuchs 2009: 38 f., Kraft 2006: 5 f., Nittel 2000: 229 f., Nittel/Völzke 2002: 14, Peters 2004: 51 f., Schlutz/Krug 1997), Weiterbildungssektor konstituiert sich kaum als hauptberufliches Beschäftigungsfeld (vgl. WSF 2005: 58), Fehlen von Mandat und Lizenz (vgl. Fuchs 2010: 79, Nittel 2000: 29 f.), in Anbetracht der hohen formalen Qualifizierung geringes Einkommen und generell prekäre Beschäftigungssituation von Weiterbildenden (vgl. Baethge 2011: 450, Fritz/Maier/Böhnisch 2006: 211 f., Nittel/Schütz 2005: 57, Peters 2005: 60, WSF 2005: 48) insbesondere in von öffentlichen Zuwendungen abhängigen Einrichtungen (vgl. z. B. Fischell/Rosendahl 2012, WSF 2005: 70 f.), geringe Anerkennung und Autonomie von Weiterbildenden (vgl. Arnold 1983, Büchter/Hendrich 1998, Fischell/Rosendahl 2012: 63 f.), vergleichsweise gering ausgeprägtes Selbstvertrauen (vgl. Fuchs 2010: 39, Tietgens 1986: 114 f.).

Darüber hinaus werfen neuere Befunde gerade zur Qualifizierung des Weiterbildungspersonals und dessen Beschäftigungssituation Zweifel an der erwachsenenpädagogischen Professionalität im Weiterbildungssegment auf.

Die mitunter prekären Beschäftigungsverhältnisse der Weiterbildenden lassen nicht nur öffentliche Weiterbildungsappelle unglaubwürdig erscheinen (vgl. auch Fischell/Rosendahl 2012: 63, Nittel/Völzke 2002: 14) und verweisen nicht nur auf ein Stagnieren der Professionsentwicklung insgesamt sowie auf eine partielle Polarisierung der Professionalisierung im Hinblick auf die Beschäftigungslage von Honorarkräften in der privat und der öffentlich finanzierten Weiterbildung, sondern gefährden überdies auch erwachsenenpädagogisch professionelles Handeln, wenn das betroffene Personal vielfach nicht mehr in der Lage ist, selbst in angemessenem Umfang Weiterbildung zu betreiben, um sich auf veränderte Anforderungen im Aufgabenprofil einzustellen (vgl. Fischell/Rosendahl 2012: 65 f.).

Auf Basis der vorliegenden Arbeit lässt sich indes bezüglich der Qualität formalisierter beruflicher Weiterbildung ein deutlich positiveres Bild zeichnen. Zwar konnte auch hier keine objektive Messung der Qualität in der beruflichen Weiterbildung erfolgen und bleibt die Perspektive der ihr zugrunde liegenden Untersuchung auf den Qualitätsbegriff vergleichsweise (vgl. etwa Schlutz 1995) undifferenziert. Aufschluss geben die Ergebnisse jedoch bezüglich der subjektiven Einschätzungen potenziell Weiterbildung nachfragender Individuen hinsichtlich der Eignung von Weiterbildungseinrichtungen sowie der die Weiterbildungsqualität in besonderem Maße determinierenden fachlichen, didaktischen und methodischen Kompetenzen des Bildungspersonals, jeweils im Hinblick auf die erfolgreiche Vermittlung der Weiterbildungsinhalte. Hiernach gibt es keinen Grund, die Qualität der formalisierten Weiterbildung grundsätzlich infrage zu stellen.

So sind zum einen die Erwartungen Erwerbstätiger, dass die Qualität formalisierter Weiterbildungskurse prinzipiell einem Lernerfolg dienlich ist, sehr hoch ausgeprägt. Diese positive Einschätzung fällt weitestgehend unabhängig von den Ausprägungen verschiedener personen- und erwerbsbezogener Merkmale aus, gilt also auch für jene Gruppen, deren Weiterbildungsverhalten als besonders defizitär wahrgenommen wird. Personen, die bereits in den Jahren vor der Erhebung bzw. dem Erhebungsjahr an Weiterbildung teilnahmen, schätzten die Qualität der

Einrichtungen im Vergleich zu Nichtteilnehmenden sogar höher ein. Dies spricht dafür, dass die Einschätzungen der Befragten hinsichtlich der Qualität der Anbieter – etwa in Ermangelung einer realistischen Bewertungsgrundlage – nicht zu optimistisch waren.

Zum anderen zeigten sich die Befragten in hohem Maße davon überzeugt, dass die fachlichen, didaktischen und methodischen Kompetenzen des in der Weiterbildung beschäftigten Bildungspersonals einem Lernerfolg dienlich sind.

Die Ergebnisse der vorliegenden Arbeit relativieren folglich die hier exemplarisch rezipierten, aus einer sich an Merkmalskatalogen abarbeitenden Vorgehensweise hervortretenden Bedenken hinsichtlich der Qualität von Weiterbildungsangeboten und dem Stand der Professionalisierung in der beruflichen Weiterbildung. Insofern kann neben die „analytische Gelassenheit“ (Nittel 2000: 26), für die Nittel bezüglich des Professionalisierungsstandes im Weiterbildungsbereich auf der Folie des symbolischen Interaktionismus plädiert, gewissermaßen eine empirisch begründete Gelassenheit treten.

Einschränkend ist dabei jedoch in Erinnerung zu rufen, dass sich die vorliegende Untersuchung ausschließlich auf Erwerbstätige und individuell finanzierte Weiterbildung beschränkt. Die Erfahrungen der Befragten, ihre Erwartungen an die Qualität von Weiterbildungsträgern und deren Lehrpersonal dürften sich folglich in erster Linie auf die privat finanzierte Weiterbildung beziehen. Zur aus der subjektiven Perspektive potenzieller Nachfrager eingeschätzten Qualität der öffentlich finanzierten Träger und deren Lehrpersonal können auf Basis der vorliegenden Befunde dagegen keine verlässlichen Aussagen gemacht werden. Die mitunter prekäre Lage der Beschäftigten in der öffentlich finanzierten Weiterbildung soll hier keinesfalls bagatellisiert, die Vernachlässigung dieser Beschäftigtengruppe auf der Grundlage einer Verallgemeinerung hoher Qualitätseinschätzungen durch potenziell Nachfragende nicht gerechtfertigt werden.

Der zweite weithin unterstellte Zusammenhang betrifft die Qualität des im Weiterbildungssegment beschäftigten Personals einerseits und die individuelle Bereitschaft zur Weiterbildungsteilnahme andererseits (vgl. etwa Europäische Kommission 2007: 9).

Die Ergebnisse dieser Arbeit verweisen deutlich darauf, dass ein solcher Zusammenhang tatsächlich vorliegt. So zeigten die empirischen Analysen, dass die individuelle Einschätzung der Qualität des Bildungspersonals einen wesentlichen Einfluss auf die Bereitschaft zur Teilnahme an Maßnahmen der beruflichen Weiterbildung ausübt. Je höher die Befragten der Untersuchung die fachlichen, didaktischen und methodischen Kompetenzen des Weiterbildungspersonals einschätzten, desto höher lagen auch die Chancen, dass sie sich bereit zeigten, an einer Maßnahme der beruflichen Weiterbildung zu partizipieren. Dieser Zusammenhang erwies sich im Vergleich zu den Effekten anderer Elemente des erwarteten Nutzens gar als besonders stark.

Gemessen wurde nicht die tatsächliche Qualität des Bildungspersonals, sondern die hierüber gebildeten Erwartungen potenzieller Kursteilnehmender. Dass jedoch die Einschätzung der fachlichen, didaktischen und methodischen Kompetenzen des Bildungspersonals unter bisherigen Nichtteilnehmenden sowie unter Personen, die in den Jahren vor der Befragung bereits an Maßnahmen der formalen beruflichen Weiterbildung partizipierten, gleichermaßen hoch war, lässt abermals darauf schließen, dass die Erwartungen der befragten Erwerbstätigen realistisch sind. Unabhängig davon, wie gut die tatsächlichen Kompetenzen des Bildungspersonals und die hierüber gebildeten subjektiven Erwartungen übereinstimmen; die vorliegende Arbeit zeigt, dass es gerade diese subjektiven Erwartungen sind, die bei der Abwägung über Partizipation oder Abstinenz als wesentliche Entscheidungsgrundlage herangezogen werden.

Dass sich die befragten Erwerbstätigen sowohl hinsichtlich der Qualität von Weiterbildungsanbietern als auch hinsichtlich der Qualität des dort tätigen Lehrpersonals überwiegend optimistisch äußerten, sollte indes nicht als Hinweis dafür gewertet werden, es seien derzeit keine weiteren Anstrengungen zu Weiterentwicklungen in den Bereichen Kursqualität und pädagogische Professionalität notwendig (s. o.). Im Einzelfall waren die Befürchtungen der im Zusammenhang mit der vorliegenden Arbeit befragten Erwerbstätigen, ein Weiterbildungserfolg dürfte aufgrund geringer Kursqualität und mangelnder fachlicher, didaktischer oder methodischer Kompetenzen des Lehrpersonals scheitern, ursächlich für einen geringen erwarteten Nutzen und in der Folge für eine niedrige Teilnahmebereitschaft.

Vor dem Hintergrund der Befunde erscheinen Ansätze zur Erhöhung der Weiterbildungspartizipation, die an den subjektiven Erwartungen der Individuen hinsichtlich der Qualität von Bildungseinrichtungen und des dort tätigen Lehrpersonals anknüpfen (z. B. im Rahmen von Weiterbildungsberatung bzw. -marketing sowie auf Basis der (Weiter-)Entwicklung von Maßnahmen zur Qualitätsentwicklung und -sicherung) sinnvoll und vielversprechend. Letzteres indes nur, sofern solche Maßnahmen erstens auf Seiten der Bildungsanbieter und des Bildungspersonals tatsächlich zu einer Qualitätsverbesserung führen und den potenziell nachfragenden Individuen entsprechende Erfolge der Qualitätsentwicklung zweitens transparent und glaubhaft vermittelt werden können.

7.5 Anerkennung non-formalen und informellen Lernens, Modularisierung und die Rolle des DQR

In der Literatur findet sich ein starker Konsens bezüglich der steigenden Relevanz von formaler Anerkennung und Zertifizierung im Weiterbildungsbereich (vgl. z. B. Dehnbostel/Seidel/Stamm-Riemer 2010, Faulstich 1997, Faulstich et al. 1991, Nuissl 2003a: 9, Nuissl 2000: 110 f.).

Dennoch sind für die Verwertung im Bildungssystem und auf dem Arbeitsmarkt weiterhin die Abschlüsse der beruflichen Erstausbildung maßgeblich (s. o.) und nehmen Anerkennung und Zertifizierung im Weiterbildungsbereich weiterhin eine marginale Rolle ein. Nach den Daten den AES 2007 etwa münden vier Prozent aller Weiterbildungsteilnahmen in einen anerkannten Abschluss. Lediglich 16 Prozent der Teilnehmenden erhalten ein Zertifikat, wohingegen 36 Prozent der Maßnahmen mit einem Teilnahmenachweis und 43 Prozent gänzlich ohne Nachweis enden (vgl. Rosenbladt/Bilger 2008: 122 f.).

Angesichts der nunmehr seit 40 Jahren währenden Prognosen um die Verschiebung des Verhältnisses von Erstaus- und Weiterbildung zugunsten Letzterer sowie der Relevanz, die der eigeninitiierten Weiterbildung beigemessen wird, erscheinen die im Vergleich zur Erstausbildung quantitativ rückständige und intransparente Vergabe von Abschlüssen und Zertifikaten in der beruflichen Weiterbildung, die damit einhergehenden Verwertungsprobleme von Weiterbildung und die Dominanz der Erstausbildung für Allokationsprozesse paradox.

Die Anerkennung von Lernen in Form von Zertifikaten und Abschlüssen erhöht die Verwertbarkeit von Kompetenzen im Bildungssystem und auf dem Arbeitsmarkt. Wenn Lernanstrengungen über den persönlichen Bildungswert hinaus als verwertbar wahrgenommen werden, dann wirkt sich dies positiv auf die individuelle Lernbereitschaft aus.

Insofern unterstreichen die Ergebnisse der vorliegenden Arbeit auch ganz deutlich Vorschläge, die seit mehr als 20 Jahren unter Begriffen wie „Bundesrahmenordnung" oder „Bundesrahmengesetz" (vgl. Lipsmeier/Münk 1997: 20) bzw. „Baukasten-", „Akkreditierungs-" oder „Zertifikatssystem" (vgl. etwa Clement 2012: 321, Faulstich et al. 1991: 109 f., Nuissl 2000: 111) firmieren. Dass solche Systeme jede Form von Weiterbildung in Bezug auf Inhalt, Abschluss und Berechtigung streng durchregulieren, ist aufgrund der funktionalen Eigenschaften des Weiterbildungssektors, der enormen Heterogenität, der notwendigen Flexibilität und dem Tempo, in dem neue Maßnahmen entwickelt werden, nicht realistisch einzufordern und sicher nicht einlösbar. Hinter den verschiedenen Begriffen steckt auch vielmehr die Forderung, das Lernen im Erwachsenenalter anschlussfähiger zu machen – und zwar sowohl an den Arbeitsmarkt, als auch hinsichtlich der Zugänge zu weiterem formalem Lernen. Die eingebrachten Vorschläge zielen also darauf ab, die Vergabe von Abschlüssen und Zertifikaten im Weiterbildungsbereich auszubauen, besonders die Nachweise des non-formalen Lernens zu systematisieren und die Anstrengungen zur flächendeckenden und belastbaren Sichtbarmachung und Zertifizierung informellen Lernens weiter voranzutreiben.

Hinsichtlich einer höheren Systematisierung der Nachweise im Weiterbildungsbereich sowie einer stärkeren Anerkennung von Lernen außerhalb des formalen Qualifizierungssystems und damit letztlich höherer Lernmotivation können vier sich gegenseitig nicht ausschließende Ansätze benannt werden.

Ansatz 1: Erhöhtes ordnungspolitisches Engagement im bestehenden Qualifizierungssystem

Eine umfassende Regulierung des Nachweiswesens in der beruflichen Weiterbildung gestaltet sich schwierig, weil eine Systematisierung formaler Anerkennung und Zertifizierung im Weiterbildungsbereich die ausgesprochen hohe Variabilität von Weiterbildungsmaßnahmen hinsichtlich ihrer Ziele und ihres Umfangs (von der mehrjährigen Aufstiegsfortbildung bis zur halbtägigen Anpassungs-, Erweiterungs- oder Erhaltungsfortbildung) berücksichtigen muss.

Trotz dieser zum Teil funktionalen Ursachen der Heterogenität im Weiterbildungsbereich scheint ein stärkeres ordnungspolitisches Engagement sowohl im Bereich der Aufstiegsfortbildung als auch im Bereich der Anpassungs-, Erhaltungs- und Erweiterungsfortbildung durchaus angebracht.

Im Bereich der Aufstiegsfortbildung nehmen die zuständigen Stellen nach wie vor ihr Recht zur Erlassung von Fortbildungsordnungen (§§ 54 BBiG, 42a HwO) erstens stärker als der Bund (§§ 53 BBiG, 42 HwO) und zweitens regional sehr unterschiedlich wahr (vgl. Dobischat/Düsseldorff/Dikau 2006: 539).

Im Bereich der Anpassungs-, Erhaltungs- und Erweiterungsfortbildung ist die Beliebigkeit der Nachweise indes besonders ausgeprägt. Die fehlende Verwertbarkeit von Nachweisen ist nicht primär inhaltlich begründet, sondern eine Folge des intransparenten Weiterbildungsmarktes, auf dem die Vergabe von Abschlüssen und Zertifikaten unzureichend geregelt ist. Laut §1 BBiG soll die berufliche Fortbildung „[...] ermöglichen, die berufliche Handlungsfähigkeit zu erhalten und anzupassen oder zu erweitern und beruflich aufzusteigen“ (Berufsbildungsgesetz 2005). Damit ist die Möglichkeit zur Erlassung von Fortbildungsordnungen explizit nicht auf die Aufstiegsweiterbildung beschränkt. Dennoch wird sie im Bereich der Anpassungs-, Erhaltungs- und Erweiterungsfortbildung bislang kaum (eine Ausnahme bildet die Ausbildereignungsverordnung) wahrgenommen. Nennenswerte einrichtungsübergreifende Kooperationen der Weiterbildungsträger zur Systematisierung der Nachweis-Vielfalt sind nicht erkennbar (vgl. Käpplinger 2007a: 223).

Auch bei den bereits bestehenden systemimmanenten Verfahren zur Anrechnung bzw. Anerkennung lassen sich zusätzliche Anreize zum Lernen und zum Anstreben von Anerkennungsverfahren durch transparenz- und bekanntheitssteigernde Maßnahmen erreichen. Werden die Verfahren durchschaut und für Individuen entsprechend planbar, sinkt zum einen der notwendige Informationsaufwand und zum anderen erhöhen sich die individuellen Erwartungen erfolgreicher Anerkennungen. Unabdingbar für hohe Transparenz und Bekanntheit sowie für die tatsächliche Verwertbarkeit und damit einen hohen Tauschwert sind rechtliche Regulierung, eine hohe Standardisierung und leicht zugängliche Beratungsstrukturen.

Dass die Forderung eines stärkeren ordnungspolitischen Engagements nicht nur von wissenschaftlicher und gewerkschaftlicher Seite, sondern zunehmend auch von Weiterbildungsträgern, den Betrieben und den sowohl Arbeitgeberinteressen vertretenden als auch auf dem Weiterbildungsmarkt als Anbieter agierenden zuständigen Stellen ausgeht, zeigen neben empirischen Forschungsergebnissen (vgl. Faulstich/Vespermann 2001) u. a. die Empfehlungen des bereits zitierten Innovationskreises Weiterbildung (vgl. BMBF 2008: 14 f.).

Ansatz 2: Modularisierung

Einen interessanten Ansatzpunkt im Hinblick auf die Erhöhung von Transparenz und Anerkennung im Weiterbildungsbereich liefert die vorwiegend mit Blick auf die Erstausbildung geführte Debatte über die Modularisierung der beruflichen Bildung, also die Parzellierung umfangreicher Bildungsabschnitte in kleinere in sich abgeschlossene curriculare Einheiten, die einzeln prüf- und zertifizierbar sind und sich an Lernoutcomes orientieren.

Die Expertenkommission Finanzierung Lebenslangen Lernens (2004: 267 f.) empfiehlt, im Zuge der Neuordnung von Ausbildungsberufen bundesweit standardisierte Weiterbildungsmodule zu konzipieren, um eine höhere Standardisierung und Transparenz im Bereich der Anpassungsweiterbildung zu erzeugen. Euler und Severing (2011, 2007) systematisieren diesen Vorschlag, treiben die Idee mit ihrem Modularisierungskonzept allerdings deutlich weiter. Ihr Konzept zielt im Kern auf eine Reorganisation der beruflichen Erstausbildung sowie der Ausbildungsvorbereitung auf der Basis von „Ausbildungsbausteinen", zielt darüber hinaus allerdings auf eine systematische Verzahnung von Aus- und Weiterbildung ab.

Ausbildungsbausteine lassen sich hiernach nicht nur zu einer vollständigen Erstausbildung kombinieren. Vielmehr ermöglichen Lernortunabhängigkeit und individuelle Zertifizierbarkeit der Bausteine eine Ergänzung laufender oder bereits abgeschlossener Erstausbildungen, sodass mit Blick auf die einzelnen Bausteine nicht mehr zwischen Aus- und Weiterbildungsaktivitäten unterschieden werden kann bzw. muss. Eng zusammen mit der individuellen Zertifizierbarkeit hängt auch die Möglichkeit, (Weiterbildungs-)Module auf den Niveaustufen des DQR zu verorten und so mit anderen Qualifikationen in Beziehung zu setzen. Solange die Entwicklungsverantwortung für solche Module auf Bundesebene liegt, sie wie Ausbildungsordnungen auf Basis des Konsensprinzips entwickelt und von anerkannten Einrichtungen geprüft werden, ist von ihnen ein doppelter Beitrag zur Transparenz zu erwarten, und zwar sowohl im Hinblick auf die Transparenz des Weiterbildungsbereichs als auch hinsichtlich der individuell erworbenen Kompetenzen. Daran geknüpft sind Hoffnungen auf positive Entwicklungen für die Verwertbarkeit von Weiterbildung auf dem Arbeitsmarkt, auf formalem Lernen gleichgestellte nichtformalisierte Bildungskarrieren sowie auf zusätzliche Anschlüsse an das formale Bildungssystem.

Im Hinblick auf die Verwirklichung des Lebenslangen Lernens hätte eine zunehmende Reorganisierung der Berufsbildung in Form von Modulen nicht nur den entscheidenden Vorteil, die Zertifizierung von beruflicher Weiterbildung zu vereinfachen und transparenter zu gestalten. Zudem könnten von einer modular organisierten Berufsbildung Jugendliche profitieren, denen aufgrund kognitiver und/oder motivationaler Ursachen der Übergang in eine Berufsausbildung oder deren unterbrechungsfreie Aufrechterhaltung bis zum erfolgreichen Abschluss nicht möglich ist (vgl. Schmidt 2011: 194). Unter Anreizgesichtspunkten lassen sich im Modularisierungskonzept für diese Gruppe von Jugendlichen insbesondere zwei Vorteile identifizieren.

Module wären in der Lage, eine Brücke zwischen den nicht berufsqualifizierenden Maßnahmen des derzeitigen Übergangssystems und regulären Ausbildungsarrangements zu schlagen und so eine wesentliche Voraussetzung für lebenslanges Lernen zu erfüllen (vgl. Schmidt 2011: 202). Durch die Möglichkeit zur schrittweisen Ergänzung einzelner Qualifizierungsabschnitte zu einer abgeschlossenen Ausbildung könnte der „Warteschleifencharakter" des derzeitigen Übergangssystems überwunden werden, der die Jugendlichen, die überwiegend ohnehin bereits als Verlierer des allgemeinbildenden Schulwesens in das Übergangssystem einmünden und Beschulung als belastend und sinnlos erleben, zusätzlich demotiviert (vgl. auch Baethge/Solga/Wieck 2007: 76 f.). Aufgrund der Outcome-Orientierung bestünde dabei auch die Möglichkeit, die Module zeitlich, sachlich und den pädagogischen Förderbedarfen entsprechend flexibel an die jeweiligen Anforderungen verschiedener Zielgruppen anzupassen – zum Beispiel durch längere und besonders praxisnahe Ausbildungsabschnitte für Jugendliche, denen tatsächlich die Kompetenzen zur Aufnahme einer dualen Ausbildung fehlen, und kürzere Ausbildungsabschnitte für marktbenachteiligte Jugendliche, denen der Zugang zur Ausbildung in erster Linie aufgrund der ungünstigen Situation auf dem Ausbildungsmarkt verwehrt blieb.

Über modularisierte Angebote lässt sich die Lernmotivation ferner dadurch erhöhen, dass Kompetenzen zeitlich nah am jeweils behandelten Lernstoff und nicht erst zum Ende eines langen Ausbildungsabschnittes zertifiziert und damit auch geprüft würden. Das erfolgreiche Absolvieren eines Moduls stellt sich den Lernenden als konkretes Ziel dar, welches es in einem absehbaren Zeithorizont zu erreichen gilt. Durch die schrittweise Prüfung und Zertifizierung kürzerer, in sich geschlossener Ausbildungsinhalte bliebe die Motivation zum Lernen vermutlich über die gesamte Ausbildung hoch, solange sich die Jugendlichen darüber bewusst sind, dass der erfolgreiche Abschluss jedes Qualifizierungsabschnittes zum angestrebten Gesamtergebnis „erfolgreicher Ausbildungsabschluss" beiträgt.

Zugleich sollten die Bedingungen der Zielerreichung im Vergleich zu den derzeitigen Abschlussprüfungen als transparenter wahrgenommen werden – mit entsprechenden Auswirkungen auf den erwarteten Erfolg. Für Jugendliche im formalen Ausbildungssystem wäre es zudem möglich, nicht bestandene Prüfungen durch gezielte Vorbereitung der betreffenden Inhalte ohne größere zeitliche Verluste zu wiederholen. Insbesondere die Abschlussprüfung würde damit ihren für den Ausbildungserfolg deterministischen Charakter und damit einen großen Teil ihres Schreckens verlieren (vgl. Ertl/Sloane 2003: 90).

Von der inhaltlichen Überschaubarkeit einzelner Qualifizierungsabschnitte würden damit gleichfalls nicht nur kognitiv und/oder motivational benachteiligte Jugendliche profitieren. Schließlich werden in zahlreichen Ausbildungsberufen jedes Jahr mehrjährige Ausbildungsanstrengungen einer Vielzahl von Auszubildenden (und freilich ihrer Ausbildungsbetriebe), denen an der ersten Schwelle der Übergang in eine berufliche Ausbildung gelungen ist, durch nicht bestandene Abschlussprüfungen und Ausbildungsabbrüche für nichtig erklärt. Und schließlich würde die Gliederung der Ausbildung in modular organisierte Abschnitte zusammen mit der ebenfalls im Modulkonzept verankerten Outcome-Orientierung die Anerkennung informellen Lernens vereinfachen.

Ansatz 3: Entwicklung eines kompetenzorientierten Parallelsystems

Zur verstärkten Berücksichtigung nicht formalisierten Lernens benennen Dehnbostel/Seidel/Stamm-Riemer (2010: 48 f.) neben der punktuellen Einbeziehung (s. o.) die Entwicklung eines kompetenzorientierten Parallelsystems. Parallelsystem meint, „[…] dass sich neben dem bestehenden formalen System ein eigenständiges kompetenzbasiertes System mit der Ermittlung, Bewertung, Prüfung und Zertifizierung anhand vereinbarter Standards konstituiert“ (Dehnbostel/Seidel/Stamm-Riemer 2010: 48). Kompetenzorientierte Parallelsysteme ergänzen die regulären Qualifizierungswege und zielen darauf ab, die Abschlüsse des formalen Systems zu vergeben, ohne dass die entsprechenden Bildungsgänge oder die auf diese Bildungsgänge bezogenen Anrechnungs-/Anerkennungsverfahren absolviert werden müssen. Hierzu werden Kompetenzanforderungen festgelegt und in individualisierten Verfahren mit den außerhalb des formalen Qualifizierungssystems erworbenen Kompetenzen abgeglichen.

Ansatz 4: Kompetenzbasiertes Qualifizierungssystem

Neben der punktuellen Einbeziehung non-formalen und informellen Lernens in das formale Qualifizierungssystem und dem kompetenzorientierten Parallelsystem skizzieren Dehnbostel/Seidel/Stamm-Riemer (2010: 56 f.) die konsequente Umstellung des Nachweiswesens auf ein kompetenzbasiertes System. Wesentliches Kernelement dieser Umstellung ist die kompetenzbezogene Neuformulierung aller Standards und Vergabekriterien des formalen Qualifizierungssystems, eine konsequente Output-Orientierung und die gleichwertige Einbeziehung aller Lernformen durch die Neugestaltung geeigneter Prüf- und Bewertungsverfahren (Dehnbostel/Seidel/Stamm-Riemer 2010: 48). Erfolgreiche Erfahrungen mit einem kompetenzbasierten Qualifizierungssystem bestehen in der BRD bislang ausschließlich im Teilbereich des IT-Weiterbildungssystems, wo formales und nichtformalisiertes Lernen, insbesondere konkretes arbeitsplatzbezogenes Lernen eng verzahnt sind und gleichwertig zur Vergabe von Nachweisen auf den verschiedenen Qualifizierungsebenen berücksichtigt werden.

Bei allen Schwierigkeiten und Nachteilen der Implementierung (Gefährdung des für weite Teile der Qualifizierung hervorragend funktionalen bestehenden Systems, Kosten, Abstimmungsbedarfe, Rehierarchisierung formal gleichwertiger Abschlüsse, Bündelung sämtlicher Kritik an der Outcome- und Kompetenzorientierung) eines Parallelsystems zur Bewertung von außerhalb formalen Lernens erworbener Kompetenzen bzw. einer konsequenten Umstellung des Nachweiswesens auf ein kompetenzbasiertes Qualifizierungssystem würden sich beide Varianten positiv sowohl auf die Motivation zur Teilnahme am non-formalen Lernen sowie an Verfahren zur Identifizierung und Bewertung informellen Lernens auswirken, weil sie neue Zugänge zu formaler Anerkennung von Kompetenzen und zu formaler Gleichstellung mit bestehenden Abschlüssen eröffnen würden.

Eine wichtige Bedingung für den Erfolg dieser Varianten besteht nicht zuletzt in gut funktionierenden Prüfungs- und Zertifizierungsstrukturen. Zur Verbesserung der Transparenz und Akzeptanz von Weiterbildungsnachweisen erscheint eine Trennung von Maßnahme-, Prüfungs- und Zertifizierungswesen empfehlenswert.

Falls eine solche strikte Trennung nicht erfolgt, kommen als Prüfungs- und/oder Zertifizierungsinstitutionen neben den Industrie- und Handelskammern insbesondere berufliche

Schulen infrage, da Weiterbildung zum Zweck der Standortsicherung vor dem Hintergrund des demografischen Wandels für das berufliche Schulwesen ohnehin ein zunehmend attraktives Betätigungsfeld darstellt. Die Beauftragung einer unabhängigen Prüfungs- und Zertifizierungsstelle, möglichst auf nationaler Regierungsebene, wird indes weithin empfohlen, da bestehenden Bildungsinstitutionen zum einen die entsprechende Expertise fehlt und zum anderen die Validierung nicht formalisierten Lernens (vor allem dem informellen Lernen) den Interessen der Institutionen widerspricht (vgl. etwa Seidel/Stamm-Riemer 2012: 269).

Um die Dynamik des Weiterbildungsmarktes indes nicht zu gefährden, müssen neu entstehende Bedarfe wie bisher flexibel außerhalb von Fortbildungsordnungen und Modulen für Aufstiegs-, Anpassungs-, Erhaltungs- und Erweiterungsweiterbildung gedeckt werden können. Solche Maßnahmen wären zunächst weiterhin mit einfachen Teilnahmebescheinigungen der jeweiligen Anbieter zu dokumentieren. Haben sich die Inhalte einmal etabliert, können sie über die Entwicklung von Fortbildungsordnungen, Modulen und/oder Kompetenzbeschreibungen zur Nutzbarmachung in Anerkennungsverfahren anschlussfähig gemacht werden. Für Inhaber/-innen der Teilnahmebescheinigungen kann eine Anerkennung dann nachträglich, per Prüfung oder auf der Basis eines anderen Verfahrens zur Identifizierung und Bewertung informellen Lernens erfolgen.

Dass Verfahren zur Erfassung non-formal und informell erworbener Kompetenzen noch überwiegend der Kompetenzidentifizierung dienen, liegt nicht zuletzt daran, dass es in Deutschland noch an einem individuellen Recht auf Anerkennung informell erworbener Kompetenzen fehlt (vgl. Bohlinger/Münchhausen 2012: 307). Zudem liegen bislang kaum formale Qualifikationsstandards vor, an denen non-formal und informell erworbene Kompetenzen gemessen werden können.

Erst auf Basis einer für Individuen, Betriebe und Weiterbildungsanbieter transparenten Kompetenzorientierung kann eine über die Kompetenzidentifizierung hinausgehende formale Anerkennung informell erworbener Kompetenzen und damit letztlich ihre Verwertung im formalen Bildungssystem und auf dem Arbeitsmarkt gelingen. Ohne eine solche Orientierung an Kompetenzen und Standards fehlen die Referenzpunkte für Verfahren zur Identifizierung und Bewertung von Lernergebnissen, und zwar unabhängig davon, ob die Verfahren den Regeln des bestehenden formalen Bildungssystems bzw. einer modularen Weiterentwicklung folgen, Lernergebnisse in einem Parallelsystem bewerten oder auf einer konsequenten Kompetenzorientierung des Qualifizierungssystems fußen.

Durch ihre enge Verknüpfung mit Modulen, Bildungsstandards und ihre Lernergebnisorientierung stellen der EQR und seine deutsche Umsetzung derzeit die zentralen Instrumente dar, die eine Weiterentwicklung des deutschen Bildungs- und Qualifizierungssystems zu einem kohärenten System, das sämtliche Lernformen umfasst, begünstigt. Die aktuelle Diskussion um den DQR macht deutlich, wie stark der EQR als Instrument zur Herstellung EU-weiter Vergleichbarkeit von Lernergebnissen die nationale Auseinandersetzung mit der

Zertifizierung non-formalen und informellen Lernens sowie mit horizontaler und vertikaler Durchlässigkeit forciert (vgl. Münk 2008: 286 f.).

Der EQR lässt sich auch als Versuch beschreiben, das auf die Verwirklichung der übergeordneten Zielsetzungen des europäischen Integrationsprozesses („vier Grundfreiheiten") ausgerichtete Ziel des Lissabon-Prozesses mit einem neuen Ansatz zu verfolgen, da er sämtliche zentralen bildungspolitischen Ansätze des europäischen Integrationsprozesses in einem Konzept integriert (vgl. Münk 2008: 285 f.). Er ist damit strukturell wesentlich von den zentralen Ideen des Lebenslangen Lernens (der Erzeugung von Beschäftigungsfähigkeit auf der Basis erhöhter Durchlässigkeit, Transparenz und Vergleichbarkeit in und zwischen nationalen Bildungssystemen) beeinflusst und zielt folglich explizit auf die verstärkte Berücksichtigung von Lernanstrengungen außerhalb formalisierter Bildungswege ab.

Die offensichtlichen Divergenzen zwischen dem EQR und nationalen Bildungssystemen führen zu umfassenden Problemen und Widerständen bei der Entwicklung von Nationalen Qualifikationsrahmen. Die Umsetzung des EQR im nationalen Kontext in Form von NQR stellt sich in mehrfacher Hinsicht problematisch dar, weil er quer zu zentralen Konstruktionsprinzipien der nationalen Bildungssysteme steht (vgl. Bohlinger 2006). Lernergebnisse im Sinne des EQR beziehen sich auf in eng abgrenzbaren Lerneinheiten erworbene Wissensbestandteile, Fähigkeiten/Fertigkeiten und Kompetenzen. Zudem sind die Lernergebnisse im EQR nicht auf ganzheitliche Qualifizierungen hin ausgerichtet (etwa auf den Beruf), sondern orientieren sich an arbeitsplatzbezogenen Anforderungen. Folglich begünstigt der EQR eine outputorientierte Steuerung von Bildungssystemen und impliziert ganz eindeutig modularisierte Ausbildungsformen (vgl. Münk 2008). Die deutsche Berufsausbildung orientiert sich mit ihrem Ziel der beruflichen Handlungskompetenz dagegen an einem ganzheitlichen, standardisierten Lernprozess und ist damit inputorientiert. Die Einführung des EQR ist daher gerade in Deutschland mit den befürchteten Folgen einer Regulierung der Ausbildung durch Arbeitsmarktprinzipien, einem Verlust der Ganzheitlichkeit beruflicher Ausbildung, einer Deregulierung von Ausbildungs- und Arbeitsmarkt sowie der Lohnstruktur, einem deutlich erhöhten Prüfungsaufwand und einer mit der Zersplitterung der Ausbildung in beliebig kombinierbare Teilqualifikationen einhergehenden Intransparenz verbunden (vgl. Bohlinger 2006).

Die Strukturierung von Lernergebnissen auf Niveaustufen und die Orientierung an zertifizierten Teilqualifikationen machen bei der nationalen Umsetzung des EQR ferner eine Entwicklung von nationalen Bildungsstandards notwendig. Dies gestaltet sich im bundesdeutschen Kontext zum einen schwierig, weil Standards auch für jene Bereiche zu formulieren sind, die unterhalb der auf eine ganzheitliche Qualifizierung gerichteten beruflichen Erstausbildung liegen. Zum anderen ist die Formulierung von outcome-Orientierten Bildungsstandards im deutschen, auf berufliche Handlungskompetenz ausgerichteten Zusammenhang mit bislang nicht hinreichend geklärten Problemen verbunden und ferner ungleich schwieriger als die Formulierung auf Basis eines kognitiven, domänenspezifischen Kompetenz- bzw. Performanzkonzepts (vgl. Sloane 2007, Sloane/Dilger 2007, Sloane/Dilger 2005).

Die konkrete Ausgestaltung der NQR liegt indes in der alleinigen Verantwortung der Mitgliedstaaten. In Deutschland zeichnet sich derzeit eine zurückhaltende Umsetzung der Grundaxiome des EQR ab. Die Zuweisung der bestehenden beruflichen Abschlüsse zu den ebenfalls acht Niveaustufen des DQR, der explizite Ausschluss eines legislativen Charakters, der eine Aufweichung der rigiden Zugangsberechtigungen in der deutschen Systemarchitektur verhindert, sowie dass Möglichkeiten zur Berücksichtigung informellen und non-formalen Lernens noch nicht integriert sind, machen deutlich, dass der DQR derzeit noch vorwiegend als Kompromiss zwischen den europäischen Zielsetzungen und den deutschen Vorstellungen einer ganzheitlichen Berufsausbildung fungiert.

Gleichzeitig verdeutlichen die Diskussionen um Bildungsstandards, verstärkte Sichtbarmachung nichtformalisierter Lernformen, vertikale und horizontale Durchlässigkeit im Bildungssystem, Gleichwertigkeit allgemeiner und beruflicher Bildung sowie die Debatte um die Modularisierung der beruflichen Bildung, dass der DQR im Hinblick auf die Verwirklichung der europäischen Leitstrategie des lebenslangen Lernens, von nationaler und europaweiter Transparenz und Durchlässigkeit der Bildungs- und Qualifizierungssysteme und damit der Schaffung von Lernanreizen eine bedeutende katalytische Funktion besitzt. Eine Bewertung von Lernprozessen, z. B. im Rahmen eines modularen Akkreditierungs- und Zertifikatssystems für das non-formale Lernen und eines kompetenzorientierten Parallelsystems zur Sichtbarmachung und Bewertung des informellen Lernens kann nicht über den DQR selbst erfolgen. Die hierfür benötigten Strukturen müssen grundsätzlich außerhalb des DQR geschaffen werden. Weil er jedoch prinzipiell offen ist für die Abbildung von Lernergebnissen aus nicht formalisierten Bildungsanstrengungen und nationale Diskussionen über die Bedingungen forciert, die zu schaffen sind, um lernformübergreifende Transparenz und Durchlässigkeit zu erhöhen, besitzt er erhebliches Potenzial, sich zu einem Referenzrahmen für lebenslanges Lernen in Deutschland mit Anschluss an alle übrigen europäischen Bildungs- und Qualifizierungssysteme zu entwickeln, der neben dem formalen Lernen im regulären Bildungssystem auch non-formales und informelles Lernen umspannt. Zahlreiche Probleme und offene Fragen sind hierbei nicht von der Hand zu weisen. Selbiges gilt indes auch dafür, dass der mangelnde Erfolg der (inter-)nationalen Anstrengungen zur verstärkten Anerkennung von Kompetenzen unabhängig von ihrer institutionellen Entstehung nicht rein sachorientiert, sondern im Kern ordnungspolitisch motiviert ist und damit insbesondere auch der Wahrung partikularer Interessen dient (vgl. Clement 2012, Münk 1995: 35 f.), denen staatliche Bildungspolitik entgegentreten kann.

8 Zu den Grenzen von Ansatz und Arbeit – Forschungsdesiderata

Die nachstehend skizzierten Forschungsdesiderata der Beschäftigung mit der individuellen Weiterbildungsnachfrage resultieren erstens aus dem in zweifacher Hinsicht eingeengten Blick der vorliegenden Arbeit auf das Segment der beruflichen Weiterbildung (Desiderate 1 und 2). Mindestens der Umstand, dass die hier aus dem Rational Choice Paradigma abgeleiteten Hypothesen nicht vollständig gestützt wurden, lässt darüber hinaus, zweitens, Variationen in der Operationalisierung des Ansatzes (Desiderat 3) sowie, drittens, einen alternativen Zugang zum Feld (Desiderat 4) wünschenswert erscheinen.

Desiderat 1: Erwerbslose

Die empirische Analyse und die Interpretation der Ergebnisse blieben im Wesentlichen auf (Kern-)Erwerbstätige beschränkt. Die Analyse von Anreizstrukturen im Rahmen des Weiterbildungsverhaltens Erwerbsloser bildet durch die Vernachlässigung dieser Personengruppe in der vorliegenden Arbeit folglich weiterhin ein Desiderat.

Einer Analyse des Weiterbildungsverhaltens Erwerbsloser auf der Grundlage des Rational Choice Paradigmas und dessen direkter empirischer Anwendung stehen indes keine grundsätzlichen Bedenken entgegen. Sie wäre vielmehr wünschenswert, gerade auch um Unterschiede in der Entscheidungslogik Erwerbsloser im Vergleich zu Erwerbstätigen zu eruieren. Die Beschränkung auf Erwerbstätige erfolgte in erster Linie aus forschungsökonomischen Gründen und methodischen Bedenken gegenüber einer gemeinsamen Betrachtung beider Personengruppen.

Zunächst hätte eine gemeinsame Betrachtung der Anreizstrukturen Erwerbsloser und Erwerbstätiger zur Beteiligung an beruflicher Weiterbildung sowie deren weiterbildungsbezogener Entscheidungslogik, unter Beibehaltung der Berücksichtigung einer hohen Anzahl von Merkmalen in den Regressionsanalysen, eine deutliche Stichprobenerweiterung erfordert. Darüber hinaus wäre auch eine deutliche Vergrößerung des Erhebungsinstrumentariums und damit der Interviewdauer erforderlich gewesen. Dies zum Beispiel, um dem Fakt Rechnung zu tragen, dass es sich bei Erwerbslosigkeit keinesfalls um ein homogenes Merkmal handelt. Zumindest eine Binnendifferenzierung nach dem Meldestatus bei der Bundesagentur für Arbeit (arbeitssuchend/arbeitslos mit bzw. ohne Leistungsbezug) wäre notwendig gewesen.

Zum einen unterscheiden sich nämlich die am Markt erhältlichen Weiterbildungsangebote in mehrfacher Hinsicht danach, ob sie sich an Personen richten, deren Weiterbildung durch die Arbeitsagenturen gefördert wird oder nicht. Bei der Förderung Erwerbsloser durch die Arbeitsagenturen steht ein schneller Wiedereintritt in den ersten Arbeitsmarkt klar im Vordergrund, während eine solche Zielvorgabe bei Erwerbstätigen und Erwerbslosen ohne Leistungsbezug nicht vorliegt. Auch bei einem szenarienbezogenen Ansatz ist dies durch die Formulierung von realistischen Weiterbildungsszenarien zu berücksichtigen. Gegen eine durch die Arbeitsagentur getätigte Förderung zeitlich umfangreicher und primär auf den beruflichen Aufstieg vorbereitender Maßnahmen, wie im ersten Weiterbildungsszenario der vorliegenden Untersuchung abgebildet, sprechen sowohl die Zielsetzung der Maßnahme als auch der lange Zeitraum, in der die Teilnehmenden dem Arbeitsmarkt nicht zur Verfügung stehen (locking-in-Effekt). Die Aufnahme von Leistungsbeziehenden in die randomisierte Verteilung der Stichprobe auf die vier Weiterbildungsszenarien wäre folglich nicht sinnvoll gewesen.

Zum anderen steht zu vermuten, dass, bezogen auf die Teilnahme an beruflicher Weiterbildung, die grundsätzliche Entscheidungslogik sowie die Anreizstrukturen von Erwerbstätigen und Erwerbslosen sowie die von geförderten und nicht geförderten Personen voneinander differieren und sich diese Unterschiede im Rahmen einer einzigen Erhebung nur unter erheblichem Aufwand erfassen und in gemeinsamen empirischen Analysen abbilden lassen.

So dürfte sich die Teilnahmebereitschaft von Leistungsbeziehenden, anders als die von Personen ohne Anspruch auf Förderung, in besonderem Maße aus dem Bewusstsein heraus entwickeln, dass eine Ablehnung von Weiterbildungsangeboten der Arbeitsagenturen mit einer Gefährdung von Leistungsbezügen einhergeht.

Im Hinblick auf die Analyse der Weiterbildungsbereitschaft Erwerbsloser erscheint ferner die Operationalisierung der Weiterbildungsbereitschaft über die individuelle Zahlungsbereitschaft problematisch. Zum einen entfällt für Leistungsbeziehende die Notwendigkeit, Investitionen in berufliche Weiterbildung zu leisten, sofern die Kosten von der Arbeitsagentur übernommen werden. Zum anderen können Erwerbslose Investitionen für berufliche Weiterbildung nicht aus dem eigenen Einkommen tätigen. Ergänzend zum Haushaltseinkommen wäre folglich eine aufwendige Erfassung des Vermögens erforderlich, um sich einer präzisen Abbildung der Entscheidungslogik von Erwerbslosen nähern zu können.

Auch die potenziellen Weiterbildungsziele von Erwerbslosen sind denen von Erwerbstätigen nicht gleichzusetzen. So erweisen sich einige der in der vorliegenden Arbeit berücksichtigten Ziele im Hinblick auf die Teilnahmebereitschaft Erwerbsloser als obsolet (z. B. Einkommenserhöhung und Sicherheit des *aktuellen* Arbeitsplatzes), während andere Folgen (allem voran der Eintritt in eine Beschäftigung auf dem ersten Arbeitsmarkt) zu ergänzen wären.

Desiderat 2: Betriebliche Weiterbildung

Die vorliegende Arbeit bezieht sich im Kern auf die Entscheidungslogik von Individuen hinsichtlich der Teilnahme an beruflicher Weiterbildung sowie auf die im individuellen Abwägungsprozess über Weiterbildungspartizipation bzw. -abstinenz relevanten Anreizstrukturen. Die Entscheidungslogik sowie Anreizstrukturen in der betrieblichen Weiterbildung, und damit eines wesentlichen Teils sowohl der Nachfrage nach beruflicher Weiterbildung als auch der Weiterbildungsnachfrage überhaupt, wurden dagegen weitestgehend ausgeblendet. Die Analyse von Anreizen in der betrieblich-beruflichen Weiterbildung bleibt damit sowohl auf institutioneller wie auf individueller Ebene ein Desiderat.

Zum einen habe ich in der vorliegenden Arbeit die Entscheidung über die Weiterbildungsnachfrage *durch* die Betriebe nicht betrachtet (institutionelle Ebene). Die theoretische Analyse betrieblicher Weiterbildungsentscheidungen auf Basis eines Erwartungs-mal-Wert Ansatzes und dessen direkte empirische Überprüfung erscheinen durchaus möglich und zudem sinnvoll, zeigen sich hinsichtlich des Widerspruchs zwischen vermeintlichem Weiterbildungsbedarf und tatsächlicher Nachfrage sowie hinsichtlich der bisherigen theoretischen wie empirischen Auseinandersetzung mit der betrieblichen Weiterbildungsnachfrage doch enorme Parallelitäten zu der hier skizzierten Situation im nichtbetrieblichen Bereich.

Zunächst sehen sich Betriebe den in Berufsbildungsforschung- und -politik auf breite Zustimmung stoßenden Thesen von der stetig wachsenden Relevanz der beruflichen Weiterbildung und der notwendigen Ausweitung ihres Umfangs mindestens im selben Maße ausgesetzt wie Individuen.

Diesem breiten Konsens gegenüber steht in Deutschland und zahlreichen weiteren europäischen Staaten, analog zur Situation in der individuellen beruflichen Weiterbildung, eine rückläufige bzw. allenfalls stagnierende Nachfrage nach vorausgeplanter, organisierter beruflicher Weiterbildung, die von Betrieben teilweise oder vollständig finanziert wird. Dies wurde in der Vergangenheit zum Beispiel anhand der vier Schlüsselindikatoren des CVTS deutlich gemacht (vgl. Behringer/Käpplinger 2008, Behringer/Schönfeld 2010).

Auch kann nicht davon ausgegangen werden, dass der Rückgang der betrieblichen Nachfrage nach Kursen und Lehrgängen durch „andere Formen" der betrieblichen Weiterbildung (wie arbeitsplatznahe Qualifizierung, z. B. Einarbeitung und Unterweisung; Job-Rotation; Weiterbildung durch Teilnahme an Lern- und Qualitätszirkeln; selbstgesteuertes Lernen; der Besuch von Konferenzen, Workshops und Vorträgen) (vgl. z. B. Behringer/Schönfeld 2010) substituiert wird. Dagegen spricht, dass auch die Weiterbildungsinzidenz dieser anderen Lernformen sowohl auf europäischer Ebene als auch in Deutschland zwischen 1999 (Deutschland: 72 %, EU-15: 52 %) und 2005 (Deutschland: 66 %, EU-27: 48 %) rückläufig war. Behringer/Descamps (2009) kommen unter Verwendung der CVTS-Mikrodaten Frankreichs und Deutschlands zu dem Schluss, dass die Nachfrage formaler Kurse und Lehrgänge sowie anderer Lernformen nicht in einem substituierenden, sondern in einem komplementären Verhältnis steht.

Auch für die betriebliche Weiterbildung liegen Hinweise über die Gültigkeit der Bildungsakkumulations-Hypothese (s. o.) vor. Betriebliche Weiterbildung stellt kein Substitut für fehlende Ausbildungsanstrengungen dar. Vielmehr steigt mit dem Engagement in der beruflichen Erstausbildung auch die betriebliche Weiterbildungsnachfrage (vgl. z. B. Düll/Bellmann 1998: 218, Gerlach/Jirjahn 1998: 331, Werner/Flüter-Hoffmann/Zedler 2003: 354).

Ferner zeichnet sich auch die betriebliche Weiterbildungsnachfrage durch eine hohe Heterogenität aus. Der Umfang, in dem Weiterbildung von Betrieben nachgefragt wird, variiert zum einen deutlich in Bezug auf verschiedene Betriebsmerkmale (vgl. Backes-Gellner 2005, Leber 2009). Zum anderen unterscheiden sich die Zugangschancen verschiedener Gruppen Beschäftigter deutlich (vgl. Leber/Möller 2007).

Keinem theoretischen Ansatz – in der Berufsbildungsforschung herangezogen werden in erster Linie die Humankapitaltheorie und ihre Modifizierungen (Transaktionskostenansatz, Arbeitsmarktsegmentationsansatz) (vgl. Behringer/Kampmann/Käpplinger 2009) – ist es bisher gelungen, alle wesentlichen Determinanten des betrieblichen Weiterbildungsverhaltens zu erklären (vgl. Behringer/Käpplinger 2008: 58, Düll/Bellmann 1998: 207). Martin/Beherends (1999: 41 f.) kritisieren eine fehlende theoretische Unterfütterung empirischer Studien zum betrieblichen Weiterbildungsengagement: Vielfach werden theoretische Erklärungsansätze ex post herangezogen, um vorgefundene Zusammenhänge zu plausibilisieren (vgl. Behringer/Käpplinger 2008: 58). So wird beispielsweise der humankapitaltheoretische Ansatz genutzt, um Veränderungen der Betriebsproduktivität kausal auf das betriebliche Weiterbildungsengagement zurückzuführen. Jedoch lässt die Veränderung der Unternehmensproduktivität kaum Rückschlüsse auf betriebliche Weiterbildungsentscheidungen zu, da spätere Veränderungen der Produktivität dem Betrieb zum Zeitpunkt der Entscheidung über die Weiterbildungsinvestition unmöglich hinreichend bekannt sein können. Ein ähnliches Kausalitätsproblem stellt sich bei den Analysen der impacts von Instrumenten der Bildungs- und Arbeitsmarktpolitik zur Reduzierung von Faktoren, welche die betriebliche Weiterbildungsnachfrage objektiv restringieren. Empirische Studien, in denen der Versuch erfolgt, das betriebliche Weiterbildungsverhalten nicht ex post, sondern durch eine Analyse der in der Entscheidungssituation über die Nachfrage wirkenden Anreizstrukturen zu erklären, liegen meines Wissens nicht vor.

In vielen Studien werden darüber hinaus Betriebsmerkmale (z. B. Betriebsgröße, Branchenunterschiede, betriebliche Personalarbeit und -vertretung), Merkmale der Personalstruktur sowie betriebsexterne Arbeitsmarktfaktoren zur Erklärung von Umfang und Intensität der betrieblichen Weiterbildungsnachfrage herangezogen (vgl. Käpplinger 2007b: 385 f.). Jedoch darf davon ausgegangen werden, dass es sich hierbei um Merkmale handelt, die das betriebliche Weiterbildungsengagement nur indirekt bedingen. Vielmehr dürften in erster Linie mit diesen Merkmalen korrelierende betriebliche Nutzenkalküle und restringierende Faktoren auf die Weiterbildungsnachfrage einwirken. Nutzenmerkmale und objektive Handlungsrestriktionen, auf deren Basis sich das betriebliche Weiterbildungsverhalten direkt erklären ließe, finden bislang indes nur wenig Berücksichtigung (vgl. auch Asplund 2005: 58).

Auch unterscheidet sich in Querschnittserhebungen zum betrieblichen Weiterbildungsverhalten die Erfassung von Ursachen der Weiterbildungsnachfrage deutlich von der Unterscheidung der Ursachen von Weiterbildungsabstinenz, sodass der Eindruck entsteht, nicht weiterbildende Betriebe handelten nach einer anderen Entscheidungslogik als weiterbildungsaffine Betriebe.

Die in Querschnittserhebungen verwendeten Taxonomien zur Erklärung der Ursachen von Weiterbildungsnachfrage und -abstinenz erscheinen willkürlich. Insbesondere bei der Erfassung von Ursachen der Weiterbildungsabstinenz bleibt der Differenzierungsgrad von Nutzendeterminanten gering. Als potenzielles Weiterbildungsziel, auf dessen geringe Relevanz Betriebe ihre Weiterbildungsabstinenz zurückführen können, wird in erster Linie die Qualifikationserhöhung von Beschäftigten herangezogen. Hinsichtlich der Instrumentalität von Weiterbildung für den Eintritt betrieblicher Ziele können die Betriebe in der Regel angeben, dass Qualifizierungsbedarfe nicht durch Weiterbildung gedeckt werden, weil am Markt keine passenden Angebote existieren oder vielversprechendere Alternativen (Ausbildung, Neueinstellung) bevorzugt werden. Daneben verfügen die Betriebe über die Möglichkeit, ihre Abstinenz auf Kosten-Nutzen-Saldierungen zurückzuführen, die jedoch wenig differenziert sind (etwa: „Die Kosten für Weiterbildung sind zu hoch“: Welche Kosten? Zu hoch für welche betrieblichen Ansprüche an Weiterbildung?).

Eine auf konkrete Entscheidungssituationen bezogene Analyse der die betriebliche Bereitschaft zur Investition in berufliche Weiterbildung beeinflussenden positiven und negativen Anreize wäre geeignet, die vorliegenden Ansätze zur Messung der tatsächlichen impacts betrieblicher Weiterbildung, des Umfangs und der Intensität der betrieblichen Weiterbildung und der in ihrem Zuge entstehenden Kosten zu ergänzen und den Kenntnisstand bezüglich der Determinanten der betrieblichen Weiterbildungsnachfrage deutlich zu erweitern. Letzteres wäre hilfreich, nicht nur in Bezug auf die Klärung offener Fragen hinsichtlich des betrieblichen Weiterbildungsverhaltens selbst, sondern auch hinsichtlich der Rechtfertigung und Ausgestaltung bildungs- und arbeitsmarktpolitischer Interventionen.

Für eine Analyse der dem betrieblichen Weiterbildungsengagement unterliegenden Anreizstrukturen, die auf subjektiven Informationen in konkreten Entscheidungssituationen und einem wert-erwartungstheoretischen Ansatz aufbaut, wäre neben der Konstruktion geeigneter Entscheidungssituationen, an deren Beispiel die Valenzen und Instrumentalitäten erfassbar gemacht würden, insbesondere eine Liste potenzieller Betriebs- und Weiterbildungsziele zu definieren. Beispiele solcher Ziele wären:

- Anpassung der Mitarbeiterqualifikationen an gewandelte Anforderungen (infolge technologischer Entwicklungen, Produktinnovationen etc.),
- horizontale Erweiterung der Qualifikationen von Mitarbeitenden (Befähigung der Mitarbeitenden, breitere Aufgabengebiete abzudecken),
- Steigerung der Qualifikation von Mitarbeitenden für gegenwärtige Tätigkeiten,
- beruflicher Aufstieg von Mitarbeitenden (Führungskräfteentwicklung),
- Erhöhung der Bindung von Mitarbeitenden an den Betrieb,
- Verringerung von Fehl- bzw. Abwesenheitszeiten,
- Steigerung von Unternehmensproduktivität, Umsatz, Profitabilität etc.,
- Senkung der Ausschuss- bzw. Fehlerrate,
- Erhöhung der Kundenzufriedenheit,
- Verringerung von Maschinenstillstand,
- mehr Innovationen durch Mitarbeitende des Betriebs,
- Beschäftigungswachstum/Anwerben neuer Mitarbeiter durch Imagegewinn
- sowie Erreichen externer Standards (z. B. Gesundheit und Arbeitssicherheit).

Zum anderen habe ich, auf individueller Ebene, die Struktur der Handlungslogik sowie die Anreizstrukturen bei der Entscheidung Beschäftigter, an Maßnahmen betrieblich (mit-)finanzierter Weiterbildung zu partizipieren, vernachlässigt.

Betriebliche Weiterbildung spielt im Rahmen der vorliegenden Arbeit insofern eine Rolle, als die Investitionen in Maßnahmen der beruflichen Weiterbildung von Betrieben und Beschäftigten zunehmend gemeinsam getragen werden. Daher lässt sich die als Zahlungsbereitschaft erfasste Teilnahmebereitschaft gleichfalls als Bereitschaft interpretieren, betriebliche Investitionen zu komplementieren. Anders betrachtet lässt sich über die monetäre Operationalisierung der Teilnahmebereitschaft jedoch folglich ausschließlich jener Anteil der Teilnahmebereitschaft abbilden, der über eine betriebliche Investition hinausgeht.

Über die grundsätzliche Bereitschaft und Widerstände von Beschäftigten in Bezug auf die Teilnahme an betrieblicher Weiterbildung lassen sich auf Basis der vorliegenden Arbeit demnach nur eingeschränkt Aussagen machen. Grundsätzlich ist anzunehmen, dass auch hier die Teilnahmebereitschaft in erster Linie durch eine Abwägung individueller wahrgenommener Kosten- und Nutzenfaktoren determiniert ist, also mit zunehmendem erwartetem Nutzen der in Aussicht gestellten Maßnahme ansteigt und zugleich mit Zunahme der eine Teilnahme restringierenden Faktoren sinkt. Im Detail dürften sich die Anreizstrukturen jedoch sowohl im Hinblick auf den erwarteten Nutzen als auch die Handlungsrestriktionen von jenen unterscheiden, die bei einer Teilnahme an nichtbetrieblicher beruflicher Weiterbildung wirken.

So ist zum einen anzunehmen, dass sich dem Individuum bei seiner Entscheidung über die Annahme oder Ablehnung einer Weiterbildungsofferte durch den Arbeitgeber die Frage einstellt, inwiefern es sich dabei um ein betriebliches Angebot oder ein Gebot handelt, dessen Missachtung Sanktionen nach sich zieht (Verweigerung von Gehaltsanstiegen, Nachteile im Wettbewerb um höhere Positionen, soziale Ausgrenzung). Zu erfassen wären folglich nicht nur die Relevanz der potenziellen Weiterbildungsfolgen und deren Eintrittswahrscheinlichkeit bei einer Teilnahme, sondern gleichfalls die subjektiven Erwartungen, inwiefern eine Teilnahmeverweigerung dem Eintritt beruflicher Ziele hinderlich ist.

Auf der anderen Seite dürften sich Restriktionen deutlich weniger stark auf die Teilnahme an betrieblich finanzierter Weiterbildung auswirken, als dies in der nichtbetrieblichen beruflichen Weiterbildung der Fall ist. Dies gilt insbesondere für monetäre Restriktionen, wenn die Finanzierung vollständig über den Betrieb erfolgt. Daneben dürfte die Teilnahmebereitschaft in geringerem Maße von etwaigen Informationsdefiziten und Beratungsbedarfen beeinträchtigt sein, da die Auswahl eines geeigneten Anbieters in der Regel durch den finanzierenden Betrieb erfolgt. Zeitliche Restriktionen spielen in erster Linie dann eine Rolle, wenn betriebliche Weiterbildung in einer Phase mit hoher Arbeitsbelastung stattfindet und während der Maßnahme liegen bleibende Arbeiten durch Mehrarbeit kompensiert werden müssen.

Desiderat 3: Variationen in der direkten empirischen Prüfung des Erwartungs-mal-Wert-Ansatzes

Der Kern des RC-Ansatzes besteht aus seinen beiden methodologischen Grundlagen sowie wenigen anthropologischen Kern- und Zusatzannahmen (siehe Kapitel 2).

Abgesehen von diesem allen auf dem RC-Paradigma basierenden Arbeiten gemeinsamen Kern ist der RC-Ansatz mit einer Vielzahl an unterschiedlichen Operationalisierungen vereinbar. So sind im Rahmen der Makro-Mikro-Verknüpfung zur Erklärung kollektiver Phänomene („Logik der Situation") zahlreiche Brückenannahmen zu treffen, die festlegen, welche Anreize und Restriktionen einer Handlungssituation für die handelnden Akteure Relevanz besitzen und wie die Anreize von den Individuen im Hinblick auf die Handlungswahl im Detail berücksichtigt werden. Darüber hinaus ist in der Mikro-Mikro-Verknüpfung zur Erklärung kollektiver Phänomene („Logik der Selektion") zu entscheiden, welche sich aus dem RREEMM-Modell ableitende Mikrotheorie der individuellen Nutzenmaximierung zu wählen und wie diese zu operationalisieren ist. Bei einer direkten empirischen Konstruktion der Brückenannahmen sowie einer empirischen Prüfung von aus dem RC-Ansatz abgeleiteten Hypothesen sind ferner Entscheidungen hinsichtlich der Messung aller den Entscheidungsprozess beeinflussenden Variablen der Mikrotheorie (Anreize, Erwartungswerte, Instrumentalitäten, Restriktionen, Personenmerkmale etc.) sowie der empirischen Methoden, auf deren Basis die Erklärungs- bzw. Vorhersagekraft des Modells getestet werden soll, zu treffen. Sämtliche Operationalisierungs- und Analysealternativen sind dabei mit jeweils spezifischen Voraussetzungen, Stärken und Schwächen verbunden.

Eine weitere Auseinandersetzung mit dem individuellen Teilnahmeverhalten an beruflicher Weiterbildung auf Basis einer direkten empirischen Anwendung des RC-Ansatzes scheint geboten. Die Notwendigkeit ergibt sich mitunter daraus, dass die hier geprüften Hypothesen nur unvollständig bestätigt werden konnten und der Anteil der durch den subjektiv erwarteten Nutzen, individuelle Handlungsrestriktionen und personen- bzw. berufsbezogene Merkmale erklärter Varianz der Teilnahmebereitschaft nicht überragend ausfällt. Weitere Untersuchungen auf der Basis des hier verwendeten Modells und dessen Variationen können dazu dienen, die aus den vorliegenden Befunden gezogenen Schlüsse hinsichtlich der das Weiterbildungsverhalten determinierenden Merkmale kritisch zu prüfen.

Die nachstehende Diskussion der Operationalisierungs- und Analysealternativen bezieht sich im Kern auf

- die Auswahl, Anzahl, die Zusammenfassung (latente Dimensionen) die Messung (simultan vs. sequenziell), die Formulierung und Gewichtung der möglichen Handlungsfolgen,
- die Attribuierung, Skalierung und Kombinierung der Modellvariablen sowie schließlich
- die statistische Analyse (interpersoneller und interpersonaler Analyseansatz sowie konkrete Analysemethoden).

In der vorliegenden Untersuchung wurde die subjektive Relevanz der potenziellen Weiterbildungsfolgen direkt empirisch erfasst, die potenziellen Weiterbildungsfolgen selbst wurden hingegen auf der Basis einer Literaturanalyse *ausgewählt*. Die Liste der potenziellen Folgen dürfte das individuelle Zielspektrum weitestgehend kohärent und disjunkt abdecken. Da sich eine Literaturanalyse jedoch nie auf die konkrete Untersuchungspopulation bezieht und die Auswahl der berücksichtigten Handlungsfolgen einen hohen Einfluss auf den ermittelten Handlungsnutzen hat, erscheint die Verwendung alternativer Vorgehensweisen dennoch sinnvoll.

Eine Alternative zur empirisch gestützten Auswahl der Handlungsfolgen besteht darin, offene Erhebungstechniken an einer kleinen Auswahl der zu untersuchenden Population anzuwenden und das gewonnene Datenmaterial inhaltsanalytisch auszuwerten und dann zu einem strukturierten Katalog von salienten Handlungskonsequenzen zu verdichten (vgl. Ajzen/Fishbein 1980: 262, Krampen 1984: 70 f.). Die gängigste Strategie zur Bestimmung der Handlungskonsequenzen besteht darin, jene auszuwählen, die in der qualitativen Studie am deutlichsten hervortreten (vgl. Ajzen/Fishbein 1980: 70).[86] Der Verzicht auf eine explorative Vorstudie zugunsten einer Anwendung offener Befragungstechniken in der Hauptuntersuchung selbst ist ebenfalls denkbar (vgl. z. B. Bouffard 2002), wird allerdings überwiegend kritisch betrachtet (vgl. Friedrichs/Stolle/Engelbrecht 1993: 8 f., Mitchell 1974: 1061 f.), da dieser Ansatz keine für alle Befragten einheitliche Menge von Variablen hervorbringt und damit die Gefahr interindividuell variierender Situationsassoziationen birgt, was die interindividuelle Vergleichbarkeit der Ergebnisse einschränkt (vgl. Friedrichs/Stolle/Engelbrecht 1993: 9, Krampen 1984: 78). Ferner wird kritisiert, dass mit offenen Erhebungstechniken „[...] nur relativ wenige, häufig sehr allgemeine normative Vorstellungen" (Krampen 1984: 77) ermittelt werden könnten. Gleichwohl führt eine standardisierte Abfrage zum einen voraussichtlich dazu, dass im finalen Antwortkatalog einerseits subjektiv weniger relevante Handlungen[87] und Handlungskonsequenzen enthalten sind und zugleich relevante Handlungen und Handlungskonsequenzen unberücksichtigt bleiben. Insgesamt besteht also die Gefahr, die Entscheidungssituation zu verzerren (vgl. Friedrichs/Stolle/Engelbrecht 1993: 8, Krampen 1984: 68, Mitchell 1974: 1060 f., Mitchell/Biglan 1971: 453).

In der Literatur finden sich beträchtliche Variationen bezüglich der *Anzahl* an berücksichtigten Handlungsfolgen. Wie viele Handlungsfolgen bestenfalls einzubeziehen sind, lässt sich nicht befriedigend klären. Aus Untersucherperspektive ist die Abfrage einer möglichst hohen Zahl an potenziellen Folgen trotz dadurch erhöhten Erhebungsaufwands wünschenswert, um ein breites Spektrum potenzieller Folgen möglichst präzise abdecken zu können. Aus

---

86 Georgopoulos/Mahoney/Jones (1957: 347 f.) verfahren zur Bestimmung der salienten Handlungskonsequenzen ähnlich: Hier wurden in einer *quantitativen* Vorstudie Handlungskonsequenzen vorgegeben, unter denen jene mit der höchsten Relevanz in der späteren Hauptuntersuchung verwendet wurden.

87 Prinzipiell stellt die Aufnahme von subjektiv irrelevant erscheinenden Variablen zunächst kein Problem dar, da sich eine geringe „Nähe" der Konsequenzen für das Individuum in entsprechend niedrigen Erwartungen und/oder Bewertungen der Handlungskonsequenzen ausdrücken sollte. Jedoch führt die Aufnahme vieler irrelevanter Variablen zu einer geringeren Stützung von Forschungshypothesen, z. B. durch schwache Korrelationskoeffizienten oder eine geringe Varianzerklärung in Regressionsmodellen.

empirischer Perspektive spricht die Erzeugung höherer Varianz des subjektiv erwarteten Nutzens für, die mit jeder zusätzlich berücksichtigten Folge steigende Ermüdung der Interviewpersonen (schließlich sind für jede Folge Nutzenwerte und Eintrittswahrscheinlichkeiten zu erfassen) gegen umfangreiche Ziellisten. Aus theoretischer Perspektive ist für die Wahl einer Liste mit wenigen, gut unterscheidbaren Handlungsfolgen zu plädieren. Die Informationen über die jeweils möglichen Folgen des Handelns, die den Individuen in einer Entscheidungssituation vorliegen, dürften in Umfang und Abstraktifizierungsgrad deutlich hinter den Informationen zurückliegen, über welche der Untersucher zum Zeitpunkt des Interviews verfügt. Ferner ist davon auszugehen, dass Akteure auf der Grundlage einer geringen Anzahl von Handlungsfolgen entscheiden, um eine Überforderung zu vermeiden (vgl. Esser 1990, Friedrichs/Stolle/Engelbrecht 1993: 9). Esser (1990: 236) verweist in Anlehnung an Simon (z. B. 1957: 196 f.) auf die begrenzte („bounded“) Rationalität des Menschen und geht davon aus, dass Individuen sich immer nur schrittweise und auf der Basis weniger, deutlich unterscheidbarer Alternativen entscheiden. Nach Simon (vgl. z. B. 1972) erfolgt eine Nutzenabwägung nur so lange, wie die Kosten einer weiteren Informationssuche und -verarbeitung den daraus erwachsenden Nutzen im Hinblick auf die Entscheidung nicht übersteigen („satisficing“).

Eine erste Möglichkeit mit der bounded rationality und dem satisficing umzugehen, besteht darin, eine Gewichtung der Handlungsfolgen vorzunehmen (s. u.). Eine zweite Möglichkeit besteht darin, in der Untersuchung kein *simultanes*, sondern ein *sequenzielles Modell* zur Messung des erwarteten Nutzens aller Handlungsfolgen anzuwenden (vgl. Friedrichs/Stolle/Engelbrecht 1993: 4 f.). Beim hier verwendeten simultanen Messmodell werden Nutzenwerte und Eintrittswahrscheinlichkeiten für sämtliche in die Untersuchung einbezogenen Handlungsfolgen erfasst und zur Bildung des erwarteten Nutzens herangezogen. Beim sequenziellen Modell wird der Erwartungsnutzen zunächst auf Basis der wichtigsten Handlungsfolge gebildet. Nur wenn eine Entscheidung für eine Alternative so nicht eindeutig möglich ist, werden schrittweise weitere Folgen einbezogen. Bei Anwendung des sequenziellen Modells ist in Kauf zu nehmen, dass für jedes Individuum zusätzlich zu Nutzenwerten und Eintrittswahrscheinlichkeiten erfasst werden muss, welche Handlungsfolgen bei der Wahl bevorzugt berücksichtigt werden, sodass – analog zur offenen Erfassung von Handlungsfolgen – Probleme der Vergleichbarkeit des erwarteten Nutzens zwischen den in die Untersuchung einbezogenen Individuen entstehen können.

Eine dritte Strategie, die in einer Untersuchung zu erfassenden Nutzenwerte zu reduzieren, besteht in der *Bildung latenter Dimensionen*, denen sich mehrere Konsequenzen zuordnen lassen. Dies ist allerdings nur dann sinnvoll, wenn die zusammengefassten Dimensionen tatsächlich hoch korreliert sind (vgl. Friedrichs/Stolle/Engelbrecht 1993: 10). Dabei ist jedoch zu bedenken, dass die *Formulierung* der potenziellen Handlungsfolgen einen Einfluss auf ihre Nutzenbewertung besitzt (vgl. Friedrichs/Stolle/Engelbrecht 1993: 9).

Diese Abhängigkeit der Nutzenbewertung von der Formulierung ist auch bei der Aufnahme von negativen Handlungsfolgen zu berücksichtigen (vgl. Tversky/Kahneman 1988).

Vrooms Annahme, dass sich der erwartete Eintritt einer positiv bewerteten Folge auf die Handlungstendenz also genauso auswirkt, wie die erwartete Verhinderung einer im Nutzen negativ bewerteten Folge, stehen zahlreiche Ansätze entgegen, deren Autoren der Vermeidung negativer Folgen ausschließlich hemmende Ausführungstendenzen zugestehen (vgl. Locke/Latham 2004: 399, Wahba/House 1974: 136).

Unklar ist auch, ob und wie die im Nutzen bewerteten potenziellen Handlungsfolgen zur Bildung des subjektiv erwarteten Nutzens der Handlung gewichtet werden sollen. Eine Gewichtung erscheint unter der Annahme sinnvoll, dass verschiedene Individuen Handlungsfolgen nicht nur als unterschiedlich nützlich wahrnehmen, sondern die Handlungsfolgen im Entscheidungsprozess darüber hinaus unterschiedlich stark berücksichtigen[88] (vgl. Friedrichs/Stolle/Engelbrecht 1993: 11, Krampen 1984: 73 f., Locke/Latham 2004: 399, Mitchell/Biglan 1971: 452, Vroom 2005). Der Erhebungsbogen hätte um Fragen zur Ermittlung von Gewichten erweitert werden können, indes nur unter Verlängerung der Interviewdauer. Zum Zeitpunkt der Erhebung lagen zudem keine theoretischen Argumente vor, die eine Gewichtung der potenziellen Folgen im Hinblick auf eine Entscheidung für bzw. wider die Teilnahme an beruflicher Weiterbildung gerechtfertigt hätten. Friedrichs/Stolle/Engelbrecht (1993: 11 f.) erkennen in ihrer Untersuchung, bei der sie die Verwendung ungewichteter und gewichteter Werte vergleichen, keine Vorteile der Gewichtung in Bezug auf die erzielten Ergebnisse. Dass die einzelnen Nutzenwerte der hier verwendeten potenziellen Handlungsfolgen die Teilnahmebereitschaft unterschiedlich stark beeinflussen, spricht indes für eine Gewichtung.

Neben der Formulierung der potenziellen Handlungsfolgen dürfte auch die *Attribuierung* der Nutzenmessung einen Einfluss auf das Antwortverhalten besitzen. In der vorliegenden Untersuchung wurden Nutzenwerte über die subjektiv geäußerte Wichtigkeit der Handlungsfolgen für die Befragten erfasst. Alternative Attribute sind Attraktivität, Bedeutsamkeit, Erwünschtheit, Befriedigung und der Grad, in dem der Eintritt der Folgen angenehm bzw. unangenehm wäre (vgl. Eerde/Thierry 1996: 576, Friedrichs/Stolle/Engelbrecht 1993: 10 f., Krampen 1984: 72 f., Mitchell 1974: 1064, Smith et al. 2008). Darüber hinaus lässt sich auch eine direkte Äußerung des Nutzens durch die Befragten anstreben, anstatt den Nutzen über die genannten Attribute zu approximieren.

Sofern negative Handlungsfolgen berücksichtigt werden, müsste dies allerdings zu Problemen bei der *Skalierung* der Nutzenwerte führen, da sich die Angabe negativer Nutzenwerte nicht sehr intuitiv darstellt. Insofern bietet sich eine Approximation über andere Attribute an. In der vorliegenden Studie wurde die subjektive Wichtigkeit des Zieleintritts und wurden darüber hinaus auch die Eintrittswahrscheinlichkeiten der Instrumentalitäts- und Erwartungsvariablen unabhängig voneinander auf vierstufigen Likert-Skalen erfasst. In der empirischen Literatur werden teilweise drei-, fünf-, sieben- und zehnstufige Skalen bevorzugt (vgl. Fried-

88 Auch bei der Multiplikation der potenziellen Handlungsfolgen mit Eintrittswahrscheinlichkeiten handelt es sich im engeren Sinne um Gewichtungen. Hier gemeint ist jedoch eine zusätzliche Gewichtung auf Basis der relativen Bedeutung der Folgen.

richs/Stolle/Engelbrecht 1993: 9 f., Mitchell 1974: 1062 f.). Die Eintrittswahrscheinlichkeiten lassen sich alternativ auch relativ einfach in Form von Häufigkeiten oder Prozentwerten schätzen (zu den damit verbundenen Problemen: vgl. Beuer-Krüssel/Krumpal 2009). Teilweise werden die untersuchten Individuen auch gezwungen, die Konsequenzen gegeneinander abzuwägen (z. B. im Rahmen von Rangfolgen) (vgl. z. B. Krampen 1984: 73).

Ferner sind Annahmen hinsichtlich der formalen *Kombinierung* der Modellvariablen zu treffen. Dies betrifft zum einen die Kombinierung von im Nutzen bewerteter Handlungsfolgen und deren Eintrittswahrscheinlichkeiten. Widersprüchlich bewertet wird, ob die intuitiv plausible multiplikative Verknüpfung von Nutzenwerten und Eintrittswahrscheinlichkeiten mit anschließender Aufsummierung aller gebildeten Produkte besser bestätigt ist als additive Kombinierungsverfahren oder gar als ein Verzicht auf eine Kombinierung der Variablen zugunsten einer Schätzung der abhängigen Variable auf Basis der einzelnen Konstrukte (vgl. Beckmann/Heckhausen 2006: 140, Eerde/Thierry 1996, Mitchell 1974: 1067, Wahba/House 1974: 141 f.). Auch zur Berücksichtigung tätigkeitsspezifischer („intrinsischer") Handlungsfolgen bestehen verschiedene Möglichkeiten (siehe Kapitel 3.5.3). Die Verwendung eines Nutzenindikators führt im Vergleich zu einer Schätzung der Teilnahmebereitschaft über die einzelnen Nutzendeterminanten zu Varianzverlust. Hierin könnten die von den Hypothesen abweichenden Ergebnissen, z. B. die signifikanten Effekte einiger personen- und berufsbezogener Merkmale zumindest partiell begründet liegen.

Die Verwendung mehrerer Erwartungswerte zur Erfassung der Eintrittswahrscheinlichkeit des Handlungsergebnisses ist durch das RC-Paradigma keinesfalls ausgeschlossen (vgl. z. B. Mitchell 1974: 1071), erfolgt nach meinem Wissen in der empirischen Literatur jedoch nicht. Ich habe drei Erwartungswerte gebildet und anschließend gemittelt. Zukünftig sollten weitere Möglichkeiten zur Berücksichtigung mehrerer Erwartungswerte erprobt werden, die weniger Varianzverlust erzeugen, als es bei der Mittelwertbildung der Fall ist.

Bei der direkten empirischen Prüfung von aus dem RC-Paradigma abgeleiteten Hypothesen lassen sich bezüglich des Analyseverfahrens ein *interpersoneller* sowie ein *intrapersonaler* Ansatz unterscheiden. Beim intrapersonalen Ansatz (within subjects analysis) wird der subjektiv erwartete Nutzen für mehrere interessierende Handlungen erfasst. Anschließend wird für jedes Individuum geprüft, ob die Handlung mit dem höheren erwarteten Nutzen gewählt wurde. Beim interpersonellen Ansatz (between oder across subjects analysis) beschränkt sich die Nutzenmessung zumeist auf eine Handlung. Eine Hypothesenprüfung erfolgt hier auf Basis von Korrelations- oder Regressionsanalysen über einen Vergleich der Nutzenerwartungen und Ausprägungen der abhängigen Variablen zwischen den in die Studie aufgenommenen Personen. Aus theoretischer Perspektive ist der within subjects-Ansatz klar zu bevorzugen, da nur hier das deterministisch formulierte Entscheidungsmodell auch deterministisch geprüft wird (vgl. Brüderl 2004: 168, Eerde/Thierry 1996: 577, Tubbs/Boehne/Dahl 1993), indem sich die im Modell prognostizierten mit den tatsächlich ausgeführten Handlungen vergleichen lassen (vgl. Diekmann 1996: 96). Folglich kann im between subjects-Ansatz nicht gezeigt werden, welcher Anteil der befragten Individuen sich gemäß den Voraussagen und dem Maximierungsprinzip entscheidet und welcher Anteil nicht. Hier erfolgt die Hypothesenprüfung vielmehr probabilistisch, indem aufgezeigt wird, welche Variablen die Chancen erhöhen, die betrachtete Handlung auszuführen. Es verwundert nicht, dass aus empirischer Perspektive für den intrapersonalen Ansatz spricht, dass hiernach getestete Modelle besser bestätigt sind als solche Modelle, die interpersonal geprüft wurden (vgl. Eerde/Thierry 1996: 577, Vroom 2005: 253). Für die künftige Anwendung der direkten empirischen Prüfung eines RC-Modells in der Berufsbildungsforschung lässt sich hieraus die Verwendung von within subjects-Analysen empfehlen. Dies erscheint jedoch nur unter starker Reduzierung der Handlungsfolgen und einer Beschränkung auf sehr wenige Handlungsalternativen sinnvoll. Die deutlich höhere Verbreitung der between subjects-Analysen liegt nämlich in einer forschungspragmatischen Ursache begründet, die auf der Basis der vorliegenden Untersuchung leicht verdeutlicht werden kann: Bei der Beschränkung der Nutzenmessung auf eine Handlung, drei Erwartungswerte und elf potenzielle Handlungsfolgen – darunter zwei, die Filterfragen zur Ermittlung positiver oder negativer Instrumentalität erforderten – waren im Interview bereits 29 Fragen zu beantworten.

Desiderat 4: Reale Entscheidungssituationen

Die hier genutzte Szenariotechnik erlaubt, Entscheidungssituationen ohne Rückgriff auf ex-post-Informationen zu analysieren. Weder müssen die nach einer Teilnahme- oder Nichtteilnahmeentscheidung individuell rationalisierten Kosten-Nutzen-Überlegungen herangezogen werden, noch muss auf nach einer Teilnahme verwirklichte Nutzenindikatoren zurückgegriffen werden, deren Eintritt zum Zeitpunkt der Teilnahmeentscheidung ohnehin noch nicht bekannt gewesen sein konnte. Stattdessen ermöglicht die Szenariotechnik, eine Entscheidungssituation herzustellen und auf dieser Basis Mikrotheorien der Handlungswahl direkt empirisch zu prüfen.

Darüber hinaus bleiben Personalaufwand und Kosten der Untersuchung vergleichsweise niedrig und können Untersuchungen mit einer umfangreichen sowie hinsichtlich der Kombination an personen- und beschäftigungsbezogenen Merkmalen heterogenen Stichprobe umgesetzt werden. Zudem lassen sich die Ergebnisse der vorliegenden Arbeit aufgrund des in den Weiterbildungsszenarien abgebildeten Themenspektrums unabhängig von einzelnen Trägern sowie dem in regionaler Perspektive variierenden und in zeitlicher Perspektive sich permanent wandelnden Maßnahmeangebot interpretieren.

Die mit der Orientierung an fiktiven Szenarien einhergehende Unabhängigkeit der Ergebnisse von konkreten Maßnahmen und Trägern bildet jedoch zugleich einen möglichen Ansatzpunkt für Kritik. So lassen sich Informationen über Unterschiede in der Wahrnehmung der Erfolgserwartungen, des erzielbaren Weiterbildungsnutzens und der Teilnahmebereitschaft nur schwer mit Bezug zu verschiedenen Trägern von Weiterbildung sowie zu spezifischen Kursarrangements gewinnen.

Zweitens ließe sich argumentieren, dass die Verwendung fiktiver Weiterbildungsszenarien im Rahmen eines telefonischen Interviews zu einer verzerrten Erfassung der Teilnahmebereitschaft führt. Da die Angabe der Teilnahmebereitschaft im Interview, anders als etwa die tatsächliche Teilnahme an einer Weiterbildungsmaßnahme, keine realen Konsequenzen mit sich bringt, könnte vermutet werden, dass insbesondere die Handlungsrestriktionen nicht ausreichend in der Angabe der Teilnahmebereitschaft berücksichtigt sind. Eine vertiefende Analyse der Teilnahmebereitschaft war hier allerdings nicht von Interesse. Insofern wären Verzerrungen bei der geäußerten Teilnahmebereitschaft nur dann als problematisch zu beurteilen, wenn sie nicht global (alle Erwerbstätigen über- oder unterschätzen die Teilnahmebereitschaft systematisch), sondern partiell aufgetreten wären. Die breite Stützung der Hypothese über den negativen Einfluss objektiver Handlungsrestriktionen auf die individuelle Teilnahmebereitschaft spricht gegen eine partielle Verzerrung. Andererseits könnten die bei Betrachtung spezifischer Subgruppen durchaus vorgefundenen Unterschiede im Einfluss der Restriktionen auf die Teilnahmebereitschaft (Hypothesen 9 und 10) auch als Anzeichen für eine partielle Verzerrung betrachtet werden.

In der weiteren Auseinandersetzung mit weiterbildungsbezogenem Teilnahme- und Abstinenzverhalten wäre folglich eine Orientierung an realen Weiterbildungsarrangements wünschenswert.

Eine Umsetzung, die zugleich dem intrapersonalen Analyseansatz entsprechen würde, wäre etwa im Rahmen eines zweistufigen Erhebungsverfahrens denkbar. Das Ziel der ersten Stufe würde hierbei darin bestehen, z. B. im Anschluss an eine Informationsveranstaltung zu einer spezifischen Weiterbildungsmaßnahme, wie sie etwa in der wissenschaftlichen Weiterbildung gängig sind, das Nutzenkalkül sowie die objektiven Handlungsrestriktionen potenzieller Teilnehmender zu erfassen. Auf der zweiten Stufe wäre dann zu prüfen, ob die Interviewten der ersten Stufe tatsächlich an dieser Weiterbildungsmaßnahme partizipieren. Über einen solchen Zugang zum Feld, der qualitativ wie quantitativ umsetzbar wäre, ließen sich, aufgrund der vielfältigen Möglichkeiten zur Berücksichtigung konkreter Maßnahme- und Trägerbezüge, weitere Erkenntnisse über die Ursachen von Weiterbildungspartizipation und -abstinenz gewinnen.

9 Rational Choice – ein tragfähiges Paradigma zur Bearbeitung offener Fragen berufs- und wirtschaftspädagogischer Forschung

In der vorliegenden Arbeit habe ich das Rational Choice-Paradigma herangezogen, um einen Beitrag zum Verständnis der auch in der berufs- und wirtschaftspädagogisch einschlägigen Literatur immer wieder konstatierten und behandelten Ungleichheit in der beruflichen Weiterbildung (zuletzt etwa Büchter 2010, Gillen/Meyer 2010) zu leisten, und zwar unter Betrachtung der subjektiven Bewertung von potenziellen Weiterbildungszielen und deren Erreichbarkeit sowie des Einflusses, den verschiedenen Restriktionen neben Nutzenerwartungen auf Bildungsentscheidungen besitzen.

Dies erfolgte in einem ersten Schritt über die theoretische Auseinandersetzung mit Anreizen in der beruflichen Weiterbildung, die ihre Wirkung über die vom Individuum antizipierten Folgen des eigenen Tuns entfalten, sowie mit Ursachen, die eine Gewährung von Anreizen zur Reduzierung von Weiterbildungsbeteiligung grundsätzlich restringierenden Faktoren notwendig erscheinen lassen. In einem zweiten Schritt habe ich mit einer modifizierten Fassung der VIE-Theorie eine Mikrotheorie des Handelns empirisch getestet, um die durch Erwerbstätige vorgenommene, subjektive Bewertung von potenziellen Weiterbildungszielen und deren Erreichbarkeit sowie den Einfluss, den der subjektiv erwartete Nutzen unabhängig von objektiven Handlungsrestriktionen sowie personen- und erwerbsbezogenen Merkmalen auf das Teilnahmeverhalten ausübt, genauer zu analysieren.

Folgt man Büchter, so besteht das Ziel aller erziehungswissenschaftlichen Theorien im Kern darin, [...] strukturelle Möglichkeiten und Grenzen, institutionelle Bedingungen von, kommunikative Beziehungen und individuelle Entwicklungen und Entscheidungen in Prozessen der Erziehung und Bildung einzelner Menschen zu analysieren und dieses gewonnene Wissen der Praxis im Sinne der Förderung individueller Mündigkeit und Selbstbestimmtheit sowie der sozialen Gerechtigkeit [...]“ (Büchter 2010: 5) bereitzustellen.

Die vorliegende Arbeit knüpft mit ihrem theoretischen Zugang an alle vorgenannten Zielgegenstände erziehungswissenschaftlicher Theorien an.

Eine Anknüpfung an die Analyse struktureller Möglichkeiten und Grenzen von Prozessen der Erziehung und Bildung von Subjekten erfolgte zunächst insofern, als ich den subjektiv erwarteten Nutzen einer Weiterbildungspartizipation als wesentliche Bedingung für Weiterbildungspartizipation oder -abstinenz herausgearbeitet habe. In diesem Zusammenhang konnte ich zugleich Möglichkeiten und Grenzen des Einwirkens auf das individuelle Weiterbildungsverhalten auf Basis unmittelbarer Weiterbildungsförderung sowie mittelbarer Förderung durch Beratung oder strukturelle Eingriffe in das Berufsbildungssystem (Anerkennung non-formalen/informellen Lernens, Verzahnung von Aus- und Weiterbildung, bildungsbereichsübergreifende Transparenz etc.) aufzeigen.

Damit wurden auch institutionelle Bedingungen angesprochen, die zu arrangieren sind, um die Bereitschaft zur Teilnahme an beruflicher Weiterbildung zu stimulieren und sich vom Primat der beruflichen Weiterbildung zu entfernen, in der formales Lernen noch immer die dominierende Form von Lehr-Lern-Arrangements im Erwachsenenalter darstellt. Der gezeichnete Gegenpol besteht in der Verwirklichung des Konzepts „Lebenslanges Lernen“, bei dem der Erwerb von allgemeinen und beruflichen Kompetenzen gleichwertig und unabhängig von Lernort und -arrangement zertifizierbar ist und Anschlüsse an weitere Stationen des allgemeinen und beruflichen Bildungssystems ermöglicht.

An kommunikative Beziehungen in Prozessen von Erziehung und Bildung knüpft die Arbeit in zweifacher Hinsicht an. Zum einen ließ sich auf Grundlage einer breiten Definition des Nutzenbegriffs demonstrieren, dass der Aufbau „sozialen Kapitals“ – genauer: die Möglichkeit im Rahmen einer Weiterbildungsmaßnahme neue berufliche und/oder private Kontakte zu knüpfen und die Erhöhung der Anerkennung bzw. das Vermeiden von Missachtung im beruflichen Umfeld – sowie Lernfreude als nicht-utilitäres, konsumatorisches Erlebnis, drei relevante Bedingungsmomente der Teilnahme an beruflicher Weiterbildung darstellen, die zudem unabhängig davon wirken, ob die Inhalte einer Weiterbildungsmaßnahme am konkreten Arbeitsplatz verwertbar sind. Zum anderen war es möglich, aus den empirischen Befunden der vorliegenden Arbeit Hinweise für die Gestaltung von Lehr-Lern-Prozessen abzuleiten, die über den Tertiär- und Quartärbereich hinaus grundsätzlich auch für den Unterricht im Primar- und Sekundarbereich relevant sind.

Der Schwerpunkt der Arbeit lag zweifelsfrei im Bereich der Analyse des individuellen Entscheidungskalküls hinsichtlich der Entscheidung über Weiterbildungspartizipation oder -abstinenz. Für die biografische Entwicklung der relevanten Elemente der Entscheidungsstruktur gilt, dass Kosten-Nutzen-Abwägungen immer vor dem Hintergrund des individuellen Erfahrungshorizontes getroffen werden. Positive und negative Erfahrungen in der Familie und in weiteren Bezugsgruppen, in den Bildungsgängen des Primar-, Sekundar- und des Tertiärbereichs, in der Weiterbildung und auf dem Arbeitsmarkt (z. B. wenn die eigene Erfahrung zeigt, dass sich Ziele auch ohne Weiterbildung erreichen bzw. durch Weiterbildung nicht verwirklichen lassen) sowie nicht zuletzt Förderangebote determinieren individuelle Präferenzen, Erfolgserwartungen und Restriktionen und wirken so letztlich auch auf Weiterbildungsentscheidungen ein. Ungleichheiten im Zugang zu Weiterbildung zwischen verschiedenen Personengruppen sind hiernach nicht als direkte Effekte der entsprechenden Personenmerkmale zu sehen, sondern als Folgen von milieu- und altersspezifisch geprägten Präferenzen, Erwartungen und Restriktionen.

Was die Bereitstellung des hier auf Basis des Rational Choice-Ansatzes gewonnenen Wissens für die Praxis im Hinblick auf die Förderung individueller Mündigkeit und Selbstständigkeit angeht, ist die vorliegende Arbeit sicherlich nicht als einfacher Ratgeber für Individuen zu verstehen. Allerdings kann das verwendete theoretische Modell zur Erklärung der Teilnahmebereitschaft durchaus von ratsuchenden Individuen sowie von Akteuren der Bildungsberatung und -orientierung als Leitfaden herangezogen werden, um sich mit den eigenen Lebenszielen und der eigenen Wahrnehmung der Erreichbarkeit eigener Ziele über Bildungsprozesse auseinanderzusetzen bzw. eine solche Auseinandersetzung strukturiert zu moderieren. Darüber hinaus eignet sich das hier verwendete Modell dazu, Lehrkräfte und Ausbildende im allgemeinbildenden und berufsbildenden Schulwesen sowie in der ersten, zweiten und dritten Phase der Lehrerbildung dabei zu unterstützen, Leistungsprobleme und Unzufriedenheit im Schul-, Universitäts-, Seminar- und Betriebsalltag schrittweise auf Anreizdefizite zurückzuführen, wodurch sich eine differenzierte Problemlösung einleiten lässt.

Nicht zuletzt berühren die aus der Verwendung des Rational Choice-Paradigmas gewonnenen Erkenntnisse auch die Diskussion um soziale Gerechtigkeit im Weiterbildungssektor. Impulse zu deren Förderung finden sich hier zunächst in den Vorschlägen zu Anpassungen der bestehenden Weiterbildungs-Förderstruktur sowie zu strukturellen Veränderungen auf verschiedenen Stufen des allgemeinen und beruflichen Bildungssystems. Zündstoff für die Diskussion liefern dürfte indes die Mahnung, weder die hohe Weiterbildungsbereitschaft etwa von Hochqualifizierten überzubewerten und zum wünschenswerten Verhalten für alle Individuen zu erklären – da sie zu einem guten Teil nicht das Resultat hoher Nutzenerwartungen und niedriger Restriktionen, sondern habitualisierten Handelns ohne Zweck-Mittel-Kalkulation darstellt – noch die geringe Weiterbildungsbereitschaft etwa von Geringqualifizierten oder älteren Erwerbstätigen abzuwerten, solange Weiterbildung sich für viele Erwerbstätige vor dem Hintergrund der subjektiven Lebensziele und der wahrgenommenen Erreichbarkeit aus vielfältigen Gründen nicht zu lohnen scheint.

Insofern hat sich die Verwendung von RC und seiner Mikrotheorien durchaus als lohnenswerter erziehungswissenschaftlich-paradigmatischer bzw. -einzeltheoretischer Zugang zur Analyse des Weiterbildungsverhaltens erwiesen. Der große Vorzug dieses Zugangs besteht darin, dass mit ihm soziale Phänomene und individuelle Entscheidungsvorgänge über Anreizstrukturen auf der Mikroebene erklärbar und diese Anreizstrukturen selbst einer vertieften Analyse zugänglich gemacht werden.

Das RC-Paradigma lässt sich damit nicht nur als rein sozialwissenschaftliches, sondern gleichfalls als erziehungswissenschaftliches Paradigma betrachten. Dieses Paradigma birgt ein erhebliches Potenzial für die theoretische sowie die – quantitative wie qualitative – empirische Bearbeitung einer Vielzahl von Forschungsfragen in der berufs- und wirtschaftspädagogischen Berufsbildungsforschung.

Die getrennte Erfassung der Relevanz von potenziellen Weiterbildungsfolgen sowie deren Eintrittswahrscheinlichkeit in Bezug auf nicht abgeschlossene Weiterbildungsmaßnahmen hat mittlerweile in weitere Befragungen zum individuellen Weiterbildungsverhalten Einzug gefunden. Das Nationale Bildungspanel macht deutlich, dass eine direkte empirische Umsetzung wert-erwartungstheoretischer Überlegungen nicht nur im Rahmen von Einzelerhebungen, sondern auch in groß angelegten Paneluntersuchungen möglich ist. Die Abschnitte zum subjektiv erwarteten Weiterbildungsnutzen im Nationalen Bildungspanel lehnen sich eng an die Vorarbeiten der vorliegenden Untersuchung an – ein gewisser impact dieser Arbeiten auf das NEPS kann unterstellt werden.

Ohne Probleme lassen sich vielfältige weitere Anknüpfungspunkte an erziehungswissenschaftliche Fragestellungen im Weiterbildungsbereich, an zahlreiche Phänomene von Bildung und Erziehung in vorgelagerten Bildungsbereichen sowie an bildungsbereichsübergreifende Themen formulieren.

So bestehen im Weiterbildungsbereich Anknüpfungspunkte zum einen bezüglich der oben genannten Desiderate (Weiterbildungsverhalten Erwerbsloser, betriebliche Weiterbildung, weitere Auseinandersetzung mit dem Thema der vorliegenden Arbeit unter Variation des hier genutzten Modells und Zugangs zum Feld, Wahl spezifischer Weiterbildungsträger). Im Tertiärbereich bestehen Anknüpfungspunkte beim Zugang zur wissenschaftlichen Weiterbildung und bezüglich individueller Entscheidungen über die Fortsetzung des Studiums nach dem Erreichen der ersten Stufe im konsekutiven Bachelor-/Mastermodell. Zu den Anknüpfungspunkten im Bereich der Sekundarstufe II gehören die Analyse von Anreizen bei der Alternativenwahl zwischen Bachelor-, FH-, dualen Studiengängen und der dualen/schulischen Berufsausbildung sowie die Analyse von Entscheidungsvorgängen hinsichtlich der Wahl von Alternativen zur beruflichen Erstausbildung im dualen System (vollschulische Ausbildung, Wahl von bzw. Zuweisung zu einer von zahlreichen Maßnahmen im Übergangssystem). Hierdurch können weitere Erkenntnisse zu den Ursachen der kontinuierlichen Verschiebungen zwischen den drei Teilsystemen der beruflichen Bildung unterhalb der Hochschulebene gewonnen werden, die bislang vorwiegend durch Vorgänge auf der Makroebene (Bildungsexpansion, Strukturwandel, demografische Entwicklungen etc.) erklärt werden.

Bildungsbereichsübergreifende Themen, deren Bearbeitung auf Basis wert-erwartungstheoretischer Überlegungen erhellend erscheint, sind beispielsweise die Analyse der Wahl von Unterrichtsmethoden durch Lehrpersonal sowie Ausmaß und Ursprung passiver Weigerungstendenzen im Unterricht. Bei Letzteren handelt es sich ebenfalls um eine Form von (Weiter-) Bildungsabstinenz, deren Bearbeitung im Rahmen der Arbeit nicht möglich war und die in der aktuellen Debatte um die Beteiligung am lebenslangen Lernen praktisch keine Rolle spielt.

Literatur

Ackermann, K. (1974): Anreizsysteme. In: Grochla, E.; Wittmann, W. (Hrsg.): Handwörterbuch der Betriebswirtschaft, A-Ge. Stuttgart, Poeschl, S. 156–163.

Ai, C.; Norton, E. (2003): Interaction terms in logit and probit models. In: economic letters, Jg. 80, H. 1, S. 123–129.

Aiken, L.; West, S. (1991): Multiple Regression: Testing and Interpreting Interactions. Thousand Oaks, Sage.

Ajzen, I.; Fishbein, M. (1980): Understanding attitudes and predicting social behavior. Englewood Cliffs, Prentice-Hall.

Ajzen, I.; Fishbein, M. (1969): The Prediction of Behavioral Intentions in a Choice Situation. In: Journal of Experimental Social Psychology, Jg. 5, H. 4, S. 400–416.

Alderfer, C. (1972): Existence, Relatedness, and Growth. New York, The Free Press.

Alt, C.; Bien, W. (1994): Gewichtung, ein sinnvolles Verfahren in den Sozialwissenschaften? Fragen, Probleme und Schlussfolgerungen. In: Gabler, S.; Hoffmeyer-Zlotnik, J.; Krebs, D. (Hrsg.): Gewichtung in der Umfragepraxis. Opladen, Westdeutscher Verlag, S. 124–140.

Ambos, I. (2005): Nationaler Report. Geringqualifizierte und berufliche Weiterbildung – empirische Befunde zur Weiterbildungssituation in Deutschland. – URL: http://www.die-bonn.de/esprid/dokumente/doc-2005/ambos05_01.pdf (05.09.2013).

Andel, N. (1969): Zur Diskussion über Musgraves Begriff der „Merit Wants". In: Finanzarchiv N.F., Jg. 28, H. 2, S. 209–213.

Andresen, S.; Casale, R.; Gabriel, T.; Horlacher, R.; Larcher Klee, S.; Oelkers, J. (Hrsg.) (2009): Handwörterbuch Erziehungswissenschaft. Weinheim, Beltz.

Andreß, H.-J.; Hagenaars, J.; Kühnel, S. (1997): Analyse von Tabellen und kategoriellen Daten. Berlin, Springer.

Arbeitskreis Deutscher Qualifikationsrahmen (2009): Diskussionsvorschlag eines Deutschen Qualifikationsrahmens für lebenslanges Lernen. – URL: http://www.deutscherqualifikationsrahmen.de/de?t=/documentManager/sfdoc.file.supply&fileID=1299831860758 (05.09.2013).

Arenberg, P. (2012): Präferenzen und Zahlungsbereitschaften für berufliche Weiterbildungsveranstaltungen. Hamburg, Verlag Dr. Kovač.

Arnold, R. (1997): Qualität durch Professionalität – zur Durchmischung von Utilität und Zweckfreiheit in der Qualität betrieblicher Weiterbildung. In: Arnold, R. (Hrsg.): Qualitätssicherung in der Erwachsenenbildung. Opladen, Leske + Budrich, S. 51–61.

Arnold, R. (1983): Pädagogische Professionalisierung betrieblicher Bildungsarbeit. Frankfurt a. M., Lang.

Arnold, R.; Gonon, P. (2006): Einführung in die Berufspädagogik. Opladen, Barbara Budrich.

Arnold, R.; Lipsmeier, A. (Hrsg.) (2006): Handbuch der Berufsbildung. Wiesbaden, VS.

Arnold, R.; Nolda, S.; Nuissl, E. (Hrsg.) (2010): Wörterbuch Erwachsenenbildung. Bad Heilbrunn, Klinkhardt.

Asplund, R. (2005): The Provision and Effects of Company Training: A Brief Review of the Literature. In: Nordic Journal of Political Economy, Jg. 31, S. 47–73.

Atkinson, J. (1957): Motivational determinants of risk-taking behavior. In: Psychological Review, Jg. 64, H. 6, S. 329–404.

Aufstiegsfortbildungsförderungsgesetz in der Fassung der Bekanntmachung vom 10. Januar 2002 (BGBl. I S. 402), zuletzt geändert durch Artikel 6 Abs. 4 des Gesetzes vom 19. August 2007 (BGBl I S. 1970). In: Bundesgesetzblatt, Teil 1, S. 402.

Auld, D.; Bing, P. (1971): Merit Wants: A Further Analysis. In: Finanzarchiv N.F., Jg. 30, H. 2, S. 257–265.

Autorengruppe Bildungsberichterstattung (2010): Bildung in Deutschland 2010. Bielefeld, W. Bertelsmann Verlag.

Axmacher, D. (1992): Bildung, Herrschaft und Widerstand. Grundzüge einer „Paratheorie des Widerstands“ gegen Weiterbildung. In: Kipp, M. (Hrsg.): Paradoxien in der beruflichen Aus- und Weiterbildung: Zur Kritik ihrer Modernitätskrisen. Dirk Axmacher zum Gedenken. Frankfurt a. M., S. 149–186.

Bäcker, G. (1996): Demographischer Wandel, Arbeitsmarktentwicklung und Beschäftigungsperspektiven älterer Arbeitnehmer. In: Zeitschrift für Gerontologie und Geriatrie, Jg. 29, H. 1, S. 23–28.

Backes-Gellner, U. (2005): Betriebliche Weiterbildung in kleinen und mittleren Unternehmen. In: BIBB (Hrsg.): Kosten, Nutzen und Finanzierung beruflicher Weiterbildung. Bielefeld, W. Bertelsmann Verlag, S. 132–153.

Backes-Gellner, U.; Mure, J.; Tuor, S. (2007): The Puzzle of Non-Participation in Continuing Training – An empirical Study of Chronic vs. Temporary Non-Participation. In: Zeitschrift für Arbeitsmarktforschung, Jg. 40, H. 2–3, S. 295–311.

Backhaus, K.; Erichson, B.; Plinke, W.; Weiber, R. (2006): Multivariate Analysemethoden. Berlin, Springer.

Baethge-Kinsky, V.; Kupka, P. (2001): Ist die Facharbeiterausbildung noch zu retten? Zur Vereinbarkeit subjektiver Ansprüche und betrieblicher Bedingungen in der Industrie. In: Bolder, A.; Heinz, W.; Kutscha, G. (Hrsg.): Deregulierung der Arbeit – Pluralisierung der Bildung? Opladen, Leske + Budrich, S. 166–182.

Baethge, M. (2011): Qualifikation, Kompetenzentwicklung und Professionalisierung im Dienstleistungssektor. In: WSI-Mitteilungen, H. 9, S. 447–455.

Baethge, M. (2006): Das deutsche Bildungs-Schisma: Welche Probleme ein vorindustrielles Bildungssystem in einer nachindustriellen Gesellschaft hat. In: SOFI-Mitteilungen, H. 34, S. 13–27.

Baethge, M. (2004a): Entwicklungstendenzen der Beruflichkeit – neue Befunde aus der industriesoziologischen Forschung. In: Zeitschrift für Berufs- und Wirtschaftspädagogik, Jg. 100, H. 3, S. 336–347.

Baethge, M. (2004b): Ordnung der Arbeit – Ordnung des Wissens: Wandel und Widersprüche im betrieblichen Umgang mit Humanressourcen. In: SOFI-Mitteilungen, H. 32, S. 7–21.

Baethge, M. (1992): Die vielfältigen Widersprüche beruflicher Weiterbildung. In: WSI-Mitteilungen, Jg. 45, H. 6, S. 313–321.

Baethge, M.; Andretta, G.; Naevecke, S.; Roßbach, U.; Trier, M. (1996): Die berufliche Transformation in den neuen Bundesländern. Münster, Waxmann.

Baethge, M.; Baethge-Kinsky, V. (2006): Ökonomie, Technik, Organisation: Zur Entwicklung von Qualifikationsstruktur und Qualifikationsprofilen von Fachkräften. In: Arnold, R.; Lipsmeier, A. (Hrsg.): Handbuch der Berufsbildung. Wiesbaden, VS, S. 153–173.

Baethge, M.; Baethge-Kinsky, V. (2004): Der ungleiche Kampf um das lebenslange Lernen: Eine Repräsentativ-Studie zum Lernbewusstsein und -verhalten der deutschen Bevölkerung. In: Baethge, M.; Baethge-Kinsky, V. (Hrsg.): Der ungleiche Kampf um das lebenslange Lernen. Münster, Waxmann, S. 11–200.

Baethge, M.; Baethge-Kinsky, V. (1998): Jenseits von Beruf und Beruflichkeit? – Neue Formen von Arbeitsorganisation und Beschäftigung und ihre Bedeutung für eine zentrale Kategorie gesellschaftlicher Integration. In: Mitteilungen aus der Arbeitsmarkt- und Berufsforschung, Jg. 31, H. 3, S. 461–472.

Baethge, M.; Baethge-Kinsky, V.; Holm, R.; Tullius, K. (2003): Anforderungen und Probleme beruflicher und betrieblicher Weiterbildung. In: Hans-Böckler-Stiftung, Arbeitspapier 76.

Baethge, M.; Bartelheimer, P. (2005): Sozioökonomische Entwicklung als Gegenstand der Berichterstattung. In: Soziologisches Forschungsinstitut (SOFI); Institut für Arbeitsmarkt- und Berufsforschung (IAB); Institut für Sozialwissenschaftliche Forschung (ISF); Internationales Institut für empirische Sozialökonomie (INFES) (Hrsg.): Berichterstattung zur sozioökonomischen Entwicklung in Deutschland. Arbeit und Lebensweisen. Wiesbaden, VS, S. 37–62.

Baethge, M.; Schiersmann, C. (1998): Von der betrieblichen Weiterbildung zur Kompetenzentwicklung. In: QUEM (Hrsg.): Kompetenzentwicklung, 98. Münster, Waxmann, S. 15–87.

Baethge, M.; Solga, H.; Wieck, M. (2007): Berufsbildung im Umbruch. Signale eines überfälligen Aufbruchs. Bonn, bub.

Ballentine, J. (1972): Merit Goods, Information and Corrected Preferences. In: Finanzarchiv N.F., Jg. 31, H. 2, S. 298–306.

Bals, T. (2006): Vollzeitschulische Berufsausbildung für Gesundheitsfachberufe. In: Berufsbildung, H. 100/101, S. 44–46.

Balzer, C. (2001): Finanzierung der Weiterbildung. Bonn, DIE.

Balzer, C.; Nuissl, E. (2000): Finanzierung lebenslangen Lernens. Bielefeld, W. Bertelsmann Verlag.

Bardeleben, R. v.; Beicht, U.; Holzschuh, J. (1994): Individuelle Kosten und Nutzen der beruflichen Weiterbildung. In: Berufsbildung in Wissenschaft und Praxis, Jg. 23, H. 5, S. 9–17.

Barkholdt, C.; Frerichs, F.; Naegele, G. (1995): Altersübergreifende Qualifizierung – eine Strategie zur betrieblichen Integration älterer Arbeitnehmer. In: Mitteilungen aus der Arbeitsmarkt- und Berufsforschung, Jg. 28, H. 3, S. 425–436.

Barnow, B. (2009): Vouchers in U.S. vocational training programs: an overview of what we have learned. In: Zeitschrift für Arbeitsmarktforschung, Jg. 42, S. 71–84.

Baron, S. (2011): Workplace Learning. Subjective Motives and Supervisor Support Matter. Wiesbaden, VS.

Barrett, A. (2001): Economic performance of education and training: costs and benefits. In: Descy, P.; Tessaring, M. (Hrsg.): Training in europe. Second report on vocational training research in Europe 2000: background report. Volume 2. Luxembourg, Office for official Publications of the European Communities, S. 383–404.

Barrow, L.; Rouse, C. (2008): School Vouchers: Recent Findings and Unanswered Questions. In: Journal of Economic Perspectives, Jg. 22, H. 3, S. 2–16.

Bauer, G. (2010): Graphische Darstellung regressionsanalytischer Ergebnisse. In: Wolf, C.; Best, H. (Hrsg.): Handbuch der sozialwissenschaftlichen Datenanalyse. Wiesbaden, VS, S. 905–927.

Bauer, G. (1991): Weiterbildungsberatung. In: Mitteilungen aus der Arbeitsmarkt- und Berufsforschung, Jg. 24, H. 2, S. 375–384.

Beck, U. (1986): Risikogesellschaft. Auf dem Weg in eine andere Moderne. Frankfurt a.M., Suhrkamp.

Beck, U.; Brater, M.; Daheim, H. (1980): Soziologie der Arbeit und der Berufe. Reinbeck, Rowohlt.

Becker, G. (1993a): Human Capital: A Theoretical and Empirical Analysis with Special Reference to Education. Chicago, The University of Chicago Press.

Becker, R. (1993b): Zur Bedeutung der beruflichen Weiterbildung für den Berufsverlauf – Eine empirische Längsschnittuntersuchung über Weiterbildungs- und Arbeitsmarktchancen der Geburtenkohorten 1929–31, 1939–41 und 1949–51. In: Meier, A.; Rabe-Kleberg, U. (Hrsg.): Weiterbildung, Lebenslauf, sozialer Wandel. Neuwied, Luchterhand, S. 61–86.

Becker, R.; Hecken, A. (2008): Berufliche Weiterbildung – arbeitsmarktsoziologische Perspektiven und empirische Befunde. In: Abraham, M.; Hintz, T. (Hrsg.): Arbeitsmarktsoziologie. Probleme, Theorien, empirische Befunde. Wiesbaden, VS, S. 133–168.

Becker, R.; Schömann, K. (1996): Berufliche Weiterbildung und Einkommensdynamik. Eine Längsschnittstudie mit besonderer Berücksichtigung von Selektionsprozessen. In: Kölner Zeitschrift für Soziologie und Sozialpsychologie, Jg. 48, H. 3, S. 426–461.

Beckmann, J.; Heckhausen, H. (2006): Motivation durch Erwartung und Anreiz. In: Heckhausen, J.; Heckhausen, H. (Hrsg.): Motivation und Handeln. Berlin et al., Springer, S. 105–142.

Behringer, F. (1999): Beteiligung an beruflicher Weiterbildung. Humankapitaltheoretische und handlungstheoretische Erklärung und empirische Evidenz. Opladen, Leske + Budrich.

Behringer, F. (1996): Zum individuellen Nutzen beruflicher Weiterbildung: Subjektive Einschätzungen und objektive Veränderungen. In: Bardeleben, R. v.; Bolder, A.; Heid, H. (Hrsg.): Zeitschrift für Berufs- und Wirtschaftspädagogik. Beiheft 12: Kosten und Nutzen beruflicher Bildung. Stuttgart, Franz Steiner, S. 84–104.

Behringer, F.; Descamps, R. (2009): Determinants of employer-provided training: A comparative analysis of Germany and France. In: Behringer, F.; Käpplinger, B.; Pätzold, G. (Hrsg.): Zeitschrift für Berufs- und Wirtschaftspädagogik. Beiheft 22. Stuttgart, Franz Steiner, S. 94–123.

Behringer, F.; Kampmann, J.; Käpplinger, B. (2009): Theoretische Erklärungsansätze zur betrieblichen Weiterbildungsbeteiligung. In: Behringer, F.; Käpplinger, B.; Pätzold, G. (Hrsg.): Zeitschrift für Berufs- und Wirtschaftspädagogik. Beiheft 22. Stuttgart, Franz Steiner, S. 35–52.

Behringer, F.; Käpplinger, B. (2008): Betriebliche Weiterbildungsabstinenz in Europa: Ergebnisse der Unternehmensbefragung CVTS3. In: Zeitschrift für Weiterbildungsforschung, H. 3, S. 57–67.

Behringer, F.; Schönfeld, G. (2010): Betriebliche Weiterbildung in Deutschland – Ein Vergleich mit den EU-Mitgliedsstaaten auf der Grundlage der vier Kernindikatoren aus CVTS3. – URL: http://www.bibb.de/de/55365.htm#jump2 (05.09.2013).

Beicht, U.; Berger, K.; Moraal, D. (2005): Aufwendungen für berufliche Weiterbildung in Deutschland. In: Sozialer Fortschritt, Jg. 54, H. 10–11, S. 256–266.

Beicht, U.; Krekel, E.; Walden, G. (2006): Berufliche Weiterbildung – Welche Kosten und welchen Nutzen haben die Teilnehmenden? Bielefeld, W. Bertelsmann Verlag.

Beicht, U.; Ulrich, J. (2010): When Graduates Assess the Use of Their Vocational Training: What do Their Ratings Stand for? A Critique of Evaluative Research in VET. In: Swiss Journal of Sociology, Jg. 36, H. 1, S. 161–185.

Bellmann, L. (2003): Datenlage und Interpretation der Weiterbildung in Deutschland. Bielefeld, W. Bertelsmann Verlag.

Bellmann, L.; Düll, H. (2001): Die zeitliche Lage und Kostenaufteilung von Weiterbildungsmaßnahmen – Empirische Ergebnisse auf der Grundlage des IAB-Betriebspanels. In: Dobischat, R.; Seifert, H. (Hrsg.): Lernzeiten neu organisieren. Lebenslanges Lernen durch die Integration von Bildung und Arbeit. Berlin, edition sigma, S. 81–128.

Berufsbildungsgesetz in der Fassung der Bekanntmachung vom 23. März 2005 (BGBl. I S. 931), zuletzt geändert durch Artikel 24 des Gesetzes vom 20. Dezember 2011 (BGBl. I S. 2854). In: Bundesgesetzblatt, Teil 1, S. 931.

Besener, A.; Debie, S.; Kutscha, G. (2008): Riskante Übergänge – Die Eingangsphase der Berufsausbildung als kritischer Einstieg in die Erwerbsbiografie. In: Münk, D.; Rützel, J.; Schmidt, C. (Hrsg.): Labyrinth Übergangssystem. Forschungserträge und Entwicklungsperspektiven der Benachteiligtenförderung zwischen Schule, Ausbildung, Arbeit und Beruf. Bonn, Pahl-Rugenstein, S. 104–117.

Beuer-Krüssel, M.; Krumpal, I. (2009): Der Einfluss von Häufigkeitsformaten auf die Messung von subjektiven Wahrscheinlichkeiten. In: Methoden – Daten – Analysen, Jg. 3, H. 1, S. 31–67.

Biersack, W.; Dostal, W.; Parmentier, K.; Pflicht, H.; Troll, L. (2001): Arbeitssituation, Tätigkeitsprofil und Qualifikationsstruktur von Personengruppen des Arbeitsmarktes. Beiträge aus der Arbeitsmarkt- und Berufsforschung 248. Nürnberg, IAB.

Bilger, F. (2013): Weiterbildungsverhalten in Deutschland. AES 2012 Trendbericht. Bonn, BMBF.

Bilger, F.; Rosenbladt, B. v. (2011): Weiterbildungsverhalten in Deutschland. AES 2010 Trendbericht. Bonn/Berlin, BMBF.

Blaug, M. (1987): Ecucation Vouchers – It All Depends on What You Mean. In: Blaug, M. (Hrsg.): The Economics of Education and the Education of an Economist. New York, New York University Press, S. 244–261.

Blaug, M. (1975): Marshalls Ökonomie – Die Revolution des Marginalismus: Grenznutzen und Grenzproduktivitätstheorie – Grenzproduktivitätstheorie der Verteilung. München, Nymphenburger Verlagshandlung.

BMBF (Hrsg.) (2009): Auswirkungen von demographischen Entwicklungen auf die berufliche Ausbildung. Bielefeld, W. Bertelsmann Verlag.

BMBF (Hrsg.) (2008): Empfehlungen des Innovationskreises Weiterbildung für eine Strategie zur Gestaltung des Lernens im Lebenslauf. Bielefeld, W. Bertelsmann Verlag.

BMBF (2006): Berichtssystem Weiterbildung IX. Berlin/Bonn, W. Bertelsmann Verlag.

Bohlinger, S. (2009): Bildungspolitische Implikationen informellen Lernens. In: bildungsforschung, Jg. 6, H. 1, S. 159–186.

Bohlinger, S. (2006): Lernergebnisorientierung als Ziel beruflicher Qualifizierung? Absehbare und nicht absehbare Folgen der Einführung des Europäischen Qualifikationsrahmens. In: bwp@ – Berufs- und Wirtschaftspädagogik online, 11/November 2006. – URL: http://www.bwpat.de/ausgabe11/bohlinger_bwpat11.pdf (21.03.2014).

Bohlinger, S.; Heidecke, L. (2009): Pluralisierung von Lernorten und Lernformen in der betrieblichen Weiterbildung. In: Zeitschrift für Berufs- und Wirtschaftspädagogik, Jg. 105, H. 3, S. 452–459.

Bohlinger, S.; Münchhausen, G. (2012): Erfassung und Validierung von Lernergebnissen – Ansätze, Entwicklungstrends und Herausforderungen. In: Büchter, K.; Dehnbostel, P.; Hanf, G. (Hrsg.): Der Deutsche Qualifikationsrahmen (DQR). Ein Konzept zur Erhöhung von Durchlässigkeit und Chancengleichheit im Bildungssystem? Bielefeld, W. Bertelsmann Verlag, S. 303–317.

Bolder, A. (2001): Soziale Polarisierungen im Feld beruflicher Weiterbildung. In: DIE Zeitschrift für Erwachsenenbildung, H. 2, S. 23–25.

Bolder, A. (2000): Zwischen Flexibilitätsgebot und Anspruch auf Sinn: Überlegungen zu Strategien langfristiger Sicherung des Humankapitals. In: Harteis, C.; Heid, H.; Kraft, S. (Hrsg.): Kompendium Weiterbildung. Opladen, Leske + Budrich, S. 13–18.

Bolder, A.; Hendrich, W. (2002): Widerstand gegen Maßnahmen beruflicher Weiterbildung: Subjektives Wissensmanagement. In: WSI-Mitteilungen, H. 1, S. 19–24.

Bolder, A.; Hendrich, W. (2000): Fremde Bildungswelten. Alternative Strategien lebenslangen Lernens. Opladen, Leske + Budrich.

Bolder, A.; Hendrich, W.; Nowak, D.; Reimer, A. (1994): Weiterbildungsabstinenz – 1. Makrostrukturen und Bedingungen von Weiterbildungsteilnahme und -abstinenz in Deutschland 1993. Köln.

Bolder, A.; Hendrich, W.; Reimer, A. (1998): Weiterbildungsabstinenz – 4. Bildungsappell, subjektive Relevanzen und Arbeitsmarktkonformität: Auf der Suche nach Ansatzpunkten pädagogischer Intervention. Köln, ISO Institut zur Erforschung sozialer Chancen.

Bolder, A.; Hendrich, W.; Reimer, A.; Spindler, A.; Zech, V. (1998): Weiterbildungsabstinenz – 3. Bilanzen von Bildungsaufwand und -ertrag im Lebenszusammenhang. Köln, ISO Institut zur Erforschung Sozialer Chancen.

Booth, A.; Snower, D. (1996): Introduction: does the free market produce enough skills? In: Booth, A.; Snower, D. (Hrsg.): Acquiring Skills. Market failures, their symptoms and policy responses. Cambridge, Cambridge University Press, S. 1–16.

Börsch-Supan, A.; Wilke, C. B. (2009): Zur mittel- und langfristigen Entwicklung der Erwerbstätigkeit in Deutschland. In: Zeitschrift für Arbeitsmarktforschung, Jg. 42, H. 1, S. 29–48.

Bortz, J.; Lienert, G.; Boehnke, K. (2008): Verteilungsfreie Methoden in der Biostatistik. Heidelberg, Springer.

Bosch, G. (2001): Der Zusammenhang von Arbeitszeit und Qualifikation. In: Dobischat, R.; Seifert, H. (Hrsg.): Lernzeiten neu organisieren. Berlin, edition sigma, S. 129–151.

Bouffard, J. (2002): Methodological and theoretical implications of using subjectgenerated consequences in tests of rational choice theory. In: Justice Quarterly, Jg. 19, H. 4, S. 747–771.

Bourdieu, P. (1997): The Forms of Capital. In: Halsey, A.; Lauder, H.; Brown, P.; Wells, A. (Hrsg.): Education: Culture, Economy and Society. Oxford, S. 46–58.

Bourdieu, P. (1976): Entwurf einer Theorie der Praxis auf der ethnologischen Grundlage der kabylischen Gesellschaft. Frankfurt a. M., Suhrkamp.

Brant, R. (1990): Assessing Proportionality in the Proportional Odds Model for Ordinal Logistic Regression. In: Biometrics, Jg. 46, H. 4, S. 1171–1178.

Braulke, M. (1972): Merit Goods: Einige zusätzliche Anmerkungen. In: Finanzarchiv N.F., Jg. 31, H. 2, S. 307–309.

Braun, N.; Franzen, A. (1995): Umweltverhalten und Rationalität. In: Kölner Zeitschrift für Soziologie und Sozialpsychologie, Jg. 47, H. 2, S. 231–248.

Bredow, A.; Dobischat, R.; Rottmann, J. (Hrsg.) (2003): Berufs- und Wirtschaftspädagogik von A-Z. Band 4: Diskussion Berufsbildung. Hohengehren, Schneider.

Breen, R.; Goldthorpe, J. H. (1997): Explaining Educational Differencials: Towards a Formal Rational Action Theory. In: Rationality and Society, Jg. 9, H. 3, S. 275–305.

Brennan, G.; Lomasky, L. (1983): Institutional Aspects of "Merit Goods" Analysis. In: Finanzarchiv N.F., Jg. 41, H. 2, S. 183–206.

Brödel, R. (2008): Szenarien Lebenslangen Lernens: Weiterbildungspräferenzen und Zahlungsbereitschaft. In: Grotlüschen, A.; Beier, P. (Hrsg.): Zukunft Lebenslangen Lernens. Strategisches Bildungsmonitoring am Beispiel Bremens. Bielefeld, W. Bertelsmann Verlag, S. 127–146.

Brödel, R.; Yendell, A. (2008): Weiterbildungsverhalten und Eigenressourcen – NRW-Studie über Geld, Zeit und Erträge beim Lebenslangen Lernen. Bielefeld, W. Bertelsmann Verlag.

Brüderl, J. (2004): Die Überprüfung von Rational Choice mit Umfragedaten. In: Diekmann, A.; Voss, T. (Hrsg.): Rational-Choice-Theorie in den Sozialwissenschaften. München, Oldenbourg, S. 164–180.

Brümmerhoff, D. (2007): Finanzwissenschaft. München, Oldenbourg.

Brussig, M.; Leber, U. (2005): Betriebliche Determinanten formeller und informeller Weiterbildung im Vergleich. In: Zeitschrift für Personalforschung, Jg. 19, H. 1, S. 5–24.

Büchel, F.; Pannenberg, M. (2004): Berufliche Weiterbildung in West- und Ostdeutschland. In: Zeitschrift für Arbeitsmarktforschung, Jg. 37, H. 2, S. 73–125.

Büchter, K. (2010): Berufliche Weiterbildungsbeteiligung – theoretische und historiographische Zugänge. In: bwp@ – Berufs- und Wirtschaftspädagogik online, 19/Dezember 2010. – URL: http://www.bwpat.de/content/uploads/media/buechter_bwpat19.pdf (21.03.2014).

Büchter, K.; Goltz, M. (2001): Arbeitsintegrierte Qualifikation in Klein- und Mittelbetrieben. In: Literatur- und Forschungsreport Weiterbildung, H. 48, S. 78–96.

Büchter, K.; Hendrich, W. (1998): Professionalisierung in der betrieblichen Weiterbildung. München, Rainer Hampp.

Bundesagentur für Arbeit (2011): Perspektive 2025: Fachkräfte für Deutschland. Nürnberg.

Bungenstab, K.-E. (1981): Weiterbildung als Sozialpolitik – Probleme ihrer Verwirklichung und rechtlichen Ordnung. In: Tietgens, H. (Hrsg.): Sozialpolitische Aspekte der Weiterbildung. Braunschweig, Westermann, S. 14–38.

Burchert, H. (2011): Auswirkungen der Akademisierung der Gesundheitsberufe auf die beruflichen Schulen im Gesundheitswesen am Beispiel der Situation in Nordrhein-Westfalen. In: Bonse-Rohmann, M.; Burchert, H. (Hrsg.): Neue Bildungskonzepte für das Gesundheitswesen. Bielefeld, W. Bertelsmann Verlag, S. 29–46.

Buttler, F. (1994): Berufliche Weiterbildung als öffentliche Aufgabe. In: Mitteilungen aus der Arbeitsmarkt- und Berufsforschung, H. 1, S. 33–42.

Buttler, F. (1992): Tätigkeitslandschaft bis 2010. In: Achtenhagen, F.; John, E. (Hrsg.): Mehrdimensionale Lehr-Lern-Arrangements: Innovationen in der kaufmännischen Ausbildung. Wiesbaden, Gabler, S. 162–182.

Buttler, F. (1973): Explikative und normative Theorie der meritorischen Güter – eine Problemanalyse. In: Zeitschrift für Wirtschafts- und Sozialwissenschaften, Jg. 93, H. 2, S. 129–146.

Buttler, F.; Tessaring, M. (1993): Humankapital als Standortfaktor. In: Mitteilungen aus der Arbeitsmarkt- und Berufsforschung, Jg. 26, H. 4, S. 467–476.

Bynner, J.; Schuller, T.; Feinstein, L. (2003): Wider Benefits of Education: Skills, Higher Education and Civic Engagement. In: Zeitschrift für Pädagogik, Jg. 49, H. 3, S. 341–361.

Campbell, J.; Dunnette, M.; Lawler, E.; Weick, K. (1970): Managerial Behavior, Performance, and Effectiveness. New York, McGraw-Hill.

Carmichael, L. (1983): Firm-Specific Human Capital and Promotion Ladders. In: The Bell Journal of Economics, Jg. 14, H. 1, S. 252–258.

Clement, U. (2012): Anerkennung vorgängig erworbener Kompetenzen und die verborgenen Mechanismen der Macht. In: Büchter, K.; Dehnbostel, P.; Hanf, G. (Hrsg.): Der Deutsche Qualifikationsrahmen (DQR). Ein Konzept zur Erhöhung von Durchlässigkeit und Chancengleichheit im Bildungssystem? Bielefeld, W. Bertelsmann Verlag, S. 319–334.

Clement, U. (2007): Kompetent für einfache Arbeit? Anforderungen an Arbeit in modernen Produktionssystemen. In: Friedrich-Ebert-Stiftung (Hrsg.): Perspektiven der Erwerbsarbeit. Einfache Arbeit in Deutschland. Bonn, bub, S. 35–45.

Coleman, J. (1990): Foundations of Social Theory. Cambridge et al., The Belknap Press of Harvard University Press.

Coleman, J. (1988): Social Capital in the Creation of Human Capital. In: American Journal of Sociology, Jg. 94, Supplement: Organizations and Institutions: Sociological and Economic Approaches to the Analysis of Social Structure, S. 95–120.

Côté, J. (1997): An empirical test of the identity capital model. In: Journal of Adolescence, Jg. 20, H. 5, S. 577–597.

Côté, J. (1996): Sociological perspectives on identity formation: the culture-identity link and identity capital. In: Journal of Adolescence, Jg. 19, H. 5, S. 417–428.

Crespi, L. (1944): Amount of reinforcement and level of performance. In: Psychological Review, Jg. 51, H. 6, S. 341–357.

Crespi, L. (1942): Quantitative variation of incentive and performance in the white rat. In: American Journal of Psychology, Jg. 55, H. 4, S. 467–517.

Csikszentmihalyi, M. (1985): Das Flow-Erlebnis. Stuttgart, Klett-Cotta.

Czycholl, R.; Ebner, H. (2006): Handlungsorientierung in der Berufsbildung. In: Arnold, R.; Lipsmeier, A. (Hrsg.): Handbuch der Berufsbildung. Wiesbaden, VS, S. 44–54.

Deci, E. (1972): The effects of contingent and non-contingent rewards and controls on intrinsic motivation. In: Organizational Behavior and Human Performance, Jg. 8, H. 2, S. 185–323.

Deci, E.; Ryan, R. (1993): Die Selbstbestimmungstheorie der Motivation und ihre Bedeutung für die Pädagogik. In: Zeitschrift für Pädagogik, Jg. 39, H. 2, S. 223–238.

Dehnbostel, P.; Seidel, S.; Stamm-Riemer, I. (2010): Einbeziehung von Ergebnissen informellen Lernens in den DQR – eine Kurzexpertise. Bonn/Hannover.

Dennis, I.; Guio, A.-C. (2004): Monetäre Armut in den neuen Mitgliedstaaten und den Bewerberländern. In: Statistik kurz gefasst, H. 12, S. 1–11.

Deutscher Bildungsrat (1970): Empfehlungen der Bildungskommission: Strukturplan für das Bildungswesen. Stuttgart.

Dewe, B. (1990): Pädagogische Handlungskompetenz in Theorie und Praxis der Erwachsenenbildung. In: Hessische Blätter für Volksbildung, Jg. 40, H. 4, S. 289–297.

Diekmann, A. (2008): Empirische Sozialforschung. Reinbek, Rohwolt.

Diekmann, A. (1996): Homo ÖKOnomicus. Anwendungen und Probleme der Theorie rationalen Handelns im Umweltbereich. In: Diekmann, A.; Jaeger, C. (Hrsg.): Umweltsoziologie. Kölner Zeitschrift für Soziologie und Sozialpsychologie, Sonderheft 36. Wiesbaden, Westdeutscher Verlag, S. 89–118.

Dietel, S. (2009): Mobile Bildungsberatung und nachhaltige Entwicklungschancen. Berlin, Karin Kramer.

Diettrich, A. (2004): Internationalisierungsstrategien der chemischen Industrie und Konsequenzen für die Aus- und Weiterbildung am Beispiel des Qualifizierungsförderwerks Chemie GmbH in Halle. In: Münk, D. (Hrsg.): Perspektiven der beruflichen Bildung und der Berufsbildungspolitik im europäischen und internationalen Kontext. Bielefeld, W. Bertelsmann Verlag, S. 89–104.

DIHK (2004): Individuell und flexibel. Wettbewerbsfaktor Arbeitszeitgestaltung. Berlin, DIHK.

Döbert, H. (2009): Indikatorenentwicklung im Rahmen der Bildungsberichterstattung in Deutschland. In: Autorengruppe Bildungsberichterstattung (Hrsg.): Indikatorenentwicklung für die Bildungsberichterstattung in Deutschland. Grundlagen, Ergebnisse, Perspektiven. Berlin, BMBF, S. 9–22.

Dobischat, R. (1999): Reichweiten und Grenzen des Beitrags von beruflicher Weiterbildung zum regionalen Strukturwandel. Netzwerke zwischen Betrieben und überbetrieblichen Weiterbildungsträgern – eine Allianz mit Zukunft? In: Hendrich, W.; Büchter, K. (Hrsg.): Politikfeld betriebliche Weiterbildung. München/Mering, Rainer Hampp, S. 89–115.

Dobischat, R.; Düsseldorff, K.; Dikau, J. (2006): Rechtliche und organisatorische Bedingungen der beruflichen Weiterbildung. In: Arnold, R.; Lipsmeier, A. (Hrsg.): Handbuch der Berufsbildung. Wiesbaden, VS, S. 531–546.

Dobischat, R.; Husemann, R. (1995): Berufliche Weiterbildung als freier Markt? Regulationsanforderungen der beruflichen Weiterbildung in der Diskussion. Berlin, edition sigma.

Dobischat, R.; Seifert, H. (2005a): Das Lernzeitkonto. In: DIE Zeitschrift für Erwachsenenbildung, H. 3, S. 45–47.

Dobischat, R.; Seifert, H. (2005b): Lernzeitkonten – Ein Ansatz zur Förderung der beruflich-betrieblichen Weiterbildung. In: Sozialer Fortschritt, Jg. 54, H. 10–11, S. 266–272.

Dobischat, R.; Seifert, H. (2001): Betriebliche Weiterbildung und Arbeitszeitkonten. In: WSI-Mitteilungen, Jg. 54, H. 2, S. 92–101.

Dobischat, R.; Seifert, H.; Ahlene, E. (2003): Betrieblich-berufliche Weiterbildung von Geringqualifizierten. In: Dobischat, R.; Seifert, H.; Ahlene, E. (Hrsg.): Integration von Arbeit und Lernen. Berlin, edition sigma, S. 131–147.

Dohmen, D. (2008): Trends und Perspektiven der Weiterbildungsfinanzierung in Deutschland. In: Berufsbildung in Wissenschaft und Praxis, Jg. 37, H. 1, S. 15–18.

Dohmen, D. (2007): Empirische Erfahrungen mit Bildungsgutscheinen: Was können wir für die deutsche Diskussion lernen? In: Recht der Jugend und des Bildungswesens, H. 1, S. 37–63.

Dohmen, D.; Cleuvers, B. (Hrsg.) (2003): Finanzierung von Weiterbildung und lebenslangem Lernen. Bielefeld, W. Bertelsmann Verlag.

Döring, O. (1995): Strukturen der Zusammenarbeit von Betrieben und Weiterbildungsinstitutionen in der beruflichen Weiterbildung. Aachen, Shaker.

Drake, K. (1994): Policy integration and co-operation: A persistent challenge. In: OECD (Hrsg.): Vocational Education and Training for Youth: Towards Coherent Policy and Practice. Paris, OECD, S. 143–168.

Drexel, I. (2004): Frankreichs Fondssystem für Weiterbildung – eine Alternative zu „Eigenverantwortung“ und „Co-Investition“. In: WSI-Mitteilungen, H. 4, S. 175–181.

Düll, H.; Bellmann, L. (1998): Betriebliche Weiterbildungsaktivitäten in West- und Ostdeutschland. Eine theoretische und empirische Analyse mit den Daten des IAB-Betriebspanels 1997. In: Mitteilungen aus der Arbeitsmarkt- und Berufsforschung, Jg. 31, H. 2, S. 205–225.

Durrant, G. (2009): Imputation methods for handling item-nonresponse in practice: methodological issues and recent debates. In: International Journal of Social Research Methodology, Jg. 12, H. 4, S. 293–304.

Eerde, W. v.; Thierry, H. (1996): Vroom's Expectancy Models and Work-Related Criteria: A Meta-Analysis. In: Journal of Applied Psychology, Jg. 81, H. 5, S. 575–586.

Ehmann, C. (2003): Bildungsfinanzierung und soziale Gerechtigkeit – Vom Kindergarten bis zur Weiterbildung. Bielefeld, W. Bertelsmann Verlag.

Engeser, S.; Rheinberg, F.; Vollmeyer, R.; Bischoff, J. (2005): Motivation, Flow-Erleben und Lernleistung in universitären Lernsettings. In: Zeitschrift für pädagogische Psychologie, Jg. 19, H. 3, S. 159–172.

Ertl, H.; Sloane, P. (2003): Beruflichkeit und Modularisierung – Ansätze für die Modernisierung der deutschen Berufsbildung aus dem Vergleich internationaler Modulkonzepte. In: Arnold, R. (Hrsg.): Berufsbildung ohne Beruf? Hohengehren, Schneider, S. 89–128.

Esser, H. (2002): In guten wie in schlechten Tagen? Das Framing der Ehe und das Risiko zur Scheidung. Eine Anwendung und ein Test des Modells der Frame-Selektion. In: Kölner Zeitschrift für Soziologie und Sozialpsychologie, Jg. 54, H. 1, S. 27–63.

Esser, H. (2001): Soziologie – Spezielle Grundlagen. Band 6: Sinn und Kultur. Frankfurt a. M., Campus.

Esser, H. (2000): Soziologie – Spezielle Grundlagen. Band 4: Opportunitäten und Restriktionen. Frankfurt a. M./New York, Campus.

Esser, H. (1999): Soziologie – Spezielle Grundlagen. Band 1: Situationslogik und Handeln. Frankfurt a.M./New York, Campus.

Esser, H. (1996): Soziologie – Allgemeine Grundlagen. Frankfurt a. M./New York, Campus.

Esser, H. (1991): Die Rationalität des Alltagshandelns – Eine Rekonstruktion der Handlungstheorie von Alfred Schütz. In: Zeitschrift für Soziologie, Jg. 20, H. 6, S. 430–445.

Esser, H. (1990): „Habits“, „Frames“ und „Rational Choice“ Die Reichweite von Theorien der rationalen Wahl (am Beispiel der Erklärung des Befragtenverhaltens). In: Zeitschrift für Soziologie, Jg. 19, H. 4, S. 231–247.

Esser, H. (1989): Verfällt die „soziologische Methode“? In: Soziale Welt, Jg. 40, H. 1, S. 57–96.

Esser, H. (1980): Aspekte der Wanderungssoziologie. Darmstadt, Luchterhand.

Etzrodt, C. (2003): Sozialwissenschaftliche Handlungstheorien. Konstanz, UVK.

Euler, D. (2008): Vieles bewegt sich – aber wohin? In: Zeitschrift für Berufs- und Wirtschaftspädagogik, Jg. 104, H. 2, S. 161–167.

Euler, D.; Severing, E. (2011): Rahmenkonzept der Initiative „Übergänge mit System“. In: Bertelsmann Stiftung (Hrsg.): Übergänge mit System. Gütersloh, Verlag Bertelsmann Stiftung, S. 23–73.

Euler, D.; Severing, E. (2007): Flexible Ausbildungswege in der Berufsbildung. Bielefeld, W. Bertelsmann Verlag.

Europäische Kommission (2009): Progress towards the Lisbon objects in education and training. Indicators and benchmarks 2009. Sec(2009) 1616. Brüssel.

Europäische Kommission (2008): Progress towards the Lisbon objects in education and training. Indicators and benchmarks 2008. Sec(2008) 2293. Brüssel.

Europäische Kommission (2007): Aktionsplan Weiterbildung – Zum Lernen ist es nie zu spät. KOM(2007) 558. Brüssel.

Europäische Kommission (2001): Mitteilung der Kommission: Einen europäischen Raum lebenslangen Lernens schaffen. KOM(2001) 678 endgültig. Brüssel.

Europäische Kommission (2000): Memorandum über Lebenslanges Lernen. SEK(2000) 1832. Brüssel.

Europäische Kommission (1997): Europa verwirklichen durch die allgemeine und berufliche Bildung. Bericht der Studiengruppe Allgemeine und Berufliche Bildung. Brüssel.

EUROPARAT (1970): Permanent Education. Straßburg.

Eurostat (Hrsg.) (2006): Panorama der Europäischen Union. Jahrbuch 2006. Luxemburg.

Ewerhart, G. (2003): Ausreichende Bildungsinvestitionen in Deutschland? Beiträge aus der Arbeitsmarkt- und Berufsforschung 266. Nürnberg, IAB.

Expertenkommission „Finanzierung Lebenslangen Lernens“ (2004): Der Weg in die Zukunft – Schlussbericht. Bielefeld, W. Bertelsmann Verlag.

Expertenkommission „Finanzierung Lebenslangen Lernens“ (2002): Auf dem Weg zur Finanzierung lebenslangen Lernens. Bielefeld, W. Bertelsmann Verlag.

Faulstich, P. (2013): „Zukunftsfähigkeit“ des Konzepts „Arbeitsorientierung“ in der Berufsbildungspolitik. In: bwp@ – Berufs- und Wirtschaftspädagogik online, Spezial 6 – Hochschultage Berufliche Bildung 2013, Workshop 23, hrsg. v. Wahle, M./Walter, M. – URL: http://www.bwpat.de/ht2013/ws23/faulstich_ws23-ht2013.pdf (21.03.2014).

Faulstich, P. (2008): Weiterbildung. In: Cortina, K.; Baumert, J.; Leschinsky, A.; Mayer, K.; Trommer, L. (Hrsg.): Das Bildungswesen der Bundesrepublik Deutschland. Reinbek bei Hamburg, Rowohlt, S. 647–681.

Faulstich, P. (1997): Kompetenz – Zertifikate – Indikatoren. In: Arbeitsgemeinschaft betriebliche Weiterbildungsforschung (Hrsg.): Kompetenzentwicklung, 97. Münster, Waxmann, S. 141–196.

Faulstich, P. (1996): Erwachsenenbildung als Beruf. In: Hessische Blätter für Volksbildung, Jg. 46, H. 1, S. 289–294.

Faulstich, P.; Teichler, U.; Bojanowski, A.; Döring, O. (1991): Bestand und Perspektiven der Weiterbildung: Das Beispiel Hessen. Weinheim, Deutscher Studien Verlag.

Faulstich, P.; Vespermann, P. (2001): Zertifikate in der Weiterbildung. Ergebnisse aus drei empirischen Explorationen. Berlin, BBJ.

Faure, E. (1973): Wie wir leben lernen. Reinbek bei Hamburg, Rowohlt.

Fazio, R. H. (1990): Multiple Processes by which Attitudes Guide Behavior: The MODE Model as an Integrative Framework. In: Advances in Experimental Social Psychology, Jg. 23, H. 1, S. 75–109.

Fischell, M.; Rosendahl, A. (2012): Das Spannungsverhältnis zwischen Beschäftigungslage und Professionalisierung in der Weiterbildung. In: Ulmer, P.; Weiß, R.; Zöller, A. (Hrsg.): Berufliches Bildungspersonal – Forschungsfragen und Qualifizierungskonzepte. Bielefeld, W. Bertelsmann Verlag, S. 59–75.

Fitzenberger, B.; Prey, H. (1998): Beschäftigungs- und Verdienstwirkungen von Weiterbildungsmaßnahmen im ostdeutschen Transformationsprozess: Eine Methodenkritik. In: Pfeiffer, F.; Pohlmeier, W. (Hrsg.): Qualifikation, Weiterbildung und Arbeitsmarkterfolg. Baden-Baden, Nomos, S. 39–95.

Fourage, D.; Schils, T.; de Grip, A. (2013): Why Do Low-Educated Workers Invest Less in Further Training? In: Applied Economics, Jg. 45, H. 18, S. 2587–2601.

Franz, P. (1986): Der „Constrained Choice"-Ansatz als gemeinsamer Nenner individualistischer Ansätze in der Soziologie – ein Vorschlag zur theoretischen Integration. In: Kölner Zeitschrift für Soziologie und Sozialpsychologie, Jg. 40, H. 1, S. 32–54.

Frazier, P.; Tix, A.; Barron, K. (2004): Testing Moderator and Mediator Effects in Counseling Psychology. In: Journal of Counseling Psychology, Jg. 51, H. 1, S. 115–134.

Friedman, M. (1971): Kapitalismus und Freiheit. Stuttgart, Seewald.

Friedman, M. (1955): The Role of Government in Education. In: Solo, R. (Hrsg.): Economics and the public interest. New Jersey, Rutgers University Press, S. 123–144.

Friedman, M. (1937): The Use of Ranks to Avoid the Assumption of Normality Implicit in the Analysis of Variance. In: Journal of the American Statistical Association, Jg. 32, H. 200, S. 675–701.

Friedrichs, J.; Stolle, M.; Engelbrecht, G. (1993): Rational Choice-Theorie: Probleme der Operationalisierung. In: Zeitschrift für Soziologie, Jg. 22, H. 1, S. 2–15.

Fritz, K.; Maier, K.; Böhnisch, L. (2006): Politische Erwachsenenbildung. Trendbericht zur empirischen Wirklichkeit der politischen Bildungsarbeit in Deutschland. Weinheim/München, Juventa.

Fuchs, S. (2010): Professionalitätsentwicklung des Weiterbildungspersonals. Tätigkeiten, Kompetenzen und Fortbildung von Trainern in der beruflichen/betrieblichen Weiterbildung. Hamburg, Dr. Kovač.

Fuchs, S.; Schwickerath, A.; Barz, H.; Hippel, A. v.; Tippelt, R. (2009): Projekt KomWeit: Fragestellungen – Kooperationspartner – Design und Methoden. In: Hippel, A. v.; Tippelt, R. (Hrsg.): Fortbildung der Weiterbildner/innen. Weinheim, Beltz, S. 19–37.

Fünftes Vermögensbildungsgesetz in der Fassung der Bekanntmachung vom 4. März 1994 (BGBl. I S. 406), zuletzt geändert durch Artikel 2 des Gesetzes vom 7. März 2009 (BGBl. I S. 451). In: Bundesgesetzblatt, Teil 1, S. 406.

Fürstenberg, F. (1995): Soziale Handlungsfelder. Opladen, Leske + Budrich.

Fürstenberg, F. (1955): Die soziale Funktion der Leistungsanreize (incentives) im Industriebetrieb. In: Kölner Zeitschrift für Soziologie, Jg. 7, H. 4, S. 558–573.

Füssel, H. (2001): Neue Formen der Weiterbildung und deren Verhältnis zu bildungsrechtlichen Rahmenbestimmungen. In: Dobischat, R.; Seifert, H. (Hrsg.): Lernzeiten neu organisieren. Lebenslanges Lernen durch Integration von Bildung und Arbeit. Berlin, edition sigma, S. 273–290.

Gabay-Egozi, L.; Shavit, Y.; Yaish, M. (2010): Curricular Choice: A Test of a Rational Choice Model of Education. In: European Sociological Review, Jg. 26, H. 4, S. 447–463.

Galbraith, J.; Cummings, L. (1967): An Empirical Investigation of the Motivational Determinants of Task Performance: Interactive Effects between Instrumentality-Valence and Motivation-Ability. In: Organizational Behavior and Human Performance, Jg. 2, S. 237–257.

Gallenberger, W.; Gaufer, A.; Datz, P.; Neubert, T. (2000): Erfordert der demographische Wandel vermehrte berufliche Weiterbildung älterer Arbeitnehmer? In: Harteis, C.; Heid, H.; Kraft, S. (Hrsg.): Kompendium Weiterbildung. Opladen, Leske + Budrich, S. 19–32.

Gasskov, V. (2000): Managing vocational training systems – a handbook for senior administrators. Genf, ILO.

Gasskov, V. (1994): Alternative schemes of financing training. Genf, ILO.

Gegenfurtner, A.; Festner, D.; Gallenberger, W.; Lehtinen, E.; Gruber, H. (2009): Predicting autonomous and controlled motivation to transfer training. In: International Journal of Training and Development, Jg. 13, H. 2, S. 124–138.

Gehrke, B.; Rammer, C.; Frietsch, R.; Neuhäusler, P.; Leidmann, M. (2010): Listen wissens- und technologieintensiver Güter und Wirtschaftszweige. Zwischenbericht zu den NIW/ISI/ZEW-Listen 2010/2011. Berlin, EFI.

Geißler, K. (1995): Perspektiven des Dualen Systems – Besorgnis und Hoffnung. In: Der berufliche Bildungsweg, H. 11, S. 19–24.

Geißler, R. (2006): Die Sozialstruktur Deutschlands. Wiesbaden, VS.

Georg, W.; Grüner, G.; Kahl, O. (Hrsg.) (1995): Kleines berufspädagogisches Lexikon. Bielefeld, W. Bertelsmann Verlag.

Georgopoulos, B.; Mahoney, G.; Jones, N. (1957): A Path-Goal Approach to Productivity. In: Journal of Applied Psychology, Jg. 41, H. 6, S. 345–353.

Gerlach, K.; Jirjahn, U. (1998): Determinanten betrieblicher Weiterbildungsaktivität: Eine empirische Untersuchung mit Daten des Hannoveraner Firmenpanels. In: Pfeiffer, F.; Pohlmeier, W. (Hrsg.): Qualifikation, Weiterbildung und Arbeitsmarkterfolg. Baden Baden, Nomos, S. 311–337.

Gieseke, W. (2011): Professionalisierung in der Erwachsenenbildung/Weiterbildung. In: Tippelt, R.; Hippel, A. v. (Hrsg.): Handbuch Erwachsenenbildung/Weiterbildung. Wiesbaden, Springer, S. 385–401.

Gieseke, W. (2000): Beratung in der Weiterbildung – Ausdifferenzierung der Beratungsbedarfe. In: Nuissl, E.; Schiersmann, C.; Siebert, H. (Hrsg.): Report – Literatur- und Forschungsreport Weiterbildung. Wissenschaftliche Halbjahreszeitschrift. Heft 46. Bielefeld, W. Bertelsmann Verlag, S. 10–17.

Gieseke, W. (1997): Die Qualitätsdiskussion aus erwachsenenpädagogischer Sicht. In: Arnold, R. (Hrsg.): Qualitätssicherung in der Erwachsenenbildung. Opladen, Leske + Budrich, S. 29–47.

Gieseke, W. (1988): Durch berufliche Sozialisation zur Professionalität? In: Gieseke, W. u. a. (Hrsg.): Professionalität und Professionalisierung. Bad Heilbrunn, Klinkhardt, S. 11–27.

Gillen, J.; Meyer, R. (2010): Selektionsmechanismen in der beruflichen und betrieblichen Weiterbildung – Forschungsstand und Handlungsbedarfe. In: bwp@ – Berufs- und Wirtschaftspädagogik online, 19/Dezember 2010. – URL: http://www.bwpat.de/content/uploads/media/gillen_meyer_bwpat19.pdf (21.03.2014).

Goffman, E. (1977): Rahmen-Analyse. Ein Versuch über die Organisation von Alltagserfahrungen. Frankfurt, Suhrkamp.

Gonon, P. (2008): Vom ehrbaren Handwerker zum innovativen Self-Entrepreneur. Modernisierung der Berufsbildung anhand idealtypischer Leitfiguren. Gütersloh, Bertelsmann Stiftung.

Gossen, H. (1854): Entwicklung der Gesetze des menschlichen Verkehrs und der daraus fließenden Regeln für menschliches Handeln. Braunschweig, Vieweg.

Götzhaber, J.; Jablonka, P.; Metje, U. (2011): Aufstiegsfortbildung und Studium – Bildungs- und Berufsbiografien im Vergleich. Berlin/Bonn, BMBF.

Gould, W.; Wolfe, R. (1998): An approximate likelihood-ratio test for ordinal response models. In: Stata Technical Bulletin, Jg. 42, H. March 1998, S. 24–27.

Graham, J.; Cumsille, P.; Elek-Fisk, E. (Hrsg.) (2003): Methods for Handling Missing Data. New York, John Wiley & Sons.

Gramke, K.; Fischer, D.; Schlesinger, M.; Schüssler, R.; Windhövel, K.; Wolff, H. (2010): Arbeitslandschaft 2030 – Auswirkungen der Wirtschafts- und Finanzkrise. München, vbw.

Gramke, K.; Fischer, D.; Schlesinger, M.; Schüssler, R.; Windhövel, K.; Wolff, H. (2008): Arbeitslandschaft 2030 – Steuert Deutschland auf einen generellen Fachkräftemangel zu? München, vbw.

Gray, J. (1999): Die Erosion impliziten Wissens im Spätkapitalismus und die Zukunft der Arbeit. In: Kocka, J.; Offe, C. (Hrsg.): Geschichte und Zukunft der Arbeit. Frankfurt/New York, Campus, S. 424–430.

Gröner, H.; Fuchs-Brüninghoff, E. (Hrsg.) (2004): Lexikon der Berufsausbildung. München, dtv.

Groot, W. (1998): Empirical estimates of the rate of depreciation of education. In: Applied Economic Letters, Jg. 5, H. 5, S. 535–538.

Groß, H.; Bauer, F.; Munz, E. (2002): Regelung und Praxis von Arbeitszeitkonten. In: WSI-Mitteilungen, H. 6, S. 334–340.

Grund, C.; Martin, J. (2012): Determinants of further training – evidence for Germany. In: The International Journal of Human Resource Management, Jg. 23, H. 17, S. 3536–3558.

Grünewald, U.; Moraal, D. (1996): Betriebliche Weiterbildung in Deutschland. Gesamtbericht. Ergebnisse aus drei empirischen Erhebungsstufen einer Unternehmensbefragung im Rahmen des EG-Aktionsprogramms FORCE. Bielefeld, W. Bertelsmann Verlag.

Grünewald, U.; Moraal, D.; Schönfeld, G. (Hrsg.) (2003): Betriebliche Weiterbildung in Deutschland und Europa. Bielefeld, W. Bertelsmann Verlag.

Habermas, J. (1981): Theorie des kommunikativen Handelns. Band 1: Handlungsrationalität und gesellschaftliche Rationalisierung. Frankfurt a. M., Suhrkamp.

Hagle, T.; Mitchell, G. (1992): Goodness-of-Fit Measures for Probit and Logit. In: American Journal of Political Science, Jg. 36, H. 3, S. 762–784.

Hall, A. (2009): Die BIBB/BAuA-Erwerbstätigenbefragung 2006. Methodik und Frageprogramm im Vergleich zur BIBB/IAB-Erhebung 1998. Bonn, BIBB.

Hall, J. (2006): Positive Externalities and Government Involvement in Education. In: Journal of Private Enterprise, Jg. 22, H. 2, S. 165–175.

Harney, K. (1990): Berufliche Weiterbildung als Medium sozialer Differenzierung und sozialen Wandels. Frankfurt a. M. et al., Peter Lang.

Harteis, C.; Prenzel, M. (1998): Welche Kompetenzen brauchen betriebliche Weiterbildner in Zukunft? In: Zeitschrift für Pädagogik, Jg. 44, H. 4, S. 583–601.

Head, J. (1969): Merit Goods Revisited. In: Finanzarchiv N.F., Jg. 28, H. 2, S. 214–225.

Head, J. (1966): On Merit Goods. In: Finanzarchiv N.F., Jg. 25, H. 1, S. 1–29.

Heckhausen, H. (1989): Motivation und Handeln. Berlin et al., Springer.

Heckhausen, H. (1977a): Achievement motivation and its constructs: A cognitive model. In: Motivation and Emotion, Jg. 1, H. 4, S. 283–329.

Heckhausen, H. (1977b): Motivation: Kognitionspsychologische Aufspaltung eines summarischen Konstrukts. In: Psychologische Rundschau, Jg. 28, S. 175–189.

Heckhausen, H.; Rheinberg, F. (1980): Lernmotivation im Unterricht, erneut betrachtet. In: Unterrichtswissenschaft, Jg. 8, H. 1, S. 7–47.

Heckhausen, J.; Heckhausen, H. (2006): Motivation und Handeln: Einführung und Überblick. In: Heckhausen, J.; Heckhausen, H. (Hrsg.): Motivation und Handeln. Berlin et al., Springer, S. 1–10.

Heidemann, W. (2009): Bildungszeitkonten: Betriebliche Verbreitung und Beispiele. In: WSI-Mitteilungen, H. 8, S. 453–455.

Helmrich, R.; Zika, G. (Hrsg.) (2010): Beruf und Qualifikation in der Zukunft – BIBB-IAB-Modellrechnungen zu den Entwicklungen in Berufsfeldern und Qualifikationen bis 2025. Bonn, W. Bertelsmann Verlag.

Helmrich, R.; Zika, G.; Kalinowski, M.; Wolter, M. I. (2012): Engpässe auf dem Arbeitsmarkt: Geändertes Bildungs- und Erwerbsverhalten mildert Fachkräftemangel. In: BIBB Report, 18/2012.

Helsper, W. (2007): Profession. In: Tenorth, H.-E.; Tippelt, R. (Hrsg.): Beltz Lexikon Pädagogik. Weinheim, Beltz, S. 576–577.

Hempel, C.; Oppenheim, P. (1948): Studies in the Logic of Explanation. In: Philosophy of Science, Jg. 15, H. 2, S. 135–175.

Heneman, H.; Schwab, D. (1972): Evaluation of Research on Expectancy Theory Predictions of Employee Performance. In: Psychological Bulletin, Jg. 78, H. 1, S. 1–9.

Herget, H.; Holzschuh, J.; Krekel, E. (1996): Was kostet und nutzt Privatpersonen die berufliche Weiterbildung? In: Bardeleben, R. v.; Bolder, A.; Heid, H. (Hrsg.): Zeitschrift für Berufs- und Wirtschaftspädagogik. Beiheft 12: Kosten und Nutzen beruflicher Bildung. Stuttgart, Franz Steiner, S. 105–118.

Hielscher, V.; Hildebrandt, E. (1999): Zeit für Lebensqualität. Auswirkungen verkürzter und flexibilisierter Arbeitszeiten auf die Lebensführung. Berlin, edition sigma.

Hill, P. (2002): Rational-Choice-Theorie. Bielefeld, transcript.

Hippel, A. v.; Tippelt, R. (Hrsg.) (2010): Handbuch Erwachsenenbildung/Weiterbildung. Wiesbaden, VS.

Hochmuth, U.; Mangold, M. (2000): Verlagerung der Kosten beruflicher Bildung in die privaten Haushalte. In: Applied Economics Quarterly – Beihefte der Konjunkturpolitik, H. 51, S. 117–152.

Hoffmeyer-Zlotnik, J. (2003): „Stellung im Beruf" als Ersatz für eine Berufsklassifikation zur Ermittlung von sozialem Prestige. In: ZUMA-Nachrichten, Jg. 27, S. 114–127.

Holzer, D. (2006): Weiterbildungsabstinenz ins Blickfeld rücken? In: Bargel, H.; Beyersdorf, M.; Faulstich, P.; Fischer, C.; Grieb, I.; Strate, U. (Hrsg.): DGWF Beiträge 44. Wissenschaftliche Weiterbildung im Hochschulraum Europa. Hamburg, DGWF e.V., S. 317–325.

Holzer, D. (2004): Widerstand gegen Weiterbildung. Weiterbildungsabstinenz und die Forderung nach lebenslangem Lernen. Wien, Lit.

Horn, K.-P.; Kemnitz, H.; Marotzki, W.; Sandfuchs, U. (Hrsg.) (2011): Klinkhardt Lexikon Erziehungswissenschaft. Band 2 (Gruppenpuzzle bis Pflegewissenschaft). Bad Heilbrunn, Julius Klinkhardt.

Hosmer, D.; Lemeshow, S. (2000): Applied Logistic Regression. New York et al., John Wiley & Sons.

Hübler, O. (1998): Berufliche Weiterbildung und Umschulung in Ostdeutschland – Erfahrungen und Perspektiven. In: Pfeiffer, F.; Pohlmeier, W. (Hrsg.): Qualifikation, Weiterbildung und Arbeitsmarkterfolg. Baden-Baden, Nomos, S. 97–132.

Hull, C. (1952): A Behavior System. Westport, Greenwood Press.

Hummelsheim, S.; Timmermann, D. (2010): Bildungsökonomie. In: Tippelt, R.; Schmidt, B. (Hrsg.): Handbuch Bildungsforschung. Wiesbaden, VS, S. 93–134.

Institut der deutschen Wirtschaft (Hrsg.) (2006): Bildungsfinanzierung und Bildungsregulierung. Köln, Deutscher Instituts-Verlag.

Institut der deutschen Wirtschaft (1997): Kurs direkt. Die online-Datenbank zur Aus- und Weiterbildung für die Wirtschaft. Köln.

IT-Fortbildungsverordnung (2002): Verordnung über die berufliche Fortbildung im Bereich der Informations- und Telekommunikationstechnik (IT-Fortbildungsverordnung). In: Bundesgesetzblatt, Teil 1, S. 1547.

Jaccard, J. (2001): Interaction effects in logistic regression. Thousand Oaks, Sage.

Jaich, R. (2004): Wer soll für Weiterbildung zahlen? Individuelle Bildungskonten, Bildungsgutscheine oder Bildungsfonds. Berlin.

Janssen, J.; Laatz, W. (2005): Statistische Datenanalyse mit SPSS für Windows. Berlin et al., Springer.

Janßen, P. (2003): Investive Arbeitszeitpolitik – Mehr Weiterbildung durch Arbeitszeitflexibilisierung. In: IW-Trends, H. 2, S. 47–57.

Jodlbauer, S.; Selenko, E.; Batinic, B.; Stiglbauer, B. (2011): The relationship between job dissatisfaction and training transfer. In: International Journal of Training and Development, Jg. 16, H. 1, S. 39–53.

Kahn, C.; Huberman, G. (1988): Two-Sided Uncertainty and "Up or Out" Contracts. In: Journal of Labor Economics, Jg. 6, H. 4, S. 423–444.

Käpplinger, B. (2007a): Abschlüsse und Zertifikate in der Weiterbildung. W. Bertelsmann Verlag, Bielefeld.

Käpplinger, B. (2007b): Welche Betriebe in Deutschland sind weiterbildungsaktiv? Nutzung des CVTS-Datensatzes zur Analyse der betrieblichen Weiterbildung. In: Zeitschrift für Berufs- und Wirtschaftspädagogik, Jg. 103, H. 3, S. 382–396.

Kejcz, Y. (1988): Weiterbildungsberatung. Heidelberg.

Kell, A. (1982): Das Berechtigungswesen zwischen Bildungs- und Beschäftigungssystem. In: Blankertz, H.; Derbolav, J.; Kell, A.; Kutscha, G. (Hrsg.): Enzyklopädie Erziehungswissenschaft. Band 9: Sekundarstufe II – Jugendbildung zwischen Schule und Beruf. Teil 1: Handbuch. Stuttgart, Klett-Cotta, S. 289–320.

Kelle, U.; Lüdemann, C. (1995): „Grau, teurer Freund, ist alle Theorie..." Rational Choice und das Problem der Brückenannahmen. In: Kölner Zeitschrift für Soziologie und Sozialpsychologie, Jg. 47, H. 2, S. 249–267.

Kern, H.; Schumann, M. (1990): Das Ende der Arbeitsteilung. München, C.H. Beck.

Klein, H.; Wright, P. (1994): Antecedens of Goal Commitment: An Empirical Examination of Personal and Situational Factors. In: Journal of Applied Social Psychology, Jg. 24, H. 2, S. 95–114.

KMK (2011): Vorausberechnung der Schüler- und Absolventenzahlen 2010 bis 2025. Beschluss der Kultusministerkonferenz vom 19.11.2009. Berlin.

KMK (2009): Hochschulzugang für beruflich qualifizierte Bewerber ohne schulische Hochschulzugangsberechtigung. Beschluss der Kultusministerkonferenz vom 6.3.2009. In: Sekretariat der Ständigen Konferenz der Kultusminister der BRD (Hrsg.): Sammlung der Beschlüsse der Ständigen Konferenz der Kultusminister der Länder in der BRD, Nr. 1836. Neuwied, Luchterhand.

Knoll, J. (2002): „Wie hältst du's mit der Qualität?" – Neuer Umgang mit einem vertrauten Thema. In: Bastian, H.; Beer, W.; Knoll, J. (Hrsg.): Pädagogisch denken – wirtschaftlich handeln. Zur Verknüpfung von Ökonomie und Profession in der Weiterbildung. Bielefeld, W. Bertelsmann Verlag, S. 72–90.

Kohler, U.; Kreuter, F. (2008): Datenanalyse mit Stata. München, Oldenbourg.

Kollmannsberger, M.; Fuchs, S. (2009): Qualifikation und Kompetenzanforderungen. In: Hippel, A. v.; Tippelt, R. (Hrsg.): Fortbildung der Weiterbildner/innen. Weinheim, Beltz, S. 38–62.

Koschek, S.; Müller, N.; Walter, M. (2011): Bestandsaufnahme und Konsistenzprüfung beruflicher Weiterbildungsförderung auf Bundes- und Länderebene. W. Bertelsmann Verlag, Bielefeld.

Kraemer, K.; Bittlingmayer, U. (2001): Soziale Polarisierung durch Wissen. Zum Wandel der Arbeitsmarktchancen in der „Wissensgesellschaft". In: Berger, P.; Konkietzka, D. (Hrsg.): Die Erwerbsgesellschaft. Neue Ungleichheiten und Unsicherheiten. Opladen, Leske + Budrich, S. 313–329.

Kraft, S. (2011): Berufsfeld Weiterbildung. In: Tippelt, R.; Hippel, A. v. (Hrsg.): Handbuch Erwachsenenbildung/Weiterbildung. Wiesbaden, Springer, S. 405–426.

Kraft, S. (2006): Aufgaben und Tätigkeiten von Weiterbildner/inne/n – Herausforderungen und Perspektiven einer weiteren Professionalisierung in der Weiterbildung. – URL: http://www.die-bonn.de/esprid/dokumente/doc-2006/kraft06_02.pdf (05.09.2013).

Krampen, G. (1984): Methodologische Aspekte der Erfassung erziehungsleitender Vorstellungen. In: Trommsdorf, G. (Hrsg.): Jahrbuch für empirische Erziehungswissenschaft. Düsseldorf, Schwann, S. 63–83.

Kraus, K. (2006): Vom Beruf zur Employability? Zur Theorie einer Pädagogik des Erwerbs. Wiesbaden, VS.

Krekel, E.; Beicht, U. (1995): Lehrkräfte als Schlüsselfaktor der Weiterbildungsqualität. In: Bardeleben, R. v.; Gnahs, D.; Krekel, E.; Seusing, B. (Hrsg.): Weiterbildungsqualität. Konzepte, Instrumente, Kriterien. Bielefeld, W. Bertelsmann Verlag, S. 137–149.

Kremer, M. (2008): Kompetenz des Bildungspersonals – Basis für die Qualität der beruflichen Bildung. In: Berufsbildung in Wissenschaft und Praxis, Jg. 37, H. 6, S. 3.

Kriegesmann, B.; Staudt, E. (2002): Weiterbildung: Ein Mythos zerbricht (nicht so leicht!). In: QUEM (Hrsg.): Kompetenzentwicklung und Innovation. Die Rolle der Kompetenz bei Organisations-, Unternehmens- und Regionalentwicklung. Münster, Waxmann, S. 71–125.

Krömmelbein, S.; Schmid, A. (2000): Einleitung: Vernetzung, Globalisierung und Erwerbsarbeit. In: Krömmelbein, S.; Schmid, A. (Hrsg.): Globalisierung, Vernetzung und Erwerbsarbeit. Theoretische Zugänge und empirische Entwicklungen. Wiesbaden, Deutscher Universitäts-Verlag, S. 3–8.

Kroneberg, C. (2005): Die Definition der Situation und die variable Rationalität der Akteure. Ein Allgemeines Modell des Handelns. In: Zeitschrift für Soziologie, Jg. 34, H. 5, S. 344–363.

Kuhl, J. (1983): Motivation, Konflikt und Handlungskontrolle. Berlin, Springer.

Kuhn, K. (1997): Communicating Uncertainty: Framing Effects on Responses to Vague Probabilities. In: Organizational Behavior and Human Decision Processes, Jg. 71, H. 1, S. 55–83.

Kühnapfel, S. (2008): Mobile Bildungsberatung. Berlin, Karin Kramer.

Kühnel, S.-M. (1993): Zwischen Boykott und Kooperation: Teilnahmeabsicht und Teilnahmeverhalten bei der Volkszählung 1987. Frankfurt a. M. et al., Lang.

Kühnlein, G.; Klein, B. (2003a): Bildungsgutscheine – ein neues Instrument zur Steuerung der beruflichen Weiterbildung? In: Berufsbildung, H. 83, S. 9–12.

Kühnlein, G.; Klein, B. (2003b): Bildungsgutscheine – Mehr Eigenverantwortung, mehr Markt, mehr Effizienz? Düsseldorf, Hans Böckler Stiftung.

Kunz, V. (2004): Rational Choice. Frankfurt a. M., Campus.

Kunz, V. (1997): Theorie rationalen Handelns. Theorie und Anwendungskonzepte. Opladen, Leske + Budrich.

Kupka, P.; Wolters, M. (2010): Erweiterte vertiefte Berufsorientierung. Überblick, Praxiserfahrungen und Evaluationsperspektiven. In: IAB-Forschungsbericht, 10/2010. – URL: http://doku.iab.de/forschungsbericht/2010/fb1010.pdf (05.09.2013).

Kutscha, G. (1989): Zur Professionalisierung des Berufspädagogen. In: Die berufsbildende Schule, Jg. 41, H. 12, S. 762–775.

Kuwan, H. (1996): Faktoren der Teilnahme an beruflicher Weiterbildung. In: Bardeleben, R. v.; Bolder, A.; Heid, H. (Hrsg.): Zeitschrift für Berufs- und Wirtschaftspädagogik. Beiheft 12: Kosten und Nutzen beruflicher Bildung. Stuttgart, Franz Steiner, S. 70–83.

Lange, E. (1990): Der Übergang von Hochschülern von der Universität ins Beschäftigungssystem. Ein Vergleich der empirischen Bewährung der Nutzentheorie und der Theorie mentaler Inkongruenzen. In: Opp, K.-D.; Wippler, R. (Hrsg.): Empirischer Theorienvergleich. Erklärungen sozialen Verhaltens. Opladen, Westdeutscher Verlag, S. 71–107.

Lange, F.; Topel, R. (2006): The Social Value of Education and Human Capital. In: Hanushek, E.; Welch, F. (Hrsg.): Handbook of the Economics of Education. Elsevier, S. 459–509.

Lattke, S.; Nuissl, E. (2008): Aspects Concerning the Professionalisation of Adult Education Staff in Europe. In: Nuissl, E.; Lattke, S. (Hrsg.): Qualifying adult learning professionals in Europe. Bielefeld, W. Bertelsmann Verlag, S. 7–18.

Lattmann, C. (1982): Die verhaltenswissenschaftlichen Grundlagen der Führung des Mitarbeiters. Bern/Stuttgart, Paul Haupt.

Laux, H. (1991): Anreizsysteme, ökonomische Dimension. In: Frese, E. (Hrsg.): Handwörterbuch der Organisation. Stuttgart, Poeschl, S. 111–121.

Laux, H. (1979): Grundfragen der Organisation – Delegation, Anreiz und Kontrolle. Berlin, Springer.

Laux, H.; Liermann, F. (2005): Grundlagen der Organisation. Berlin, Springer.

Lawler, E. (1971): Pay and organizational Effectiveness: A Psychological View. New York, McGraw-Hill.

Lawler, E.; Suttle, J. (1973): Expectancy Theory and Job Behavior. In: Organizational Behavior and Human Performance, Jg. 9, S. 482–503.

Lazear, E. (1999): Economic Imperialism. Cambridge, National Bureau of Economic Research.

Leber, U. (2009): Betriebsgröße, Qualifikationsstruktur und Weiterbildungsbeteiligung – Ergebnisse aus dem IAB-Betriebspanel. In: Behringer, F.; Käpplinger, B.; Pätzold, G. (Hrsg.): Betriebliche Weiterbildung – der Continuing Vocational Training Survey (CVTS) im Spiegel nationaler und europäischer Perspektiven. ZBW Beiheft 22. Stuttgart, Franz Steiner, S. 149–168.

Leber, U.; Möller, I. (2007): Weiterbildungsbeteiligung ausgewählter Personengruppen. In: RatSWD Research Note, No. 8. – URL: http://www.ratswd.de/download/RatSWD_RN_2007/RatSWD_RN_08.pdf (05.09.2013).

Lechner, M. (1999): The Effects of Enterprise-Related Training in East Germany on Individual Employment and Earning. In: Annales d'Économie et de Statistique, H. 55/56, S. 97–128.

Leckie, N.; Shek-Wai-Hui, T.; Tattrie, D.; Robson, J.; Voyer, J. (2010): Learn$ave – Individual Developments Accounts Project. Final Report. Ottawa, Social Research and Demonstration Corporation.

Lempert, W. (2010): Dimensionen berufs- und wirtschaftspädagogischer Professionalität und Strategien ihrer Förderung in der Ausbildung und Tätigkeit von Lehrkräften und Ausbildungspersonen. In: Nickolaus, R.; Pätzold, G.; Reinisch, H.; Tramm, T. (Hrsg.): Handbuch Berufs- und Wirtschaftspädagogik. Bad Heilbrunn, Klinkhardt, S. 19–26.

Leuven, E. (2005): The Economics of Private Sector Training: A Survey of the Literature. In: Journal of Economic Surveys, Jg. 19, H. 1, S. 91–111.

Levin, H. (2003): Post-Compulsory entitlements: vouchers for lifelong learning. In: Dohmen, D.; Cleuvers, B. (Hrsg.): Finanzierung von Weiterbildung und lebenslangem Lernen. S. 56–73.

Levin, H. (1992): Market Approaches to Education: Vouchers and School Choice. In: Economics of Education Review, Jg. 11, H. 4, S. 279–285.

Levin, H. (1982): Die Finanzierung periodischer Weiterbildung durch Bildungsgutscheine. In: (Hrsg.): Kosten und Finanzierung der beruflichen und nichtberuflichen Weiterbildung. Frankfurt et al., Diesterweg, S. 83–101.

Lewin, K. (1963): Feldtheorie in den Sozialwissenschaften. Bern, Hans Huber.

Liebermann, S.; Hoffmann, S. (2008): The impact of practical relevance on training transfer: evidence from a service quality training program for German bank clerks. In: International Journal of Training and Development, Jg. 12, H. 2, S. 74–86.

Lindenberg, S. (1996): Die Relevanz theoriereicher Brückenannahmen. In: Kölner Zeitschrift für Soziologie und Sozialpsychologie, Jg. 48, H. 1, S. 126–140.

Lindenberg, S. (1991): Die Methode der abnehmenden Abstraktion: Theoriegesteuerte Analyse und empirischer Gehalt. In: Esser, H.; Kluck, M. (Hrsg.): Modellierung sozialer Prozesse. Bonn, Informationszentrum Sozialwissenschaften, S. 29–78.

Lindenberg, S. (1990): Rationalität und Kultur. Die verhaltenstheoretische Basis des Einflusses von Kultur auf Transaktionen. In: Haferkamp, H. (Hrsg.): Sozialstruktur und Kultur. Frankfurt, Suhrkamp, S. 249–287.

Lindenberg, S. (1989): Social Production Functions, Deficits, and Social Revolutions. In: Rationality and Society, Jg. 1, H. 1, S. 51–77.

Lindenberg, S. (1985): An Assessment of the New Political Economy: Its potential for the Social Sciences and for Sociology in Particular. In: Sociological Theory, Jg. 3, H. 1, S. 99–114.

Lindenberg, S. (1984): Normen und die Allokation sozialer Wertschätzung. In: Todt, H. (Hrsg.): Normengeleitetes Verhalten in den Sozialwissenschaften. Berlin, Duncker & Humblot, S. 169–191.

Lindenberg, S. (1977): Individuelle Effekte, kollektive Phänomene und das Problem der Transformation. In: Eichner, K.; Habermehl, W. (Hrsg.): Probleme der Erklärung sozialen Verhaltens. Meisenheim am Glan, Hain, S. 46–84.

Lindenberg, S.; Wippler, R. (1978): Theorienvergleich: Elemente der Rekonstruktion. In: Berger, J.; Buschges, G.; Matthes, J.; Wippler, R. (Hrsg.): Theorienvergleich in den Sozialwissenschaften. Neuwied, Luchterhand, S. 219–231.

Lindert, K. (2001): Anreizsysteme und Unternehmenssteuerung. München, Rainer-Hampp.

Lipsmeier, A. (2008): Anreizsysteme für kooperative berufliche Bildung. In: Zeitschrift für Berufs- und Wirtschaftspädagogik, H. 2, S. 273–279.

Lipsmeier, A. (1996): Berufliche Schulen als regionale Bildungs-, Dienstleistungs-, Entwicklungs-, Arbeits- und Freizeitzentren. In: Der berufliche Bildungsweg, H. 1, S. 4–11.

Lipsmeier, A. (1991): Lernen für Europa – Lernen in Europa. Berufspädagogische Anforderungen an ein zukunftsorientiertes europäisches Qualifikationskonzept. In: Zeitschrift für Berufs- und Wirtschaftspädagogik, Jg. 87, H. 5, S. 355–376.

Lipsmeier, A. (1977): Zum Problem der Kontinuität von beruflicher Erstausbildung und beruflicher Weiterbildung. In: Die deutsche Berufs- und Fachschule, Jg. 73, H. 10, S. 723–737.

Lipsmeier, A.; Clement, U. (1999): Ohne Berufsausbildung zur permanenten Weiterbildung? Zum gewandelten Verhältnis von Erstausbildung und Weiterbildung. In: Arnold, R.; Gieseke, W. (Hrsg.): Die Weiterbildungsgesellschaft. Band 2: Bildungspolitische Konsequenzen. Neuwied, Luchterhand, S. 214–233.

Lipsmeier, A.; Georg, W.; Idler, H. (2003): Dealing with Financing of Vocational Education. A guide for advisors, planners and their partners. Eschborn, GTZ.

Lipsmeier, A.; Münk, D. (1997): Berufliche Weiterbildung. Hohengehren, Schneider.

Lith, U. v. (1983): Der Markt als Ordnungsprinzip des Bildungsbereichs. Köln.

Little, R.; Rubin, D. (2002): Statistical Analysis With Missing Data. New Jersey, John Wiley & Sons.

Locke, E.; Latham, G. (2004): What should we do about motivation theory? Six recommendations for the twenty-first century. In: Academy of Management Review, Jg. 29, H. 3, S. 388–403.

Loerwald, D. (2008): Anreize im deutschen Schulwesen. Eine problemorientierte Analyse aus ökonomischer Sicht. Weinheim/Basel, Beltz.

Lohmann, H. (2010): Nicht-Linearität und Nicht-Additivität in der multiplen Regression: Interaktionseffekte, Polynome und Splines. In: Wolf, C.; Best, H. (Hrsg.): Handbuch der sozialwissenschaftlichen Datenanalyse. Wiesbaden, VS, S. 677–706.

Loibl, S. (2003): Zur Konstruktion von Qualität in Weiterbildungseinrichtungen. Bielefeld, W. Bertelsmann Verlag.

Long, S. (1997): Regression Models for Categorial and Limited Depedent Variables. Thousand Oaks, Sage.

Long, S.; Freese, J. (2006): Regression Models for Categorial Dependent Variables Using Stata. College Station, Stata Press.

Lüdecke, R. (1985): Theorie der staatlichen Bildungsfinanzierung im Rahmen einer Theorie der Staatsaufgaben. In: Brinkmann, G. (Hrsg.): Probleme der Bildungsfinanzierung. Berlin, Duncker & Humblot, S. 57–157.

Lüdtke, O.; Robitzsch, A.; Trautwein, U.; Köller, O. (2007): Umgang mit fehlenden Werten in der psychologischen Forschung. In: Psychologische Rundschau, Jg. 58, H. 2, S. 103–117.

Lutz, B. (2003): Employability – Wortblase oder neue Herausforderung für die Berufsbildung? In: Clement, U.; Lipsmeier, A. (Hrsg.): Zeitschrift für Berufs- und Wirtschaftspädagogik. Beiheft 3. Stuttgart, Franz Steiner, S. 29–38.

Mangold, M.; Oelkers, J.; Rhyn, H. (2000): Bildungsfinanzierung durch Bildungsgutscheine. In: Zeitschrift für Pädagogik, Jg. 46, H. 1, S. 39–59.

Mangold, M.; Rhyn, H. (1999): Bildungsgutscheine – Erwartungen und Realität. In: Panorama, H. 3, S. 22–23.

March, J.; Simon, H. (1958): Organizations. New York et al., John Wiley & Sons.

Martin, A.; Beherends, T. (1999): Die empirische Erforschung des Weiterbildungsverhaltens von Unternehmen. Lüneburg.

Maslow, A. (1943): A theory of human motivation. In: Psychological Review, Jg. 50, H. 4, S. 370–396.

Mathieu, J.; Tannenbaum, S.; Salas, E. (1992): Influences of Individual and Situational Characteristics on Measures of Training Effectiveness. In: The Academy of Management Journal, Jg. 35, H. 4, S. 828–847.

Mattern, C. (1979): Bildungsfinanzierung. Probleme und neuere Ansätze. Frankfurt a. M., Diesterweg.

Mazen, A. (1989): Testing an Integration of Vroom's Instrumentality Theory and Holland's Typology on Working Women. In: Journal of Vocational Behavior, Jg. 35, H. 3, S. 327–341.

McLure, C. (1968): Merit Wants: a Normatively Empty Box. In: Finanzarchiv N.F., Jg. 27, S. 474–483.

McMahon, W. (2000): Externalities, Non-Market Effects, and Trends in Returns to Educational Investments. In: OECD (Hrsg.): The appraisal of Investments in Educational Facilities. Paris, OECD, S. 51–83.

Meckling, W. (1976): Values and the Choice of the Model of the Individual in the Social Sciences. In: Schweizerische Zeitschrift für Volkswirtschaft und Statistik, Jg. 112, H. 4, S. 545–560.

Meier, H. (1995): Handwörterbuch der Aus- und Weiterbildung. Neuwied, Luchterhand.

Meisel, K. (2005): Qualitätsentwicklung in der Weiterbildung erfordert Professionsentwicklung. In: zukunft im zentrum GmbH (Hrsg.): Kompetenzentwicklung in der Weiterbildung. Neue Herausforderungen an Weiterbildungsanbieter. Berlin, zukunft im zentrum, S. 19–28.

Meisel, K. (2002): Qualitätsentwicklung im Aufbruch. In: Heinold-Krug, E.; Meisel, K. (Hrsg.): Qualität entwickeln – Weiterbildung gestalten. Bielefeld, W. Bertelsmann Verlag, S. 9–19.

Mento, A.; Klein, H.; Locke, E. (1992): Relationship of Goal Level to Valence and Instrumentality. In: Journal of Applied Psychology, Jg. 77, H. 4, S. 395–405.

Messer, D.; Wolter, S. (2009): Money Matters: Evidence from a large-scale Randomized Field Experiment with Vouchers for Adult Training. In: IZA Discussion Paper, No. 4017. – URL: http://ftp.iza.org/dp4017.pdf (05.09.2013).

Miebach, B. (2010): Soziologische Handlungstheorie. Wiesbaden, VS.

Mincer, J. (1974): Schooling, Experience and Earnings. New York, National Bureau of Economic Research.

Mitchell, T. (1974): Expectancy Models of Job Satisfaction, Occupational Preference and Effort: A Theoretical, Methodological, and Empirical Appraisal. In: Psychological Bulletin, Jg. 81, H. 12, S. 1053–1077.

Mitchell, T.; Albright, D. (1972): Expectancy Theory Predictions of the Satisfaction, Effort, Performance and Retention of Naval Aviation Officers. In: Organizational Behavior and Human Performance, Jg. 8, S. 1–20.

Mitchell, T.; Biglan, A. (1971): Instrumentality Theories: Current Uses in Psychology. In: Psychological Bulletin, Jg. 76, H. 6, S. 432–454.

Morschhäuser, M. (2006): Reife Leistung. Personal- und Qualifizierungspolitik für die künftige Altersstruktur. Berlin, edition sigma.

Muchinsky, P.; Taylor, S. (1976): Intrasubject Predictions of Occupational Preference: The Effect of Manipulating Components of Valence Model. In: Journal of Vocational Behavior, Jg. 8, H. 2, S. 185–195.

Müller, N.; Azeez, U.; Berger, K.; Moraal, D.; Walter, M. (2011): Berufliche Weiterbildung: Ursachen möglicher Unterinvestitionen und Anreize für Betriebe und Beschäftigte. Zwischenbericht. – URL: http://www2.bibb.de/tools/fodb/pdf/zw_23301.pdf (10.09.2013).

Müller, N.; Moraal, D.; Azeez, U.; Berger, K.; Walter, M. (2010): Berufliche Weiterbildung: Ursachen möglicher Unterinvestitionen und Anreize für Betriebe und Beschäftigte. Projektbeschreibung. – URL: http://www2.bibb.de/tools/fodb/pdf/at_23301.pdf (05.09.2013).

Müller, N.; Walter, M. (2013): Berufliche Weiterbildung: Ursachen möglicher Unterinvestitionen und Anreize für Betriebe und Beschäftigte. Abschlussbericht, Teil 2: Förderkonzepte für Beschäftigte. – URL: http://www.bibb.de/dokumente/pdf/so_23301_eb_Teil_2.pdf (04.11.2013).

Münch, J. (1999): Berufliche Weiterbildung in der Europäischen Union – ausgewählte Aspekte und Problemfelder. In: Timmermann, D. (Hrsg.): Berufliche Weiterbildung in europäischer Perspektive. Berlin, Duncker & Humblot, S. 65–92.

Münk, D. (2008): Standards in der beruflichen Bildung und der EQR: Anmerkungen zur bemerkenswerten Karriere eines europäischen Konzepts. In: Faßhauer, U.; Münk, D.; Paul-Kohlhoff, A. (Hrsg.): Berufspädagogische Forschung in sozialer Verantwortung. Stuttgart, Franz Steiner, S. 273–293.

Münk, D. (2006): Berufliche Aus- und Weiterbildung in Europa. In: Arnold, R.; Lipsmeier, A. (Hrsg.): Handbuch der Berufsbildung. Wiesbaden, VS, S. 547–560.

Münk, D. (1995): Kein Grund zur Eu(ro)phorie. In: Zeitschrift für Berufs- und Wirtschaftspädagogik, Jg. 91, H. 1, S. 28–43.

Musgrave, R. (1969): Finanztheorie. Tübingen, Mohr.

Musgrave, R.; Musgrave, P.; Kullmer, L. (1987): Die öffentlichen Finanzen in Theorie und Praxis 1. Tübingen, Mohr.

Naegele, G. (2001): Demographischer Wandel und „Erwerbsarbeit". In: Aus Politik und Zeitgeschichte, H. 3–4, S. 3–4.

Naegele, G. (1994): Demographische und strukturelle Veränderungen in der Arbeitswelt – Neue Herausforderungen an berufliche Fort- und Weiterbildung. In: Veelken, L.; Gäsken, E.; Pfaff, M. (Hrsg.): Gerontologische Bildungsarbeit. Neue Ansätze und Modelle. Hannover, Vincentz, S. 131–150.

Nagel, B.; Jaich, R. (2004): Bildungsfinanzierung in Deutschland. Baden-Baden, Nomos.

Ng, Y.-K. (1983): Welfare Economics. London, Macmillan.

Nickolaus, R.; Pätzold, G.; Reinisch, H.; Tramm, T. (Hrsg.) (2010): Handbuch Berufs- und Wirtschaftspädagogik. Bad Heilbrunn, Klinkhardt.

Nittel, D. (2000): Von der Mission zur Profession? Stand und Perspektiven der Verberuflichung in der Erwachsenenbildung. Bielefeld, W. Bertelsmann Verlag.

Nittel, D.; Schütz, J. (2005): Veränderte Aufgaben und neue Profile. Professionalisierung und Professionalität in der Erwachsenenbildung. In: Erwachsenenbildung, Jg. 51, H. 2, S. 54–59.

Nittel, D.; Völzke, R. (2002): Weiterbildung in der Wissensgesellschaft – Zwischen Bildungsmanagement und Ehrenamt. In: Nittel, D.; Völzke, R. (Hrsg.): Jongleure der Wissensgesellschaft. Neuwied/Kriftel, Luchterhand, S. 9–26.

Nuissl, E. (2003a): Leistungsnachweise in der Weiterbildung. In: Report: Zeitschrift für Weiterbildungsforschung, Jg. 35, H. 4, S. 9–24.

Nuissl, E. (2003b): „Mobilisieren" zum Lebenslangen Lernen. In: Höffer-Mehlmer, M. (Hrsg.): Bildung: Wege zum Subjekt. Hohengehren, Schneider, S. 129–138.

Nuissl, E. (2000): Einführung in die Weiterbildung. Zugänge, Probleme und Handlungsfelder. Neuwied, Luchterhand.

OECD (2013): OECD Employment Outlook 2013. Paris, OECD Publishing.

OECD (2010): Bildung auf einen Blick. OECD-Indikatoren. Paris, OECD.

OECD (2009): Bildung auf einen Blick. OECD-Indikatoren. Paris, OECD.

OECD (1998): Human Capital Investment. An International Comparison. Paris, OECD.

OECD (1973): Recurrent Education: A Strategy for Lifelong Learning. Paris, OECD.

Offerhaus, J. (2013): The type to train? Impacts of personality characteristics on further training participation. In: SOEPpapers on Multidisciplinary Panel Data Research, 531–2013. – URL: http://www.diw.de/documents/publikationen/73/diw_01.c.414552.de/diw_sp0531.pdf (05.09.2013).

Olson, M. (1968): Die Logik des kollektiven Handelns. Tübingen, Mohr.

Oosterbeek, H. (1998): Innovative ways to finance education and their relation to lifelong learning In: Education Economics, Jg. 6, H. 3, S. 219–251.

Oosterbeek, H.; Patrinos, H. (2008): Financing lifelong learning. World Bank Policy Research Working Paper 4569. Washington D.C., World Bank.

Opp, K.-D. (1989): The Rationality of Political Protest. Boulder/London, Westview Press.

Opp, K.-D. (1984): Soziale Probleme und Protestverhalten. Opladen, Westdeutscher Verlag.

Osborn, D. (1990): A Reexamination of the Organizational Choice Process. In: Journal of Vocational Behavior, Jg. 36, H. 1, S. 45–60.

Pahl, J.-P.; Herkner, V. (Hrsg.) (2013): Handbuch Berufsforschung. Bielefeld, W. Bertelsmann Verlag.

Pahl, J.-P.; Uhe, E. (Hrsg.) (1998): Betrifft: Berufsbildung. Begriffe von A-Z. Hahn, Kallmeyer.

Pannenberg, M. (2001): Schützt Weiterbildung on-the-job vor Arbeitslosigkeit? In: Weizsäcker, R. v. (Hrsg.): Bildung und Beschäftigung. Berlin, Duncker & Humblot, S. 275–291.

Pannenberg, M. (1998): Weiterbildung, Betriebszugehörigkeit und Löhne: Ökonomische Effekte des „timings" von Investitionen in die berufliche Weiterbildung. In: Pfeiffer, F.; Pohlmeier, W. (Hrsg.): Qualifikation, Weiterbildung und Arbeitsmarkterfolg. Baden-Baden, Nomos, S. 257–278.

Pannenberg, M. (1997): Financing On-The-Job Training: Shared Investment or Promotion Based System? Evidence from Germany. In: Zeitschrift für Wirtschafts- und Sozialwissenschaften, Jg. 117, H. 4, S. 525–543.

Pannenberg, M. (1995): Weiterbildungsaktivitäten und Erwerbsbiographie. Eine empirische Analyse für Deutschland. Frankfurt a. M./New York, Campus.

Pannenberg, M.; Helberger, C. (1997): Kurzfristige Auswirkungen staatlicher Qualifizierungsmaßnahmen in Ostdeutschland. In: Timmermann, D. (Hrsg.): Bildung und Arbeit in Ostdeutschland. Schriften des Vereins für Socialpolitik Band 249. Berlin, Duncker & Humblot, S. 77–97.

Pätzold, G.; Wahle, M. (2000): Beruf und Arbeit als konstituierende Elemente menschlicher Existenz. In: Zeitschrift für Berufs- und Wirtschaftspädagogik, Jg. 96, H. 4, S. 524–539.

Peak, H. (1955): Attitude and motivation. In: Nebraska Symposium on Motivation, H. 3, S. 149–189.

Peters, R. (2005): Jongleure ohne Profession? Kritische Anmerkung zu einer Berufskultur. In: Erwachsenenbildung, Jg. 51, H. 2, S. 62–67.

Peters, R. (2004): Erwachsenenbildungs-Professionalität. Bielefeld, W. Bertelsmann Verlag.

Peters, R. (1999): Kompetenzen und Professionalität von Diplompädagogen mit der Studienrichtung Erwachsenenbildung/Weiterbildung. In: Derichs-Kunstmann, K.; Faulstich, P.; Wittpoth, J. (Hrsg.): Politik, Disziplin und Profession in der Erwachsenenbildung. Frankfurt a. M., DIE, S. 92–102.

Pfister, H.-R.; Konerding, U. (1996): Erklärung und Vorhersage von Verhalten mit unsicheren Konsequenzen: Folgerungen aus der Entscheidungsforschung für die Einstellungsforschung. In: Zeitschrift für Sozialpsychologie, Jg. 27, H. 1, S. 90–99.

Pigou, A. (1960): A Study in Public Finance. London, Macmillan & Co.

Pigou, A. (1912): Wealth and Welfare. London.

Pilati, R.; Borges-Andrade, J. E. (2008): Affective predictors of the effectiveness of training moderated by the cognitive complexity of expected competencies. In: International Journal of Training and Development, Jg. 12, H. 4, S. 226–237.

Pirzer, A. (2000): Staatliche Förderung der beruflichen Weiterbildung – Ziele, Maßnahme und Zweckmäßigkeit. Hohengehren, Schneider.

Pischke, J. (2001): Continuous Training in Germany. In: Journal of Population Economics, Jg. 14, H. 3, S. 523–548.

Pöggeler, F. (1968): Bildung in einer mündigen Gesellschaft. In: Ritters, C. (Hrsg.): Theorien der Erwachsenenbildung. Weinheim et al., Beltz, S. 99–116.

Pongratz, H.; Voß, G. (2003): Arbeitskraftunternehmer – Erwerbsorientierung in entgrenzten Arbeitsformen. Berlin, edition sigma.

Porfeli, E.; Lee, B.; Weigold, I. (2012): A multidimensional measure of work valences. In: Journal of Vocational Behavior, Jg. 80, H. 2, S. 340–350.

Porter, L.; Lawler, E. (1968): Managerial Attitudes and Performance. Homewood, Richard D. Irwin Inc.

Prendergast, C. (1993): The Role of Promotion in Inducing Specific Human Capital Acquisition. In: The Quarterly Journal of Economics, Jg. 108, H. 2, S. 523–534.

Przybylska, E. (2008): Pathways to Becoming an Adult Education Professional in Europe. In: Nuissl, E.; Lattke, S. (Hrsg.): Qualifying adult learning professionals in Europe. Bielefeld, W. Bertelsmann Verlag, S. 87–100.

Pulsipher, A. (1971): The properties and Relevancy of Merit Goods. In: Finanzarchiv N.F., Jg. 30, H. 2, S. 266–286.

Radnitzky, G.; Bernholz, G. (Hrsg.) (1987): Economic Imperialism. New York, Paragon House Publishers.

Rat der Europäischen Union (2009): Council Conclusions on a strategic framework for European cooperation in education and training ("ET 2020"). Brüssel.

Rat der Europäischen Union (2003): Schlussfolgerungen des Rates über europäische Durchschnittsbezugswerte für allgemeine und berufliche Bildung (Benchmarks). In: Amtsblatt der Europäischen Union, C134, S. 3–4.

Rat der Europäischen Union (2000): Schlussfolgerungen des Vorsitzes – Europäischer Rat (Lissabon) 23. und 24. März 2000. Brüssel.

Rauner, F. (Hrsg.) (2006): Handbuch Berufsbildungsforschung. Bielefeld, W. Bertelsmann Verlag.

Reinberg, A. (2003): Geringqualifizierte – Modernisierungsverlierer oder Bildungsreserve? In: Informationen für die Beratungs- und Vermittlungsdienste der Bundesagentur für Arbeit, H. 12, S. 1645–1656.

Reinberg, A. (1999): Der qualifikatorische Strukturwandel auf dem deutschen Arbeitsmarkt – Entwicklungen, Perspektiven und Bestimmungsgründe. In: Mitteilungen aus der Arbeitsmarkt- und Berufsforschung, H. 4, S. 434–447.

Reuband, K.-H.; Blasius, J. (2000): Situative Bedingungen des Interviews, Kooperationsverhalten und Sozialprofil konvertierter Verweigerer. Ein Vergleich von telefonischen und face-to-face Befragungen. In: Hüfken, V. (Hrsg.): Methoden in Telefonumfragen. Wiesbaden, Westdeutscher Verlag, S. 139–167.

Rheinberg, F. (2006a): Intrinsische Motivation und Flow-Erleben. In: Heckhausen, J.; Heckhausen, H. (Hrsg.): Motivation und Handeln. Berlin et al., Springer, S. 331–354.

Rheinberg, F. (2006b): Motivation. Stuttgart, Kohlhammer.

Rheinberg, F. (2005): Motivationsprobleme. Sieben Stufen der Diagnose. In: Schulmagazin 5 bis 10, H. 9, S. 10–12.

Rheinberg, F. (2004): Motivationsdiagnostik. Göttingen, Hogrefe.

Rheinberg, F. (1989): Zweck und Tätigkeit. Göttingen, Hogrefe.

Rheinberg, F.; Fries, S. (1998): Förderung der Lernmotivation: Ansatzpunkte, Strategien und Effekte. In: Psychologie in Erziehung und Unterricht, Jg. 44, S. 168–184.

Rheinberg, F.; Wendland, M. (2002): Veränderung der Lernmotivation in Mathematik: Eine Komponentenanalyse auf der Sekundarstufe I. In: Zeitschrift für Pädagogik, Jg. 98 (Beiheft 45), S. 308–320.

Richter, I. (1993): Recht der Weiterbildung. Baden-Baden, Nomos.

Röchner, M. (1987): Personspezifische Aspekte und Determinanten der Weiterbildungsteilnahme. Eine empirische Analyse eines multivariaten Modells. Frankfurt, Peter Lang.

Rosen, H.; Gayer, T. (2008): Public Finance. New York, McGraw-Hill.

Rosenbladt, B. v.; Bilger, F. (2008): Weiterbildungsverhalten in Deutschland. Band 1 – Berichtssystem Weiterbildung und Adult Education Survey. Bielefeld, W. Bertelsmann Verlag.

Rosenstiel, L. v. (1986): Führungskräfte nach dem Wertewandel: Zielkonflikte und Identifikationskrisen. In: Zeitschrift für Organisation, H. 2, S. 89–96.

Roth, P.; Switzer, F. (1995): A Monte Carlo Analysis of Missing Data Techniques in HRM Settings. In: Journal of Management, Jg. 21, H. 5, S. 1003–1023.

Rothe, G.; Wiedenbeck, M. (1994): Stichprobengewichtung: Ist Repräsentativität machbar? In: Gabler, S.; Hoffmeyer-Zlotnik, J.; Krebs, D. (Hrsg.): Gewichtung in der Umfragepraxis. Opladen, Westdeutscher Verlag, S. 46–61.

Rubin, D. (1987): Multiple Imputation for Nonresponse in Surveys. New York et al., John Wiley & Sons.

Rudolf, M.; Müller, J. (2004): Multivariate Verfahren – Eine praxisorientierte Einführung mit Anwendungsbeispielen in SPSS. Göttingen, Hogrefe.

Rürup, B.; Kohlmeier, A. (2007): Wirtschaftliche und sozialpolitische Bedeutung des Weiterbildungssparens. Gutachten für das BMBF. Berlin/Bonn, BMBF.

Sachverständigenrat Bildung (1998): Für ein verändertes System der Bildungsfinanzierung. Düsseldorf, Hans-Böckler-Stiftung.

Sako, M. (1994): The role of employers and unions in facilitating the transition to employment and further learning. In: OECD (Hrsg.): Vocational Education and Training for Youth: Towards Coherent Policy and Practice. Paris, OECD, S. 115–142.

Sauter, E. (2001): Lernzeiten in der Weiterbildung. Berlin, edition sigma.

Schäfers, B. (1998): Sozialstruktur und sozialer Wandel in Deutschland. Stuttgart, Enke.

Schanz, G. (1978): Verhalten in Wirtschaftsorganisationen. München, Vahlen.

Scherf, W. (2009): Öffentliche Finanzen. Stuttgart, Lucius & Lucius.

Schiersmann, C.; Remmele, H. (2004): Beratungsfelder in der Weiterbildung. Hohengehren, Schneider.

Schlutz, E. (1995): Zur Qualitätssicherung als Professionsaufgabe. In: Deutsches Institut für Erwachsenenbildung (Hrsg.): Qualität in der Weiterbildung. Frankfurt a. M., DIE, S. 27–33.

Schlutz, E.; Krug, P. (1997): Berufliches Selbstverständnis und Professionsvertretung in der Erwachsenenbildung. In: Meisel, K. (Hrsg.): Veränderung in der Profession Erwachsenenbildung. Frankfurt, DIE, S. 66–71.

Schmalt, H.-D. (1996): Zur Kohärenz von Motivation und Kognition. In: Kuhl, J.; Heckhausen, H. (Hrsg.): Enzyklopädie der Psychologie, Themenbereich C – Theorie und Forschung, Serie IV – Motivation und Emotion, Band 4 – Motivation, Volition und Handlung. Göttingen et al., Hogrefe, S. 241–273.

Schmid, K. (2008): Zum Nutzen der Weiterbildung. Wien.

Schmidt, C. (2011): Krisensymptom Übergangssystem – Die nachlassende soziale Inklusionsfähigkeit beruflicher Bildung. Bielefeld, W. Bertelsmann Verlag.

Schmidt, C.; Walter, M. (2010): Der Deutsche Qualifikationsrahmen für Lebenslanges Lernen – Stand und Entwicklungsperspektiven. In: Der pädagogische Blick, Jg. 18, H. 3, S. 200–204.

Schmidt, T. (1996): Klassische Erwartungsnutzentheorie: Status, Anwendbarkeit, Perspektiven. In: Druwe, U.; Kunz, V. (Hrsg.): Handlungs- und Entscheidungstheorie in der Politikwissenschaft: eine Einführung in Konzepte und Forschungsstand. Opladen, Leske + Budrich, S. 42–55.

Schmiede, R. (2000): Virtuelle Arbeitswelten, flexible Arbeit und Arbeitsmärkte. In: Krömmelbein, S.; Schmid, A. (Hrsg.): Globalisierung, Vernetzung und Erwerbsarbeit: theoretische Zugänge und empirische Entwicklungen. Wiesbaden, Universitäts-Verlag, S. 9–21.

Schnell, R. (1997): Nonresponse in Bevölkerungsumfragen. Ausmaß, Entwicklung und Ursachen. Opladen, Leske + Budrich.

Schnell, R.; Hill, P.; Esser, E. (2008): Methoden der empirischen Sozialforschung. München/Wien, Oldenbourg.

Schröder, H.; Schiel, S.; Aust, F. (2004): Nichtteilnahme an beruflicher Weiterbildung. Motive, Beweggründe, Hindernisse. Gutachten für die Expertenkommission „Finanzierung Lebenslangen Lernens“. Bielefeld, W. Bertelsmann Verlag.

Schultz, T. (1986): In Menschen investieren. Die Ökonomik der Bevölkerungsqualität. Tübingen, Mohr.

Schultz, T. (1961): Investment in Human Capital. In: The American Economic Review, Jg. 51, H. 1, S. 1–17.

Schütz, A. (1971): Wissenschaftliche Interpretation und Alltagsverständnis menschlichen Handelns. In: Schütz, A. (Hrsg.): Gesammelte Aufsätze, Band 1: Das Problem der sozialen Wirklichkeit. Den Haag, Nijhoff, S. 3–54.

Seidel, S.; Stamm-Riemer, I. (2012): Wege zur Einbeziehung des informellen Lernens in den DQR. In: Büchter, K.; Dehnbostel, P.; Hanf, G. (Hrsg.): Der Deutsche Qualifikationsrahmen (DQR). Ein Konzept zur Erhöhung von Durchlässigkeit und Chancengleichheit im Bildungssystem? Bielefeld, W. Bertelsmann Verlag, S. 261–278.

Seifert, H.; Mauer, A. (2004): Investive Arbeitszeitpolitik – Zum Zusammenhang von Arbeitszeit und Weiterbildung. In: WSI-Mitteilungen, H. 4, S. 190–198.

Severing, E. (2008): Anforderungen an neue Strukturen der beruflichen Bildung. In: Loebe, H. (Hrsg.): Berufsausbildung im Umbruch. Bielefeld, W. Bertelsmann Verlag, S. 23–31.

Shepperd, J. (1993): Productivity Loss in Performance Groups: A Motivation Analysis. In: Psychological Bulletin, Jg. 113, H. 1, S. 67–81.

Siebert, H. (2010): Methoden für die Bildungsarbeit. Bielefeld, W. Bertelsmann Verlag.

Siebert, H. (2006): Lernmotivation und Bildungsbeteiligung. Bielefeld, W. Bertelsmann Verlag.

Simon, H. (1972): Theories of Bounded Rationality. In: McGuire, C. B.; Radner, R. (Hrsg.): Decision and Organization. Amsterdam, North-Holland, S. 161–176.

Simon, H. (1957): Models of Man. New York, Wiley.

Sinharay, S.; Stern, H.; Russell, D. (2001): The Use of Multiple Imputation for the Analysis of Missing Data. In: Psychological Methods, Jg. 6, H. 4, S. 317–329.

Sloane, P. (2007): Bildungsstandards in der beruflichen Bildung. Wirkungssteuerung beruflicher Bildung. Paderborn, Eusl.

Sloane, P.; Dilger, B. (2007): Bildungsstandards – ein passendes Regulativ für die berufliche Bildung?! In: Hertle, E.; Sloane, P. (Hrsg.): Portfolio – Kompetenzen – Standards. Neue Wege in der Lehrerbildung für die berufsbildende Schule. Paderborn, Eusl, S. 83–115.

Sloane, P.; Dilger, B. (2005): The Competency Clash – Dilemmata bei der Übertragung des ‚Konzepts der nationalen Bildungsstandards' auf die berufliche Bildung. In: bwp@ – Berufs- und Wirtschaftspädagogik online, 8/2005. – URL: http://www.bwpat.de/ausgabe8/sloane_dilger_bwpat8.pdf (21.03.2014).

Smith, A. (2002): The Theory of Moral Sentiments. Cambridge, Cambridge University Press.

Smith, R.; Jayasuriya, R.; Caputi, P.; Hammer, D. (2008): Exploring the role of goal theory in understanding training motivation. In: International Journal of Training and Development, Jg. 12, H. 1, S. 54–72.

Solga, H. (2009): Der Blick nach vorn: Herausforderungen an das deutsche Ausbildungssystem. In: WZB Discussion Paper, SP I 2009-507. – URL: http://bibliothek.wzb.eu/pdf/2009/i09-507.pdf (05.09.2013).

Spieß, M. (2005): Analyse von Längsschnittdaten mit fehlenden Werten. Grundlagen, Verfahren und Anwendungen. – URL: http://d-nb.info/975606808/34 (05.09.2013).

Statistische Ämter des Bundes und der Länder (2010): Bildungsvorausberechnung – Vorausberechnung der Bildungsteilnehmerinnen und Bildungsteilnehmer, des Personal- und Finanzbedarfs bis 2025.

Statistisches Bundesamt (2009): Bevölkerung Deutschlands bis 2060 – 12. koordinierte Bevölkerungsvorausberechnung. Berlin.

Statistisches Bundesamt (Hrsg.) (2008): Klassifikation der Wirtschaftszweige 2008. Wiesbaden, Statistisches Bundesamt.

Statistisches Bundesamt (Hrsg.) (1992): Klassifizierung der Berufe. Ausgabe 1992. Stuttgart, Metzler-Poeschel.

Steger, U.; Kummer, C.; Weiß, A. (2007): Globalisierung und Psychologie. In: Frei, D.; Rosenstiel, L. v. (Hrsg.): Wirtschaftspsychologie. Band 6 der Enzyklopädie der Psychologie, Themenbereich D. Praxisgebiete, Serie III. Wirtschafts-, Organisations- und Arbeitspsychologie.

Steiner, V. (2009): Private und fiskalische Bildungsrenditen in Deutschland und im internationalen Vergleich. In: DIW (Hrsg.): Innovationsindikator Deutschland 2009. Berlin, DIW, S. 143–154.

Stender, J. (1994): Weiterbildungsbereitschaft und Weiterbildungsverhalten kaufmännischer Ausbildungsabsolventen unter besonderer Berücksichtigung der neuen Technologien. In: Zeitschrift für Berufs- und Wirtschaftspädagogik, Jg. 90, H. 5, S. 463–477.

Stevens, M. (2001): Should firms be required to pay for vocational Training? In: The Economic Journal, Jg. 111, H. 473, S. 485–505.

Stewart, M. (1983): On Least Squares Estimation when the Dependent Variable is Grouped. In: The Review of Economic Studies, Jg. 50, H. 4, S. 737–753.

Stigler, G.; Becker, G. (1977): De Gustibus Non Est Disputandum. In: The American Economic Review, Jg. 67, H. 2, S. 76–90.

Stocké, V. (2002): Framing und Rationalität. Die Bedeutung der Informationsdarstellung für das Entscheidungsverhalten. München, Oldenbourg.

Straka, G. (2001): Lern-Lehr-theoretische Grundlagen der beruflichen Bildung. In: Bonz, B. (Hrsg.): Didaktik der beruflichen Bildung. Hohengehren, Schneider, S. 6–30.

Straubhaar, T. (2000): Globalisierung und nationale Arbeitsmärkte. In: Krömmelbein, S.; Schmid, A. (Hrsg.): Globalisierung, Vernetzung und Erwerbsarbeit. Theoretische Zugänge und empirische Entwicklungen. Wiesbaden, Deutscher Universitäts-Verlag, S. 23–34.

Straubhaar, T.; Winz, M. (1992): Reform des Bildungswesens. Bern, Haupt.

Summers, T.; Hendrix, W. (1991): Development of a turnover model that incorporates a matrix measure of valence-instrumentality-expectancy perceptions. In: Journal of Business and Psychology, Jg. 6, H. 2, S. 227–245.

Switzer, F.; Roth, P.; Switzer, D. (1998): Systematic Data Loss in HRM Settings: A Monte Carlo Analysis. In: Journal of Management, Jg. 24, H. 6, S. 763–779.

Tenorth, H.-E.; Tippelt, R. (Hrsg.) (2007): Beltz Lexikon Pädagogik. Darmstadt, Wissenschaftliche Buchgesellschaft.

Tessaring, M.; Wanan, J. (2004): Berufsbildung. Der Schlüssel zur Zukunft. Luxemburg.

Tiebout, C.; Houston, D. (1962): Metropolitan Finance Reconsidered: Budget Functions and Multi-Level Governments. In: The Review of Economics and Statistics, Jg. 44, H. 4, S. 412–417.

Tiemann, M.; Schade, H.-J.; Helmrich, R.; Hall, A.; Braun, U.; Bott, P. (2008): Berufsfeld-Definitionen des BIBB auf Basis der Klassifikation der Berufe 1992 In: Wissenschaftliche Diskussionspapiere des Bundesinstituts für Berufsbildung, H. 105. Bonn. – URL: http://www.bibb.de/dokumente/pdf/wd_105_berufsfeld_definitionen_des_bibb_auf_basis_der_klassifikation_der_berufe_1992.pdf (05.09.2013).

Tietgens, H. (1986): Erwachsenenbildung als Suchbewegung. Bad Heilbrunn, Julius Klinkhardt.

Timmermann, D. (2003a): Finanzierung von Weiterbildung und lebenslangem Lernen – ein Überblick über die deutsche Diskussion. In: Dohmen, D.; Cleuvers, B. (Hrsg.): Finanzierung von Weiterbildung und lebenslangem Lernen. Bielefeld, W. Bertelsmann Verlag, S. 15–32.

Timmermann, D. (2003b): Modelle zur Finanzierung lebenslangen Lernens. In: Berufsbildung in Wissenschaft und Praxis, Jg. 32, H. 3, S. 19–24.

Timmermann, D. (1998a): Nutzen aus Sicht der Wissenschaft. In: BIBB (Hrsg.): Nutzen der beruflichen Bildung. Bielefeld, W. Bertelsmann Verlag, S. 75–92.

Timmermann, D. (1998b): Öffentliche Verantwortung in der Weiterbildung. In: Elsner, W. (Hrsg.): Ökonomie in gesellschaftlicher Verantwortung. Berlin, Duncker & Humblot, S. 335–353.

Tippelt, R. (1999): Von der öffentlichen Verantwortung zum Weiterbildungsmarkt? In: Arnold, R.; Gieseke, W. (Hrsg.): Die Weiterbildungsgesellschaft. Band 2: Bildungspolitische Konsequenzen. Neuwied, Luchterhand, S. 16–26.

Tippelt, R.; Hippel, A. v. (2007): Kompetenzförderung von ErwachsenenbildnerInnen im Bereich Teilnehmer-, Adressaten- und Milieuorientierung als Beitrag zur Professionalität in der Erwachsenenbildung. In: Heuer, U.; Siebers, R. (Hrsg.): Weiterbildung am Beginn des 21. Jahrhunderts. Münster, Waxmann, S. 118–129.

Tippelt, R.; Schmidt, B. (Hrsg.) (2010): Handbuch Bildungsforschung. Wiesbaden, VS.

Tubbs, M.; Boehne, D.; Dahl, J. (1993): Expectancy, Valence, and Motivational Force Functions in Goal-Setting Research: An Empirical Test. In: Journal of Applied Psychology, Jg. 78, H. 3, S. 361–373.

Tversky, A.; Kahneman, D. (1988): Rational Choice and the Framing of Decisions. In: Bell, D.; Raiffa, H.; Tversky, A. (Hrsg.): Decision Making – Descriptive, Normative, and Prescriptive Interactions. New York, Cambridge University Press, S. 167–192.

Ulmer, P.; Ulrich, J. (2008): Der demografische Wandel und seine Folgen für die Sicherstellung des Fachkräftenachwuchses. In: Wissenschaftliche Diskussionspapiere. Schriftenreihe des Bundesinstituts für Berufsbildung, H. 106. – URL: http://www.bibb.de/dokumente/pdf/wd_106_demografischer_wandel_und_seine_folgen.pdf (05.09.2013).

UNESCO (1967): Empfehlung über die Fortentwicklung der Weiterbildung. In: Deutscher Bundestag (Hrsg.): Drucksache 8/1130. Bonn.

Veen, S. (2008): Demographischer Wandel, alternde Belegschaften und Betriebsproduktivität. München/Mering, Rainer Hampp.

Vila, L. (2000): The Non-monetary Benefits of Education. In: European Journal of Education, Jg. 35, H. 1, S. 21–32.

Voß, G. (1998): Die Entgrenzung von Arbeit und Arbeitskraft. In: Mitteilungen aus der Arbeitsmarkt- und Berufsforschung, H. 3, S. 473–487.

Vroom, V. (2005): On the origins of expectancy theory. In: Smith, K.; Hitt, M. (Hrsg.): Great Minds in Management: The Process of Theory Development. New York, Oxford University Press, S. 239–258.

Vroom, V. (1964): Work and Motivation. New York et al., John Wiley & Sons.

Wahba, M.; House, R. (1974): Expectancy Theory in Work and Motivation: Some Logical and Methodological Issues. In: Human Relations, Jg. 27, H. 2, S. 121–147.

Walker, E. (1969): Reinforcement – "The One Ring". In: Tapp, J. (Hrsg.): Reinforcement and Behavior. New York, Academic Press, S. 47–62.

Walter, M. (2010): Gutscheine in der beruflichen Weiterbildung – worüber sprechen wir eigentlich? In: Friese, M.; Fürstenau, B.; Tenberg, R.; Wuttke, E. (Hrsg.): Dimensionen der Berufsbildung. Bildungspolitische, gesetzliche, organisationale und unterrichtliche Aspekte als Einflussgrößen auf berufliches Lernen. Opladen, Barbara Budrich, S. 97–109.

Walter, M. (2009): Weiterbildungsberatung als Motor lebenslangen Lernens? In: Berufsbildung in Wissenschaft und Praxis, Jg. 38, H. 4, S. 19–22.

Walter, M.; Müller, N. (2013a): Berufliche Weiterbildung: Ursachen möglicher Unterinvestitionen und Anreize für Betriebe und Beschäftigte. Abschlussbericht, Teil 1: Entscheidungsrationalität der Beschäftigten (BIBB-DICT-Erhebung). – URL: http://www.bibb.de/dokumente/pdf/so_23301_eb_Teil_1.pdf (04.11.2013).

Walter, M.; Müller, N. (2013b): Determinants of Individual Continuing Training 2010 (BIBB-DICT-Erhebung 2010). suf_1.0. In: Forschungsdatenzentrum im BIBB (Hrsg., Datenzugang): Bonn, Bundesinstitut für Berufsbildung. doi: 10.7803/611.10.1.1.10

Weber, M. (1988): Ueber einige Kategorien der verstehenden Soziologie. In: Winckelmann, J. (Hrsg.): Gesammelte Aufsätze zur Wissenschaftslehre. Tübingen, Mohr, S. 427–477.

Weber, M. (1972): Wirtschaft und Gesellschaft 1. Halbband. Tübingen, Mohr.

Weinert, A. (1992): Lehrbuch der Organisationspsychologie. Weinheim, Union.

Weinert, A. (1991): Anreizsysteme, verhaltenswissenschaftliche Dimension. In: Frese, E. (Hrsg.): Handwörterbuch der Organisation. Stuttgart, Poeschl, S. 122–133.

Weiß, R. (2010): Bildungsökonomie und Weiterbildung. In: Tippelt, R.; Hippel, A. v. (Hrsg.): Handbuch Erwachsenenbildung/Weiterbildung. Wiesbaden, VS, S. 367–384.

Weiß, R. (2007): Wie es gehen könnte – Wege zur Anerkennung informell erworbener Kompetenzen. In: Berufsbildung in Wissenschaft und Praxis, Jg. 36, H. 6, S. 3–4.

Weiß, R. (2006): Weiterbildung: Qualitätssicherung und Nachfrageorientierung. In: Institut der deutschen Wirtschaft (Hrsg.): Bildungsfinanzierung und Bildungsregulierung in Deutschland. Köln, Deutscher Instituts-Verlag, S. 227–265.

Weiß, R. (2000a): Betriebliche Weiterbildung als Investition in das Humankapital. Ergebnisse der Weiterbildungserhebung der Wirtschaft. In: Grundlagen der Weiterbildung, Jg. 11, H. 2, S. 68–72.

Weiß, R. (2000b): Strukturen der Weiterbildungsförderung. In: Institut der deutschen Wirtschaft (Hrsg.): Streitsache: Finanzierung der Weiterbildung. S. 13–24.

Weiß, R. (1997): Betriebliche Weiterbildung. Mehr Teilnehmer – Größere Wirtschaftlichkeit. Köln, Institut der deutschen Wirtschaft.

Weizsäcker, R. v. (1999): Chancengleichheit, Statusmobilität und öffentliche Bildungsinvestitionen. In: Timmermann, D. (Hrsg.): Berufliche Weiterbildung in europäischer Perspektive. Berlin, Duncker & Humblot, S. 93–113.

Werner, D.; Flüter-Hoffmann, C.; Zedler, R. (2003): Berufsbildung – Bedarfsorientierung und Modernisierung. In: Klös, H.; Weiß, R. (Hrsg.): Bildungs-Benchmarking Deutschland – Was macht ein effizientes Bildungssystem aus? Köln, div, S. 287–381.

West, A.; Sparks, J. (2000): Demand-side Financing – a focus on vouchers in post-compulsory education and training: discussion paper and case studies. Thessaloniki, CEDEFOP.

Wheeler, K. (1980): Valence and Instrumentality Contributions to Understanding Occupational Preference. In: Journal of Vocational Behavior, Jg. 17, H. 1, S. 71–80.

Wheeler, K.; Mahoney, T. (1981): The Expectancy Model in the Analysis of Occupational Preference and Occupational Choice. In: Journal of Vocational Behavior, Jg. 19, H. 1, S. 113–122.

Wilcoxon, H. (1969): Historical Introduction to the Problem of Reinforcement. In: Tapp, J. (Hrsg.): Reinforcement and Behavior. New York, Academic Press, S. 2–46.

Williams, R. (2006): Generalized ordered Logit/Partial Proportial Odds Models for Ordinal Dependent Variables. In: The Stata Journal, Jg. 61, H. 1, S. 58–82.

Wilson, R.; Briscoe, G. (2004): The impact of human capital on economic growth: a review. In: Descy, P.; Tessaring, M. (Hrsg.): Impact of education and training. Luxembourg, Office for Official Publications of the European Communities, S. 9–70.

Windmeijer, F. (1995): Goodness-of-fit measures in binary choice models. In: Econometric Reviews, Jg. 14, H. 1, S. 101–116.

Wittmann, E. (2010): Von Unternehmensrankings zu internationalen Systemvergleichen. In: Berufsbildung in Wissenschaft und Praxis, Jg. 39, H. 3, S. 6–10.

Wittpoth, J. (2003): Einführung in die Erwachsenenbildung. Opladen, Leske + Budrich.

Wittwer, W. (2006): Die Aus- und Weiterbildner in außerschulischen Lernprozessen. In: Arnold, R.; Lipsmeier, A. (Hrsg.): Handbuch der Berufsbildung. Wiesbaden, VS, S. 401–412.

Wolter, S. (2001): Nachfrageorientierte Bildungsfinanzierung: Theorie und empirische Evidenz. In: Wolter, S. (Hrsg.): Bildungsfinanzierung zwischen Markt und Staat. Zürich, Rüegger, S. 7–155.

Wolter, S.; Messer, D. (2009): Weiterbildung und Bildungsgutscheine. Resultate aus einem experimentellen Feldversuch. Bern.

WSF (2005): Erhebung zur beruflichen und sozialen Lage von Lehrenden in Weiterbildungseinrichtungen. Kerpen, WSF.

Zickert, K. (2007): Förderung der beruflichen Qualifizierung durch Weiterbildungs- und Arbeitszeitmanagement. Ergebnisse einer Betriebsbefragung. In: IAB-Forschungsbericht, Nr. 11/2007.

Zika, G.; Helmrich, R.; Kalinowski, M.; Wolter, M. I.; Hummel, M.; Maier, T.; Hänisch, C.; Drosdowski, T. (2012): In der Arbeitszeit steckt noch eine Menge Potenzial. Qualifikations- und Berufsfeldprojektionen bis 2030. In: IAB Kurzbericht, 18/2012.

Zwick, T. (2002): Continuous Training and Firm Productivity in Germany. In: ZEW Discussion Paper, No. 02–50. – URL: ftp://ftp.zew.de/pub/zew-docs/dp/dp0250.pdf (05.09.2013).

Under what conditions are economically actives willing to invest time and money in continuing vocational training? The author investigates this question based on a direct empirical application of the Rational Choice Paradigm.

This innovative approach allowed for a systematic and sophisticated ex-ante measurement of the utilities which potential participants of continuing vocational training expect from future participation in training courses. Based on the BIBB-DICT-Survey, the author shows that these subjective expected utilities are generally the main driver of training decisions. However, contrary to the theoretical expectations, some personal and occupational characteristics directly affect training tendency.

The findings give reason to scrutinize publicly expressed roll-calls for more individual commitment to invest in training and contribute to the debate on fostering lifelong learning.